HAISHANG MI PENGLAI
LUDONG LUN FANGYIN

海上觅蓬莱 鲁东论方音

第九届海外汉语方言国际学术研讨会论文集

亢世勇 陈晓锦 戴宗杰 —主编—

上海辞书出版社

序

第九届海外汉语方言国际学术研讨会胜利闭幕半年了，会议的地点在美丽的海滨城市山东烟台，作为主办方，作为辞书研究的行家，鲁东大学辞书研究中心以亢世勇教授、戴宗杰教授等为首的团队，带领鲁东大学的众多老师学生，为会议的筹办和召开劳心劳力，做了许多工作，令所有参会者都非常感动。我尤知其不易，因为海外汉语方言研究毕竟不是鲁东大学老师们研究的主攻方向，主办一个他们不是十分熟悉领域的学术会议，要克服的困难可以想象。还有鲁东大学的青年学生们，在会议举行的日子，只见他们在会场、招待所所在地的小山坡间奔上奔下，为会议的各种事务，为参会的老师同学们服务。为了支持与辞书研究同为语言学领域的海外汉语方言研究事业，鲁东大学的老师同学们顶着困难上，但是他们成功了。他们和全体参会者一起，合力举办了一个热烈的盛会。

本次会议的参加者既有许多参加了历届会议的“老面孔”、老学者，也有朝气蓬勃，第一次加入的年轻学人。提交的论文涉及海外华人社区汉语方言的语音、词汇、语法，以及海外华文教育，有关于海外不同国家华人的汉语方言研究，还有关于国内华侨农场归侨侨眷的汉语方言研究。不论老学者还是青年学者，参会的每个人都认真地提交论文，认真地发言讨论。

海外汉语方言国际学术研讨会每两年一次，每次盛会之后都会出版论文集，目前本届会议的论文集正在征集稿件。除了自己参会的论文要提交，会议论文集的前序或者后记的写作也常常落到我的头上。这次是第九届，说实在，我确实感到了词穷，不知道该怎么写好了。但不写是不行的，那么，写些什么呢？

其实，除了感谢鲁东大学的老师同学，感谢参加研讨会的老师同学，现在我最想说的是，做什么事都讲究个一鼓作气，因为全球暴发新冠肺炎疫情，学术界的研究，尤其是涉外的学术研究，多多少少都被迫阻滞了两三年，海外汉语方言研究自然也不例外。如今疫情已过,但是间隔了两三年,两三年的懈怠使得人多多少少都会有些惯性,所以,目前一件重要的事就是要抖擞精神,重新振作起来,重新开展我们的工作。这也是我提交本届会议的文章《海外华人社区汉语方言研究现在要做什么》要表达的一个主要观点。

汉语方言不仅流行在中国的版图之内,也流行于海外不同国家的华人社区,缺少了海外汉语方言,汉语方言是不完整的。这是我们之所以要从事这个艰苦的事业的动力：为世人展示一个完整的汉语方言,为中华语言文化在海外的传播而努力。

张振兴先生是海外汉语方言事业坚定的呐喊者和支持者,关于海外汉语方言研究,他曾多次表示："在海外华人汉语方言的调查研究中,新鲜的材料,新鲜的发现,新鲜的论点,跟国内的汉语方言互相比照,相得益彰,让人耳目一新,这当然非常重要。但更重要的是,这个调查研究让中国语言学,中国汉语方言学走出了国门,走向了世界!"

海外华人社区,是向世界展示中华语言文化最前沿、最自然的窗口。海外汉语方言调查研究不仅是语言学研究、汉语方言学研究必不可少的,也是历史、经济、社会、人类、文化、政治等研究必不可少的,是向世界传播中华语言文明必不可少的。现今,海外华人的数量每年都以多至百万的数量增长,海外华人社区也在发展,老华人社区的方言文化需要挽救,新社区的方言文化需要探索,等待我们研究的问题不断出现。现在,疫情的阴霾已扫清,世界一片清朗,我们是时候抖擞精神,开始新一轮的攻坚了。

向鲁东大学以亢世勇教授、戴宗杰教授为首的老师们致敬！向所有参加会议的老师同学们致敬!

我们期待着海南第十届会议再见,期待着大家交流新的研究成果!

暨南大学汉语方言研究中心

陈晓锦

2024 年 2 月 24 日元宵节于广州

目　录

我与海外汉语方言研究的情缘

张振兴
（中国社会科学院语言研究所）

一

20世纪80年代后期，我应约写了一篇《方言与经济》的文章，发表在国家海洋局的《海洋》杂志上，其中很多内容涉及海洋和方言，这也是我第一次尝试把汉语研究跟海外方言的研究联系起来。

大概是2010年左右，我在一次海外方言会上，作了《海洋与方言》的发言，后来写成正式文章了。

大约在2015年左右，我在中国语言资源保护的一次会议上又作了《保护海外汉语方言资源是我们的责任》的长篇发言，呼吁海外汉语方言也是语言资源保护的范围，应该给予重视。后来也写成正式文章了。

从海洋说方言，再说到海外汉语方言，这是顺理成章的。因为无论从哪个角度来说，海外汉语方言离不开海洋。海洋是海外汉语方言的桥梁。这里就应该首先提到“华语”的概念。《现代汉语词典》注释“华语”就是“指汉语”。更准确地说，“华语”是指“华人所说的汉语”。从最近几年的发展趋势来说，“华语”有狭义和广义之分。狭义的“华语”指“华人所说的，与中国普通话相同或相近的汉语”；广义的“华语”指“华人所说的所有汉语方言，包括普通话”。有人说过，旅行者行囊里最重要的行李是随身携带的“母语”。华人漂洋过海所携带的最大财富便是老家“所说的话”，它可以终生不忘，还可以流传后世。凡是有华人的地方就有“华语”，就有汉语的方言。世界各地华语地区的汉语方言跟国内的汉语方言一样，也是我们的财富和资源。它反映了"一带一路"的历史过程,见证了华人与各所在国家人民友好往来、共同奋斗的历史事实。因此,记录和保护海外汉语方言资源同样具有重要的价值和意义。

在海外华人汉语方言的调查研究中,新鲜的材料,新鲜的发现,新鲜的论点,跟国内的汉语方言互相比照,相得益彰,当然非常重要。但更重要的是,这个调查研究让中国语言学,中国汉语方言学走出了国门,走向了世界,终于实现了中国汉语方言学工作者多少年来梦寐以求的事情!因此,我对"南陈(晓锦)北林(涛)"是充满敬意的。他们以及他们的同伴们,以巨大的努力,实现了我们的一部分梦想。

不过,我年纪不算大的时候,真没有时间和精力亲自去调查海外的汉语方言;当有了时间去调查海外汉语方言的时候,又年纪大了老了,已经没有精力去海外调查汉语方言了。我只能以个人的微薄之力去支持、去呼吁加强海外汉语方言的调查与研究。我们再次呼吁国家有关部门、有关研究机构,扩大视野,延伸手段,采取更多措施,进一步扶持海外华人社区汉语方言的调查研究。

二

以前读书,对以下的资料有比较深刻的印象。

粤语的传播和交流,在粤语里留下了所谓"广州外语"或"外来广州话"的印记。这就是早期广州话的英语借词:

恤(衫)	shirt
呔(领带)	tie
巴士(公共汽车)	bus
菲林(胶片)	film

闽语的传播和交流,在厦门话、潮汕话都留下了印尼语、马来语深刻的印记,当然,印尼语、马来语也留下了厦门话、潮汕话的印记。例如厦门话、潮汕话中印尼语的借词:

雪文(肥皂)	saboen

加布棉（木棉）	kapok

印尼语中厦门话、潮汕话的借词：

tauke	头家（老板）
hokhie	福气
Sinshe	先生（指医生）
tauhu	豆腐

厦门话、潮汕话中马来语的借词：

吗淡（警察）	mata
舒甲（合意、合适）	suka
巴萨（市场）	pasak
罗的（饼干）	roti

马来语中厦门话、潮汕话的借词：

chakiak	柴屐（木屐）
botan	牡丹
sampan	舢板（小木船）
yonghue	烟火（烟花）

以上说的是中外语言交流中，在双方语言里留下的印记。最近再读陈晓锦《东南亚华人社区汉语方言概要》（世界图书出版广东有限公司，2014）一书，看到更多新鲜的材料，摘录部分如下，与大家共享。

（一）东南亚闽语外来词里出现本土闽语所没有的韵母：

1. 马来西亚纳闽福建话里，在英语借词里出现 uok、uiʔ 韵：

随身听 uok^{52} mian^{44} 来自英语 walkman；

三明治 sian^{44} uiʔ^{52} tsʻu^{21} 来自英语 sandwich；

2. 印度尼西亚棉兰福建话里，只在马来语和英语借词中出现韵母 e：

椰浆饭 na^{55} si^{55} le^{55} ma^{53} 来自印度尼西亚马来语 nasilemak；

冰激凌 ai^{55} si^{55} kʻe^{21} lim^{53} 来自英语 ice cream；

3. 越南胡志明市福建话，只在越南语借词中出现韵母 e：

海啸 so^{55} tʻe^{11} 来自越南语；

4. 雅加达广府话有摩擦不是很重的双唇塞音声母 b-，只出现在少数几个马来语借词中：

可以 $bo^{33}lɛ^{55}$ 来自印尼马来语 baleh；

曼谷广府话也有 b-声母，只出现在泰语的借词中：

水井 bo^{55} man　　松树 $ben^{53}son^{35}$　　桑叶 bei^{53} mon^{22}

（二）以上例子说的是海外汉语方言在音系上的突出变化。其实大量的是词语上的变化。陈晓锦教授给我们提供了很多例子。

1. 保留了汉语方言里的古词语。例如“港”，《说文解字》“水派也”，古项切。《广韵》上声讲韵古项切：“水派”。《集韵》“水分流也”。《现代汉语词典》“江河的支流（多用于地名）”。汉语方言中现在只见于吴语的个别地区，如平湖、玉山等地。但东南亚多个社区的汉语方言仍保留“港”作“合流、大海”的意义。例如：

马来西亚纳闽福建话“ka^{42}”，东马沙巴亚庇客家话“大港 tai^{43} ko^{21}”，西马新山潮州话“大港 tua^{11} ka^{53}”，吉隆坡广东话“大港 tai^{22} ko^{35}”，缅甸仰光福建话“大港 tua^{21} ka^{51}”。

2. 东南亚汉语方言对固有的汉语方言词语进行了改造，使之具有特别的意义。例如：

车头：指火车、汽车的头部。但印度尼西亚棉兰福建话、老挝万象潮州话、马来西亚吉隆坡广东话、泰国曼谷半山客家话里，不仅指火车、汽车的头部，还指“车站”。

邮局：马来西亚纳闽福建话、缅甸仰光福建话叫“批馆”；越南胡志明市福建话，新加坡、印度尼西亚坤甸潮州话叫“批局”。

印度尼西亚棉兰福建话称“徒弟”为“骹团”，管“顾客”叫“客骹”。

东南亚华人采用外族语或其他汉语方言用作避讳语。例如“癌症、禽流感、SARS”等，都用外来语表达。

3. 形成了一批反映特殊地理气候、经济物产生活、历史文化习俗的创新词。例如：榴莲芭/榴莲园、肉骨茶、椰浆饭等。

老挝潮州话的“老团菜（老挝人吃的菜）”，缅甸各种方言说的“树皮粉（用于搽脸）”，多国方言都用的“割车（超车）、山芭（山林、贫困地区）、酸柑

(小的柠檬)”;

马来西亚闽粤客方言“落坡(进城)”;

文莱福建话“罗穗(玉米)”,金边广府话“金田桔(西红柿)”;

马来西亚纳闽福建话、吉隆坡广府话、新山潮州话、柔佛士客家话用“阿公(祖父)”来指称“国家元首”;

文莱福建话把星星叫“明灯”,把凶猛的鳄鱼叫“大伯公鱼”,“大伯公”就是土地公,很多马来西亚的方言把热带水果叫“亚参”,从马来语“asam”借用;

马来印花布:很多马来西亚的方言都叫“芭迪”,从马来语“batik”借用。

三

以上简单罗列的材料,可以说明:

1. 海外汉语方言远离祖籍地的母体方言长达百年或数百年,生存在不同的国度,与各国主流或非主流的语言文化不断碰撞接触,已经产生了很多与祖籍地本土方言不同的发展与变化。

2. 海外汉语方言是汉语方言的一部分,是很特殊的一部分。从广义上说,它也是汉语的一部分,是具有自己特殊性的汉语。

3. 在历次海外方言研讨会上,许多先生曾说过,有的海外方言已经处于濒危状态。所以,深入调查研究海外方言,比较全面记录保存海外方言的语言文化事实,现在是当务之急。

4. 调查研究海外汉语方言具有重要的意义和价值,这是无需多说的。但我们正处于社会主义建设的新时代,对海外汉语方言的调查研究,对以下三点必须加深认识:

(1) 为了加强汉语的国际竞争力,必须调查研究海外汉语方言。我们必须认识汉语的一致性和统一性。

(2) 为了加强中外的文化交流,构建世界命运共同体,必须调查研究海外汉语方言。

(3) 为了传承中华文化的优良传统,必须调查研究海外汉语方言。

因此,我郑重呼吁,在调查研究的基础上,编纂一部大型的《海外汉语方言文化大词典》。这是我们的责任和义务。

我们已经有了《华人汉语词典》和《华人汉语大词典》,但没有关于海外汉语方言的大词典。这里特别提出方言文化大词典,是因为语言是文化之根,语言是民族之魂。汉语方言是大事,涉及华夏民族文化之传承,涉及华夏民族之魂。

我们现在已经具备这样的条件。我们必须努力,但需要国家支持。

从“山芭”说东亚中华文化圈
——“父母翁奶”都是尊神

张惠英
（海南师范大学）

提要 本文从南亚“山芭”的讨论出发，认为“芭”的同音字“巴、峇”等不同写法，都来自表男子表尊称的“爸”，这反映了中华文化圈孝敬父母如天地神圣的文明理念，使尊称逐渐发展成了日常口语中的词头词尾。同样，整个东南亚、东亚地区中华文化圈的尊称“那（纳）、乃（奶）”，常用来指官衔、土地、尊神，也来源于孝敬父母长者。

关键词 山芭 巴巴 峇峇 乃 那

陈晓锦主编《飘洋万里觅乡音》论文集中，看到了很多学者，对海外“山芭”的说法讨论热烈。笔者很感兴趣，也来参与一下。

一、巴、 爸

《全球华语词典》18 页指出：“芭”，“山芭❶”的简称。717 页明确：“山芭”同“山巴”。简称“芭”：❶ 未开垦的山野荒地。……❷ 泛指偏僻的地方；乡下。……16 页说，“巴巴仔”，指中泰或中马混血儿。巴巴，“峇峇”的俗写，马来语音译。19 页说，“峇峇”，在东南亚当地出生的男性华人。他们已经不大会说华语，以讲英语或马来语为主，但仍保留华人的习俗。马来语音译。（例）除了少数用方言的，大部分～～对中华文化、中国文字已经不太了解。

我这里要提请注意,汉字的确伟大,汉字记载了我们五千年的中华文明!同时汉字的确“迷”人,既可以让人迷茫,也可以让人惑乱:人们故意制造不同的字形,如“峇峇”,没去过新、马的人,一定不知真相!又如“鞑靼”(用来蔑称蒙古,实际本自“大大、达达”,尊称尊长也。和“泰、老”同样是尊称)。

徐中舒《论巴蜀文化》92页论到:“巴之本义为坝,《广韵》巴在麻韵,坝在祃韵,巴坝同音,惟平去稍异。”

崔荣昌《四川方言与巴蜀文化》20—21页,在介绍了徐中舒上述“巴、坝”同音说之后,进一步补充例子:“今天甘孜州各县以‘巴’为地名的很不少:丹巴、党巴、绒巴、所巴、孜巴、日巴、呷巴、这里的‘巴’与‘坝’同。”

本文以为,在整个东南亚东亚这个中华文化圈,尊敬父母长老是一种文明理念。上述条目中的“巴、芭、峇”都来自尊称父亲的“爸”。

《中国大百科全书》(民族卷)527页“民族”条也指出,藏族人民因不同地区而有不同的名称,阿里地区称“兑巴”,后藏地区称“藏巴”,前藏地区称“卫巴”,藏东、川西称“康巴”,藏北、川西北、甘肃南部、青海称“安多娃”。“巴、娃”在藏语都意指人。我们以为,wa/wo(娃)是pa(爸)的变体。

藏语、土家语、拉祜语等,用pa指男人、父亲,用pa称各色人等,也称自己;用pa表示男性、雄性;也表示无所谓性别的事物,形同词尾或词头。

藏语的-pa、-ma

虽然我们讨论的是“巴”,为资对照比较,也附上-ma(妈)。

拉萨藏语的-pa(据黄布凡1992):

月亮$_{书}$ zla ba 2页(拉萨:ta^{13} wa^{55})

风 ɬak^{55} pa^{55} 2页(书:lhags pa)

雨 tɕhaː^{55} pa^{55}(书:tɕhar pa) 4页

雪$_{书}$ kha ba 4页

雹$_{书}$ ser ba 5页

露水$_{书}$ zil pa(拉萨:si^{13} pə^{55}) 5页

雾$_{\text{书}}$ smug pa（拉萨：muk^{55} pə^{55}）	6 页
冰 chak^{55} pa^{52}	6 页
烟（火～）$_{\text{书}}$ du ba	7 页
蒸汽 laŋ^{55} pa^{55}（书：rlaŋs pa）	7 页
井 tʂhom^{55} pa^{55}（书：khron pa）	12 页
尘土$_{\text{书}}$ thal ba（拉萨：thɛ^{55} la^{55}）	15 页
泥巴 tak^{13} pa^{52}（书：ɦdam bag）	16 页
炭$_{\text{书}}$ sol ba（拉萨：so^{55} la^{55}）	20 页
庙 kom^{13} pa^{55}	23 页
桥 sam^{13} pa^{55}	24 页
额头 thø^{55} pa^{55}	26 页
腮 tʂam^{13} pa^{55}	28 页
脖子$_{\text{书}}$ mdʑiŋ pa（拉萨：tɕiŋ^{13} pə^{55}）	30 页
背 kɛ pa	31 页
肚子（腹部）$_{\text{书}}$ grod pa	32 页
肚脐$_{\text{书}}$ lte ba（拉萨：tɛ^{55}）	33 页
腰 keː^{55} pa^{55}（书：rked pa）	33 页
手 lak^{55} pa^{55}	36 页
男生殖器 lik^{55} pə^{55}	39 页
皮肤 pak^{55} pa^{55}	40 页
痣$_{\text{书}}$ sme ba（拉萨：me^{55} wa^{55}）	41 页
疮 thor ba	41 页
筋$_{\text{书}}$ rgjus pa（拉萨：cy^{13} pə^{55}）	44 页
脑髓 lɛ^{55} pa^{55}	44 页
骨头$_{\text{书}}$ rus pa（拉萨：ry^{13} pə^{55}）	45 页
喉咙 mik^{13} pə^{55}/tʂĩ^{13} pə^{55}	47 页
肺$_{\text{书}}$ glo ba	48 页
肝$_{\text{书}}$ mtɕin pa（拉萨：tɕhĩ^{55} pə^{55}）	49 页

胆$_{\text{书}}$ mkhris pa（拉萨：tʂhiː^{55} pə^{55}） 49 页

膀胱$_{\text{书}}$ lgaŋ pa（拉萨：kəŋ^{13} pu^{52}） 50 页

屎 cak^{55} pa^{55}（书：skjag pa） 51 页

尿 tɕĩ^{55} pə^{55} 51 页

痰$_{\text{书}}$ lud pa 52 页

污垢 tʂhak^{13} pa^{55} 54 页

男人$_{\text{书}}$ skjes pa（拉萨：cho^{55} ka^{55}，巴塘：ɕe^{55} pa^{53}） 58 页

农民 so^{55} nam^{55} pa^{55}/ɕiŋ pə^{55}（书：ʑiŋ pa/so nam pa） 60 页

商人 tshoŋ^{55} pa^{55} 60 页

医生 mɛ̃^{55} pa^{55} 61 页

头人（寨首） ko^{13} pa^{55} 61 页

牧童 tsi^{53} pə^{55}/phə^{13} tsi 62 页

木匠$_{\text{书}}$ ɕiŋ bzo ba（拉萨：ɕiŋ^{55} so^{52}） 62 页

铁匠$_{\text{书}}$ mgar ba（拉萨：ka^{13} ra^{55}） 62 页

船夫 ȵɛ̃^{55} pa^{55}/tʂhu pə^{55} 63 页

猎人 ŋø^{55} pa^{55} 63 页

和尚 tʂha^{13} pa^{55} 63 页

巫师 mo^{13} pa^{55} 64 页

乞丐$_{\text{书}}$ mu sto ba（拉萨：paŋ^{55} ko^{55}） 65 页

强盗（书：ka^{13} ra^{55}） 65 页

病人 nɛ^{13} pa^{55} 66 页

瞎子$_{\text{书}}$ loŋ ba 68 页

聋子 ø̃^{13} pa^{55} 68 页

傻子$_{\text{书}}$ glen pa（拉萨：kuk^{55} pə^{55}） 70 页

疯子 ȵø̃^{55} pa^{55} 70 页

哑巴$_{\text{书}}$ lkugs pa（拉萨：kuk^{55} pə^{55}） 71 页

伙伴 rok^{13} pa^{55} 72 页

父亲 a^{55} pa^{55}/pa^{55} pa^{55}（书：pha/ʔa pha） 73 页

女婿 mak^{55} pa^{55}	75 页
丈夫$_{\text{书}}$ skjes pa(拉萨：cho^{55} ka^{55})	83 页
皮 pak^{55} pa^{55}	89 页
猪 phak^{55} pa^{55}	95 页
翅膀 ɕok^{55} pa^{55}	100 页
鸭子$_{\text{书}}$ ŋaŋ pa(拉萨：jə^{55} tsi^{55})	100 页
鹿$_{\text{书}}$ ɕwa ba(拉萨：ɕa^{55})	105 页
獐子$_{\text{书}}$ gla ba(拉萨：la^{55})	105 页
猫头鹰$_{\text{书}}$ ɦug pa(拉萨：uk^{13} pə^{55})	111 页
青蛙$_{\text{书}}$ sbal ba(拉萨：pɛ^{13} pə^{55})	117 页
蚂蟥 pɛ^{55} pa^{55}(书：dpaɦ po)	122 页
蝗虫(蚂蚱) a^{55} tsha^{55} tshak^{55} pa^{55}	123 页
根$_{\text{书}}$ rtsa ba(拉萨：tsa^{55} wa^{55})	
夏河 htsa pa	
阿力克 ɣtsa pa	125 页
杨树 jaː^{55} pa^{55}(书：sra ɕiŋ)	128 页
柏树$_{\text{书}}$ ɕug pa(拉萨：ɕuk^{55} pə^{55})	129 页
蒜 kok^{13} pa^{55}(书：sgog pa)	142 页
麦麸 tʂho^{13} pa^{52}	153 页
线$_{\text{书}}$ skud pa(拉萨：ku^{55} pə^{55},巴塘：ku^{55} pa^{55})	154 页
房子 khaŋ^{55}pa^{55}	165 页
砖 so^{55}pa^{55}	170 页
门槛 them^{55} pa^{55}	172 页

拉萨藏语的 ma^{55}/mə^{55}/mo^{55}/ma^{52}(据黄布凡,1992)：

太阳 ȵi^{13} mə^{55}(书：ȵi ma)	1 页
星星 kaː^{55} ma^{55}	2 页
沙子 tɕhe^{13} ma^{55}	15 页

刺猬 se^{13} mo^{55} 107 页

狐狸 waː^{13} mo^{55} 109 页

蝌蚪 tɕoŋ^{55} mo^{55} 117 页

虮子 tʂo^{55} ma^{55} 119 页

蚂蚁 tʂhoː^{13} ma^{55} 122 页

蜻蜓 pu^{13} la^{55} ma^{55} 123 页

蝴蝶 tɕem^{55}tɕe^{55} ma^{55} mə^{13} ni^{55} 124 页

叶子 lo^{13}ma^{55} 126 页

刺儿 tshe^{55} ma^{52} 131 页

橘子 tshə^{55} lu^{55} mə^{55}(书：tsha lu ma) 132 页

柿子 ɕiŋ^{55} to^{52} a^{55} ma^{55} 132 页

大家 tshaŋ^{55} ma^{55} 313 页

全部 tshaŋ^{55} ma^{55} 321 页

土家语词尾-pa、-ma 此从略。

藏族自称

藏文 bodpa(博巴)

拉萨 p‘ø^{12} pa^{54}

阿里专区噶尔县 pø^{11} pa^{53}

日土县 poːl^{11} pa^{53}

普兰县 pø^{11} pa^{53}

扎达县 pø^{11} pa^{53}

革吉县 po^{11} pa^{53}

措勤县 po^{11} pa^{53}

改则县 po^{22} pa^{53}

四川甘孜州德格县 pøʔ^{31}

甘肃甘南州夏河县 wot

这个“博巴”就是“伯爸”或“蕃爸”。

羌族自称(说羌语的藏族也这样自称)rma(黑水地区)，ʐma(茂汶地区),xma(理县地区)或 ma(龙溪地区)(孙宏开《羌语简志》2 页)。这个 ma,就指母亲(同上 201 页"母亲"条),也就是"妈"。

缅族自称 ba^{53} ma^{22}(李永燧《羌缅语群刍议》1998,18 页)。$ba^{53}ma^{22}$ 即"爸妈"。英语称缅甸为 Burma,显然是据本族人自称而来。

还有,彝族有自称 $la^{21}lo^{33}pa^{21}$ 和 $mi^{13}sa^{31}pa^{31}$ 的(陈士林等《彝语简志》1985,1 页、3 页),这个 pa 也是"爸"。

用"爸"称土地,就同敬称土地神。黎族称山栏土地为"翁"。"翁"是敬称男性长者。临高人海外被称"翁伯",桥本先生的 THE BE LANGGUAGE(临高方言),英文书名就是"伯语",临高人对人尊称就是"伯"。"翁"是长流人对人的尊称。

丁邦新《儋州村话》238 页("中央研究院"历史语言研究所印行)中,称老师是"先生爸":

1. 有一个学生娶新妇,就请酒,先生爸当然是也去吃酒。
2. 那些人见先生爸来了,就让给先生爸坐上大位。
3. 同先生爸坐做一枱的,总是村里头的父兄了。
4. 那个先生爸嘢吃得太斯文。 (以上 237 页)
5. 听先生爸说古。
6. 那个先生爸他就一面慢慢喝酒

……(以上 238 页)

在陈有济的《儋州话研究》(内部资料)中,还有:

老爸(老头儿)

杀猪爸(屠夫)

船爸(撑船人)

师道爸(道士)

哥爸(唱山歌为业者)

冰爸(卖冰棍者)

kaʔ^{5}爸(曾祖父)

天大地大人也大。人之大者，父母尊长。

在李拂一编译的《泐史》中，泰族历史名人载有叭真、叭先景哈、叭捧、叭拔剌、叭宗亢、吧龙塞、奢陇法、奢昂法等。

二、那、纳、乃(奶)

那伽：蛇，蛇神(《全球华语词典》599页)。

拿督：拿督大伯公(余秋雨《文化苦旅》)。

纳骨塔：灵骨塔(《全球华语词典》600页)。

乃：先生。用在姓名的前面。

乃铲：对技师、技工的尊称；师傅(《全球华语词典》600页)。

看看海南语言中的“那”：

刘剑三《临高汉词典》57页，$nə^4$是指示词“这”或“那”，$nə^3$表示女人，$nə^2$用作称人的词头。

【$nə^2$】名词前缀，用于动词素和形容词素前，表示某一类人：

$nə^2$ mak^8(聋子)；

$nə^2$ den^1(疯子)；

$nə^2$ lai^3(富人)；

$nə^2$ lau^4(老人)；

$nə^2$ $ȵɔ^3$(老大；成人、大人)；

$nə^2$ $ŋa^4$(穷人)；

$nə^2$ $ŋəi^4$(老二，喻指行动拖拉的滑稽人物)；

$nə^2$ $ŋən^2$(傻子、笨蛋)；

$nə^2$ $ŋɔŋ^3$(傻子、笨蛋)；

$nə^2$ $ŋop^7$(哑巴)；

$nə^2$ un^3(年轻人)。

【$nə^3$】女，“男”之对：lai^3 $nəm^2$ lai^3～(有男有女)。

郑贻青《回辉话研究》书中，na^{24}、na^{11}都可以用来指人，并可以用作词头。

na^{11}来源于指母亲、女性(据郑贻青,1997):

na^{24} kai^{33}男人;na^{24} mai^{33}女人;na^{24} $thaːn^{21}$青年男子(未婚);

na^{24} mai^{33} sia^{11}青年女子(未婚);na^{24} $saːn^{32}$婴儿、儿童(以上154页);

na^{24} $saːn^{32}$儿童;na^{24} mo^{11} tui^{33}孤儿(155页);

na^{24};na^{24} kai^{33}儿子;na^{24} mai^{33}女儿(156页);

na^{24} $muan^{33}$侄儿、外甥;na^{24} $muan^{32}$ mai^{33}侄女、外甥女(157页);

$ʔa^{11}$ ma^{33}母亲;$ʔa^{11}$ na^{11}祖母;ma^{11} na^{11}父母;na^{11} ko^{24}曾祖母(156页);

$ʔa^{11}$ na^{11}婆婆(夫之母),外祖母(157页)。

再看居住在云南、四川等地的纳西族词头。各地纳西族的自称有 $nɑ^{13}$(纳)、na^{33} $zɯ^{33}$(纳汝)、$nɑ^{33}$ $x\tilde{ɪ}^{33}$(纳恒)、$nɑ^{31}$ $çi^{33}$(纳西)等(据和即仁、姜竹仪 1985,2 页),写作"纳",和"那" 同音。而且他们崇拜的生育女神就叫"那蹄"(引自赵国华,1990: 163)。"那"用作族名和人名的词头,表指示。

在两广、海南地区,"那"指土地,用作地名。过去我不理解,以为表指示意。现在悟到,因为天地人神,男为天为乾,女为地为坤,人之长者尊者为神。

"巴"还可以作词头词尾,在四川方言中不少(此略),在别的方言也可见到,如北京话的名词词尾动词词尾都不少。如"鞋巴(鞋)、脚巴丫儿(脚)、脚丫巴儿(脚趾缝)、尾巴、雏巴虎儿(青年生手)、臛巴儿(肥胖得行动不灵便的人)、瞅巴冷子(突然)、巴儿(回民用语,用在姓氏后,表先生、君意)、哈拉巴(肩骨)"等(引自陈刚《北京方言词典》)。回民用语"马巴儿(马大爷)、哈巴儿(哈先生)"正说明这个"巴"就是尊称男性的"爸"。

参考文献

陈士林等 1985 《彝语简志》,民族出版社。

陈晓锦主编 2018 《飘洋万里觅乡音——第五届海外汉语方言国际研讨会论文集》,世界图书出版广东有限公司。

陈有济 2019 《海南儋州话研究》,儋州文化馆印。

崔荣昌 1996 《四川方言与巴蜀文化》,四川大学出版社。

丁邦新 1986 《儋州村话》,"中央研究院"历史语言研究所印行。

和即仁、姜竹仪 1985 《纳西语简志》,民族出版社。

黄布凡 1992 《藏缅语族语言词汇》,中央民族学院出版社。
李拂一编译 1983 《泐史》,复仁书社。
李宇明 2016 《全球华语词典》,商务印书馆。
李永燧 1998 《羌缅语群刍议》,《民族语文》第1期。
刘剑三 2000 《临高汉词典》,四川民族出版社。
孙宏开 1981 《羌语简志》,民族出版社。
徐中舒 1981 《论巴蜀文化》,四川人民出版社。
赵国华 1990 《生殖崇拜文化论》,中国社会科学出版社。
《中国大百科全书》编辑部 1988 《中国大百科全书》(民族卷),中国大百科全书出版社。
郑贻青 1997 《回辉话研究》,上海远东出版社。

中亚华人社区中的东干语

林　涛[1]　韩苗苗[2]

（1. 北方民族大学；2. 西北师范大学）

提要　海外华人社区的汉语方言中，最具特色的是中亚的东干语。东干语不仅有方言和民族共同语，而且还创制了拼音文字，有自己的语言理论体系。本文拟从中亚民族语言角度，使用东干族学者的理论框架、术语和有关材料，揭示东干语的语言面貌。

关键词　中亚　东干语

海外华人社区的官话方言有西北官话、西南官话和东北官话。西北官话主要分布在中亚。据相关资料显示，20世纪末，中亚地区的华人数量约为50万人（庄国土、李瑞晴，2011：26—27）。中亚华人在所居国使用主体民族语言和俄语的同时，还使用汉语普通话和西北官话。其中分布比较集中而且富有特色的是陕西、甘肃等西北方言，学术界称为“东干语”。

东干语是中亚东干族群众的语言，来源于我国近代汉语西北方言回民话。它不仅很好地保存了我国陕、甘、宁、青、新西北方言，还创制了拼音文字，形成了东干族的民族共同语（即“文学话”）。东干语被视为研究中国近代西北地区汉语方言的活化石，为汉语史历时的比较研究以及普通语言学中语言接触理论的研究提供了不可多得的案例。东干语分布在中亚吉尔吉斯斯坦、哈萨克斯坦、乌兹别克斯坦和俄罗斯境内，使用人数约为13万多人。

本文是2023年国际中文教育研究课题“中亚地区的华文教育与国际中文教育协同融合发展研究”（23YH11B）项目阶段性研究成果。

此前,我们调查研究东干语大都是从海外华人方言文化、跨境语言等角度,运用汉语方言的理论框架和方法去进行的,认为:东干语是以甘肃中原官话陇中片方言的语音为标准音,以近代汉语西北方言词汇和语法结构为基础,吸收和融合了部分俄语、突厥语词汇和语法手段形成的一种汉语跨境方言。这一观点主要基于海外汉语方言的研究视角。与此同时,我们还应该看到,在中亚地区,东干语还是一种民族语言。本文拟从中亚民族语言角度,用东干族学者的视野、理论框架、学术术语和相关材料,简要描写东干语的语音、文字、词汇、语法,揭示东干语的语言面貌。

一、语音系统(ЙҮЙИН ЩИТУН)

汉语及方言的语音系统是声、韵、调系统,东干语的语音系统是元音辅音系统。东干族学者把语音叫作"声音",简称为"音"。把学习语音的科学叫作"声音学"。语音研究是从子音(辅音)、母音(元音)、音调(声调)、重音、节节儿(音节)等方面进行分析和研究的。

(一)子音和母音

东干语音学中把辅音叫作"子音",把元音叫作"母音"。东干族民族共同语中的子音有23个,分别是:б、в、г、д、ж、җ、й、з、к、л、м、н、ң、п、р、с、т、ф、х、ч、ц、ш、щ;母音有13个,分别是:а、о、у、э、ә、и、ы、ү、ў、я、ё、ю、е。

(二)音调

东干语音学中把声调叫作"音调"。东干族民族共同语中的音调有三种:平声、上声和去声。平声不分阴阳。阴平和阳平合为一个平声调,调值为24;上声调值为51;去声调值为44。入声字全部归入平声。

(三)重音

东干语受俄语、突厥语诸语言的影响,在语音分析中,除了分析音调(声调)外,还分析重音。重音不同,所表达的概念和意义也不同。比如,两个人的名字,写出来的字母完全相同,若重音不同,那就是两个不同的人。东干语甘肃方言和陕西方言的分别也可以反映在重音上。双音节词语,甘肃话的重音在第二个节节儿上,陕西话的重音在第一个节节儿上。比如“筛子”,甘肃话说 санзы́;陕西话说 са́нзы。实际上,从汉语方言学角度看,这里的重音是和声调、轻声紧密相联的。东干语中的陕西话第二个音节没有声调,读轻声,而甘肃话第二个音节有声调,不读轻声。

(四) 节节儿

东干语音学中把子音和母音相拼合后构成的音节叫作“节节儿”。东干语中有一个节节儿的话(单音节词)、两个节节儿的话(双音节词)和多个节节儿的话(多音节词)。东干语节节儿的总数约为 360 多个(儿化音节除外)。

二、东干文(ДУНГАН ВУН)

海外华人社区中的粤语、闽语、吴语和客家话等,在书面上都使用汉字(也称“华文”)。汉字在中亚东干族群体中没有被传承下来。20 世纪前半期,东干族的学者和知识阶层先后用阿拉伯字母、拉丁字母创制文字,最终制定了斯拉夫字母的拼音文字。

(一) 东干文字母的来源

斯拉夫字母东干文来源于俄文字母。俄文字母属于斯拉夫字母。斯拉夫字母有“基里尔字母”和“格拉戈尔字母”两种形式。其中基里尔字母为公元 9 世纪由东罗马帝国基督教会传教士基里尔,根据斯拉夫语言的语音,以希腊字母为基础而创制的一种字母。俄文、保加利亚文等都是以斯拉夫基里尔字母为基础创制的。其中,俄文字母有 33 个。东干族语言学家优素甫·杨善新在《中原语言的写法路数》(1960: 11)中说: 东干文是“拿的乌鲁斯(俄罗斯)字母的一切 33 个字”,“里头添哩 5 个字: ә、ў、җ、ү、ң”构成的。

（二）东干文字母表

东干文斯拉夫字母表由优素甫·杨善新设计、草拟，最终在苏联语言学家 A·德拉古诺夫主持下制定。1953 年 5 月经苏联科学院吉尔吉斯分院语言文字历史研究所讨论、审定、通过后正式颁布。东干文斯拉夫字母表共有 38 个字母，具体如下：

东干文字母表

Аа[a]	Бб[p]	Вв[v]	Гг[k]	Дд[t]	Ее[e]
Ёё[iɔ]	Әә[ə]	Жж[ʐ]	Җҗ[tʂ、tɕ]	Зз[ts]	Ии[i]
Йй[i]	Кк[k^h]	Лл[l]	Мм[m]	Нн[n]	Ңң[ŋ]
Оо[ɔ]	Пп[p^h]	Рр[r]	Сс[s]	Тт [t^h]	Уу[ou]
Ўў[u]	Үү[y]	Фф[f]	Хх[x]	Чч[$tʂ^h$、$tɕ^h$]	Цц[ts]
Шш[ʂ]	Щщ[ɕ]	Ъъ[硬音符号]	Ыы[əŋ]	Ьь[软音符号]	Ээ[ɛ]
Юю[iou]	Яя[ia]				

字母表中的 ъ、ь 两个字母分别为硬音符号和软音符号，在书写俄文外来借词时使用。方括号内为相应的国际音标，标注字母读音。

（三）东干文书写体式

东干文使用从左到右，横向排列的词式书写方式。字母有楷体和草体，大写和小写的分别。字间有字距，词间有词距。字距和词距用小、大空白相区别。

“楚河沿上生养下，在这儿长大”的诗句，楷书体为：Чухә яншон сынёнха，Зэҗәр җонда。草书体为：Чухә яншон сын-ёнха，Зэҗәр җонда。

东干文句子开头的第一个字母，人名、地名、江河湖海、单位名称，诗歌等每行开头的字母都大写。如：

Җир вә кә доли Масанчын щёнжуоннили（今儿我可到哩马三成乡庄

呢哩）。

Йүәлёндини вә дынли（月亮底呢我等哩），

Вәди щянхуар（我的鲜花儿）。

书名、标语等每一个字母都可以大写。如：

ШЫЗЫКУӘ（《识字课》） ШҮЕХУАН（《雪花儿》）

字词典条目中的每一个字母也可以大写。如：

ЗЫДЯН III-II словарь, иероглифический словарь, ср. хуадян.

ЗЫЖАНКУӘЩҮӘ III-I-I-I естествознание.

ЗЫЖИНХУАР II-I-I сирень.

（摘自《捷要的回族—乌鲁斯话典》121页）

（四）东干文标点符号及其他

［,］住号，即逗号，也说“撇射”。

［.］点儿，即句号。

［?］问题号，即问号。

［:］双点儿，即冒号。

［…］多点儿，即省略号。

［!］叫法号，即感叹号。

［-］道道儿，短横，隔音符号。挪话（移行）时也使用这个符号。

（五）东干文文字样稿

东干文的字式、词式、文句、篇章等书写格式见下面文字样稿。本样稿选自东干族农民诗人黑亚·兰阿洪诺夫《金黄秋天》诗集中的《好吗，早晨》①。样稿分左右两栏排列，左边是东干文，右边是对照转写的汉字。

Хома, зошын	好吗，早晨
Вугын фищин выndон ни,	五更睡醒问当你，
Хома, зошын.	好吗，早晨。

① 黑亚·兰阿洪诺夫：《金黄秋天》，第5页。

Дуанди йүнчи садини,	端的运气撒的呢，
Чунтянди йин.	春天的音。
Зущён быйлир вә чонни,	就像百灵儿我唱呢，
Ниму ду т ин.	你们都听。
Чиннён йүян бә вонли,	亲娘语言叵忘哩，
Хуэйзўди гын.	回族的根。

三、东干语词汇（ДУНГАНЙҮ ЦЫХУЭЙ）

东干语词汇中，把词叫作“话”，如：话典（词典）、简单话（单纯词）、复杂话（合成词）。词组叫作“话练子”。“话”和“话练子”也合称词汇。

（一）词汇简况

东干语词汇中，汉语西北方言词汇占据主导地位。其中包括古代汉语词语、近代汉语词语和西北回民日常用语。诸如：掇、奘、淤、爨、謅、靿、伀、厶、欱伙；造化、衙门、营盘、营生、做活、端相、茶饭、滚水、汤瓶、跷蹊、孤拐、耳背、脚户、抄化子、打平伙、戴头识脸；穆斯林、多斯提、塞俩目、苏儿、主麻、乃玛子、都哇、乜帖、鼠迷、拜俩、哀告、口唤等。这些词语决定着东干语的面貌，反映着东干语和汉语西北方言之间密不可分的亲缘关系。

与此同时，东干语经历了与母语及其语言环境长达 140 多年的历史隔断。随着社会历史的进步与发展，新鲜事物和思想意识的涌现和产生，东干人头脑中形成的一些新概念，促使他们的语言在独立发展的时候创造了不少新的词语。诸如：科学人（科学家、知识分子）、写家子（诗人、作家）、修盖家（建筑师）、自发火（打火机）、青气（煤气）、咬狼（狼狗）、影图（照片）、受考（考试）、查看活（阅卷、批改作业）、吸土机（吸尘器）等。东干语创造新词的途径和方法是多种多样的。从上面所举的词例可以看到，这些新造词新鲜、朴实、形象、生动，非常富于表现力。

东干人进入中亚，生活在多民族杂居、多语言相间的社会环境中，逐渐导致了东干语对其他民族语言成分的借用和吸收,最为突出的是外来借词。东干语除了本身固有的波斯、阿拉伯语的词语之外,从俄语、突厥语族诸语言中借入了不少外来词。诸如:萨外特(苏联)、巴尔基(党)、乌拉(万岁)、根诺(电影、电影院)、拉吉奥(广播、无线电)、马什乃(汽车)、基万(沙发)、伏特加(白酒)、马林那(果酱);阿拉升(祖先)、巴家(连襟)、阿勒该(哥哥的尊称)、别什巴尔玛(肉拌面)、纳楞(肉末面条)、乌什麻(面糊糊)、皮牙子(洋葱)、哈孜儿(现在)、海满斯(全部)、萨满(萨满教)等。借词中,直接或间接从俄语中借入的最多,突厥语借词带有东干人分布的地域性。

(二)东干语特征词举例

[жәту 热头] ʐə^{24}tʰou^{44}太阳,共同语和甘肃话读音。

[әрту 儿头] ər^{21} tʰou^{24}太阳,陕西话读音,也说“爷”。

[йүәр 月儿] yər^{44}半月或月牙儿。

[лёнминщин 亮明星] liaŋ^{44}miŋ^{24}çiŋ^{24}启明星。

[фын жёйү 风搅雨] fəŋ$^{24-12}$tɕiɔ$^{51-32}$ y^{51}风雨交加,也指几种话掺和在一起说。

[чисы 气色] tɕʰi^{44}· sei 新鲜空气。如:山呢清秀,气色也那么好。

[тандо 滩道] tʰæ̃$^{24-12}$tɔ^{44}野外,平坦的田野。

[хэзы 海子] xɛ^{51}· tsɿ 湖泊。

[дию 地油] ti^{44}iou^{24}石油。

[химин 黑明] xi$^{24-12}$miŋ^{24}昼夜,即黑夜白天。

[йичи 一期] i$^{24-12}$tɕʰi^{24}一个星期。

[дэ 代] tɛ^{44}时间用词,一个世纪称为一代。

[хўжя 户家] xu^{44}· tɕia 庄户人,农民。

[фанлян 甩镰] fæ̃^{51}liæ̃^{24}打草的大镰刀。

[почәзы 跑车子] pʰɔ^{51}tʂʰə^{24}· tsɿ 轻便四轮马车。

[пализы 爬犁子] pʰa^{24}li^{24}· tsɿ 雪橇,也说“爬犁儿”。

[ёчәди 吆车的] iɔ$^{24-12}$ tʂʰə ^{24}ti^{44} 1. 赶车的人。2. 开汽车或出租车的

司机。

［бинмый 冰麦］piŋ$^{24-12}$mei^{44}黑麦。在中亚及俄罗斯种植。

［жў чылёфу 猪吃料树］tʂu$^{24-12}$tʂʰʅ^{24}liɔ^{44}fu^{44}橡树。果实可为猪的饲料。

［готян 高甜］kɔ$^{24-12}$tʰiæ̃^{24}水果。

［бадан 巴丹］pa^{24}tæ̃^{51}扁桃。也叫"巴旦杏"。

［хундапо 红大袍］xuŋ^{24}ta^{44}pʰɔ^{24}红罂粟花。

［дизорхуар 地早儿花儿］ti^{44}tsɔr^{51}xuar^{24}野百合花。

［вурусхуар 乌鲁斯花儿］vu$^{24-12}$lu^{51}· sʅ xuar^{24}老鹳草花。

［ловашан 老哇扇］lɔ^{51}· vaʂæ̃^{44}牛蒡。

［жёнзы 浆子］tɕiaŋ^{24}· tsʅ 罂粟绿果割取的白色乳汁熬制的鸦片。

［хуəвəр 活物儿］xuə^{24}vər^{44}有生命的东西，如飞禽走兽、草木等。

［бэпинжир 摆屏鸡儿］pɛ^{51}pʰiŋ^{44}tɕiər^{24}吐绶鸡。即"火鸡"，也说"洋鸡"。

［вугынцыр 五更鸱］vu^{51}· kəŋ tsʰər^{24}夜莺。

［фиця 水虾］fi^{51}ɕia^{24}鳄鱼。

［фудёр 树吊儿］fu^{44}tiɔr^{44}松鼠。

［цыцо 蛴螬］tsʰʅ^{24}tsʰɔ^{51}金龟子幼虫。

［цэхуар 采花儿］tsʰɛ^{51}xuar^{24}一种传播花粉的昆虫。

［хонзы 巷子］xaŋ^{44}· tsʅ 大街和小巷的通称。

［фитонзы 水堂子］fi^{51}tʰaŋ^{24}· tsʅ 浴室。

［тижя 梯架］tʰi$^{24-12}$tɕia^{44}梯子。

［шыбуцян 十不闲］ʂʅ^{24}· puɕiæ̃^{24}挂衣帽、小东西的衣架。

［гудазы 钩搭子］kou$^{24-12}$ta^{24}· tsʅ 鱼竿、鱼钩等钓鱼的渔具。

［фалазы 耍拉子］ʂua^{51}la^{24}· tsʅ 玩具。

［зэтужын 在头人］tsɛ^{44}tʰou^{24}ʐəŋ^{24}先进工作者，先进分子。也说"在前人"。

［бонбан 帮办］paŋ$^{24-12}$pæ̃^{44}原为我国清代后期中央或地方临时机构中主管官的助手，也叫"协办"。现在东干人仍称领导职务中的副职为帮办。

［нангуафу 男寡妇］næ̃^{24}kua^{51}· fu 鳏夫。"寡"在东干语中为失偶之义，故有男寡妇的称谓。

［чижын 妻人］tɕ^{h}i$^{24-12}$ʐəŋ^{24}妻子（书面语）。

［бёнки 客］piaŋ^{24}·k^{h}i 吸食大麻的人。

［нокəзы 脑壳子］nɔ^{51}·k^{h}ə·tsɿ 脑袋外壳。

［фупи 浮皮］fu^{51}p^{h}i^{24} 1. 头上的皮屑，2. 物体表面。

［нянщифур 眼媳妇儿］niæ̃^{52}ɕi^{24}fur^{44}瞳孔。

［гўмор 骨卯儿］ku^{24}mɔr^{51}骨头关节。

［гуэчон 拐肠］kuɛ^{51}tʂaŋ^{24}盲肠。

［бунонзэ 不囊哉］pu^{24}naŋ^{51}·tsɛ 不舒服，生病。

［жəбин 惹病］ʐə^{51}·piŋ 传染病。

［лёнха 凉下］liaŋ^{24}·xa 受凉、感冒。

［тонбин 糖病］t^{h}aŋ^{24}piŋ^{44}糖尿病。

［зонбин 脏病］tsaŋ$^{24-12}$piŋ^{44}性病的俗称。

［кэтон 开膛］k^{h}ɛ$^{24-12}$t^{h}aŋ^{24}做外科手术。

［хомо 号帽］xɔ^{44}·mɔ 回民戴的小白帽。

［эрян 耳沿］ɛr^{51}iæ̃^{24}冬天戴的有护耳的棉帽或者皮帽。

［дату 搭头］ta^{44}t^{h}ou^{44}回族妇女头上搭的盖头，多为白色。

［позы 袍子］p^{h}ɔ^{24}·tsɿ 中式长衣服，有长袍、棉袍、旗袍等。

［магуазы 马褂子］ma^{51}kua^{44}·tsɿ 穿在长袍外的对襟短褂。

［дуду 兜兜］tou$^{24-12}$tou^{24}妇女小孩保护腹部的一种服饰。

［йинту 影图］iŋ$^{51-32}$t^{h}u^{51}照片。

［сыган 丝杆］sɿ$^{24-12}$kæ̃^{24}电线杆。

［зандо 站道］tsæ̃^{44}tɔ^{44}公共汽车站台。

［фынчуан 风船］fəŋ$^{24-12}$tʂ^{h}uæ̃^{24}飞机。

［чонфан 长饭］tʂ^{h}aŋ^{24}fæ̃^{44}浇臊子汤吃的长面。

［лүмян 捋面］ly^{51}·miæ̃拉条子。

［сыпан 四盘］sɿ^{44}p^{h}æ̃^{24}东干人招待客人最流行的四个菜式。

［шысанхуа 十三花］ʂʅ^{24}sæ̃$^{24-12}$xua^{24}有十三个菜的宴席名称。

［дамыйца 大麦茶］ta^{44}mei^{44}ts^{h}a^{24}一种用大麦作原料制成的饮品。

［жяцця 家下］tɕia$^{24-12}$ɕia^{44}家庭，也指家里的人。

［шужю 收就］ʂou$^{24-12}$tɕiou^{44}收拾好，多用于行李、东西等。

［щица 稀诧］ɕi$^{24-12}$ts^{h}a^{24}少有、罕见、稀奇的人或事物。

［жишы 急失］tɕi$^{24-12}$ʂʅ^{24}着急，多指吃喝相。

［жүнмый 俊美］tɕiŋ^{44}mei^{51}俊秀、美丽、漂亮。

［вындон 问当］vəŋ^{44}·taŋ 问候。

［фоншә 放赦］faŋ^{44}·ʂə 饶恕、赦免。

［нян суәр 念苏儿］niæ̃^{44}suər^{44}念《古兰经》。

［же дўва 接都哇］tɕiə$^{24-12}$tu^{24}·va 祈祷。

［гуә эрмәли 过尔买里］kuə^{44}ɛr^{24}mɛ^{44}·li 穆斯林为宗教圣贤、名人、家中亡人举行的纪念活动。也说“过乜帖”。

［сандый-шыщин 三德十行］sæ̃$^{24-12}$tei^{24}ʂʅ$^{24-12}$ɕiŋ^{24}东干人在宗教生活中讲究“三德十行”。三德是：心信、口诵、力行；十行是：节饮食、节语言、节睡盹、悔过、避修、甘贫、安分、忍耐、顺服、乐从。

［вурус 乌鲁斯］vu$^{24-12}$lu^{51}·sɿ 俄罗斯。俄语借词。

［колхоз 考勒号子］k^{h}ɔ^{24}·lə xɔ^{51}·tsɿ 集体农庄。俄语借词。

［телевизор 铁列维造儿］t^{h}iə^{24}·liə vei^{51}·tsɔr 电视机。俄语借词。

［булажи 布拉吉］pu^{24}la^{51}·tɕi 连衣裙。俄语借词。

［хлеб 合列巴］xə^{24}liə^{51}·pə 面包。俄语借词。

［уха 乌哈］vu$^{24-12}$xa^{24}鲜鱼汤。俄语借词。

［базар 巴扎儿］pa^{24}tsar^{51}集市、市场或农贸商品集中的地方。突厥语借词。

［писыкэ 皮斯开］p^{h}i^{24}sɿ^{24}k^{h}ɛ^{51}吉尔吉斯斯坦首都比什凯克的旧称。也说“皮子街”。

［жянбаш 尖巴式］tɕiæ̃^{24}·pa.ʂʅ 羊骶骨。吉尔吉斯语借词。

［комуз 考母孜］k^{h}ɔ^{51}·mu tsɿ^{24}吉尔吉斯族乐器。也叫“三弦琴”。

［суәму 索姆］suə^{44}·mu 吉尔吉斯斯坦货币基本单位。吉尔吉斯语借词。

［сахат 撒哈特］sa$^{24-12}$xa^{24}·t^{h}ə 时间单位，钟点、小时。吉尔吉斯语借词。

［алматы 阿尔玛特］a^{24}·lə ma^{51}t^{h}ə^{51}阿拉木图。哈萨克斯坦第二大城市。

［дунбула 冬不拉］tuŋ^{24}·pu la^{24}哈萨克族乐器。

［жянгуә 坚戈］tɕiæ̃^{24}·kuə 哈萨克斯坦货币基本单位。哈萨克语借词。

［ташган 塔什干］t^{h}a^{24}·ʂʅ kæ̃^{51}乌兹别克斯坦首都。

［чапан 袷袢］t^{h}a$^{24-12}$p^{h}æ̃^{24}乌孜别克、维吾尔等民族所穿的对襟长袍。

［винон 维囊］vi^{24}naŋ^{51}跳舞。维吾尔语借词。

［гуонйин-гуәхуә 光阴过活］kuaŋ$^{24-12}$iŋ^{24}kuə^{44}·xəu 过日子、过生活，也指生活的好坏情况。

［фә сәляму 说塞俩目］fə^{24}sɛ^{24}lia^{44}·mu 东干人见到对方时，先要说"安塞俩目尔来库母"的问候语。

［гуә эрдый 过尔德］kuə^{44}ər^{24}tei^{51}过节。

［лин ёнлян 领养廉］liŋ$^{51-32}$iaŋ^{51}liæ̃^{24}领退休金。

［зу хуәшон 走活上］tsou^{51}xuə^{24}·ʂaŋ 出工、下地、上班等，东干人都说走活上或"做活"。

［ножяву 闹家务］nɔ^{44}tɕia$^{24-12}$vu^{44}夫妻之间闹离婚。也说"闹棒"。

［чынчин-доще 承情道谢］tʂ^{h}əŋ$^{24-12}$tɕ^{h}iŋ^{24}tɔ^{44}ɕiə^{44}领受情谊，表示感谢。

［хозуди 好走的］xɔ$^{51-32}$tsou^{51}·ti 送客的人使用的告别语。相当于"走好"。

［хозэди 好在的］xɔ^{51}tsɛ^{44}·ti 即将离去的人所使用的告别语。

［ги нигә гончён 给你个刚强］ki$^{51-32}$ni^{51}·kə kaŋ^{24}tɕ^{h}iaŋ^{24}祝福话。相当于"祝你健康"。

四、东干语语法(ДУНГАНЙУ ЙУФА)

东干族语言学家把语法叫作"文法"。文法分为两个部分：字法(词法)

和句段儿法(句法)。词法包括词类、构词法和构形法。句段儿法包括段儿的分类、段儿的构成及联系等。本节从词法和句法两个方面探讨东干语的词类、构词、构形、句类和复句结构等问题。

(一) 词法

1. 词类

教科书中将东干语词类分为三个部分十一个词类(M. X. 依玛佐夫 2015)。名词、质量词(形容词)、数儿词、动词、质动词、代名词(代词)、情形词(副词)属于独立语言部分;前置词(介词)、连接间、后置词(表示方位、语气的词)属于帮助语言部分;此外,还有气息词(表示感叹、模拟声音的词)。其中的名词、代名词有数的分别。质量词有短尾和长尾的区别。动词除表示动作、行为的一般动词之外,还有过动词(及物动词)、自动词(不及物动词)、副动词等。

2. 构词方式

东干语把词叫作"话",词根叫作"话根",词缀叫作"造话尾儿"。构词方式主要是话根加话根的根复式构词和话根加造话尾儿的附加式构词。此外,还有重叠式和变序式构词等。拿一个话根或一个话根加造话尾儿构成的词叫"简单话"(即单纯词)如:人、马、走、房子、花儿、石头、写家等。从其他民族语言中借来的词,也算是简单话。如:радио(广播、无线电,俄语借词),базар(巴扎、市场,突厥语借词);拿两个话根或者两个、多个简单话构成的词叫"复杂话"(即合成词)。如:贵贱、绿豆、门栓子、油沓子、猪吃料树(橡树)等。

话根加话根构词与汉语普通话合成词的构造方式相同。有并列式、主谓式、动宾式、偏正式、补充式。如:路道、石雕、煨烟、苦汉、收就(收拾完)等。话根加造话尾儿构词,使用的造话尾儿有:老、巴、子、儿、头、人、家、客、匠、头子、家子等,构成的词如:铺子、花儿、诗家、嘴头子、唱家子等。

话根重叠构词,多是表示亲属称谓、服饰、食品、动作、性质和状态的词、如:达达(父亲)、爸爸(叔父)、妈妈、袄袄、褂褂、馍馍、豆豆、走走、坐坐、高高、方方等。双音节质量词构词多为 AABB 式。如：刚刚强强、干干散散、秀秀缕缕等。有的叠音词话根后带有叠音的造话尾儿。如：怪喇喇、细尕尕、哇嘟嘟等。

变序式构词是将两个话根的前后顺序调换。如：民人、习学、菜蔬、皮脸、接迎、避躲、病疾、跷蹊、影踪等。这些逆序词在汉语中古已有之，近代汉语里尤其多见。

3. 构形方式

东干语的构形方式主要有时态、动态和数等。时态表示法是用改变动词后面附加时态语气词的方式来进行的。现在时一般在动词后面附加语气词“的[ti^{51}]”、“的呢[ti^{51}·ni]”来表示动作行为正在进行，如：萨利子走的念的呢。将来时一般在动词后面附加时态助词“呢[·ni]”，表示动作行为将要发生。如：初一的五月节气上，我们在城呢去呢。过去时一般在动词后面附加时态语气词“哩[·li]”，表示动作行为不仅已经发生，而且成为过去。如：萨利子走的念哩。

东干语动态表示法是在动词、形容词后附加副动词表示动作、行为进行过程中的某种动态。所加的副词分别是：开始态加“脱[t^{h}uə^{24}]、开[·k^{h}ɛ]”，持续态加“的[·ti]”，完成态加“掉[tiɔ^{44}]”，结束态加“罢[pa^{44}]、完[væ̃^{24}]、上[ʂaŋ^{44}]、给[ki^{24}]”等，经历态加“过[·kuə]”，承接态加“现[ɕiæ̃^{44}]……现[ɕiæ̃^{44}]……”，回复态加“照[tʂɔ^{44}]、照乎[tʂɔ^{44}·xu]”等词语来表达的。

东干语中的复数除人称代名词和表人的普通名词可以加“们[·məŋ]”表示外，表物的名词也可以加“们[·məŋ]”来表示复数的语法意义。如：树们、草们、羊们、鸡儿们、骆驼们、考拉号子(集体农庄)们等。

(二) 句法

1. 简单段儿

东干语把句子称为“句段”或“段儿”。单句叫“简单段儿”。简单段儿按照语气的不同，分为平顺段儿、问题段儿、叫法段儿三种。

平顺段儿即陈述句，是述说一件事情的句子。如：一个庄稼汉收麦子的时候儿抓哩一个鹌鹑。问题段儿即疑问句,是提出问题的句子。如:你阿奶刚强的呢吗?叫法段儿是祈使句和感叹句的综合,表示命令、请求或抒发感情的句子。如:今儿你哪塌儿都不能去!你把我放赦!他太孽障!

简单段儿的主要成分是主语和谓语,其次是宾语、补语、状语和定语。此外还有加添话(插入语)。汉语句子成分的语序一般是:主语在前,谓语在后。宾语和补语在动词的后面,定语和状语在中心语前面。东干语句段儿里的宾语经常放在谓语动词的前面,多层状语的排列顺序也比较特殊,借入的外来词也带有该语言的语序特征。如:

太阳出来我爱看(我爱看太阳出来)。

给他们工钱出的呢(给他们出工钱着呢)。

连话我都说不出来哩(我连话都说不出来了)。

低下头他坐的呢(他低下头坐着呢)。

我们还多要盖工厂呢(我们还要多盖工厂呢)。

鸭娃子乱都叫的呢(鸭娃子都乱叫着呢)。

博物馆萨哈特两个上开的呢(博物馆两点钟开放呢)。

2. 复杂段儿(复句)

复杂段儿是由两个或两个以上简单段儿组合构成的。东干语早期只有口语,话语中短句多,简单话分类也只有 3 类。20 世纪 50 年代以后,书面语形成,关联词语增多,复杂段儿结构形式也日趋丰富。

东干语中的复杂段儿大体分为两大类:平对复杂段儿,总句复杂段儿。平对复杂段儿即联合复句。平对复杂段儿中又分并列复杂段儿、连贯复杂段儿、选择复杂段儿等;总句复杂段儿即主从复句;总句复杂段儿即主从复句。总句复杂段儿中种类很多,有条件复杂段儿、因此复杂段儿、补语复杂段儿、定语复杂段儿、状语复杂段儿、位份复杂段儿、时间复杂段儿等。

五、结　　语

19 世纪后期,我国西北地区部分回民离乡去国,进入中亚。在谋求生存,繁衍发展,为当地社会经济贡献力量的同时,还原汁原味地保持着中华文化传统。他们神奇的历史形成和语言风俗习惯,引起了不少专家学者的广泛关注,在世界范围内兴起了一个新兴的学科——东干学。东干学中,东干语的研究占有十份重要的地位。

东干语是一种独特的汉语方言。它和其他海外华人所使用的汉语一样,尽管不能在所居国的政治、经济、文化领域发挥它的交际功能,但在传承中华传统文化、维系华人群体、保持祖籍身份认同、密切家族及家庭感情等方面发挥着巨大的纽带作用。东干语在140多年的历史进程和在俄语、突厥语的汪洋大海中,独立演进,恪守着汉语的本质和主流,保留着陕甘等西北方言的特色,创制了东干文,形成了民族共同语,这在跨境汉语方言中是别具一格的。不过,东干语在中亚多民族语言的影响下,正在发生着一系列变化,如外来词和语法手段的借用、语码的混合与转换、一些语义的丢失,甚至部分东干人群母语被外族语言所同化等。这些变化,使东干语产生了诸多中亚文化特征,虽促进了东干族群众和中亚各民族的融合,促进了中亚各民族文化的共同繁荣,但也正是这些变化,使东干语遭受到了严重的损害。

目前,东干语已经是一种濒危语言。语言是文化和历史的载体,东干语一旦消亡,中亚东干族的文化和历史也会从人类文明中消失。而任何民族文化和历史的消失,都会使整个人类生存的前景受到极大的威胁。因此,努力抢救东干语言,积极保护东干文化,使人类这份珍贵的非物质文化遗产继续传承和健康地发展,是我们刻不容缓的历史责任。

参考文献

[苏] A. 德拉古诺夫 1937 《东干语》。
[苏] Ю. 杨善新 1960 《中原语言的写法路数》,伏龙芝。
[苏] Ю. 杨善新 1968 《东干语的托克马克方言》,伏龙芝。
[苏] M. X. 依玛佐夫 1979 《回族语言》,5号,伏龙芝。
[吉] M. X. 依玛佐夫 1993 《东干语语法》,比什凯克。
[吉] M. X. 依玛佐夫 2015 《回族语言》,10—11号,比什凯克。
[吉] Ю. 丛娃子 2007 《回族语言》,8—9号,比什凯克。
[吉] A. 卡里莫夫,Ю. 丛娃子 2015 《回族语言》,6—7号(第6版),比什凯克。

陈晓锦、甘于恩　2016　《汉语方言在海外的播迁与变异》，世界图书出版广东有限公司。
戴庆厦　1993　《跨境语言研究》，中央民族学院出版社。
胡振华　2006　《中亚五国志》，中央民族大学出版社。
林涛　2012　《东干语调查研究》，中国社会科学出版社。
庄国土、李瑞晴　2011　《华侨华人分布状况和发展趋势》，国务院侨务办公室政策法规司编。

海外华人社区汉语方言研究现在要做什么

陈晓锦
（暨南大学）

提要 在后疫情时代，我们可以进行的几个方面的海外汉语方言研究，包括：1. 对已获取的海外汉语方言调查材料的深入研究，2. 对华侨农场归侨、侨眷语言的研究，3. 对海外华人社区历史文化的研究，4. 对海外华文教育与海外华人社区汉语方言保育的研究，等等。在未来，在更加开放的情况下，我们应该进一步做好有关：1. 海外华人社区吴方言调查研究，2. 海外华人社区客家方言调查研究，3. 海外华人社东北官话调查研究，4. 海外华人社区海南闽方言调查研究，闽东方言的进一步研究，5. 海外华人社区粤方言的深入调查研究。

关键词 海外华人社区 汉语方言 方言文化

海外华人社区汉语方言调查研究真正得到语言学界、汉语方言学界比较广泛的关注，应该是在2008年，第一届海外汉语方言国际学术研讨会在暨南大学成功召开以后。这之后，海外华人社区的汉语方言研究从不为人所知、少为人所知，到慢慢成为语言学、方言学科内的一个新学科，研究者日益增长，且其中不乏一些年轻学者和学生；研究的成果也越来越多，这些年，不但国家社科基金的一般项目，就是重点项目、重大项目也都有了。

本文是国家社科基金重大项目“海外华人社区汉语方言与文化研究（14ZDB107）”，国务院侨办2022年度华文教育研究课题“华文教育与海外华人社区汉语方言保育研究”（22GQB021）的阶段性研究成果。

可就在眼看形势越来越好，我们有望将研究推向新的高峰，有望取得新的成绩的时候，横扫全世界的新冠肺炎疫情来了。世界按下了暂停键。凶神恶煞的新冠肺炎一时间阻滞了世界各国各行各业的行进步伐，在学术领域，尤其是诸如海外华人社区汉语方言调查研究这类涉及海外的工作自然也不例外。疫情三年，本来刚刚有起色，将要大步向前的海外汉语方言研究，研究的路子一下子像是被堵住了。不单年轻的学生，年轻的研究者，所有的人都有疑问：我们该怎么办？

是的，三年多了，目前疫情也刹住了，是时候认真思考海外汉语方言研究现在应该做什么，应该怎样做了。

一、在难于走出国门的情况下我们应该怎么做

海外华人社区汉语方言，在难于走出国门的情况下，应该怎么做？我们无法预测世界的变化，政策的管控，但是我们可以把握我们的研究方向。

很多时候，虽然无论是否有疫情，要走出国门都不容易，但就是在国内，关于海外汉语方言，起码以下的工作我们是可以抓紧进行的：

（一）对已获取的海外汉语方言调查材料的深入研究

从20世纪的90年代初，国内的研究者开始涉及海外华人社区汉语方言调查研究以来，我们已收获了很多，仅不完全的统计，公开发表的，有关海外汉语方言的单篇文章就接近300篇；已经召开了8届的海外汉语方言国际学术研讨会论文集，有8本；高等院校的硕士、博士相关论文起码21篇；而成本的著作则有45部。（陈晓锦，2023）仅我们主持的国家社科基金一般项目“东南亚华人社区汉语方言比较研究（07BYY017）”，国家社科基金重点项目“美国华人社区汉语方言与文化研究（14AYY005）”，国家社科基金重大项目“海外华人社区汉语方言与文化研究（14ZDB107）”，最后完成的成果加起来就有600多万字。

这些成果包含了不少首次基础调查收获的资料。

例如,我们已经掌握的世界五大洲 42 个粤方言点的资料,调查点包括粤方言广府话、四邑话、顺德话、中山话、广西白话,已经能够大致勾勒出海外华人社区粤方言的面貌。我们的海外闽方言调查已经有关于福建闽南话、福建闽东话、广东闽方言潮州话的主要方言点的研究。海外华人社区官话方言的研究已经有了中亚的西北官话、东南亚的西南官话的研究。除了国内的学者,海外一些学者也做了一些相关的探讨。但是,这些研究的相当部分只是对调查资料进行了初始披露和简单分析,很多资料还值得再做进一步的钻研。从赵元任先生用现代科学方法研究现代汉语吴方言起,国内各地的不少地点汉语方言不就是被一再反复、细细地研究的吗? 我们认为,这种方法与态度,是刚刚起步的海外汉语方言调查研究也需要学习,需要借鉴的。

我们应该对所获的初始资料进行深入的研究,而这种对海外汉语方言的深入研究,不用走出国门,也可以进行。

除了对现有资料本身的深入研究,将分别处于世界不同的洲,不同国家的海外同一类属的汉语方言进行异同比较,探讨各国同一系属的汉语方言脱离祖籍地后,受到不同居住国不同的主流语言的影响,受到华人不同生存环境的影响,受到华人社区其他汉语方言等等影响所造成的差异,也是值得做的。例如,在东南亚流行的广东闽南方言潮州话,与在法国巴黎流行的潮州话肯定有差异,东南亚和欧洲的地理气候不同,人文环境不同,居住国主流语言不同,等等,这些都是比较的条件。

还有,我们也可以将已经获取的海外汉语方言资料,与其国内祖籍地的汉语方言做详细的对比,海外汉语方言脱离祖籍地一两百年来,其间没有参与祖籍地源方言的演变,没有受到国家标准语普通话的影响,但却接受了海外不同国家主流、非主流语言的影响,并在生存中衍生了自己的特点,故比较研究海内外同一汉语方言的异同,探索时空隔离所造成的演变大有工作可做。

以上的工作,包括一些我们还没有想到的,在海外汉语方言还未有基础调查之前,我们都难以进行,但现在,条件不一样了,是时候开始在继续海外田野调查的同时,去做这些研究了。

（二）对华侨农场归侨、侨眷语言的研究

在“海外汉语方言”这个大框架下，目前，还有一类不需要迈出国门就能够进行的调查研究：华侨农场归侨、侨眷的汉语方言调查研究。

全国共有84个建于20世纪五六十年代、七八十年代，分布于广东、广西、福建、海南、江西、云南、吉林7个省（自治区）的华侨农场。（陈晓锦、张天怡，2016）其中有41个华侨农场系五六十年代为安置马来西亚、越南、印度尼西亚、缅甸、印度等国8万多归难侨而设立的，有43个系七十年代末为安置越南难侨而设立的（越南难侨共约26.3万人，华侨农场安置了16万人，农垦、林场安置7万人，其余为社会分散安置）。华侨农场广东最多，共有23个，吉林最少，只有1个，且与在南方的华侨农场不一样，吉林扶余华侨农场安置的是从朝鲜回归的归侨。

此外，还有的并非叫作华侨农场，但也是归国华侨侨眷聚居的地方，例如广西北海市的侨港镇，该镇17 000多居民是自越南回归的渔民及其后代，基本使用粤方言。新疆华侨农场——农八师一四三团也是归侨集中地。

原形成、成长于中国的汉语方言——华侨农场归侨使用的汉语方言，在被带到海外，对外扩散后，寓居海外过百年又再回归，可以说是世界语言史、汉语方言史上的一个特殊案例。

华侨农场的归侨在回归前除了使用居住国的主流语言，再就是使用华人社区通行的汉语方言。在现阶段，我们认为，归侨的汉语方言仍应该归属海外汉语方言的系列。归侨汉语方言，这是一个比较特殊的系列，既不同于国内的汉语方言，也不同于一直在海外的汉语方言。归侨的汉语方言，在经历了海外不同国家，接受了曾经的居住国语言的影响，回归后，又再受到国内现居地及周边汉语方言的影响，归侨之间不同汉语方言的互相影响（对归侨的安置，并不以祖籍地划分，而是以回国的批次划分，故使用同一汉语方言或不同汉语方言的归侨都可能被划分在一起），以及国家通用汉语普通话的影响，自有其别具一格的特色。

归侨使用的汉语方言，主要是粤、闽、客方言（也有例外，如吉林扶余华侨农场），归侨汉语方言的调查研究值得做，也必须抓紧时间做，因为非常濒

危。且在中国改革开放以后,不少华侨农场因为转型,人员的流失严重,使用者日益减少,农场处于松散的状态,农场周边其他汉语方言的影响、侵蚀,也更加剧了农场使用汉语方言的濒危。其实,华侨农场目前很多已经“场不似场”了,如不加紧工作,将造成不可挽回的损失。

关注华侨农场汉语方言的调查研究,是我在2013年由湛江师范学院(现在的岭南师院)和暨南大学汉语方言研究中心共同举办,在广东湛江召开的“粤西方言高端研讨会”上提出的。但是,至今为止,我们见到的相关研究成果主要是暨南大学近年来的一些硕士博士研究生的毕业论文,另广西、云南也开始有同行涉及这个方面的研究了。所以,这方面的研究仍大有挖掘的潜能,这是在家门口,不用迈出国门就可以做的海外汉语方言研究。

(三)对海外华人社区历史文化的研究

语言与文化息息相关,海外华人社区的文化,都是建立在社区通用的汉语方言之上的。关于海外华人社区历史文化的研究,目前做得比较好的是北方民族大学的林涛教授,最集中反映林涛教授关于海外东干人社区文化研究的著作,是《中亚华人回民社区语言文化风俗研究》(世界图书出版公司,2018年)。其他可以看到的相关研究,主要是夹杂在有关国家华人社区汉语方言研究中附带讨论的,如我的《美国华人社区粤方言与文化研究》(2023)。单篇的文章也有,大家可以在网上找到一些,如我和博士生章策前一段发的《从华人移民看海外汉语方言的传播与发展》(《暨南学报》2023年第5期)。

文化的基础是语言。在海外不同国家浮沉过百年的海外华人社区文化,不单会与祖籍地的文化不同,也往往会因为华人居住国的不同,华人使用汉语方言的不同,而有不一样的表现。例如美国、加拿大、英国等华人社区的粤方言文化,意大利普拉托华人社区的吴方言文化,印度尼西亚棉兰华人社区的福建闽南方言文化,马来西亚东马砂拉越诗巫华人社区的闽东方言文化,泰国华人社区的广东闽南方言潮州话文化,马来西亚东马沙巴亚庇和砂拉越古晋,以及毛里求斯华人社区的客家方言文化,等等。就是在不同国家流行相同汉语方言的社区,方言文化也多少会有差异,例如,美国三藩市和越南胡志明市的华人社区都流行粤方言,但两地的方言文化就有差异,比如,胡志明市华人社区庙宇众多,三藩市少见;三藩市华人社区春节有花市,华人"行花街",胡志明市华人社区没有。

每一个华人社区,不论处于什么国家,无论大小,其方言文化都直接与社区流行的汉语方言挂钩,都值得细细深究。这个方面的研究,除了到海外,也可以借助参考一些现有文献资料、互联网,或咨询短期回国的华人等来做。

(四)关于海外华文教育与海外华人社区汉语方言保育的研究

我们还可以探讨华文教育与海外华人社区汉语方言的关系。

可能会有人觉得这两件事扯不到一块,但华文与汉语方言两者之间的关系并不是对立的。"华文"不仅仅只是指汉语共同语普通话,也包括汉语方言。华人社区汉语方言是社区文化的基础,汉语方言的维护关系到社区文化的安危,海外华文教育,目前主要是汉语共同语的教育,好像还没有意识到也应该包括汉语方言教育。其实,华文教育也应该为华人社区汉语方言保育做贡献。我们认为,在国家的语言资源保护,还未能惠及海外华人社区濒危汉语方言的情况下,孔子学院等教学机构,除了主要教学汉语共同语普通话,也应该结合华人社区的实际,酌情教学一些社区流行的汉语方言,助力华人社区汉语方言的保育,从而也起到维护华人社区文化的作用。

必要的汉语方言教育,是吸引、启发华人对华文学习热情的有力措施,不应该忽略了华人社区汉语方言的教育。海外最早的华文教育,是海外华人倡导并实施的,我们知道,海外面对华人的华文教育之肇始,就是海外华人自己办的汉语方言教育。最早的华文教育机构,是1690年在荷属东印度尼西亚的巴达维亚,由华侨倡办的"名诚书院"。书院当时有学生三四十人,经费由华侨"公馆"负担,后因管理不善而停办。在此后相当长的一段时间里，海外华人社区流行的汉语方言，都是各国华人自创的社区华文学校使用的教学语言。这种情况一直到近三四十年才发生了变化。在海外教华语普通话，很难收到立竿见影的效果，但教华人社区的汉语方言效果就不一样了。因此，在教学华语的同时，针对华人社区的具体情况讲一点华人社区流通的汉语方言，既维护了华人社区的汉语方言，维护了社区的汉语方言文化，同时，通过方言与普通话的比较，也带动了讲汉语方言的学生的普通话学习，促进了华文教育的发展。

我们认为，有关海外华文教育与海外华人社区汉语方言保育的研究也值得做。

还有，这几年，由于疫情等原因，有的海外华人回国后难以或者没有再出去，滞留在国内了。虽然这个方面各地的情况不一，但这也是我们可以注意利用的一个研究资源。只是这个资源可遇不可求。

相信还有我们没有想到的。

二、疫情之后我们应该怎么做

目前疫情已结束，各方面的状况都已经比前两三年好多了，在后疫情时代，我们应该做什么，更必须要有规划。

海外汉语方言研究起步晚，当前，海外华人社区汉语方言的调查研究，首要任务还是应该尽快完成普查，摸清海外华人社区汉语方言的概况。综合各方面的情况，我们认为：

（一）海外华人社区吴方言调查研究

海外存在的五大汉语方言：粤方言、闽方言、客家方言、官话方言、吴方言。海外五大方言中，吴方言的研究最薄弱。虽然在海外流行的地域及使用的人口均不及粤、闽、客家方言，但吴方言在海外的传播其实也不止百年了。尽管人数比较零散，百年前，就有浙江青田、温州一带的华人卖青田石雕，辗转从俄罗斯到了欧洲的法国、西班牙、荷兰等地。在 20 世纪七八十年代,中国改革开放以后,相比其他海外汉语方言,北部吴方言上海话,南部吴方言温州话在海外的传播都有了长足长进,海外的一些新华人社区,如澳大利亚悉尼内西区的上海北部吴语华人社区,有"小上海"之称的 Ashfield,意大利普拉托的浙江温州华人社区(意大利人在普拉托反而像老外),还有在南美洲的巴西、阿根廷等地,五大洲都有人数不等,使用吴方言的华人,他们的存在都在海外产生了一定影响,而且目前,这些新华人社区还在发展之中。

不过,与海外的其他汉语方言研究比较,海外吴方言的调查研究成果最少,海外吴方言调查研究滞后的状况亟待改变。

(二) 海外华人社区客家方言调查研究

学界对海外华人社区客家方言的初始认识是:主要流行在东南亚一些国家城镇的边缘地带,或零星散布在一些城市中。但是这些年来的实地调查,修正了这个有些狭隘的看法。

现有的了解,客家方言在海外的流行还是相当广泛的,在有些国家的华人社区,还是社区的主导方言。例如,亚洲马来西亚东马的沙巴州州府亚庇,砂拉越州州府古晋的华人社区,就都是主要流行客家方言的地方,这两个地方很多非客籍华人,甚至当地人也会说客家话。非洲四个有老华人社区的国家(地区),毛里求斯、马达加斯加、(法属)留尼汪、南非,都有客家人,其中毛里求斯的华人社区还基本是纯客家的华人社区。欧洲英国伦敦有来自香港新界的客家华人。南美洲的巴拿马,来自广东花都的客家籍华人占了华人社区的绝大多数,苏里南的客家人也很多。就是北美洲的美国纽约,也有零星散布的客家华人。

恐怕还有不为我们所知的。

而现有的海外客家方言调查研究,主要是东南亚华人社区的,其他将要披露的,只有非洲毛里求斯华人社区的客话,广东梅州嘉应学院的吴忠伟老师做的。我们做过美洲巴拿马、美国,欧洲英国,非洲(法属)留尼汪,亚洲马来西亚东马砂拉越州古晋的客家话等,也还没有报道出去。这种状况显然远远不能展现海外客家方言的整体面貌,海外客家方言的调查研究必须迎头赶上。

(三)海外华人社区东北官话调查研究

海外华人社区流行的官话方言,主要是西北官话、西南官话、东北官话三支。中亚的海外西北官话东干语调查研究,在海外汉语方言研究中起步早,研究的成果也不少,北方民族大学的林涛教授,在这方面是领跑者。海外西南官话调查研究起步相对较晚,成果不及西北官话,但是这些年也赶上来了,暨南大学的肖自辉老师做了不少。可是在官话系统中,主要流行在俄罗斯、日本、韩国等的海外东北官话,却一直没有被触及,故海外官话方言的调查研究就存了一个遗憾,是时候弥补这个遗憾了。

(四)海外华人社区闽方言调查研究

海外华人社区闽方言调查研究,做得相对好的是亚洲福建闽南方言的研究,不算我们的《东南亚华人社区汉语方言概要》里面的相关论述,周长楫、周清海教授出版过《新加坡闽南话概说》(厦门大学出版社,2000年),《新加坡闽南语词典》(中国社会科学出版社,2002年),《新加坡闽南话俗语歌谣选》(厦门大学出版社,2003年)等专著。此外,还有相当多其他学者做的单篇论文。

关于闽南方言潮州话的研究也有一些,如我们在《马来西亚的三个汉语方言》《泰国的三个汉语方言》《泰国华人社区的汉语方言》《东南亚华人社区汉语方言概要》里做的,还有我们的国家社科重大项目闽方言子项目涉及的,深圳大学吴芳老师做的,东南亚以外,法国巴黎华人社区的潮州话,加拿大温哥华华人社区的潮州话。

总的看来,海外闽南方言的研究是已经有不俗的成绩了,但是我们知道,在海外如东南亚的一些地方,如泰国、柬埔寨等华人社区,也有海南闽南方言,海外的海南闽方言目前处于非常濒危的状况,亟待挽救,只是学界还没有相关的报道。

此外，闽东方言，至今已有的研究是国家社科基金重大项目“海外华人社区汉语方言与文化研究”闽方言子项目中关于马来西亚东马砂拉越诗巫华人社区的，研究者是香港的年轻学者林文芳博士和洪英博士，诗巫这个历史已过百年的闽东方言社区维护得相当好。不过，海外闽东方言在中国改革开放以后有一些新发展，例如，从美国纽约原有的粤方言华人社区发展出来的，使用福州话的华人社区，还有南美洲巴西、阿根廷的华人社区，也有使用闽东方言的华人，而我们对这些亦还没有研究。

（五）海外华人社区粤方言调查研究

粤方言是在海外通行最广、使用人数最多的汉语方言，五大洲很多国家的华人社区都有。至今为止，海外华人社区的粤方言调查研究算是进展比较快的，我们完成的国家社科基金一般项目“东南亚华人社区汉语方言比较研究（07BYY017）”，国家社科基金重点项目“美国华人社区汉语方言与文化研究（14AYY005）”，国家社科基金重大项目“海外华人社区汉语方言与文化研究（14ZDB107）”，合计做了 42 个粤方言点，但是海外粤方言流行广泛，全世界共有 200 多个国家，我们未涉及的还有很多，所以也仍需继续努力。

我们需要特别关注粤方言广府话和四邑话以外的海外其他粤语分支，如广西白话、顺德话、中山话等的调查研究。关于这些海外粤方言的研究，到现在为止，完成的都只是各有一个点，我们做得比较多的是海外粤方言广府话、四邑话的调查研究，当然，这也是与粤语在海外传播的现实相符的。

（六）海外新华人社区汉语方言调查研究

目前，我们涉及的海外汉语方言调查研究，主要是在海外历史过百年，两三百年的老华人社区的汉语方言研究，但不可回避的是，在中国的改革开放后，世界不少地点快速地“冒出”了一些新华人社区，其中比较出名的，除了上面提到的美国纽约使用闽东话的华人社区，意大利普拉托使用温州话的新华人社区，还有澳大利亚悉尼上海话华人社区等，在老挝与中国云南接壤的地方，甚至连湘语也出现了。

湘语在老挝的出现有点传奇。在老挝的边境城市琅南塔,出现了一个以说湖南邵阳方言为主的,新湘人华人社区湖南街。该华人社区的产生与20世纪90年代云南的国营农场改制有关。云南国营农场的湘籍员工在农场改制后,在边界地区做商贸,生意做大后又逐渐带领湖南老家的乡亲前往。老挝湖南华人新社区的进一步确立,将会打破目前海外华人社区主要通行五大汉语方言——粤、闽、客、吴、官话方言的格局。

关于新华人社区,我们目前还没有很多研究,而这是一个亟待关注的研究方向。还要看发展,新华人社区也有散布在欧洲、美洲一些国家,如巴西、阿根廷等国家的。

以上说的,都只是"一言堂",大家可以就这些问题展开更多的讨论。

参考文献

陈晓锦 2014 《东南亚华人社区汉语方言概要》,世界图书出版广东有限公司。
陈晓锦 《海外华人社区的粤方言》,国家社科基金重大项目"海外华人社区汉语方言与文化研究"(14ZDB107)子项目"海外华人社区粤方言与文化研究"最终成果。
陈晓锦、黄高飞 2016 《海洋方言的扩散与回归》,《暨南学报》第1期。
陈晓锦、张天怡 2016 《关注华侨农场的语言方言调查研究》,《粤语研究》第二十期。
陈晓锦、庄晓茹 2022 《孔子学院应该开展汉语方言教学》,《南方语言学》第十九辑,世界图书出版广东有限公司。
陈晓锦、章策 2023 《从华人移民看海外汉语方言的传播与发展》,《暨南学报》第5期。
陈晓锦 2023 《美国华人社区粤方言与粤方言文化研究》,中山大学出版社。
林涛等 2018 《中亚华人回民社区语言文化风俗研究》,世界图书出版广东有限公司。
游汝杰 2021 《汉语研究的当代观和全球观》,《语言战略研究》第3期。
张振兴 2021 《中国语言研究的两大战略导向》,《语言战略研究》第3期。

海外汉语方言语法研究五题

崔山佳
（浙江财经大学）

提要 崔希亮《国际中文教育的十二个重点研究领域》一文曾提出十二个研究领域，第一个是“面向国际中文教育的语言本体研究”。我们认为，加强汉语的本体研究确实很重要，这是基础。同时，这个“本体研究”还应该包括汉语方言的本体研究。因为，很多海外的华人社区中有众多的汉语方言语法现象，这是普通话语法不能解决的。

关键词 海外华人社区 汉语方言 语法 VV+补语 V+AA 形容词“A死A”重叠 数词“廿” 细……仔

一、引 言

由邢福义先生主编的《全球华语语法》目前已出版“香港卷”（田小琳主编，2021）、“马来西亚卷”（郭熙主编，2022）、“美国卷”（陶红印主编，2022）、“新加坡卷”（周清海主编，2023），以后还有“台湾卷”“澳门卷”。此前有陆俭明的《新加坡华语语法》（2019）等。境外汉语方言语法的研究则有张洪年的《香港粤语语法的研究》（1972），后又有增订版（2007）等。至于境外汉语方言的研究，陈晓锦教授成绩更引人注目，有《马来西亚的三个汉语方言》

本文是国家社科基金重大项目“晚明以来吴语白话文献语法研究及数据库建设”（21&ZD301）阶段性研究成果。

(2003)、《泰国的三个汉语方言》(2010)、《东南亚华人社区汉语方言概要》(2014)、《美国华人社区粤方言与文化研究》(2023),又如陈晓锦、肖自辉的《泰国华人社区的汉语方言》(2019)。

二、VV + 补语

(一) VV+结果补语

“VV+补语”是指动词重叠后带结果补语、趋向补语。东南亚不少华人社区有“VV+结果补语”,如:

马来西亚新山潮州话:倒倒掉(把东西)倒掉、园园埋(把东西)藏起来、做做完(把活儿)干完、食食了(把东西)吃完、买买了(把东西)买光、择择直(把东西)捡好。(陈晓锦,2003:376)

文莱斯里巴加湾福建话:冚(kǎn)冚紧盖紧。

泰国曼谷潮州话:收收埋收好、掇掇好捡好、磕磕掉埋掉。

新加坡潮州话:枵枵死饿死、笮笮死压死、咬咬死。这几个“死”表示的意思都非真正意义上的“死”,而只是表示程度很深。(陈晓锦,2014:989—990)

此前陈晓锦(2010:322)也说到泰国潮州话有“VV+结果补语”,表示动作的随意性。例如:

(1) 床顶撮书收收埋(把)桌上的书收起来。

(2) 无用个物件磕磕掉(把)没用的东西埋掉。

(3) 块菜择择好(把这)些菜捡好。

美国也有,例如:

(4) 脂肪粒怎么形成的,能不能挤挤掉,会不会有疤痕?(华人今日网,陶红印,2022:31)

上例未知是汉语何种方言。

据曹志耘(2008:61),汉语方言中动词重叠带结果补语(以“你看看清楚”为例,是“单音节动词重叠加补语”)的点很多,有263个点,其中闽语22个点(闽南片最多)、客家话7个点、粤语23个点。另外,曹志耘(2008:61)说“你看看他清楚”的方言点有:福建的德化、永春、泉州,全是闽语闽南片。

但曹志耘（2008：61）未见广东潮州、汕头方言有“VV+结果补语”，其实潮汕方言有“VV+结果补语”，欧俊勇、苏燕璇（2011：101）指出，潮汕方言有：割割断、清清楚说清楚、卖卖掉、拍拍死、缚缚做一捆捆成一捆。另如汕头方言有：卖卖掉。（施其生，1997）潮阳方言有：割割断、剜剜掉、扫扫清。（张盛裕，2016）澄海方言有：踢踢掉、写写好、卖卖掉。（林伦伦，1996）福建永春方言有：撽撽破。（林连通，1995）漳州方言有：砍砍献。（马重奇，1995）以上都是闽语。

近代汉语就有“VV+结果补语”。崔山佳的《近代汉语动词重叠专题研究》（2011）第八章“动词重叠带补语”第一节是“动词重叠带结果补语”，崔山佳（2011：375—379）指出，近代汉语中动词重叠后带补语的语言现象是有的，不但吴语作家作品中有“VV+结果补语”说法，在北方方言区作家的作品中也有，并举有不少用例。崔山佳（2011：381—383）还举有“V 一 V+结果补语”的例子。

崔山佳的《吴语语法共时与历时研究》（2018）第九章“动词重叠带结果补语”第一节是“吴方言动词重叠带结果补语”，吴语的分布很广，据曹志耘（2008：61），单是浙江吴语就有 75 个方言点，江苏吴语有 19 个点，上海有 11 个点，安徽有 9 个点，江西有 1 个点。崔山佳（2018：241—247）第二节是“其他方言与普通话动词重叠带结果补语”，分别介绍其他方言与普通话的情况。据曹志耘（2008：61），除闽语有 22 个点外，赣语有 13 个点，徽语有 12 个点，客家话有 7 个点，粤语有 23 个点，湘语有 1 个点，官话系统有西南官话 8 个点，江淮官话 6 个点，中原官话 2 个点，另平话有 28 个点，畲话有 2 个点，土话 1 个点，乡话有 1 个点。可见，“VV+结果补语”的分布范围较广。

（二）VV+趋向补语

美国也有“VV+趋向补语”的用例，例如：

（5）来买过几次了，很好。打包的时候把原包装都一起装装进去了。（生活波士顿网，陶红印，2022：31）

上例也不知其是何方言。

近代汉语也有动词重叠带趋向补语。崔山佳(2011)第八章第二节是“动词重叠带趋向补语”。崔山佳(2011：394—396)举有“VV+趋向补语”用例,崔山佳(2011：397)举有“V 一 V+趋向补语”用例。

崔山佳(2011：391—393)不但举有吴语的例子,也举有福建宁德、永春、厦门、漳州,广东潮阳、阳江,江苏南通、东台等方言的例子。欧俊勇、苏燕璇(2011：101)指出,潮汕方言有：坐坐落去、搬搬出去、拖拖入来、收收起、食食落去。

总起来说,不论是近代汉语还是现代方言、普通话,都是“VV+结果补语”比“VV+趋向补语”使用频率高。

三、V + AA

这是由一个单音节动词后加单音节形容词重叠,用于形容程度高。如：

越南胡志明市潮州话：担浮浮挑得高高的。

泰国曼谷潮州话：卧直直仰面大睡。(陈晓锦,2014：989)

菲律宾马尼拉福建话：穿烧烧穿得很暖和。

柬埔寨金边潮州话：食饱饱吃得非常饱。(陈晓锦,2014：990)

陈重瑜(1986：141)认为新加坡华语也有“V+AA”,是来自闽语,例如：

(1) 坐好好!

(2) 你们要跑快快啊!

(3) 要迟到了,他还走慢慢。

(4) 你讲好好啊！我什么时候说过这句话?

陈重瑜(1986：141)还认为“V+AA”是“动词后状语之重叠”。即把“AA”当作后置状语。

陆俭明《新加坡华语语法》(2019)没有提及新加坡华语的“VAA”用法。

仇志群、(荷兰)范登堡(1994：259)指出：北京话中某些“X+动”的结构,台湾“国语”说成“动+X”。其中有“走直直直着走”。“走直直”是台湾“国语”,“直直”直接作“走”的补语。

其实,不仅闽语有“V+AA”,其他方言也有。如吴语。傅国通(2010：

71)指出,普通话里,重叠式形容词作动词的补语时,必得有个结构助词“得”作介接。如“说得好好的”。在浙江有些方言里,则不需要结构助词帮助,重叠式形容词可直接作动词的补语。如：武义话说“食光光”,宣平话说“讲好好”,庆元话说“坐正正记”,云和话说“扫光光”,景宁话说“坐正正”。这些地方都属于处州,即现在的丽水市(宣平已撤销,武义现在属于金华市,但属于处州方言,不属于婺州方言)。浙江其他地方未见。傅国通(2010：71)把这种用法称作“形容词重叠直接作补语”。木玉(1996：56)也提到“V+AA”。动形形结构形容词重叠作动词补语时,在普通话里必须借助“得”才行。如“说得好好的”等。但在浙江的武义、云和等地,则不需要“得”的帮助,重叠式形容词可直接充当动词的补语。例如：

(5) 食(吃)光光吃得光光的。(武义)

(6) 讲好好讲得好好的。(宣平)

(7) 坐正正记坐得正正的。(庆元)

(8) 扫光光扫得光光的。(云和)

(9) 坐正正坐得正正的。(景宁)

杨俊芳(2008：16)指出,江西广丰方言中有这样的例子：

(10) 处里离开远远儿家离开远远的。

上例的“远远儿”作补语,也未用“得”。广丰方言也属吴语。

雷艳萍(2009：81)指出,浙江丽水畲话的形容词重叠式作补语时,有时有带助词“得”和不带“得”两种情况,如：

晒燥燥干——晒得燥燥干

洗清气气干净——洗得清气气干净

由于带上结构助词“得”之后,重叠式很自然地成为语法重音得以强调,程度义也得以进一步地强化和彰显。以上短语也就构成了如下等级序列：

晒燥燥干<晒得燥燥干

洗清气气干净<洗得清气气干净

所以,当形容词重叠式作补语时,带助词“得”重叠式的程度义要强于不带助词“得”重叠式的程度义,即：重叠式<得+重叠式。

浙江丽水有景宁畲族自治县,傅国通(2010：71)、木玉(1996：56)中举有景宁的例子,是汉语方言影响了畲话,还是畲话影响了汉语,还要作进一步调查。但按照正常的情况看,应该是汉语方言影响了畲话。

山西襄垣方言(属晋语)也有。例如:

(11) 你吃饱饱,不要还不到晚饭就说自己饿了。

(12) 把缰绳绑紧紧,不要让马跑了。

(13) 井盖盖好好,不要让孩子们掉进去了。

(14) 你站高高换一下坏了的灯泡。

(15) 洗净净衣裳,要不穿出去被人笑话。(李宁,2013：355)

襄垣方言有的例子,"VAA"后面可带宾语,如例(15)。

相比之下,闽语的"VAA"分布范围更广,显得更成熟。闽北话的动补结构中,补语利用形容词的重叠,表示动作的结果。例如:

(16) 乇做坏坏了东西做坏了。

(17) 衣裳熨平平了。(黄伯荣,1996：779,原文来自袁家骅等《汉语方言概要》[第二版],1989)

王玲玲(2013：110)说闽方言 AA 式可以直接做补语,例如:

(18) 看乌乌摸平平看起来黑黑的,摸过去平平的。(补语)

钱奠香(2002：72)指出,海南屯昌闽语中也有,例如:

(19) 驶猛猛架车开得很快的那辆车。

(20) 煲烂烂罐肉煮得很烂的那锅肉。

(21) □[xuai^{55}]甜甜奷侬睡得很香的那个人。

上面例子中的"VAA"与前面山西话、浙江话中的不同,这里"VAA"整个做定语。

福州方言更复杂,形容词"AA"重叠作补语,动词和补语之间一般无需起联系作用的助词,"AA"后面一般要加"喏"。例如:

(22) 饭食快快喏饭吃得快快的。

(23) 徛悬悬喏才会看见站得高高的才看得见。

(24) 目珠擘大大喏眼睛睁得大大的。(郑懿德,1988：306)

（25）头发剪短短喏头发剪得短短的。

（26）刀磨利利喏刀磨得快快的。（郑懿德，1988：308）

“AA”作补语与状语时，往往表示加重、强调的意味。（郑懿德，1988：308）

福州方言甚至有“VAAA”的说法，例如：

（27）我来汝这块两个上月，我厝㖞事计都放平平平呵我来你这儿两个来月，我家里的事情全都顾不上做了。

但单音形容词中，只见到“长、平、硬、暗、[t‘ɑʔ²³]”5个单音形容词可以组成“AAA”重叠式。“AAA”式的形容词，不论在句中占据什么位置，表示的程度、分量等总是强化，而且其强化程度又是各类重叠式之最。如“长长长”表示很长很长，“暗暗暗”表示很晚很晚。（郑懿德，1988：307）那么，上例的“放平平平”比“放平平”所表示的程度更强化。郑懿德（1988：307）指出，“AAA”重叠式在中老年人口中还常出现，但在年轻人中有逐渐消失的趋势。

现在，30余年过去了，会说“VAAA”重叠式的人应该更少了。

福州方言还有“VAABB”重叠式，“AABB”是双音节形容词重叠，做补语，一般后面要加“喏”。例如：

（28）面涂粉粉红红喏脸抹得粉红粉红的。

（29）纸裁四四角角喏纸裁成四方型的。

（30）亲事办象象样样喏婚事办得很像样。（郑懿德，1988：309）

福州方言还有“VAAB”重叠式，即“AAB”做补语，一般后面必须加“喏”。例如：

（31）给装漂漂亮喏把她打扮得漂漂亮亮的。

（32）房里扫□□[t‘ɑ-t‘aʔ²³⁻¹¹][t‘ɑ-t‘aʔ²³⁻⁵³]洁喏，今晡有人客来屋里扫得干干净净的，今晚有客人来。

（33）话讲兜兜搭喏，伊做没乇应呵话说得很在理，无懈可击，他无言以对。（郑懿德，1988：310）

福州方言还有“VABB”重叠式，即“ABB”做补语，后面可加“喏”。例如：

（34）豆腐削四角角喏豆腐切得四四方方的。

（35）药熬到干焦焦呵，药罐差□团熬必呵药熬到水干了，药罐儿差点儿熬裂了。（郑懿德，1988：310）

福州方言还有“VXAA”重叠式，即“XAA”做补语，后面可以加“喏”。例如：

（36）伊许字写𠲥□[i^{21-11}]歪歪他那一手字写得歪七扭八的。

（37）衣裳颂𠲥□□□□[ti^{11}]抖抖衣服穿得肋肋腻腻的。

（38）衣裳怎讲乞汝会熨到□[tsi^{21-11}]皱皱喏呵衣服怎么会被你熨得皱哩咕叽的。（郑懿德，1988：307）

比较闽语与山西襄垣方言、吴语，确实闽方言形式更多样，且可以是双音节形容词，显得更成熟。比较福州方言与闽北方言（以建瓯话为代表），确实福州方言更复杂多样。

新加坡华语等的“V+AA”应该是来自闽语，而不大可能来自吴语或山西襄垣方言。

海南三亚回辉语（属南岛语系）也有“VAA”，如：

$hu^{11}lo^{33}$　se^{11}　$kha{:}i^{33}$　$za{:}nʔ^{32}$　se^{11}　ka^{24}　$nə^{33}$，ka^{24}　$ta{:}ŋʔ^{21}ta{:}ŋʔ^{21}$.

汉族人 个　把　人　个　绑　了　绑　紧紧

这个汉族人把那个人绑了，绑得紧紧的。（田祥胜、陈保亚，2019：178）

上例原文是“$ka^{24}ta{:}ŋʔ^{21}ta{:}ŋʔ^{21}$”，直译是“绑紧紧”，也是“VAA”，翻译成普通话变成了“绑得紧紧的”。

靖西壮语（属汉藏语系侗台语族）也有类似例子，如：

nei^{1}　$khwa{:}i^{5}$　$khwa{:}i^{5}$　$ne{:}u^{2}$.快快跑。

跑　快　快　一（郑贻青，2013：266）

西双版纳泰泐语（属汉藏语系侗台语族）也有“VAA”，例如：

[$ʔau^{55}$　thi^{11}　$dɛŋ^{55}$　jok^{41}　$suŋ^{55}$　$suŋ^{55}$]把红旗举得高高的。

把　旗　红　举　高　高（的）

[$ʔɛ^{55}$　su^{55}　$ka{:}^{35}$　vai^{41}　vai^{41}]你们快快的去。

你　们　去　快　快（的）

[tsap55 taːŋ41 pai55 sɯ33 sɯ33]沿道直直走。

沿 道路 去 直 直(的)

[pi55 ni41 puk35 laːi55 laːi55]今年多多的种。

年 今 种 多 多(的)(岩温罕,2018：219)

黔东苗语(属汉藏语系苗瑶语族)也有,例如：

Ait jox wangb niul niul

做 条 装 美 美。(李炳泽,1984：148)

nongx xangd xangd 吃得饱饱的

吃 饱 饱

hvak dol dol 离得远远的。

隔 远 远(李炳泽,1984：149)

克木语(属南亚语系)也有,如：

mah biʔ biʔ 饱饱吃

吃 饱 饱(陈国庆,2002：157)

周清海(2002：512)指出:"另外一些华语口语里常用的格式,如:'跑快快、吃好好、坐直直'等,也是普通话里所没有的。"此段话后有一个注释说:"陈建民:'近年来这种格式已经开始在北京口语里听到。像"说说清楚"……北方话作家端木蕻良在他的《曹雪芹》(上卷)……:"你那功课什么的,也得抓抓紧了。"(252页)'《汉语口语》28页。"

陈建民(1984：27—28)原文如下：

> 5 VVC。C代表补语。北京口语里原先只有VC,没有VVC。即有"长胖""睡醒",没有"长长胖""睡睡醒"的说法。VVC是某些南方话(如上海话)的格式。近年来,这种格式已经开始在北京口语里听到。像"码码整齐""说说清楚"之类的双音补语似已用开,单音补语还未用开,不过偶尔也可以听到。笔者曾分别跟操北京话的理发员聊天,发现他们爱说"吹吹干"。有位理发员说:"吹吹干,加五分。"有位理发员后来这样解释:"吹吹干就是不卷发的意思。"1982年1月某一天,笔者在北京101公共汽车上听见一位中年妇女对孩子说:"你坐坐好行不行?"电视剧和文艺小说

里都可以找到 VVC 的例子。电视剧《爸爸妈妈和孩子们》里说了一句“烤烤干”。北方话作家端木蕻良在他的《曹雪芹》(上卷)里也有 VVC 的例子:“你就知道玩！你那功课什么的,也得抓抓紧了!”(252 页)

我们觉得,上文两处所说的语法现象是不同的。“跑快快、吃好好、坐直直”是“跑+快快、吃+好好、坐+直直”,即动词后面带的补语是形容词重叠,我们把它概括为“V+AA”。而陈建民(1984)所说的是动词重叠带结果补语,我们把它概括为“VV+A”。两者虽然都是述补结构,都是朱德熙(1982:125)所说的黏合式述补结构,但“V+AA”的补语是形容词重叠,“VV+A”则是述语重叠,两者完全不同。

据目前所掌握的材料看,明代已有“V+AA”的说法。例如:

(39) 我今来道与吾王深奥,梦儿里须记牢牢。(明・佚名《薛平辽金貂记》第 39 折)

北京大学现代汉语语料库(CCL)也能找到不少例子,如“举高高”“砍光光”“吃好好”“吃饱饱”“睡饱饱”“穿美美”“洗白白”“变香香”等。

四、形容词“A 死 A”重叠

在重叠的单音节形容词中间加上一个表程度深的副词“死”,例子不多。如泰国曼谷潮州话:矮死矮、乌死乌、寒死寒。(陈晓锦,2014:1004)

汉语方言也有“A 死 A”,如江西铅山。(胡松柏等,2008)胡松柏等(2008:304)认为“死”可加在形容词、动词和动词短语前表程度较高,相当于“极”“特别”,带有夸张意味。相比而言,“死”的搭配能力泰国曼谷潮州话不如江西铅山方言。据目前所掌握的材料来看,潮州方言未见有形容词“A 死 A”重叠式的报道。不知泰国曼谷潮州方言“A 死 A”的来源,有待于进一步调查研究。

汉语方言“AXA”重叠式有 50 余种,有的分布范围广,有的狭窄,“A”多为单音节,也有双音节,“X”有的为单音节,有的是双音节,甚至是多音节。“X”有的是程度副词,有的是词缀,有的是助词,更复杂。如下表:

汉语方言形容词“AXA”重叠式

序号	重叠形式	中加成分	方　言　点	方言归属
1	A 打 A(B)	打	湖南涟源杨家滩、沅江,广西资源延东,江西南丰、芦溪、新余,江西安远、南康、湖南耒阳,安徽潜怀安徽西南部大别山区一带,贵州毕节,江苏赣榆,安徽蒙城,浙江金华、义乌、温州、台州、三门、象山、奉化,上海(市区、松江、金山)	湘语,平话,赣语,客家话,江淮官话,西南官话,中原官话,吴语
2	A 显 A	显	浙江温州、丽水、台州	吴语
3	A 猛/蛮[$mã^{41}$]A	猛/蛮[$mã^{41}$]	浙江台州、温州、丽水、金华、衢州	吴语
4	A 里/完/勒/年 A	里/完/勒/年	浙江绍兴、江苏苏州	吴语
5	AhanA	han	浙江台州玉环陈屿话	闽语
6	A 一 A	一	广东广州	粤语
7	A 嘿 A	嘿	广西宁明白话	粤语
8	A □[$mə^{35}$] A (B)	□[$mə^{35}$]	湖南宁远	平话
9	A 鬼 A	鬼	广西宁明白话,广西平南	粤语,平话
10	A 肚 A	肚	广西临桂义宁	平话
11	A 个[$kə^{45/22}$]A	个[$kə^{45/22}$]	广西秀水、贺州九都话	平话
12	A 恁 A	恁	广西阳朔葡萄平声话	平话
13	A[nat^{3}]A	[nat^{3}](缩、赖、找、荡、捺、溺)	广西横县	平话
14	A 死/鬼咁/噉 A	死/鬼咁/噉	广西玉林、宁明、南宁	粤语

（续表）

序号	重叠形式	中加成分	方言点	方言归属
15	A 了格 A	了格	浙江台州玉环	吴语
16	A 死 luo(了)A	死 luo(了)	福建浦城	吴语
17	A 里嘓 A	里嘓	浙江绍兴柯桥	吴语
18	A 交关 A	交关	浙江衢州、奉化	吴语
19	A 勿 A(B)/A 勿得 A(B)	勿/勿得	湖南宁远	平话
20	A 得恁 A	得恁	广西阳朔葡萄平声话	平话
21	A 死有咁 A	死有咁	广西博白地佬话	平话
22	A 死人恁 A	死人恁	广西阳朔葡萄平声话	平话
23	A 得要死恁 A	得要死恁	广西阳朔葡萄平声话	平话
24	A 死恁/更 A	死恁/更	广西两江、阳朔葡萄平声话,广西桂林	平话,西南官话
25	A 呔 A	呔	湖南吉首	湘语
26	A 哒 A	哒	湖南岳阳	湘语
27	A 啊格 A	啊格	湖南娄底	湘语
28	A 死哩个/X 里咕 A	死哩个/X 里咕	湖南涟源杨家滩话	湘语
29	A 死口 A	死口	广东增城	客家话
30	A 拄 A	拄	福建漳州	闽语
31	A 仔 A	仔	福建厦门	闽语
32	A 死 A	死	江西铅山,泰国曼谷潮州方言	赣语,闽语
33	AB 顶 AB	顶	安徽徽州华阳	徽语

（续表）

序号	重叠形式	中加成分	方　言　点	方言归属
34	A 来 A	来	湖南保靖	西南官话
35	A 喃 A	喃	云南丽江华坪	西南官话
36	A 蛮 A	蛮	云南丽江华坪，湖南道县祥霖铺	西南官话，湖南土话
37	A 安 A	安	云南丽江华坪	西南官话
38	A 死（去）的 A	死（去）的	贵州黔东南	西南官话
39	A 得要死（去）的 A	得要死（去）的	贵州黔东南	西南官话
40	A 了/嘞/［lə^{53}/leɺ］A	了/嘞/［lə^{53}/leɺ］	云南昆明、思茅、沾益、勐海，湖南湘西州，广西两江，山西原平，甘肃酒泉	西南官话，平话，晋语，中原官话
41	A 咾 A/AA 咾 AA/AB 咾 AB	咾	河北衡水武邑	冀鲁官话
42	A 得/［te^{55}］/［tɛ^{55}］A	得/［te^{55}］/［tɛ^{55}］	湖北恩施、宣恩、来凤、咸丰、安陆，贵州黔东南，湖南常德，山西临汾、洪洞	西南官话，中原官话
43	A 大 A	大	安徽怀宁	江淮官话
44	A 高 A	高	江苏泰如片（汪如东，2017：29，有大丰、兴化、东台、泰州、海安、泰兴、如皋、如东、南通市、南通县 10 个点）	江淮官话
45	A 得儿 A	得儿	湖北英山	江淮官话
46	A 上 A	上	安徽贵池、潜怀安徽西南部大别山区一带，河北新乐、无极、晋州、栾城、元氏、赵县，金华武义桐琴	江淮官话，冀鲁官话，吴语
47	A 又/也 A	又/也	河北深泽	冀鲁官话

（续表）

序号	重叠形式	中加成分	方　言　点	方言归属
48	A 啊 A	啊	河北藁城，湖南益阳（泥江口）	冀鲁官话，湘语
49	A[iou^{312}]A	[iou^{312}]	河南巩义	中原官话
50	A[$ʂaŋ^{312}$]A	[$ʂaŋ^{312}$]	河南巩义	中原官话
51	A[$sɿ^{53}$]A	[$sɿ^{53}$]	河南巩义	中原官话
52	A 上个 A	上个	河北无极	冀鲁官话
53	A 是 A	是	甘肃酒泉	中原官话
54	A 了兀[ɯə]A	了兀[ɯə]	山西古县	中原官话
55	AXXA	XX	陕西韩城，河南济源	中原官话，晋语
56	AB 呀不 AB	呀不	山西原平	晋语
57	AXX 嘞 A	XX 嘞	河北邯郸磁县、成安	晋语
58	A 了/咾/唠 个/槐 A	了/咾/唠 个/槐	山西太原、晋源、天镇、左云、定襄、右玉、柳林、朔州、大同、应县、昔阳、灵石、文水，河北灵寿，山西临汾、洪洞，河北望都、冀州、武邑、衡水	晋语、中原官话、冀鲁官话

上面表格可见，汉语方言共有 58 种形式。此外，还有湖北罗田等方言的“差 X 差”。张志华（2005：37）认为，罗田方言的不完全重叠式是指在重叠的两个“差”之间插入助词“X”，构成“差+X+差”，这是罗田方言“差”字重叠式最常见的形式。根据“X”的不同，可将这种类型再分为 3 种基本形式：“差+乎+差”“差+呀+差”“差+吧+差”。还有变式“差+乎子+差”“差+呀子+差”“差+吧子+差”。罗田方言的“差 X 差”与其他方言的“AXA”有很大的不同是，“X”是有限可变的，但“A”却是固定的，只有一个“差”，很有类型学价值。

除此以外，汉语方言还有一些形容词“AXA”重叠的零星用法。

南方也有20余个民族语言有“AXA”，全部是汉藏语系语言。

1. 藏缅语族语言：

彝语支语言：彝语、哈尼语、土家语、傈僳语、柔若语、毕苏语。

缅语支语言：景颇族载瓦语、浪速语、勒期语、波拉语、阿昌语。

羌语支语言：木雅语、多续话、四川康定贵琼语。

景颇语支语言：景颇语、独龙语。

2. 侗台语族语言：壮语、西双版纳泰泐语。

3. 苗瑶语族语言：瑶族勉语、苗语、巴哼语。

与汉语方言相比，有同有异。有的可能是受汉语的影响，如壮语、土家语；有的可能是相似性的原因，与汉语似乎无影响，有自己的特色，如景颇族载瓦语。

五、数词“廿”

海外华人社区的“二十二”的说法如下：

福建话：

马来西亚纳闽：二十二/廿二；文莱斯里巴加湾：廿二；菲律宾马尼拉：二十二/廿二；越南胡志明市：廿二；缅甸仰光：廿二。

潮州话：

印度尼西亚刊甸：二十二/廿二；越南胡志明市：廿二；老挝万象：廿二；柬埔寨金边：廿二；泰国曼谷：廿二。（陈晓锦，2014：1016—1017）

香港也有“廿”。如有如下说法：“一千零廿四”“廿九分之廿六”。（张洪年，2007：334）

泰国华人社区的汉语方言也有。如曼谷潮州话（闽方言）：二十二：廿二。曼谷广府话（粤方言）：二十二：廿二。三十三：卅阿三。勿洞白话（粤方言）：二十二：廿二。（陈晓锦、肖自辉，2019：511—512）

马来西亚华语也有。在马来西亚华语中，有一些偏文言的数字表达，常见的如“泰半”“廿”“卅”，而这些数词在汉语中多见于学术书籍或者历史文献中。（郭熙，2022：69）这可能是就普通话来说，至于方言，如吴语、闽语、粤语，在口语中是常说的，并非是“多见于学术书籍或者历史文献中”。

与马来西亚毗邻的新加坡也有“廿”的报道，与马来西亚华语一样，既有“廿~二十”，也有“卅~三十”。（祝晓宏，2016：42）不过，把“廿~二十”“卅~三十”当作名词处理，似不妥。陆俭明《新加坡华语语法》（2019）未见报道。

陈晓锦（2014：1095—1096）又提到以下地方有“廿”：新加坡、印度尼西亚雅加达、菲律宾马尼拉、越南胡志明市、柬埔寨金边、泰国曼谷、缅甸仰光台山话、泰国勿洞白话。

连远在大洋彼岸的美国华人社区粤方言中也有，如台山话，广东台山话：二十二/廿二。芝加哥台山话：廿二。

其他如三藩台山话、洛杉矶台山话、纽约台山话、波特兰台山话、圣安东尼奥台山话都说成“二十二”。（陈晓锦，2023：630）

至于“二十二万”的说法，又有所不同，除纽约台山话说成“二百二十千”外，其余都说成“二十二万”。

广府话：

广东广州话：二十二/廿二；三藩市广府话：二十二/廿二；纽约广府话：廿二；芝加哥广府话：廿二；波特兰广府话：二十二/廿二；休斯敦广府话：二十二/廿二。只有洛杉矶广府话说“二十二”。（陈晓锦，2023：631）

至于“二十二万”的说法，也有所不同，除芝加哥广府话说成“廿二万”、波特兰广府话说成“二百二十千”外，其余都说成“二十二万”。

我们乐观地相信，随着华语的深入调查，应该还会发现更多的华人社区有数词“廿”。

曹志耘、秋谷裕幸（2016：412—416）说到吴语特有的词 13 条，其中有“廿”：“吴语基本上都说‘廿’，婺州方言亦如此。而这个说法除了与吴语区毗邻的极少数江淮官话方言以外不见于其他汉语方言。可见，‘廿’是吴语的鉴别词之一。例如，上海：廿 ȵiɛ^{13} | 宁波：廿 ne^{213} | 金华：廿 ȵia^{14} | 东阳：廿 ȵi^{324} | 温州：廿 ȵi^{11} | 庆元：廿 ȵiã^{31} 。”（曹志耘、秋谷裕幸，2016：415—416）

我们以为,以上的说法不准确。吴语确实很常用,但其他方言也有。

清代粤语已有“廿”。清末有小说《廿载繁华梦》,其作者是黄小配,他是广东人。例如:

(1) 果然到了次日,就着人择定九月廿五日起,建十来天清醮,府里上上下下,都到长寿寺做好事。(《廿载繁华梦》第6回)

其他作者也有,例如:

(2) 黄君道:“……过了十年、廿年,民智既开,民力既充,还怕不变成个多数政治吗? ……”(梁启超《新中国未来记》第3回)

(3) 玉公曰:“某本笏山黄石乡人,出山做官,已廿余载,今欲还山,未知近来风景若何,我父亲尚在否,壮士可为我说说。”(蔡召华《笏山记》第5回)

(4) 即奉差催,于本年二月廿八日趱办齐集,廿九日在陆丰县佥批起解。(庾岭劳人《蜃楼志》第7回)

(5) 伯述叹道:“……你不过看了《廿四史》上,五胡大闹时,他们到了中国,都变成中国样子,归了中国教化;就是本朝,也不是中国人,然而入关三百年来,一律都归了中国教化了;甚至于此刻的旗人,有许多并不懂得满洲话的了,所以大家都相忘了。……”(吴趼人《二十年目睹之怪现状》第22回)

清代闽语也有,例如:

(6) 忧能伤人,劳以致疾,廿一夜赶到潼关,便神思懒怠,不思饮食。(魏秀仁《花月痕》第8回)

(7) 牢落风尘廿载零,灯前顾影叹伶仃。(里人何求《闽都别记》第325回)

现代粤语、闽语仍有“廿”字。

与吴语毗邻的徽语也有“廿”。曹志耘(2008:193)调查的是“二十$_{基数}$”,浙江原属严州的建德、淳安、遂昌$_{旧}$、寿昌$_{旧}$都是说“廿~二十”,这说明,严州的4个方言点既说“廿”,也说“二十”,建德、淳安、遂昌、寿昌的方言都属徽语,这说明浙江的徽语有“廿”。同时,安徽境内的徽语也有“廿”。休宁、歙县也是“廿~二十”,这说明,徽州的2个方言点也是既说“廿”,也说“二十”。究其原因,可能是方言接触,因为靠近吴语的关系。但徽语是徽语,吴语是吴语,证明现在徽语至少有6个方言点有“廿”的说法是可信的。

北京语言大学(BBC)语料库的“报刊”中也有不少“廿”,北京大学现代汉语(CCL)语料库“廿”例句也很多,其中《人民日报》就有不少,其作者不大可能都是吴语区人。《现代汉语词典》(第7版)也收“廿”,未注明“方”,可见,普通话也有“廿”。

因此,除了吴语外,至少粤语、闽语、徽语等也有“廿”,而且,随着闽语区的华人迁徙到东南亚等,把数词“廿”也带去了。

六、细……仔

马来西亚吉隆坡广东话有“碗仔、大碗仔、细碗仔”“狗仔、大狗仔、细狗仔”。“大碗仔”“大狗仔”表示“小中之大”,即“最大”,而“细碗仔、细狗仔”则是表示“小中之小”,即“最小”。“细……仔”比单是用“细+名”或是“名+仔”所表示的要更小。

泰国曼谷广府话有“大凳仔、凳仔、细凳仔”“大猫仔、猫仔、细猫仔”,“大凳仔、大猫仔”也表“小中之大”,而“细凳仔、细猫仔”也表“小中之小”。

陈晓锦(2003：337—338)指出,马来西亚吉隆坡广东话部分带“仔”尾的名词,前面还可以再加形容词“细”,“细”就是普通话的“小”。如吉隆坡广东话可以说“碗仔、大碗仔、细碗仔”“狗仔、大狗仔、细狗仔”。这两组例子中的“大碗仔”“大狗仔”表示的是“小中之大”;“细碗仔、细狗仔”则是最小的。

越南胡志明市广府话也有“细蚊仔$_{小孩}$”。(陈晓锦,2014：1069)

这种“细……仔”用法,比单是用“细+名”或是“名+仔”所表示的要更小。我们把它称为“框式结构”,在其他方言中也有。广东电白旧时正话有“细蚊仔$_{小孩}$”。(陈云龙,2019：221)例如:

（8）两个细蚊仔啱起来两个小孩熟起来。（陈云龙，2019：233）

广西梧州白话（属粤语）有"细佬仔"，例如：

（9）发啲苹果畀细佬仔，一个一只把这些苹果分给小孩，每人一个。（唐七元，2020：35）

泰国曼谷广府话凡带词尾"仔"，含"小"意的附加式合成词，对译成汉语普通话时应在前面加形容词"小"。假如要表示小中之大，或者更加小的意味，则还可以在词语的前面再加上"大、细（小）"。例如，在"大凳仔、凳仔、细凳仔"和"大猫仔、猫仔、细猫仔"这两组例子里，"大凳仔、大猫仔"表示了"小中之大——最大"，"细凳仔、细猫仔"表示了"小中之小——最小"。（陈晓锦，2010：342）上面的"细凳仔、细猫仔"就是"细……仔"。

这种用法汉语方言常见，除"仔"外，还有与"仔"同义的"儿""子""崽""唧""伢"等，构成"细……儿""细……子""细……崽""细……唧""细……伢"。例如：

细……儿：客家话如广东梅县（黄雪贞，1995：62）、四川仪陇（何纯惠，2017：198）。浙江吴语金华汤溪（曹志耘，2001：34）、金华浦江（曹志耘等，2016：589）、金华武义（曹志耘等，2016：356）、衢州（王洪钟，2019：85）、丽水（雷艳萍，2019：87）。江西浮梁（旧城村，属徽语）（谢留文，2012：72）。湖南通道本地话（彭建国，2019：189）。

细……子：全是客家话，如台湾、广东翁源、福建上杭蓝溪、福建武平岩前、福建长汀、江西宁都城关（何纯惠，2017：191、192、195、197）。

细……哩：广西三街平话（唐七元，2020：165）。

细……崽（唧/儿/子）：赣语如湖南浏阳（夏剑钦，1998：119—121）、江西余干（陈昌仪，1991：356）。平话如广西富川秀水九都话（邓玉荣，2005：137）。客家话如江西安远欣山（何纯惠，2017：183）、江西全南城厢（何纯惠，2017：197）、江西上犹社溪（刘纶鑫，2001：286）、江西南康（温珍琴，2018：187）。广东连南石蛤塘土话（庄初升、丁沾沾，2019：156）。贵州晴隆长流喇叭苗人话（吴伟军，2019：234—235）。

细……伢：赣东北徽语沱川话、中云话（胡松柏等，2020：386、783）。

七、结　　语

上面5种方言语法现象,大多能在大陆的方言中找到源头,有的甚至"五四"以前已有,"A死A"虽然未找到直接的源头,但汉语方言是有"A死A"的,其他形式的"AXA"更多见,至于直接源头,尚需继续寻找。

此外,还有"动词+先""V添""指示叹词""差比句"等也有较高的学术价值。

我们乐观地相信,随着华人社区方言的深入挖掘,应该还能找到更多的语法现象。

参考文献

曹志耘　2001　《南部吴语的小称》,《语言研究》第3期。
曹志耘　2008　《汉语方言地图集》(语法卷),商务印书馆。
曹志耘、秋谷裕幸主编　2016　《吴语婺州方言研究》,商务印书馆。
陈昌仪　1991　《赣方言概要》,江西教育出版社。
陈国庆　2002　《克木语研究》,民族出版社。
陈建民　1984　《汉语口语》,北京出版社。
陈晓锦　2003　《马来西亚的三个汉语方言》,中国社会科学出版社。
陈晓锦　2010　《泰国的三个汉语方言》,暨南大学出版社。
陈晓锦　2014　《东南亚华人社区汉语方言概要》,世界图书出版广东有限公司。
陈晓锦　2023　《美国华人社区粤方言与文化研究》,中山大学出版社。
陈晓锦、肖自辉　2019　《泰国华人社区的汉语方言》,世界图书出版广东有限公司。
崔山佳　2003　《近代汉语中的"VVA"和"V一VA"》,《语言研究》第4期。
崔山佳　2011　《近代汉语动词重叠专题研究》,巴蜀书社。
崔山佳　2018　《吴语语法共时与历时研究》,浙江大学出版社。
邓玉荣　2005　《桂北平话与推广普通话研究——富川秀水九都话研究》,广西民族出版社。
傅国通　1978/2010　《浙江方言语法的一些特点》,原载《杭州大学学报》1978年6月,后收入《方言丛稿》,中华书局,2010年。
郭　熙主编　2022　《全球华语语法·马来西亚卷》,商务印书馆。
何纯惠　2017　《两岸客家话小称形式的初步比较》,林清书主编《第六届客家文化高级论坛方言论文集》,世界图书出版广东有限公司。
胡松柏、林芝雅　2008　《铅山方言研究》,中国社会科学出版社,文化艺术出版社。

胡松柏等　2020　《赣东北徽语调查研究》,中国社会科学出版社。
黄伯荣主编　1996　《汉语方言语法类编》,青岛出版社。
黄雪贞编纂　1995　《梅县方言词典》,江苏教育出版社。
雷艳萍　2009　《丽水畲话形容词重叠式的语义分析》,《铜仁学院学报》第1期。
雷艳萍　2019　《浙江方言资源典藏·丽水》,浙江大学出版社。
李　宁　2013　《襄垣方言"动+AA"结构初探》,《青年科学》(教师版)第11期。
李炳泽　1984　《黔东苗语词的重迭》,《贵州民族研究》第3期。
林连通　1995　《福建永春方言的述补式》,《中国语文》第6期。
林伦伦　1996　《澄海方言研究》,汕头大学出版社。
刘纶鑫　2001　《江西客家方言概况》,江西人民出版社。
陆俭明　2019　《新加坡华语语法》,商务印书馆。
马重奇　1995　《漳州方言的重叠式形容词》,《中国语文》第2期。
木　玉　1996　《浙江吴语句法特点》,《舟山师专学报》第4期。
欧俊勇、苏燕璇 2011　《潮汕方言中的"动词重叠+补"结构分析》,《新乡学院学报》第5期。
彭建国　2019　《湖南通道本地话》,商务印书馆。
钱奠香　2002　《海南屯昌闽语语法研究》,云南大学出版社。
仇志群、(荷兰)范登堡　1994　《台湾语言现状的初步研究》,《中国语文》第4期。
施其生　1997　《论汕头方言中的"重叠"》,《语言研究》第1期。
陶红印主编　2022　《全球华语语法·美国卷》,商务印书馆。
田祥胜、陈保亚　2019　《海南三亚回辉语》,商务印书馆。
田小琳主编　2021　《全球华语语法·香港卷》,商务印书馆。
汪如东　2017　《江淮方言泰如片与吴语的语法比较研究》,中国社会科学出版社。
王洪钟　2019　《浙江方言资源典藏·衢州》,浙江大学出版社。
王玲玲　2013　《汉语单音节形容词重叠式的方言差异及历史发展》,《首都师范大学学报》第4期。
温珍琴　2018　《南康方言研究》,中国社会科学出版社。
吴伟军　2019　《贵州晴隆长流喇叭苗人话》,商务印书馆。
夏剑钦　1998　《浏阳方言研究》,湖南教育出版社。
谢留文　2012　《江西浮梁(旧城村)方言》,方志出版社。
杨俊芳　2008　《汉语方言形容词重叠研究》,复旦大学博士学位论文。
袁家骅等　1989　《汉语方言概要》(第二版),文字改革出版社。
张洪年　2007　《香港粤语语法的研究》(增订版),香港中文大学出版社。
张盛裕　1979/2016　《潮阳方言的重叠式》,《中国语文》1979年第2期,后收入《潮阳方言研究》,社会科学文献出版社。
张晓静　2023　《衡水武邑县方言研究》,中华书局。
张志华　2005　《湖北罗田方言中"差"的重叠形式》,《汉语学报》第3期。
郑贻青　2013　《靖西壮语研究》,广西民族出版社。

郑懿德 1988 福州方言单双音形容词重叠式,《方言》第4期。
周清海 2023 《全球华语语法·新加坡卷》,商务印书馆。
朱德熙 1982/2010 《语法讲义》,商务印书馆。
祝晓宏 2016 《新加坡华语语法变异研究》,世界图书出版公司北京公司。
庄初升、丁沾沾 2019 《广东连南石蛤塘土话》,商务印书馆。

胶辽官话方言声调的调位类别和声学模式

刘新中
（暨南大学）

提要 文章介绍了声调实验研究的两种主要方法，用13组39副声学图谱，可视化展示胶辽官话青州片、登连片、盖桓片三个片主要方言点的声学模式和主要特点。总结了胶辽官话声调调型较为凸显的特点有两个：凹调较为突出，每个点至少有一个凹调；基本没有平调。这两个特点互为表里，几乎是目前所见多数胶辽官话点的共同特征。

关键词 胶辽官话 调类 调型 声学模式

一、汉语方言声调实验研究的两个方法

（一）单字调的实验分析

赵元任、刘复等先驱为汉语方言的声调实验研究奠定了描写框架和理论基础（刘复，1924：52—53；赵元任，1980/1930，2002/1922；吴宗济，1996）。20世纪末和21世纪初，汉语方言单字调的分析研究，主要方法是吴宗济、林茂灿的研究以及沈炯的D值、石锋的T值、朱晓农分域四度标调制等（沈炯，1985；林茂灿，1988，1996；石锋，2008；吴宗济，1986；朱晓农，2006）。

吴宗济、林茂灿的单字调的实验分析。就单字调声调的分析，声调的不

本文是2022年度国家社科基金重点项目“广东粤闽客三大方言语音特征的系统分层实验研究”（22AYY010）和暨南大学一流研究生课程“语音学与音系学”（82622117）的阶段性研究成果。

同,有声音高低的不同,也有长短的不同。在 F0 方面,普通话的四个声调都有不同的变化模式,在时长和音强方面多数各有其特点,但是特征不一致,单念的上声字音强曲线大多呈双峰型(吴宗济、林茂灿,1989：159)。

石锋教授提出的声调格局思想和调值的 T 值算法,它延续、光大了赵元任等先驱的核心思想和方法,对于汉语普通话和方言的声调单字调研究都产生了积极的影响(石锋,2008,2009)。

(二)基于系统数据的声调实验研究

这些年来,随着电脑技术的普及,借助电脑程式对汉语方言声调进行系统化、大规模研究的条件已日趋成熟,出现了很多新型的研究工具,其中具有代表性的是中国社会科学院语言研究所熊子瑜博士的汉语方言字音系统实验研究工具。在目前易于获得大量声调资料的时代,这套分析系统具有特别重要的作用。

熊子瑜博士研发的汉语方言字音系统实验研究工具,主要探讨运用实验语音学手段系统研究汉语方言声调的方法。我们通过不同方言点的研究实践说明,它能够系统地观察、提取、分析相关声学资料,对于全面观察、梳理汉语方言语音特征的演变和共时研究具有重要意义,也为方言字音库的建设奠定了良好的基础,是运用实验方法研究汉语方言字音系统的有效手段。在工具层面,熊子瑜博士基于 Praat 软件研发了一套系统观察、提取、分析语音声学资料的脚本工具,主要包括语料设计、语音采集、语音标注、参数提取、资料分析等诸多方面。我们根据熊子瑜博士最新优化的版本,对一些点的汉语方言声调系统做了系统的研究,证明这套脚本工具对于汉语方言字音系统研究具有重要意义,值得推广(刘新中、曾玲,2020)。

二、胶辽官话方言分区与声调的调位归纳

(一)胶辽官话的分区理据

胶辽官话分布,除了山东胶东地区,在辽宁辽东、黑龙江也有胶辽官话

的方言岛。根据《中国语言地图集》(2012)胶辽官话分区的主要理据如下：

以古清声母入声字今读上声作为划分胶辽官话区的标准,并将胶辽官话分为三个片：青州片、登连片、盖桓片。分片的主要标准是两条：先以古知庄章三组字声母的今读画出盖桓片,盖桓片今读一类而青州、登连两片分读两类;再以古见组字今读[c cʻ ç]分出登连片,青州和盖桓片都不读[c cʻ ç]。这种划分反映了胶辽官话的基本特点和内部差异,各片内部的多数特征比较一致,而三片之间的差别比较明显。

(二) 胶辽官话调类系统的主要特点

就声调而言,钱曾怡(1959：110—129)早有观察:“胶东人最突出的一点是多数没有上升的调子,只有极少数的例外。”

李荣(1985)认为,官话方言的再划分是以古入声字的今调类为标准的。据此观察的演变线索在今胶辽官话中的表现,胶辽官话古入声字的今声调特点是：清声母字读上声,次浊声母字读去声,全浊声母字读阳平。

调类是由区别意义的调位数量决定的,胶辽官话的声调调类,主要有三调和四调两种。其中四调方言点的四声分别是阴平、阳平、上声和去声,但是三调方言点的声调命名有点儿乱,主要表现是阳平和去声如何归并。

我们认为,方言声调的命名,考虑三个主要的方面：(1) 主要方面是根据中古调类和声母的清浊来决定名称;(2) 其次要根据共时声调的演变所呈现的主流方向和数量;(3) 系统的平衡。

胶辽官话中,阳平与去声同调的方言点,是将去声归入阳平,还是将阳平纳入去声,需要斟酌。根据我们这些年的观察,除了依据古调类对照,统计的今调类的读法所得到的“主要演变趋势”,声调内部的平衡也是需要的,如此,胶辽官话以及兰银官话等方言中的三调方言命名为平声、上声、去声,就比阴平、阳平、上声,或者阴平、阳平去、上声,诸如此类要更为方便合理。我们把胶辽官话三调方言命名为平声、上声、去声,下面的讨论中,我们将阳平纳入去声,而不是让阳平吸收去声,这样可以更好地反映声调系统的对应和平衡。

三、胶辽官话方言调类的声学模式

这一部分强调声调的基础是音节内部的音高变化，单字调的分析需要声调承载段，即林茂灿先生的"调型段"，为此需要处理刘复所说的"引音""余音"，林茂灿定义的"弯头""降尾"。关于声调的分析，我们需要"调位"的概念，而声调的各种特征可以用"调素"来表现。

本文的声调分析，声音材料来源有三个：田野调查、《汉语方言音库》（侯精一，2003）和语保工程采录展示平台网站①；与此对应，本文的声调例字主要有三个部分，一是《方言调查字表》中的声调例字②，二是《中国语言资源有声数据库调查手册·汉语方言》声调例字③，三是《汉语方言音库》中所涉及的方言点的例字。

录音标注在每个音节的韵母部分，用阿姆斯特丹大学 David Weenink 编写的脚本提取音高和时长数据，根据调类做出反映每个调位变体的调域分布情况，在此基础上进行归一化处理，做成反映音高和时长变化情况的声调声学模型。单字调的声学模式做成两个，一个是突出音高域的等长声调图，我们叫声调"等长图"。另一个是反映在实际时间轴上音高变化的模式，我们叫声调"实长图"。

下面我们就根据选取的胶辽官话 3 个大片 6 个小片的材料，以单字调的声学模式和单字调调域分布的范围为观察点，讨论胶辽官话各个片的声调的特征。

（一）登连片

我们选取 4 个方言点的单字调材料来讨论这一方言区的声学模式和调域分布特点。

---

① 语保工程采录展示平台，https://zhongguoyuyan.cn/

② 中国社会科学院语言研究所编：《方言调查字表》，商务印书馆，1981 年。

③ 中国语言资源有声数据库建设领导办公室编：《中国语言资源有声数据库调查手册·汉语方言》，商务印书馆，2010 年，第 56、76 页。

1. 烟威小片

1）烟台

烟台芝罘区的声调情况如下。

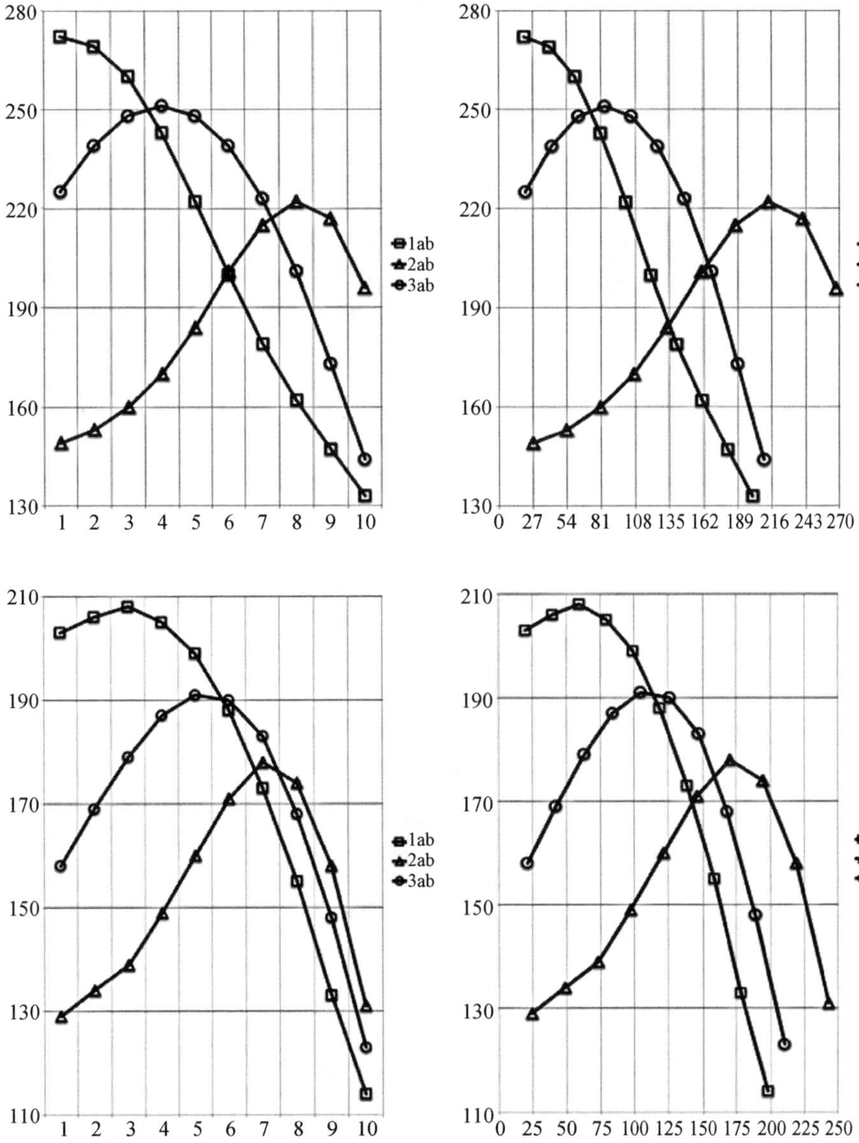

图 1a 单字调平均等长、实长音高曲线(上-老男,下-青男)

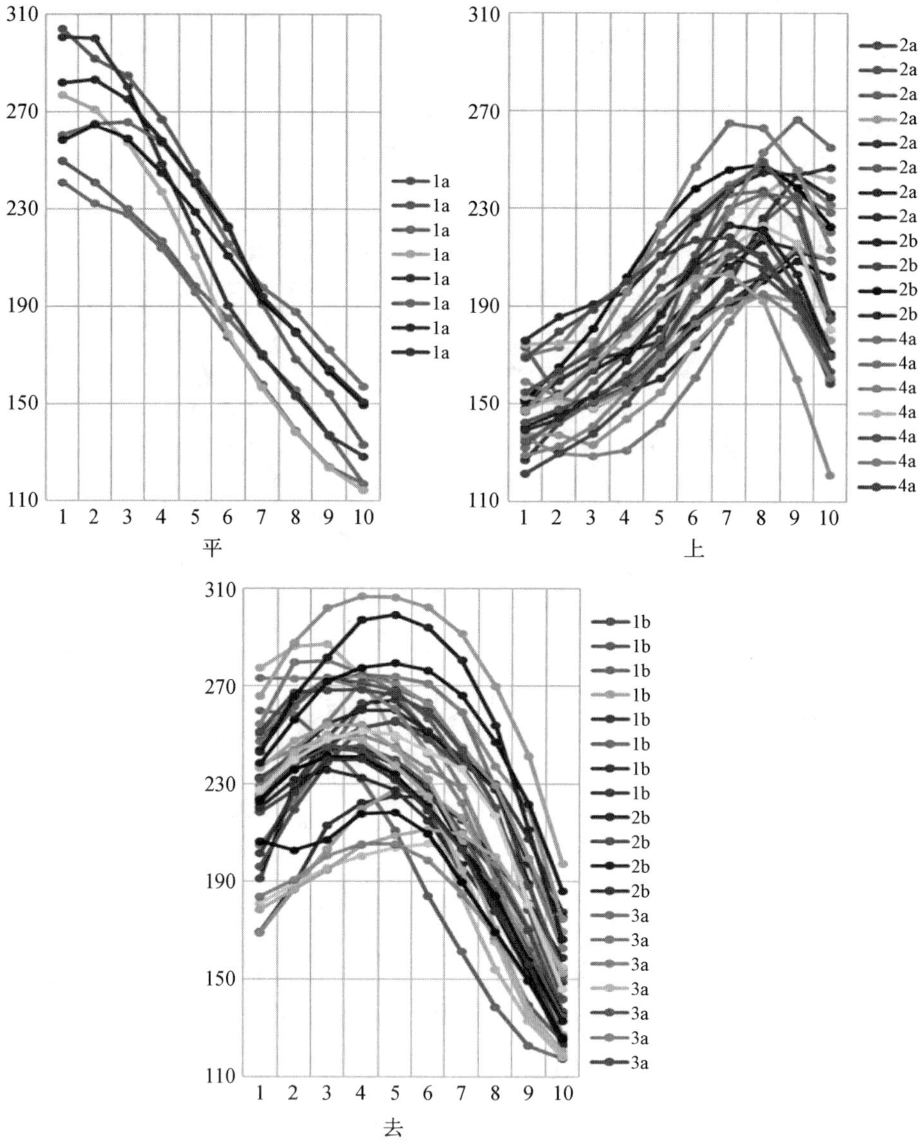

图 1b 今四声的调域分布范围-老男

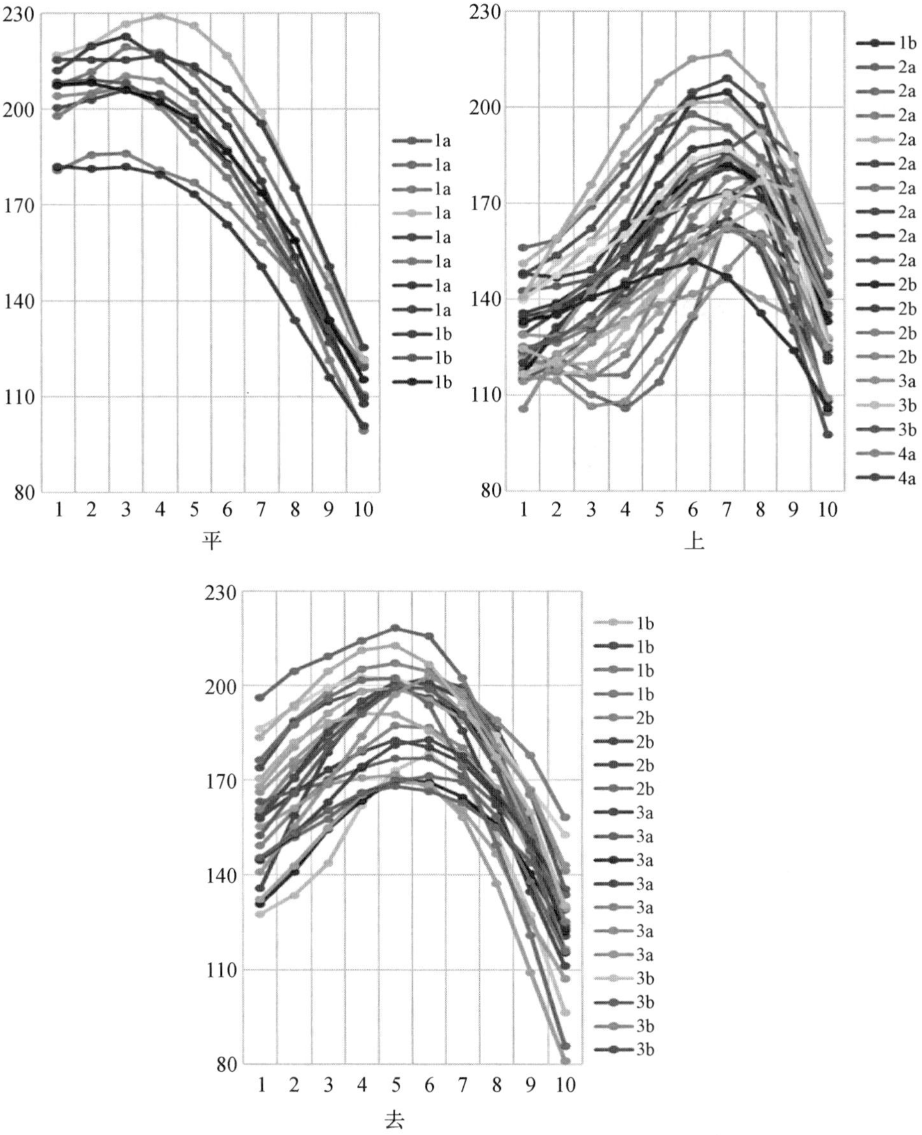

图 1c　今四声的调域分布范围-青男

这个点的录音有明显的拱度和余音延长现象。是三调方言,一般的描写是,阴平 31、上声 214、去声 55。我们的描写:平声 51,上声 143,去声 451。

阴平无论老男、青男都是 41－52 之间的高降调,上声是前面略有下降,后面有强化抬升的余音,去声前有引音、后有余音的拱度高调,听感上更像一个高平调。

2）荣成

荣成的声调情况如下。

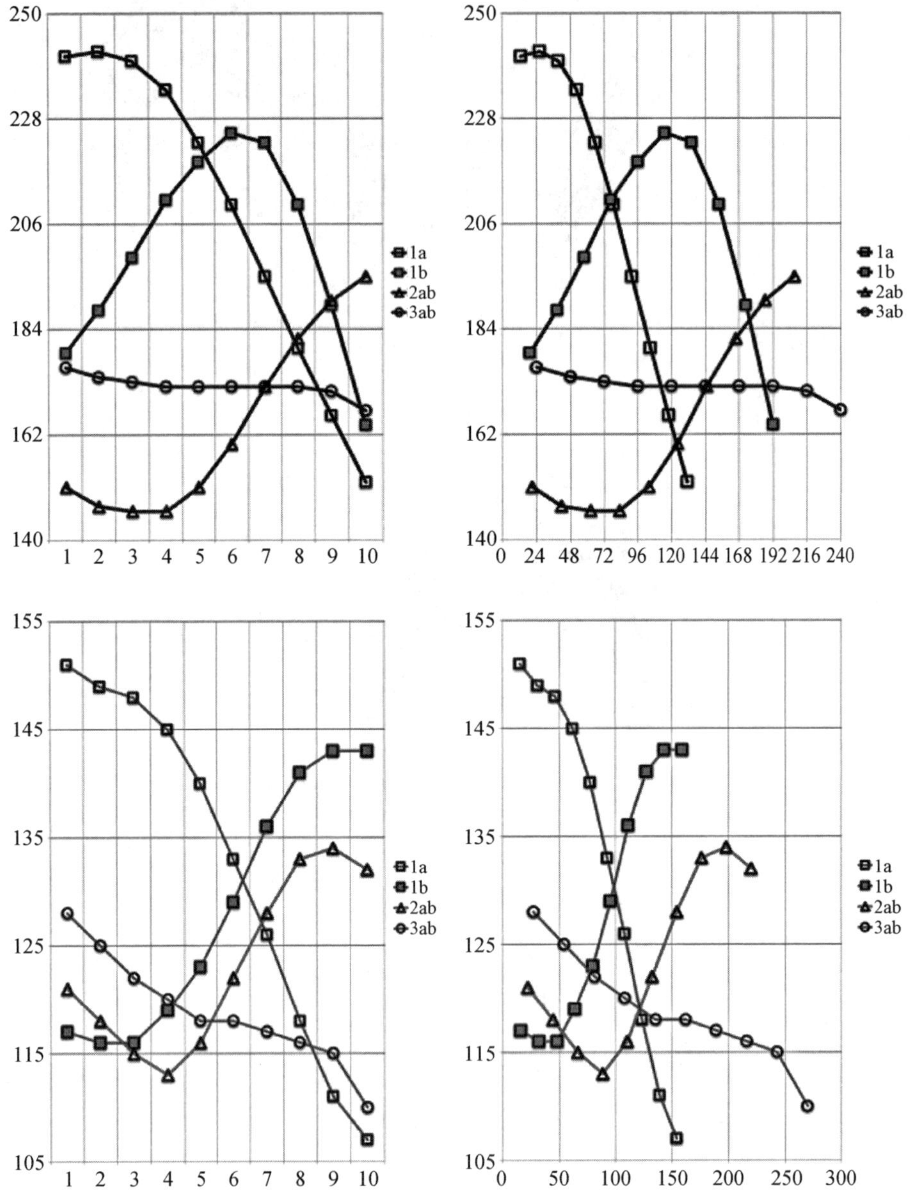

图 2a　单字调平均等长、实长音高曲线(上-老男,下-青男)

今声调调域分布的情况如下。

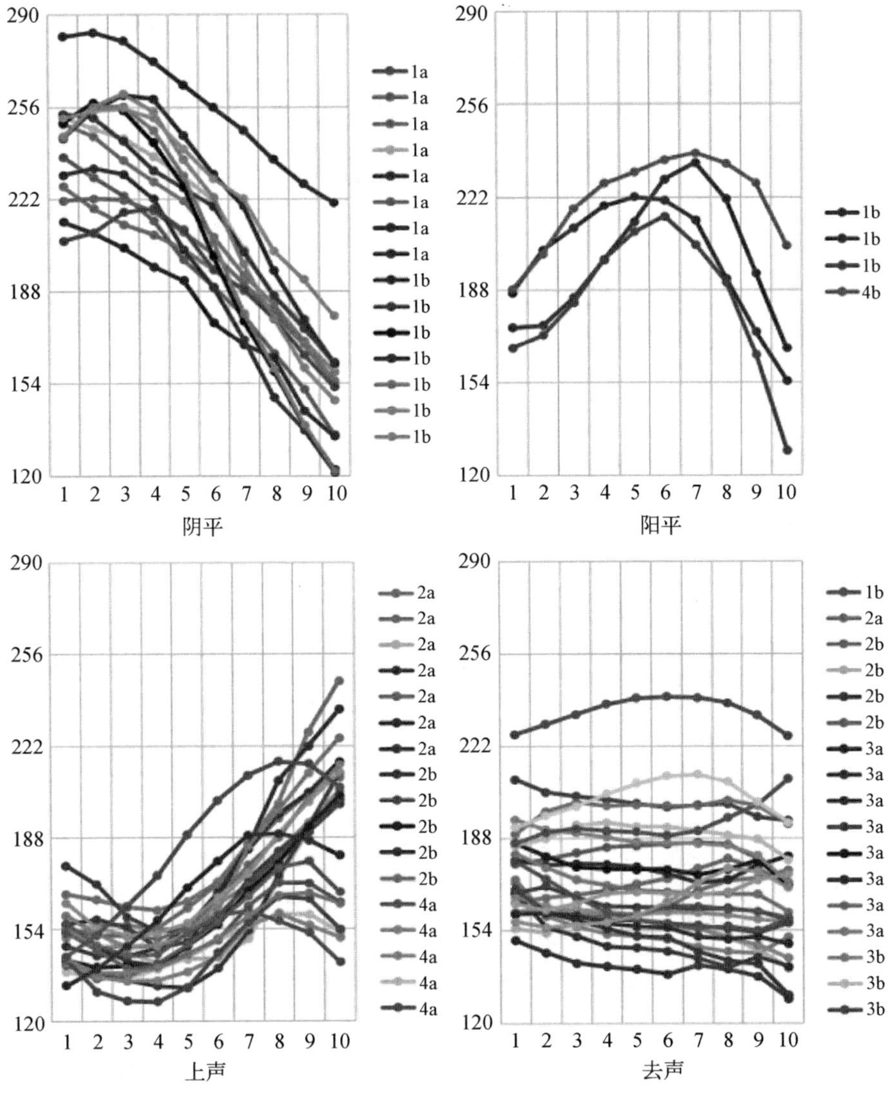

图 2b 今四声的调域分布范围-老男

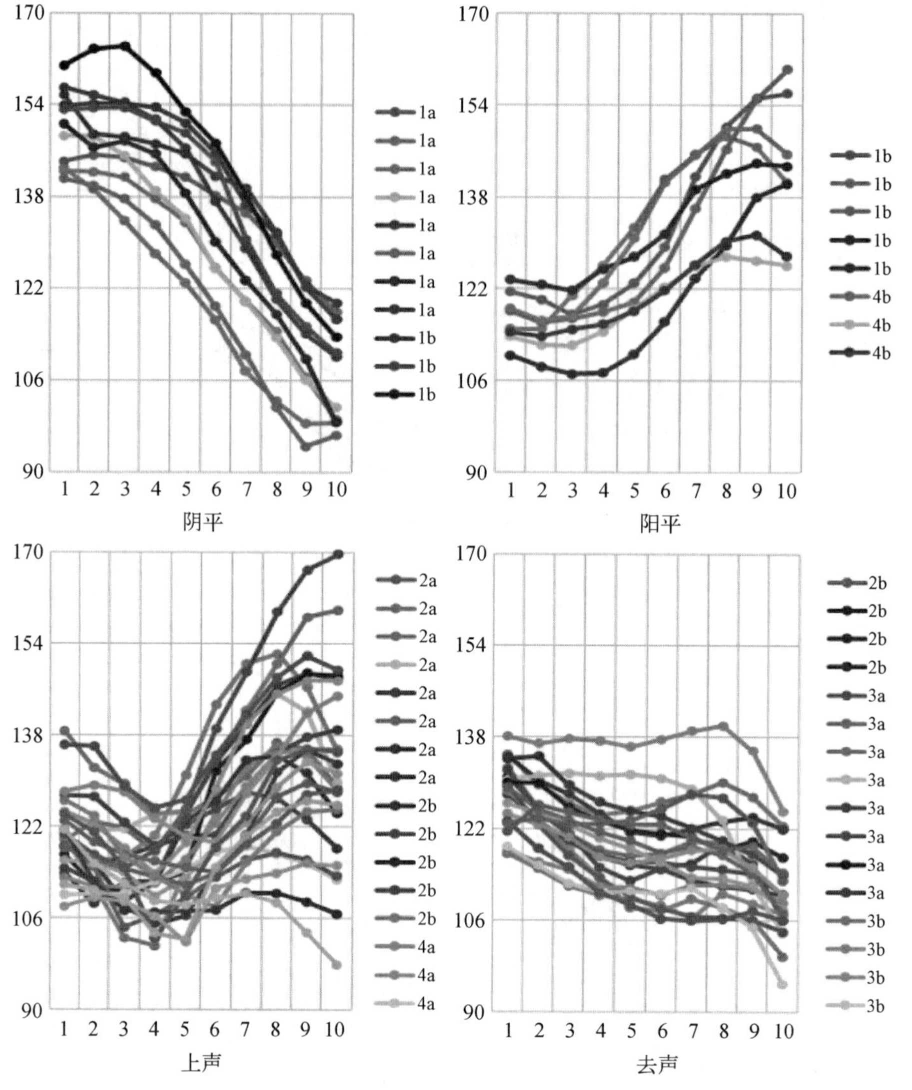

图 2c 今四声的调域分布范围-青男

与威海三调阴平 53、上声 312、去声 33(阳平归去声)不同,根据录音材料,荣成有四个声调,具体如下:

阴平 51、阳平 24、上声 213、去声 33,描写为 32、33、22 都可以,需要进一步的感知实验。

2. 蓬龙小片

蓬莱长岛。长岛的声调情况如下。

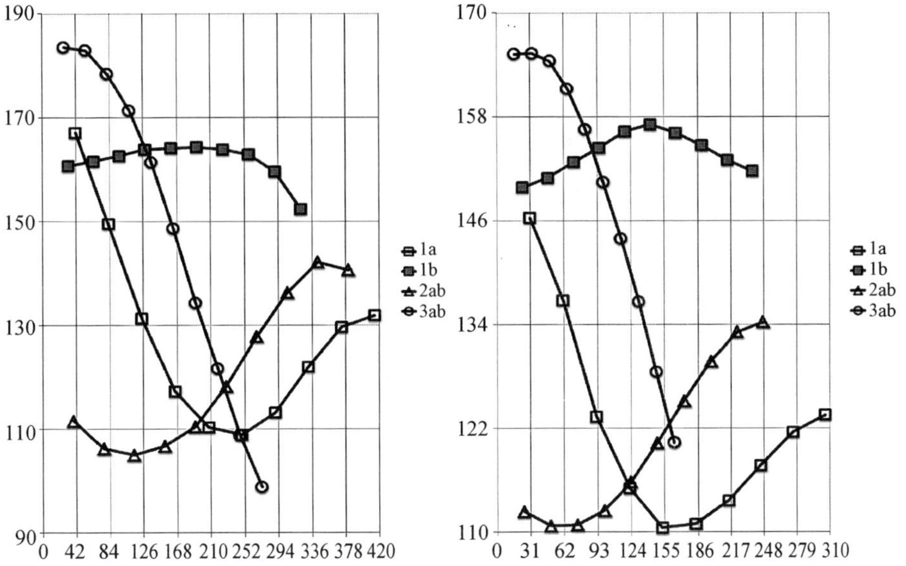

图 3a 单字调平均等长、实长音高曲线老男(左-老男,右-青男)

今声调调域分布情况如图 3b、3c。

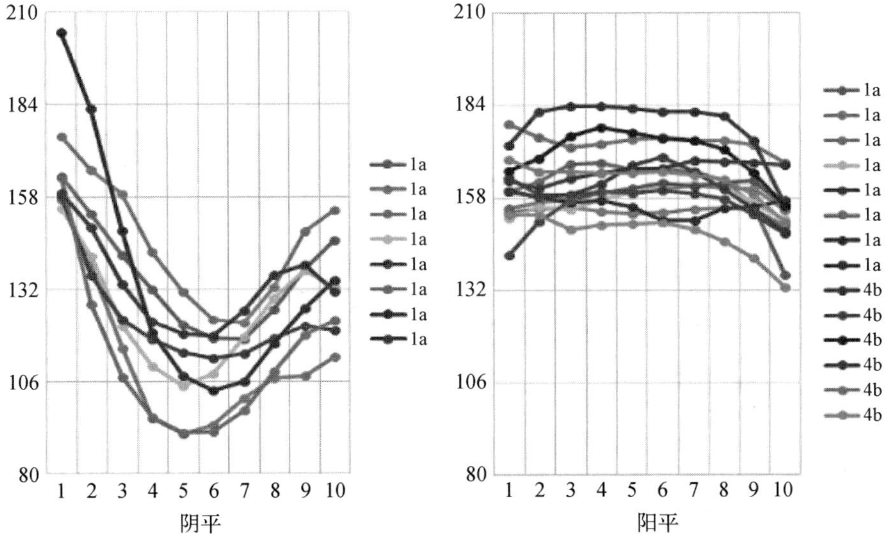

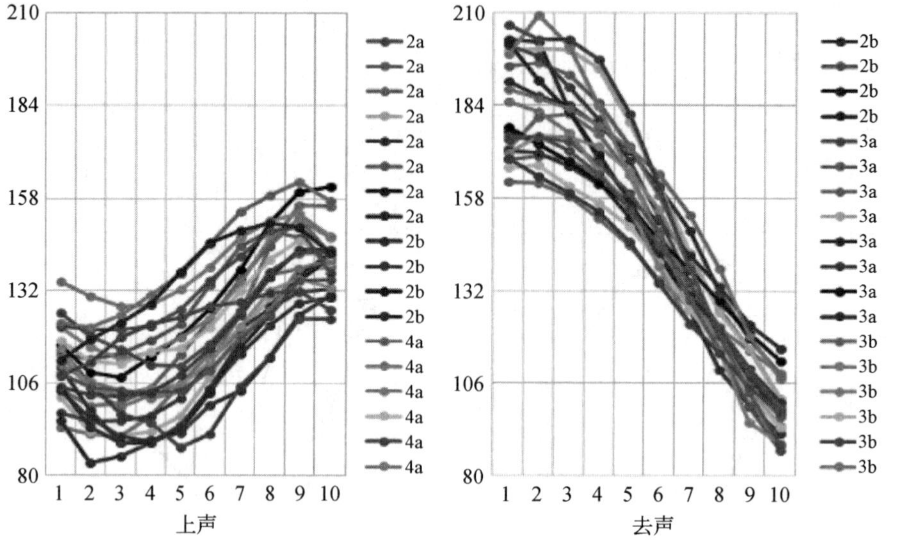

图 3b 今四声的调域分布范围-老男

长岛的单字调有 4 个：阴平 423、阳平 44、上声 213、去声 52。

长岛、烟台等地的声调，有 2 个降升调，阴平是降多升少的 423 调，上声则是微降主升的 213，上升的 13 或 23 是较为清晰的，开头的微降，只是略微顿了一下。这从今声调调域分布的情况可以看得更清楚。

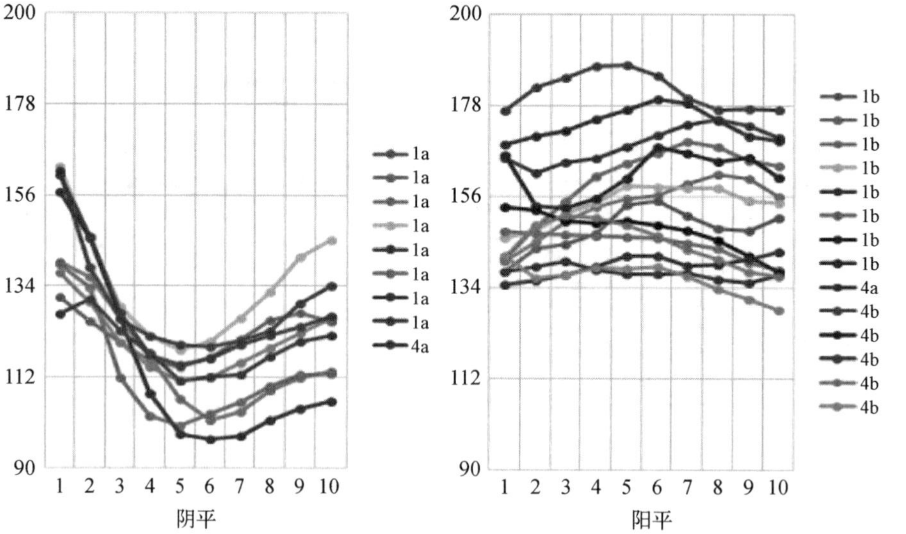

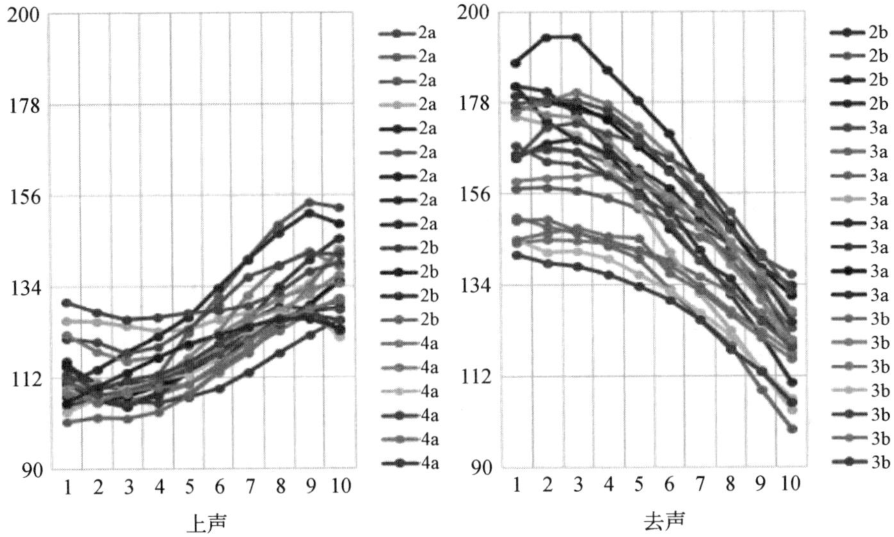

图 3c 今四声的调域分布范围-青男

3. 大岫小片

大连庄河。

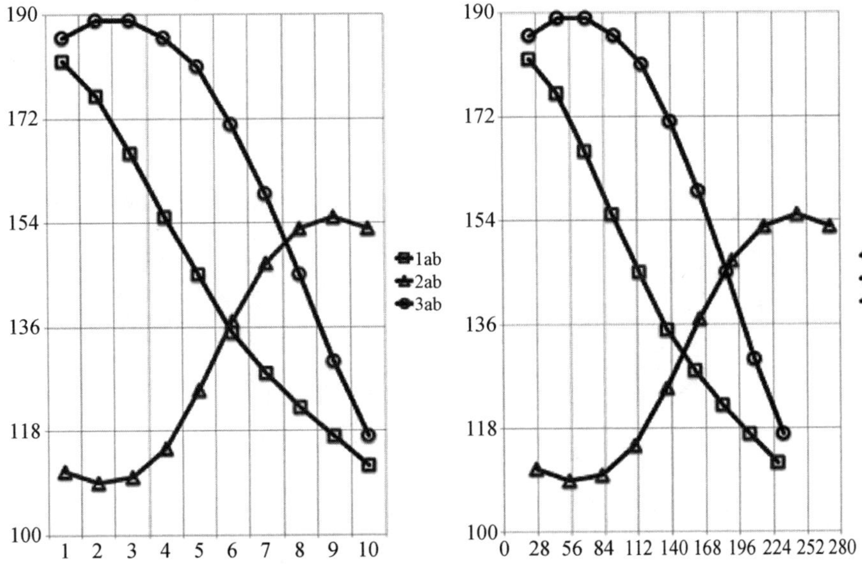

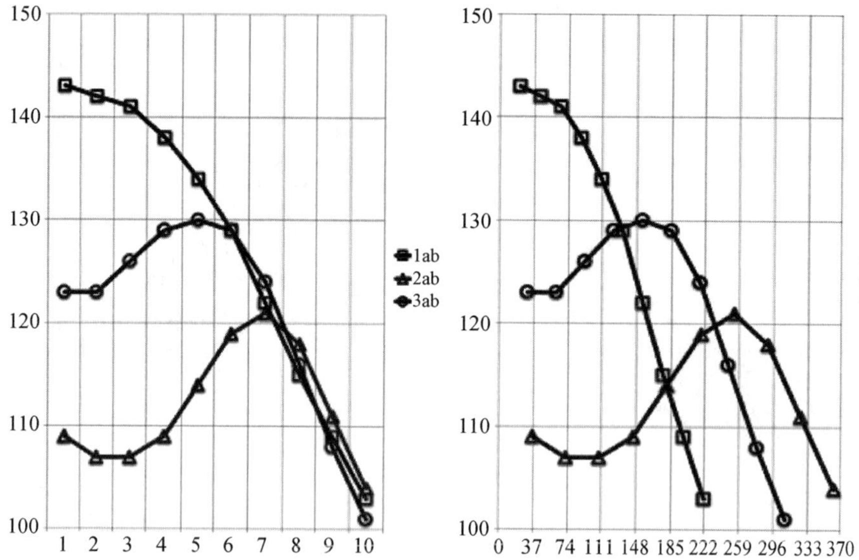

图 4a　单字调平均等长、实长音高曲线老男(上-老男,下-青男)

平 51,上 13,去 552;

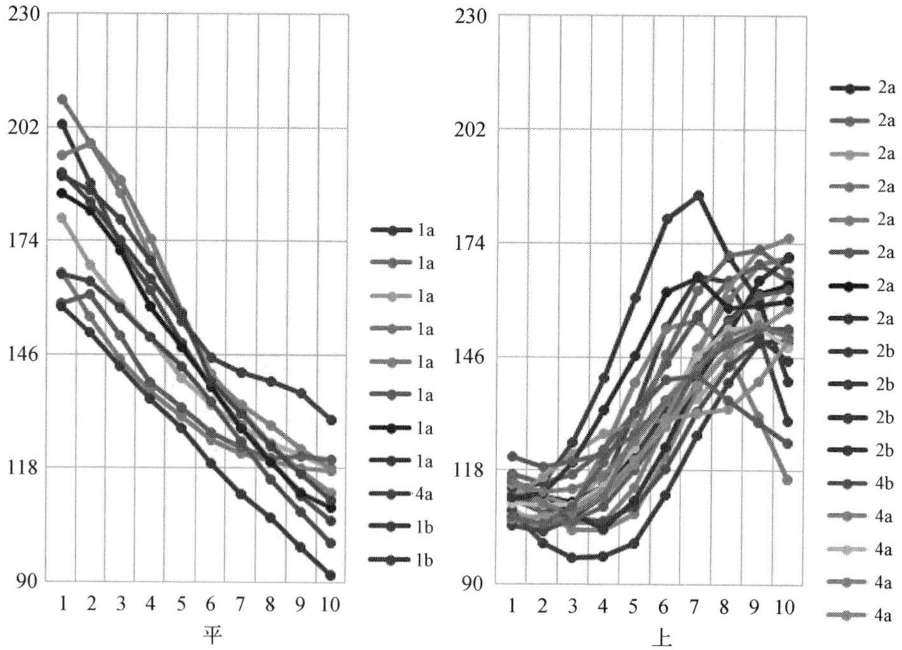

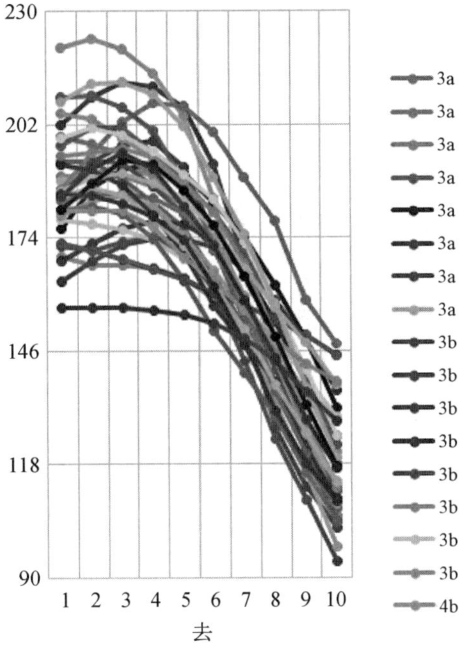

图 4b　今四声的调域分布范围-老男

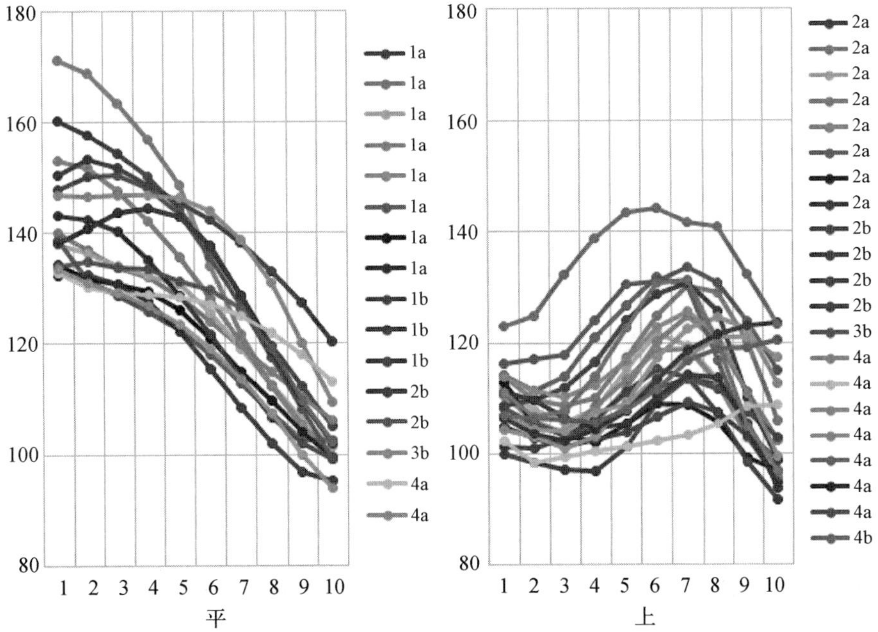

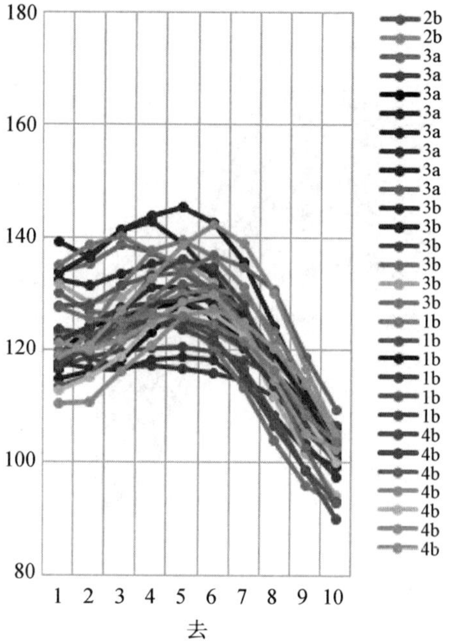

图 4c 今四声的调域分布范围–青男

大连庄河的今调域分布范围：平 51 – 32，上 12 – 23，去 552 – 331。

（二）青莱片

青莱片我们选取平度、青岛市区、高密、临朐等方言点的语音材料来观察青莱片单字调的主要特点。

1. 胶莲小片

1）青岛市平度

平度单字调的情况见图 5a。

平度今声调的调域分布见图 5b 和 5c。

根据录音数据，平度话的单字调：平声 213、上声 55、去声 42（阳平归去声）。

根据今声调调域分布的范围，阴平是一个略带低平再上升的一个声调，描写为 213 或者 223 都是可以的；上声则是一个分布于 44 – 55 之间的高、半高平调；去声则是分布于 53 – 31 之间的一个高降调。

为了比较，我们也可以参考下面取自音库中青岛录音的今声调情况。

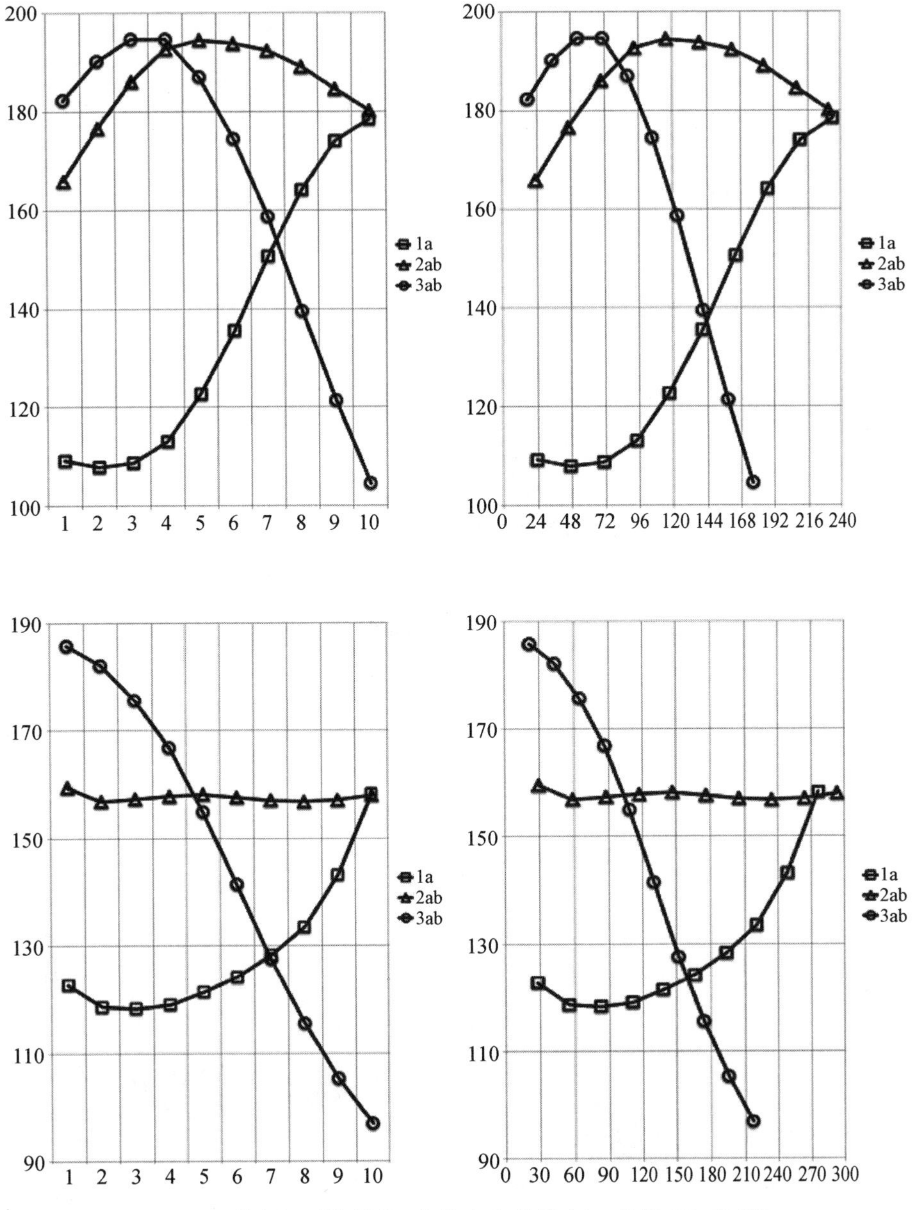

图 5a　单字调平均等长、实长音高曲线(上-老男,下-青男)

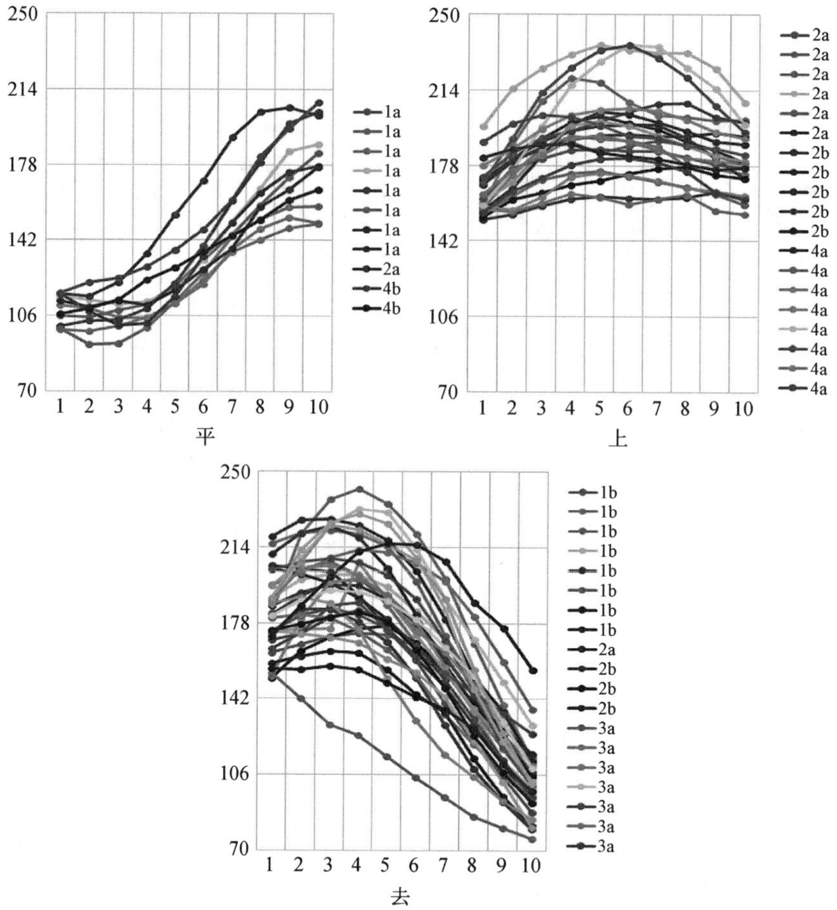

图 5b 今四声的调域分布范围-老男

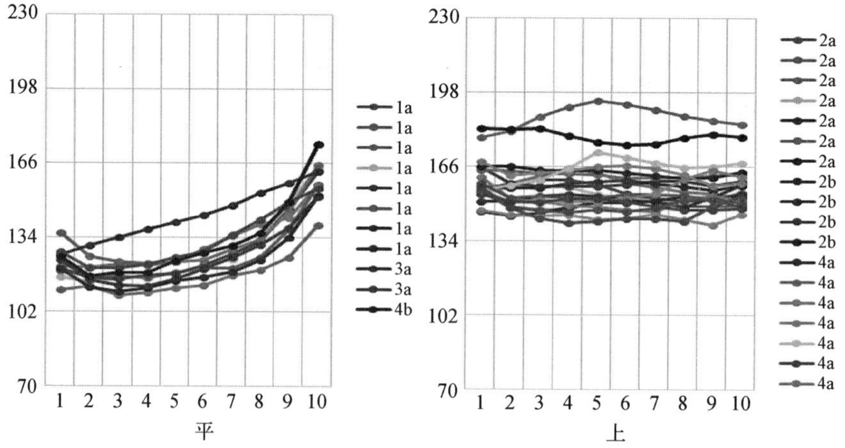

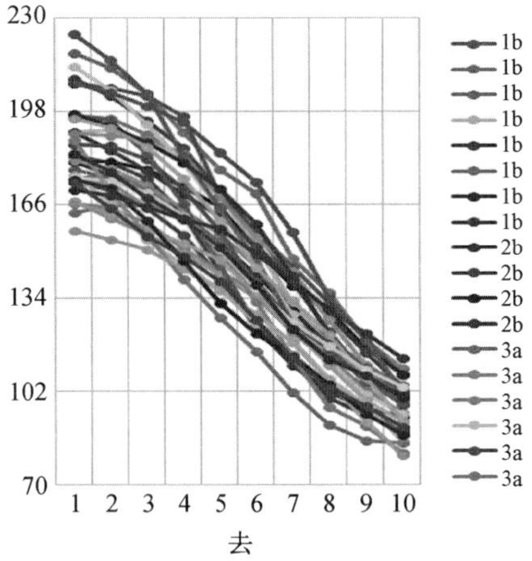

图 5c　今四声的调域分布范围-青男

2）青岛

我们根据《汉语方言音库》中青岛话的声调例字，将青岛话的单字调描写如下。

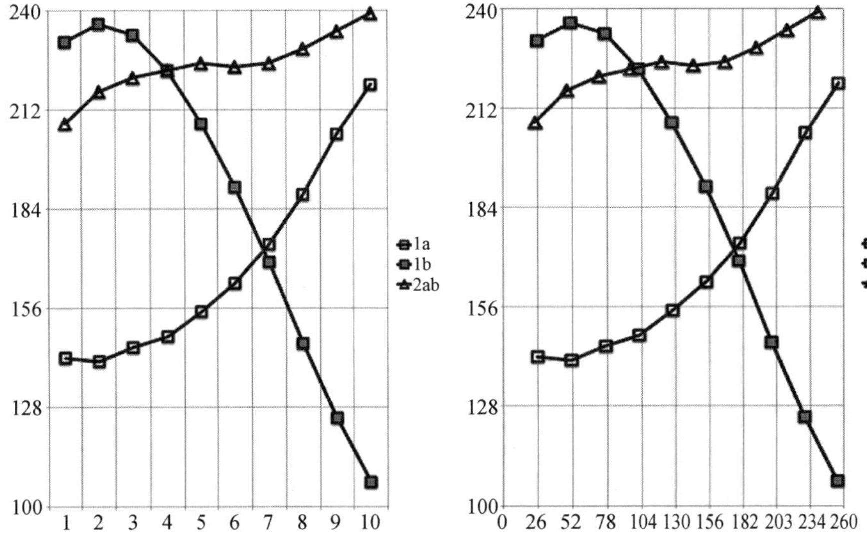

图 6a　单字调平均等长、实长音高曲线（青岛-音库）

音库中今声调调域分布情况如下。

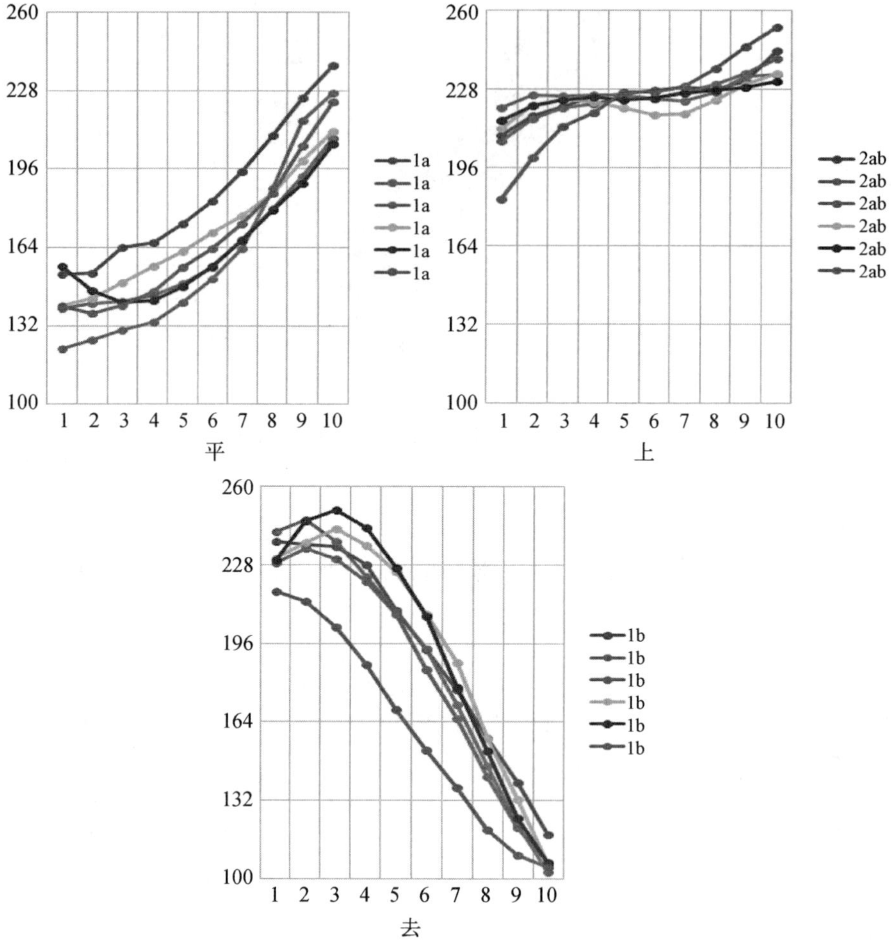

图 6b　今四声的调域分布范围(青岛-音库)

根据音库中青岛话声调已有的描写,青岛话调类、调值的情况:阴平213,如今天机知太妇;阳平 42,如唐记平学木强;上声 55,如想急起黑笔米。

但是根据音库所提供的声音材料,我们将青岛市区的声调描写如下:平声 24、上声 51、去声 45,阳平与去声同调合并。

3) 高密市

高密市的单字调情况如图 7a。

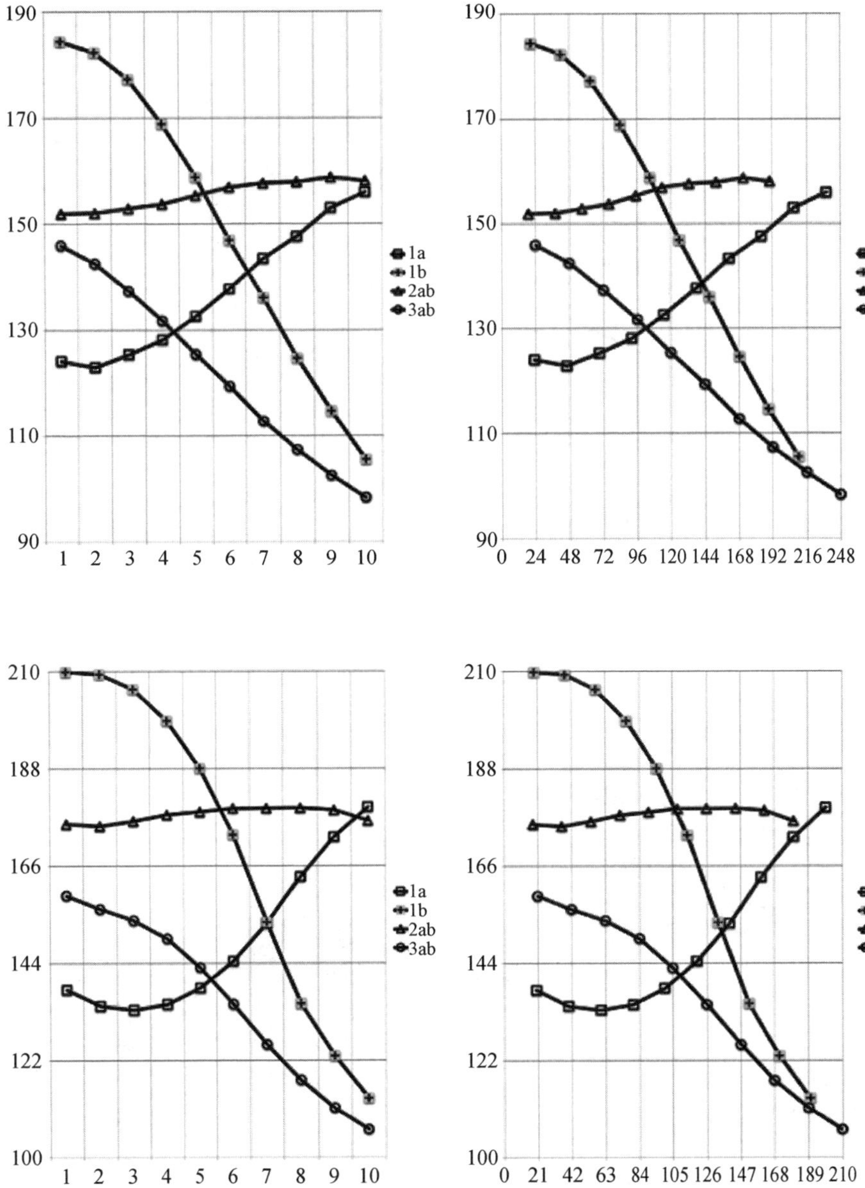

图 7a 单字调平均等长、实长音高曲线(左-老男,右-青男)

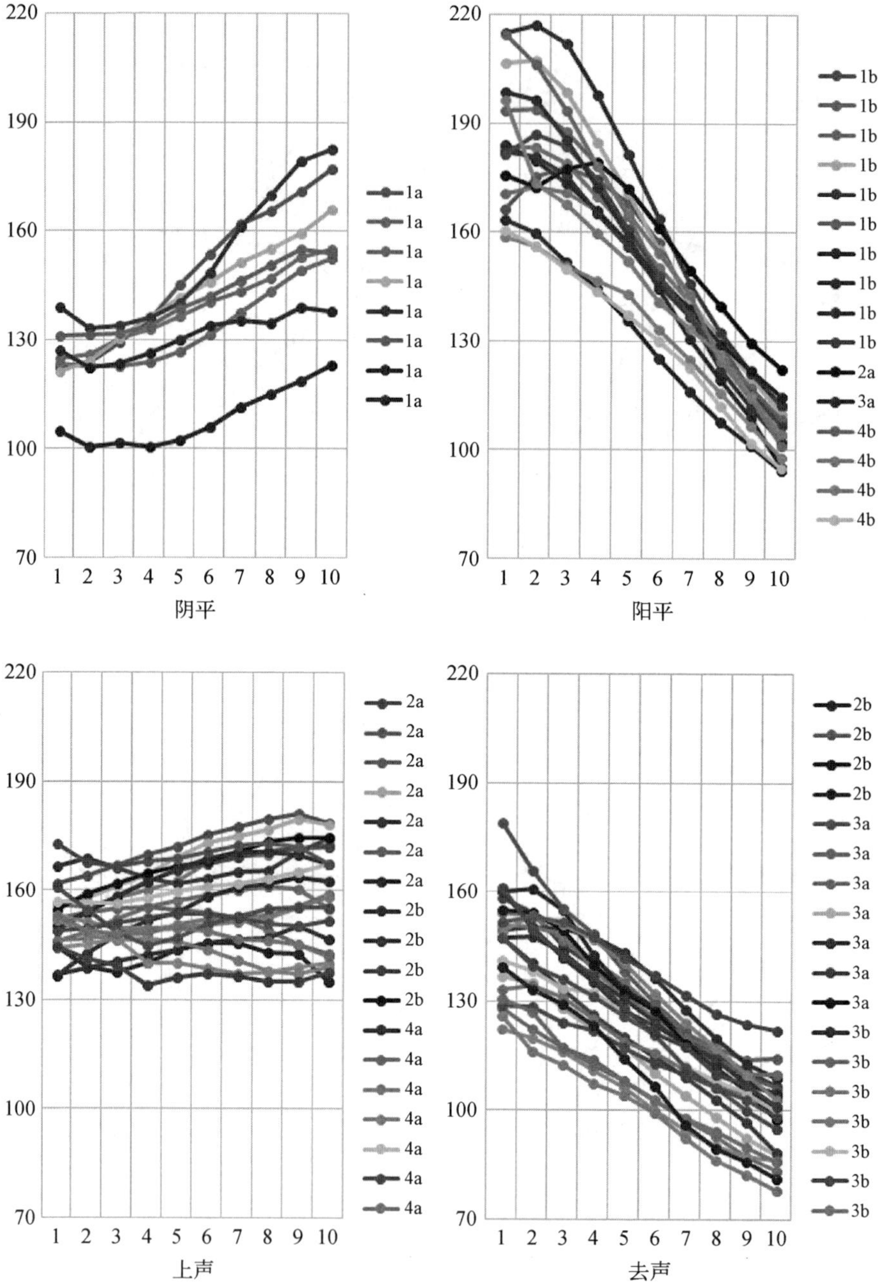

图 7b　今四声的调域分布范围-老男

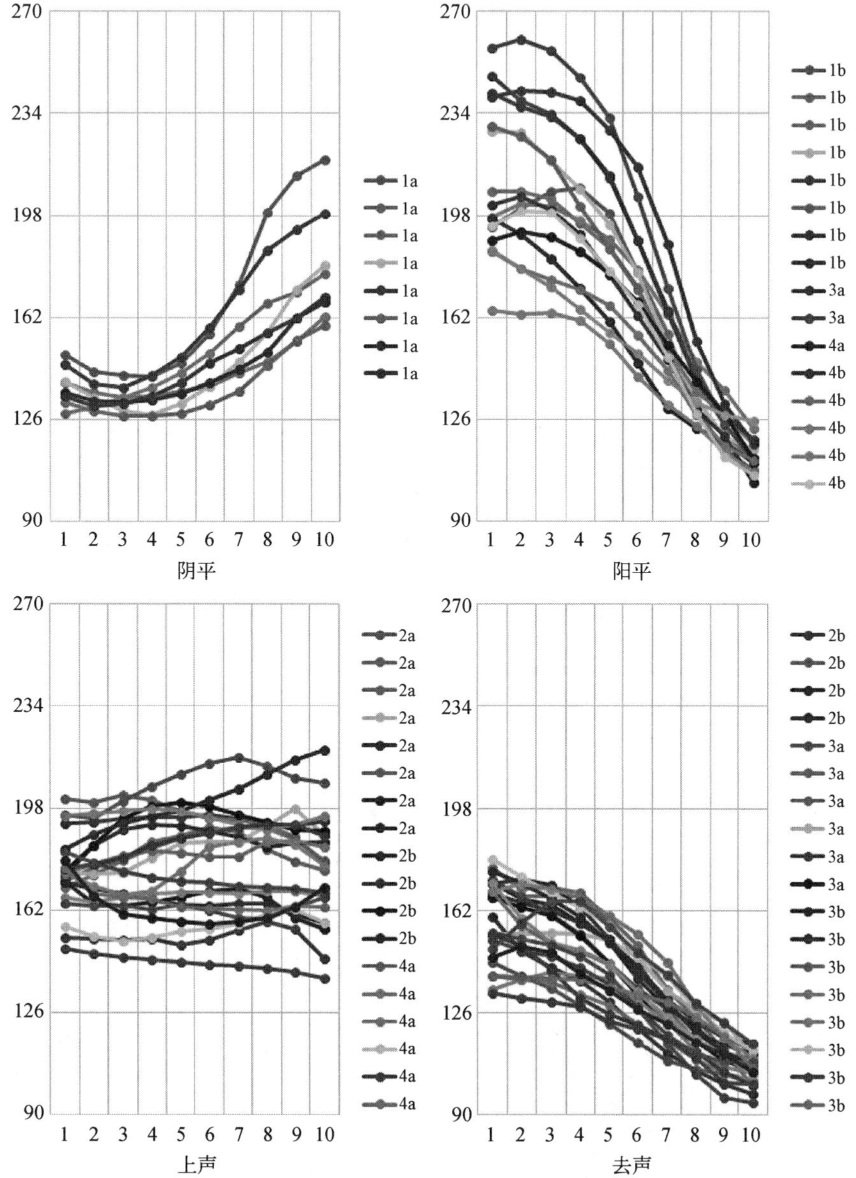

图 7c　今四声的调域分布范围-青男

高密话今声调调域分布情况如图 7b、7c。

高密密水街道的声调,根据录音描写如下：阴平 213、阳平 51、上声 44、去声 31。

高密话今声调调域分布情况如下：阴平在 223－334 之间，阳平在 31－52 之间，上声在 22－44 之间，去声在 21－42 之间。

2. 莱昌小片

1）莱州市

莱州的单字调模式和调域分布情况如下。

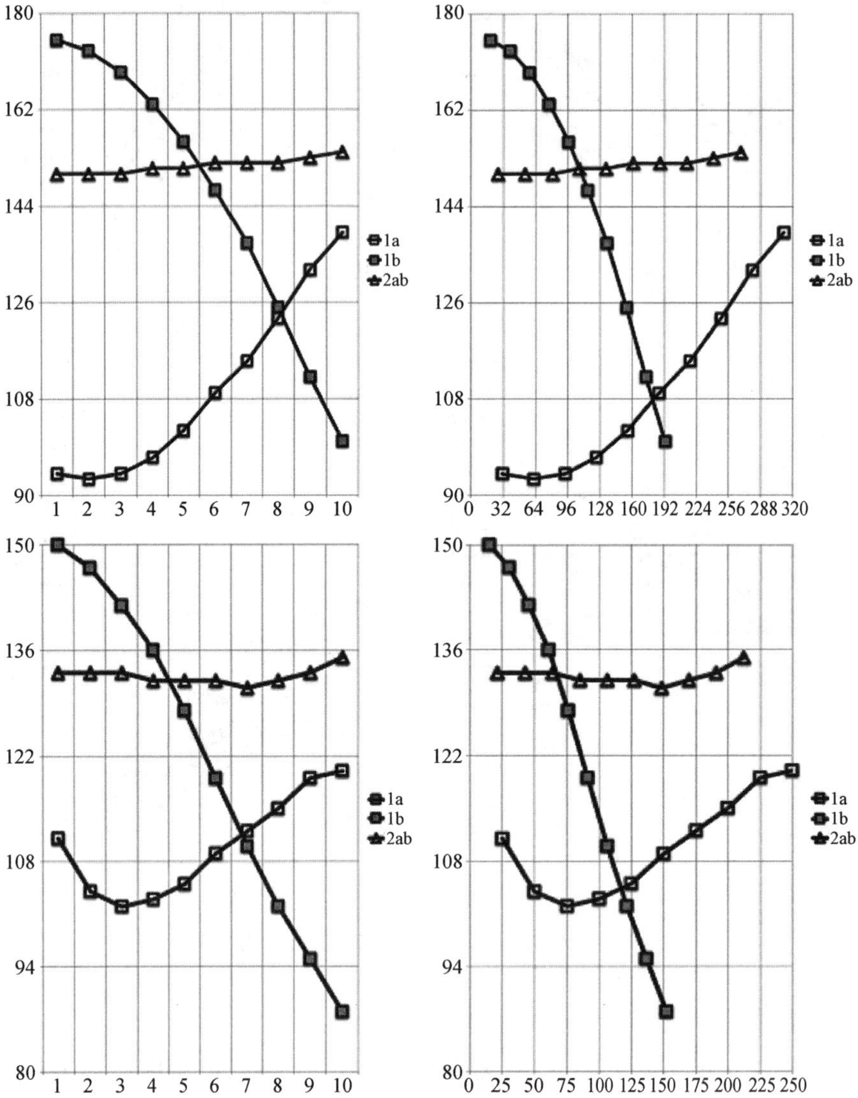

图 8a　单字调平均等长、实长音高曲线（上-老男，下-青男）

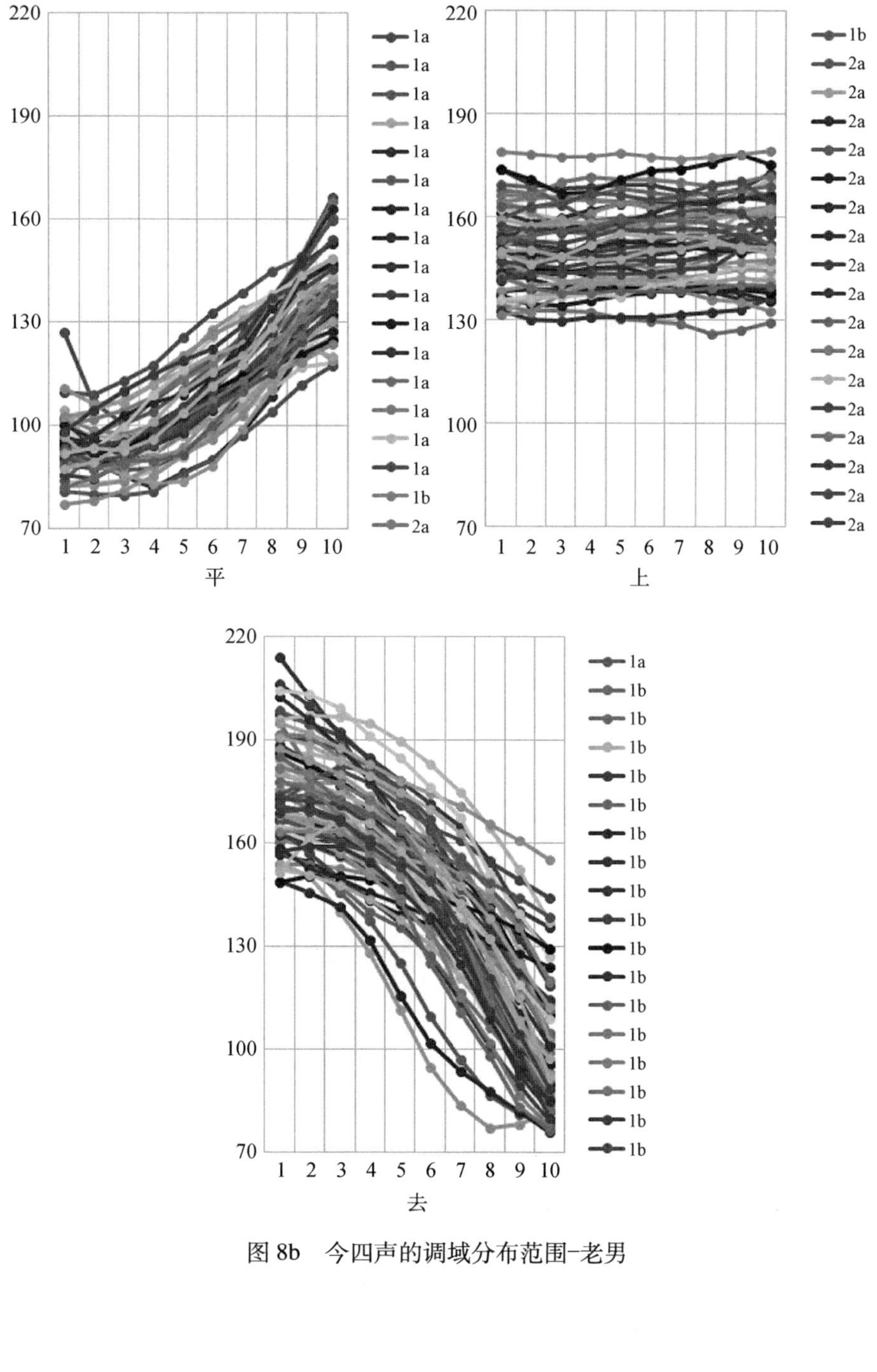

图 8b　今四声的调域分布范围-老男

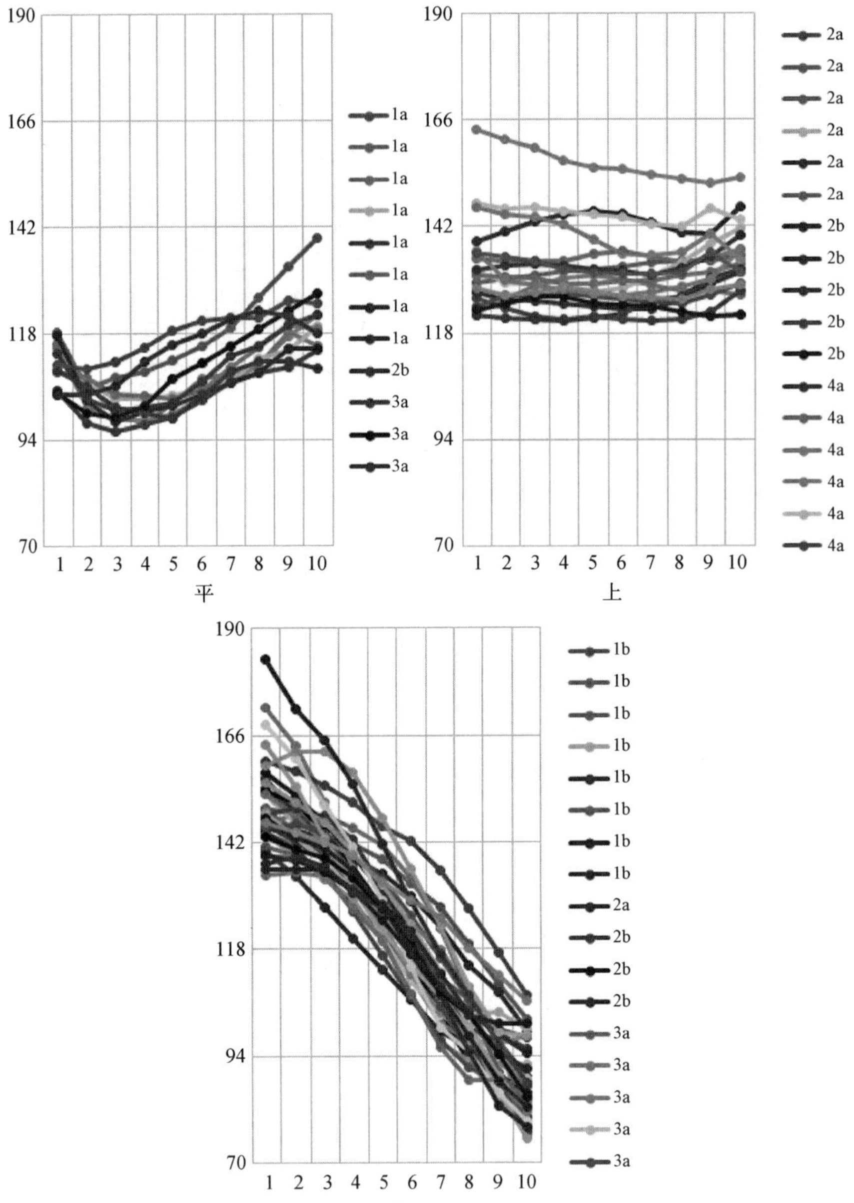

图 8c 今四声的调域分布范围-青男

莱州话有三个单字调：平声 213，上声 44，去声 51。根据今调类调域分布，这三个单字调分布的范围如下：平声 12－23 之间，上声 33－44 之间，去声 52－31 之间，因此，平声描写为 23、213 都是可以的。

2）昌邑

昌邑单字调模式和调域分布情况如下。

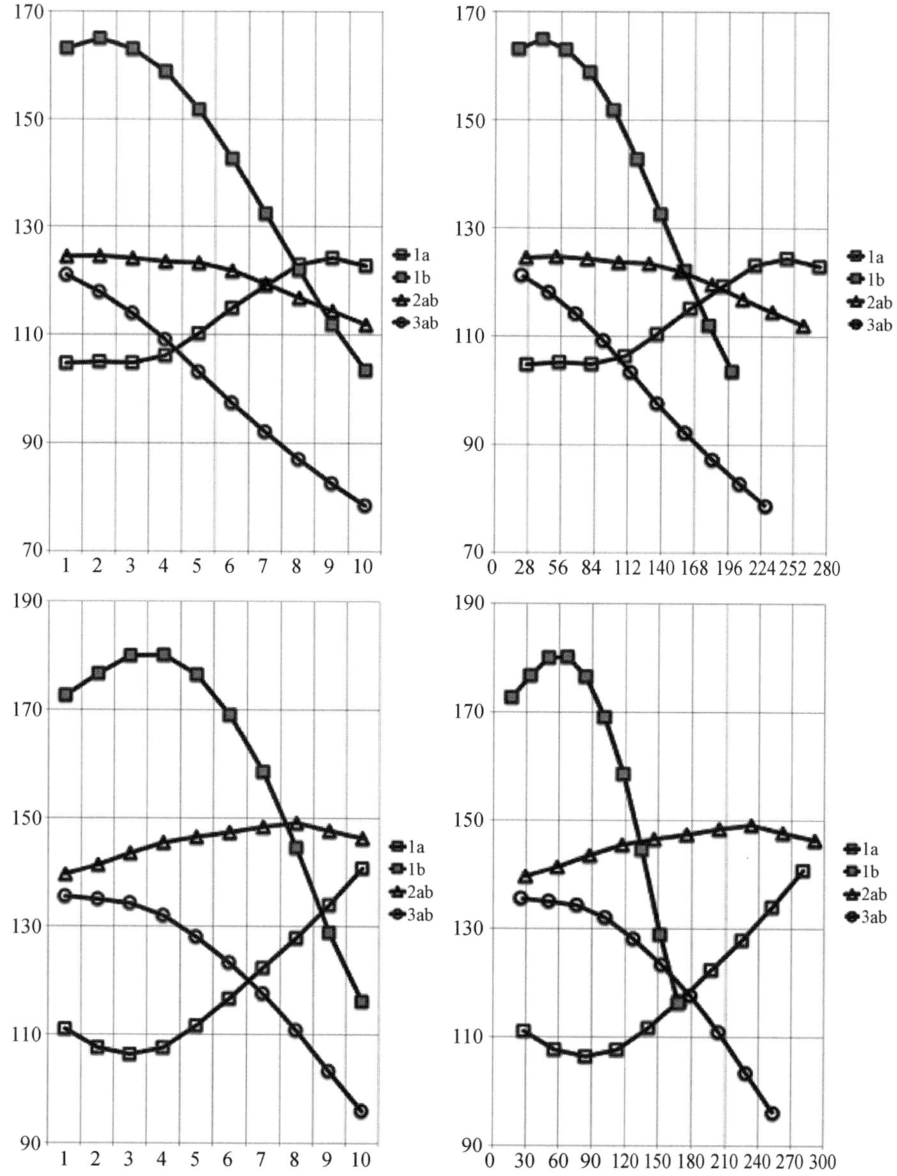

图 9a　单字调平均等长、实长音高曲线（上-老男，下-青男）

根据老男和青男的均值数据。昌邑有4个声调：阴平213、阳平52、上声44和去声31。

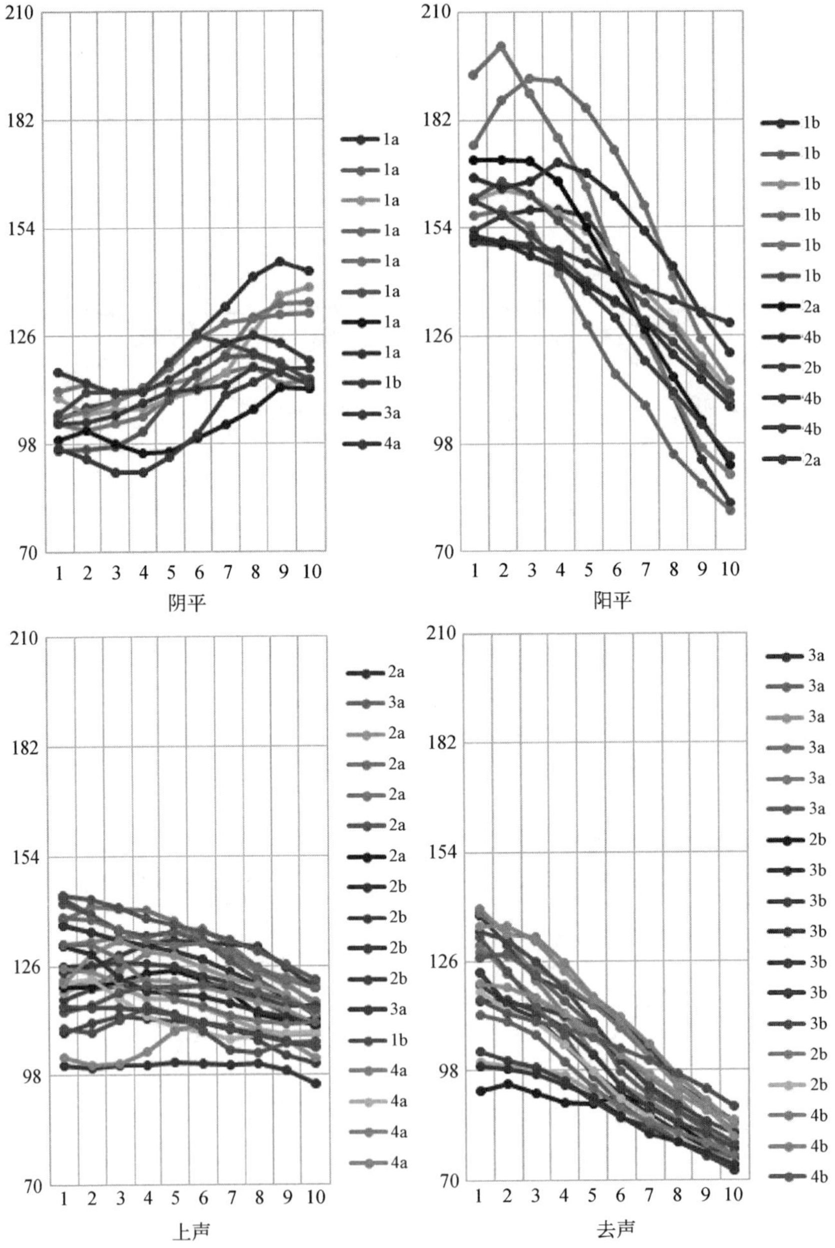

图9b 今四声的调域分布范围-老男

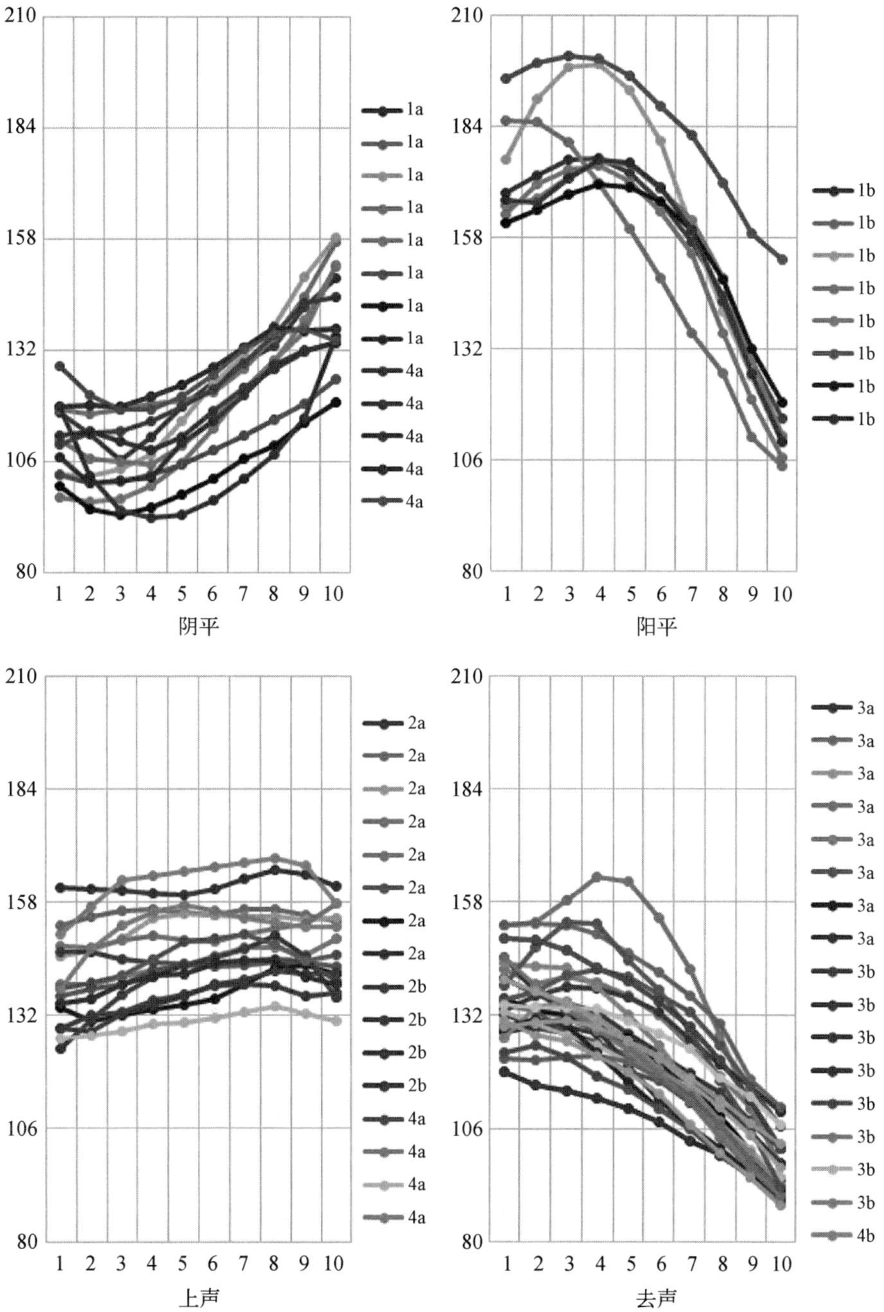

图 9c　今四声的调域分布范围-青男

根据老男和青男的今声调调域分布的范围，昌邑 4 个声调的分布范围如下：阴平 213－324 之间，阳平 52－42 之间，上声 33－44 之间，去声在 32－21 之间。

3. 青临小片

青临小片我们选择潍坊临朐点，它的单字调情况如下。

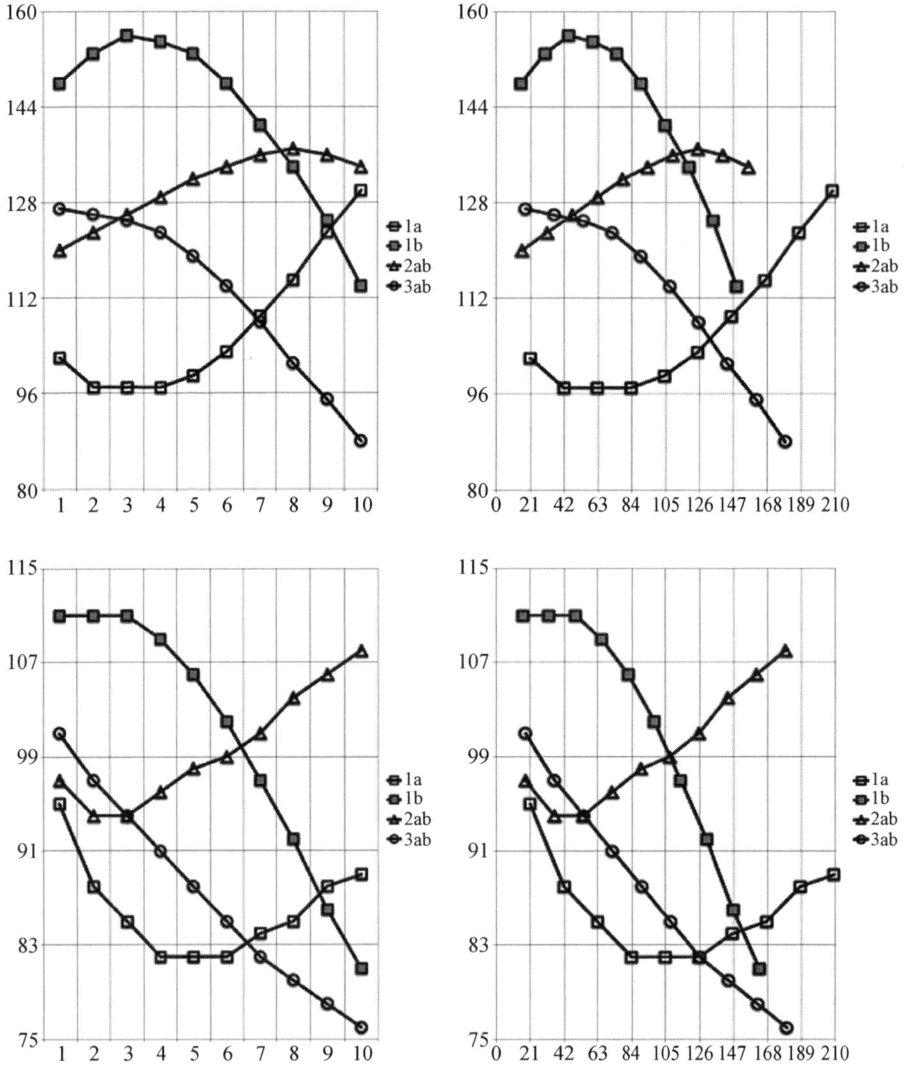

图 10a　单字调平均等长、实长音高曲线（上－老男，下－青男）

今声调调域分布情况如下。

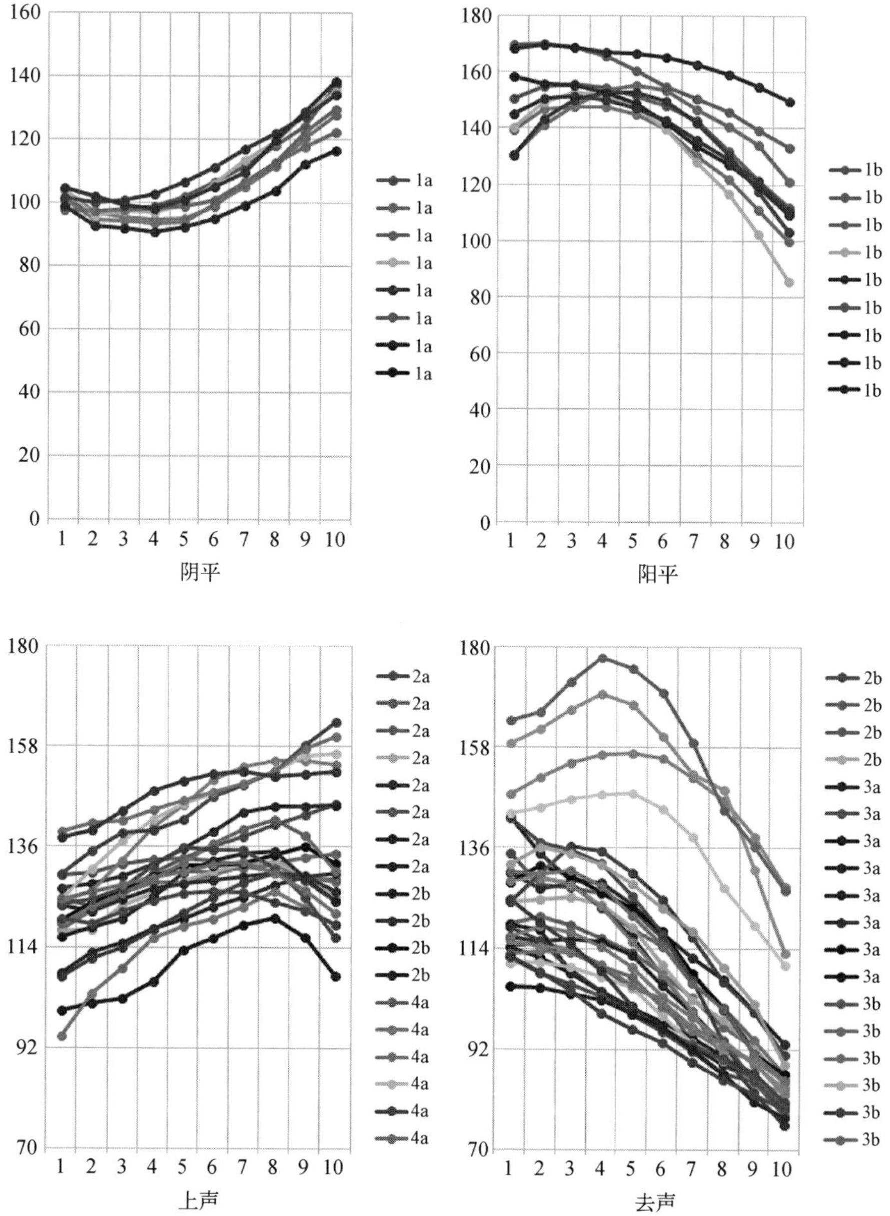

图 10b　今四声的调域分布范围-老男

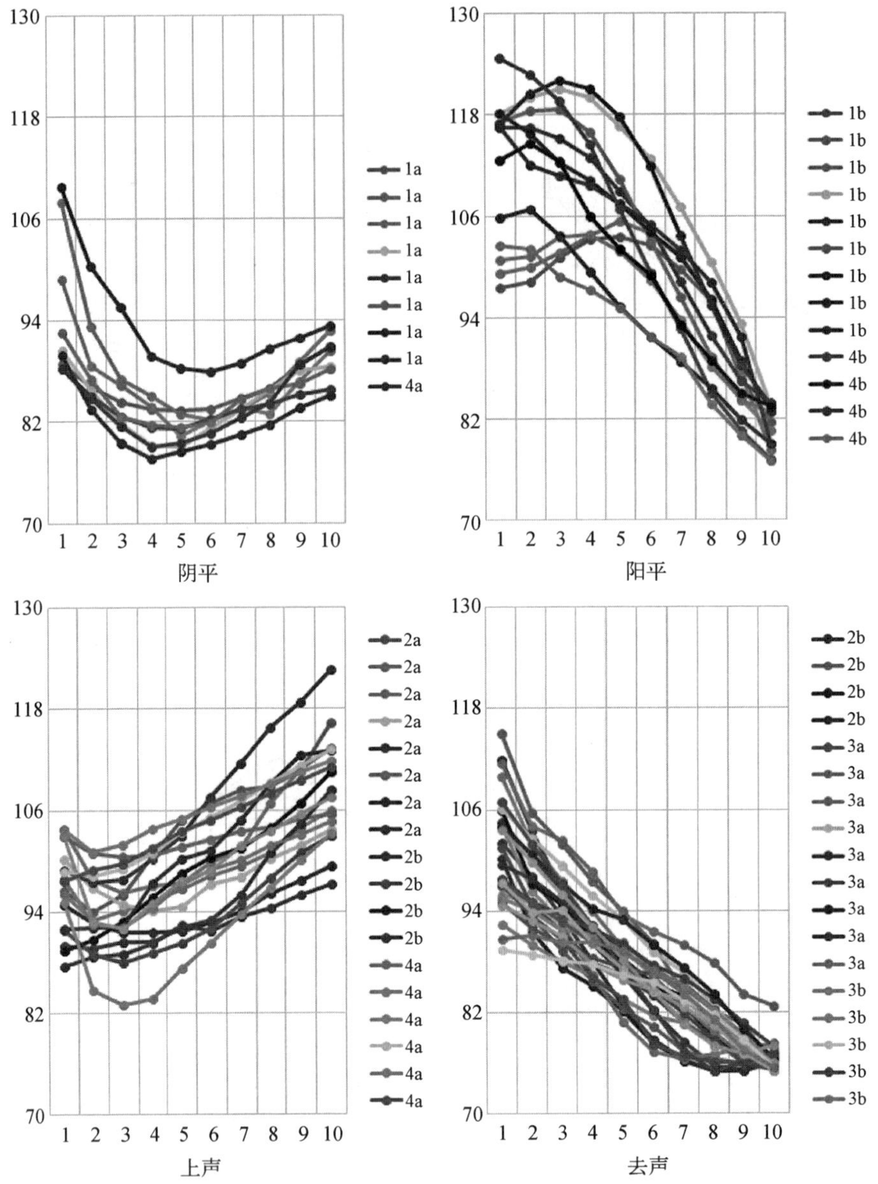

图 10c　今四声的调域分布范围-青男

根据声调均值的声学模式，临朐的单字调有 4 个：阴平 312、阳平 52、上声 35、去声 31。

临朐今调类的调域分布情况如下：阴平在 212－423 之间，阳平在 31－

52之间,上声在213－324之间,去声在21－42之间。

(三) 盖桓片

盖桓片多为跨海而来的胶东地区的人民。我们选取辽宁、黑龙江两声三个点的数据来讨论。

1. 营口盖州

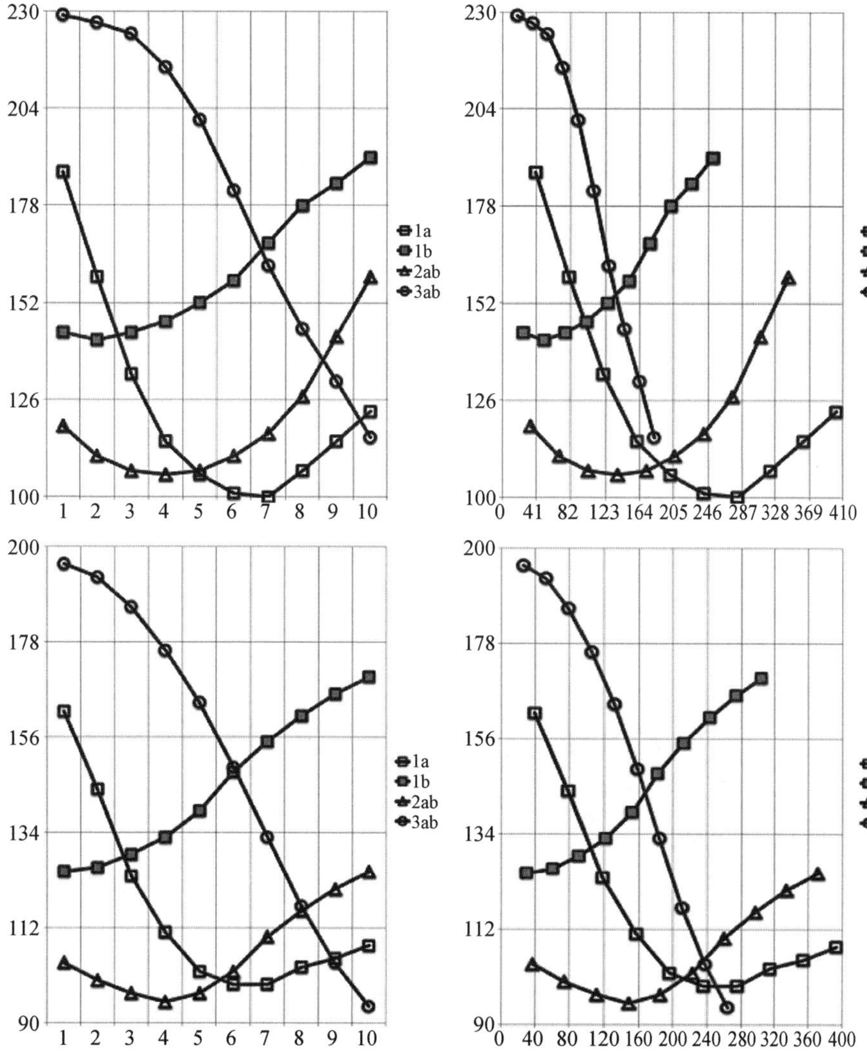

图 11a 单字调平均等长、实长音高曲线(上-老男,下-青男)

盖州今声调调域分布情况如下。

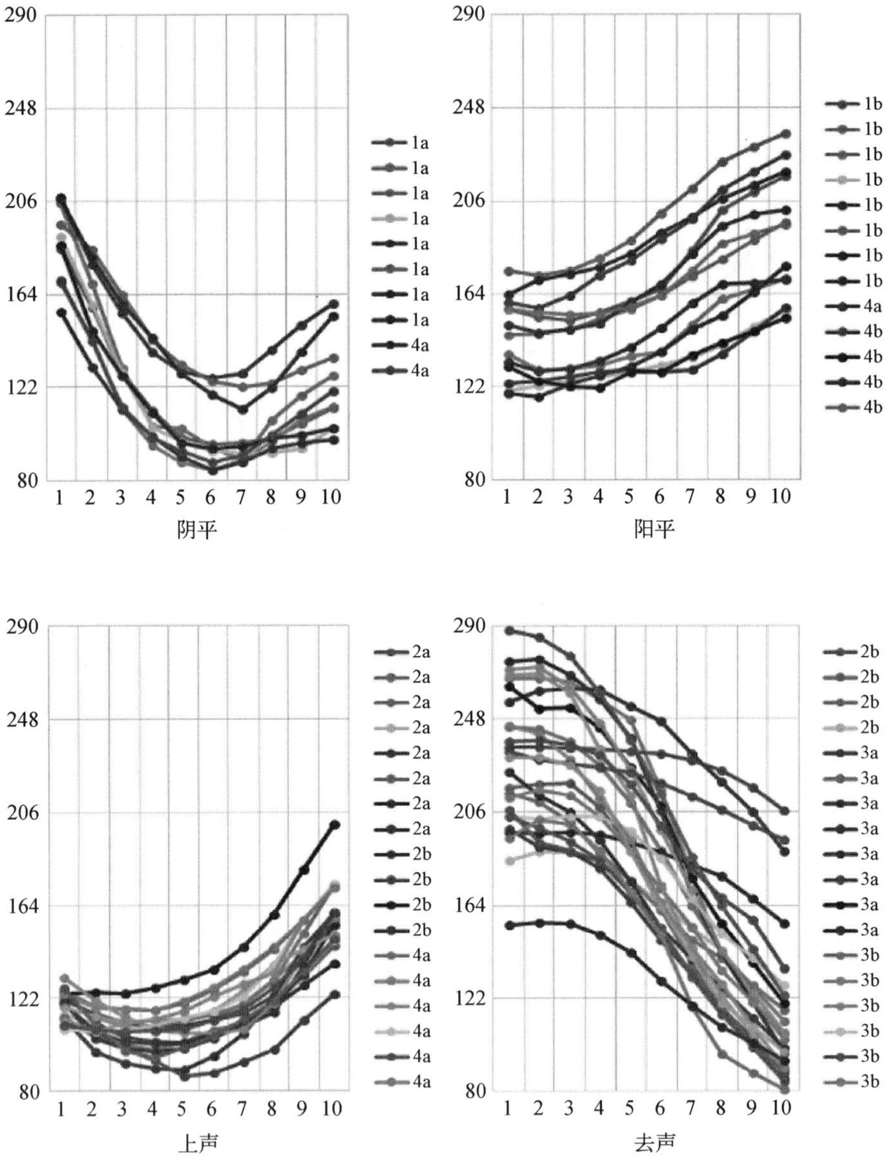

图 11b　今四声的调域分布范围-老男

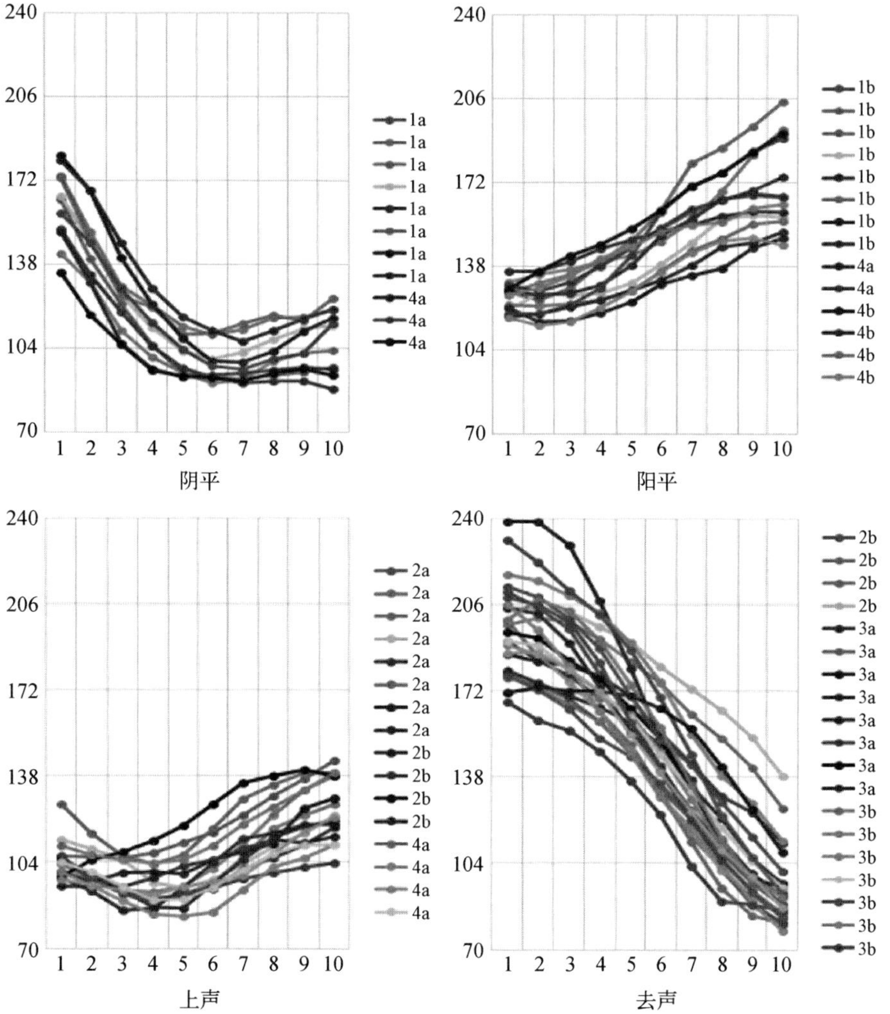

图 11c　今四声的调域分布范围-青男

盖州话单字调有 4 个,根据声学模式描写如下：阴平 412、阳平 24、上声 213、去声 51。

根据盖州话现有今调域的分布情况：阴平在 212－423 之间,阳平在 12－34 之间,上声在 213－324 之间,去声在 21－54 之间,分布范围较宽。

2. 丹东市区

丹东市区的胶辽官话有 4 个单字调,具体如下。

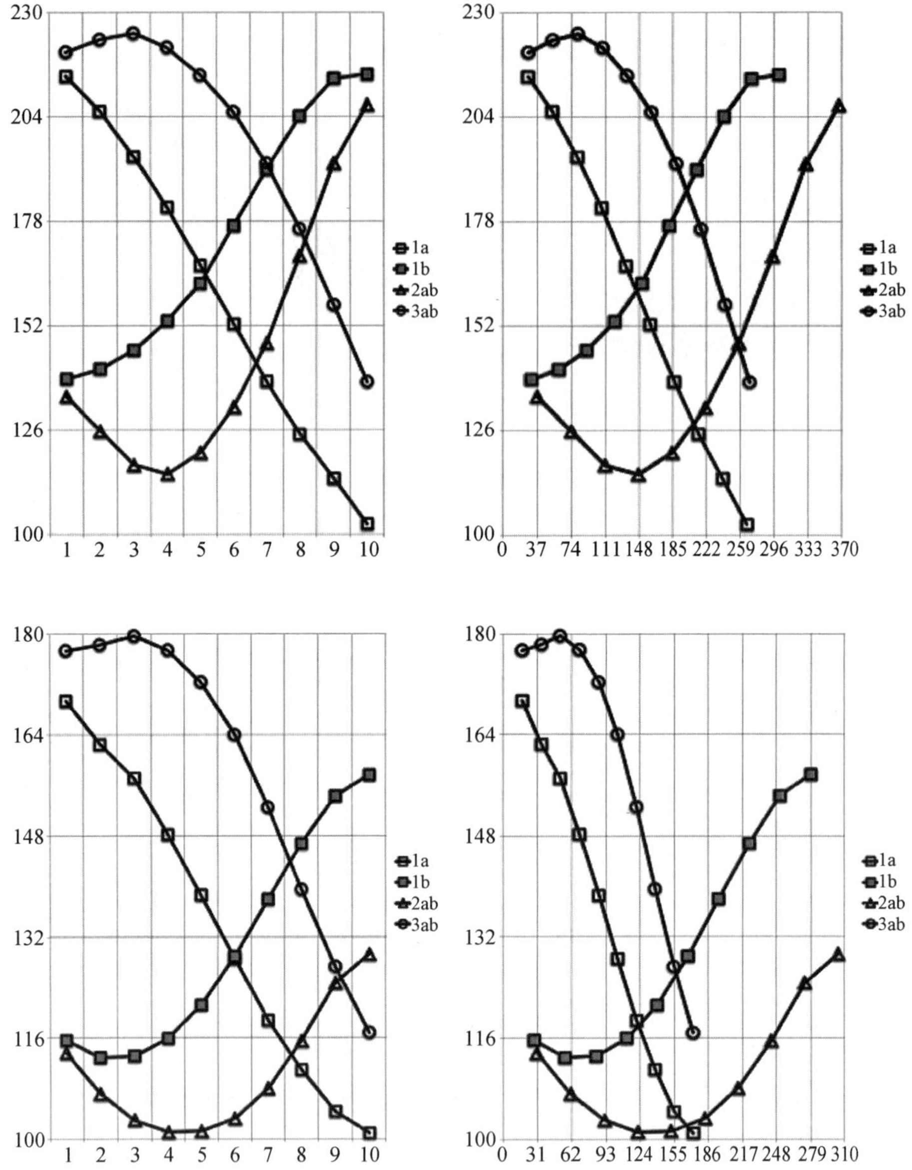

图 12a　单字调平均等长、实长音高曲线(上-老男,下-青男)

今声调调域分布情况如下。

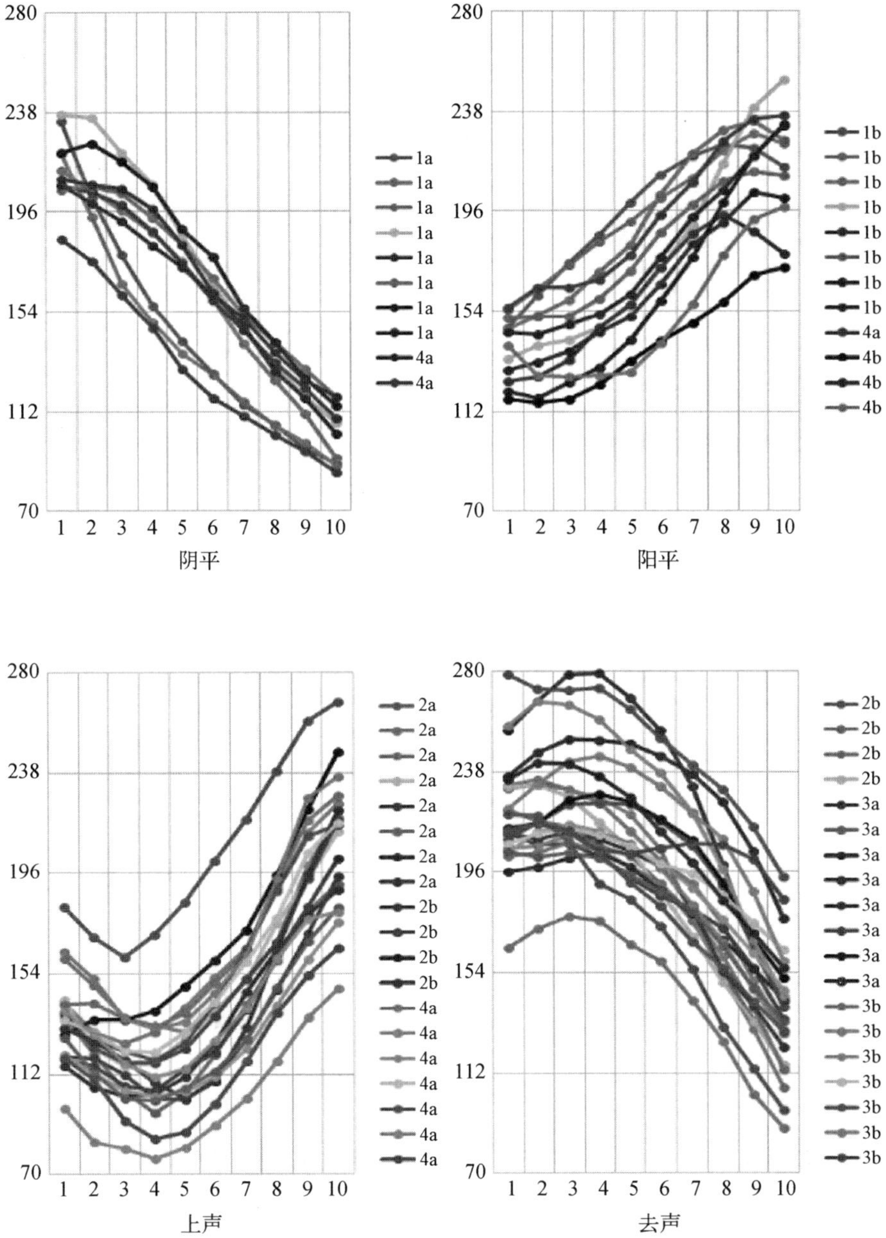

图 12b　今四声的调域分布范围-老男

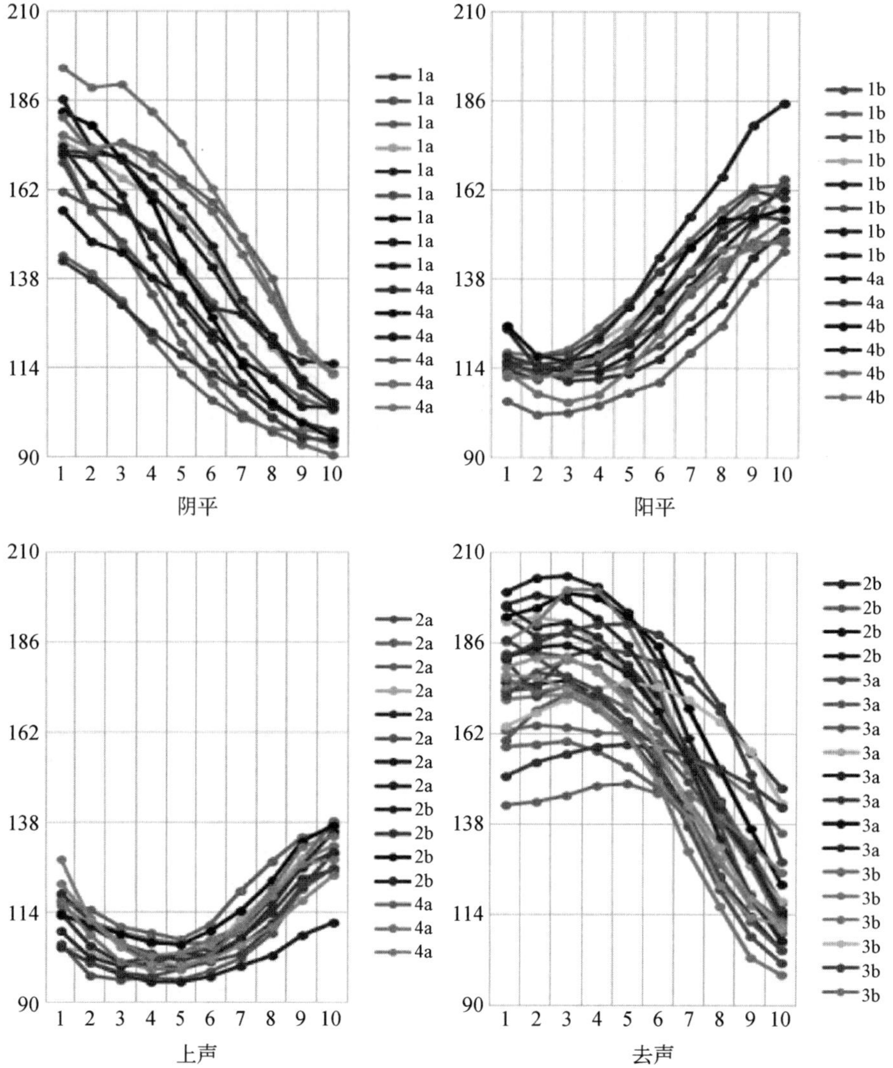

图 12c　今四声的调域分布范围-青男

丹东话声调有 4 个：阴平 51、阳平 24、上声 213、去声 52。

今调域的分布情况：阴平在 31－42 之间，阳平在 23－34 之间，上声在 212－325 之间，去声在 31－54 之间，分布范围较宽。

盖州、丹东两地的单字调与北京官话、东北官话的声调格局更为一致。

3. 虎林市新乐

黑龙江省的胶辽官话分布是以方言岛的形式存在的。有三个单字调。

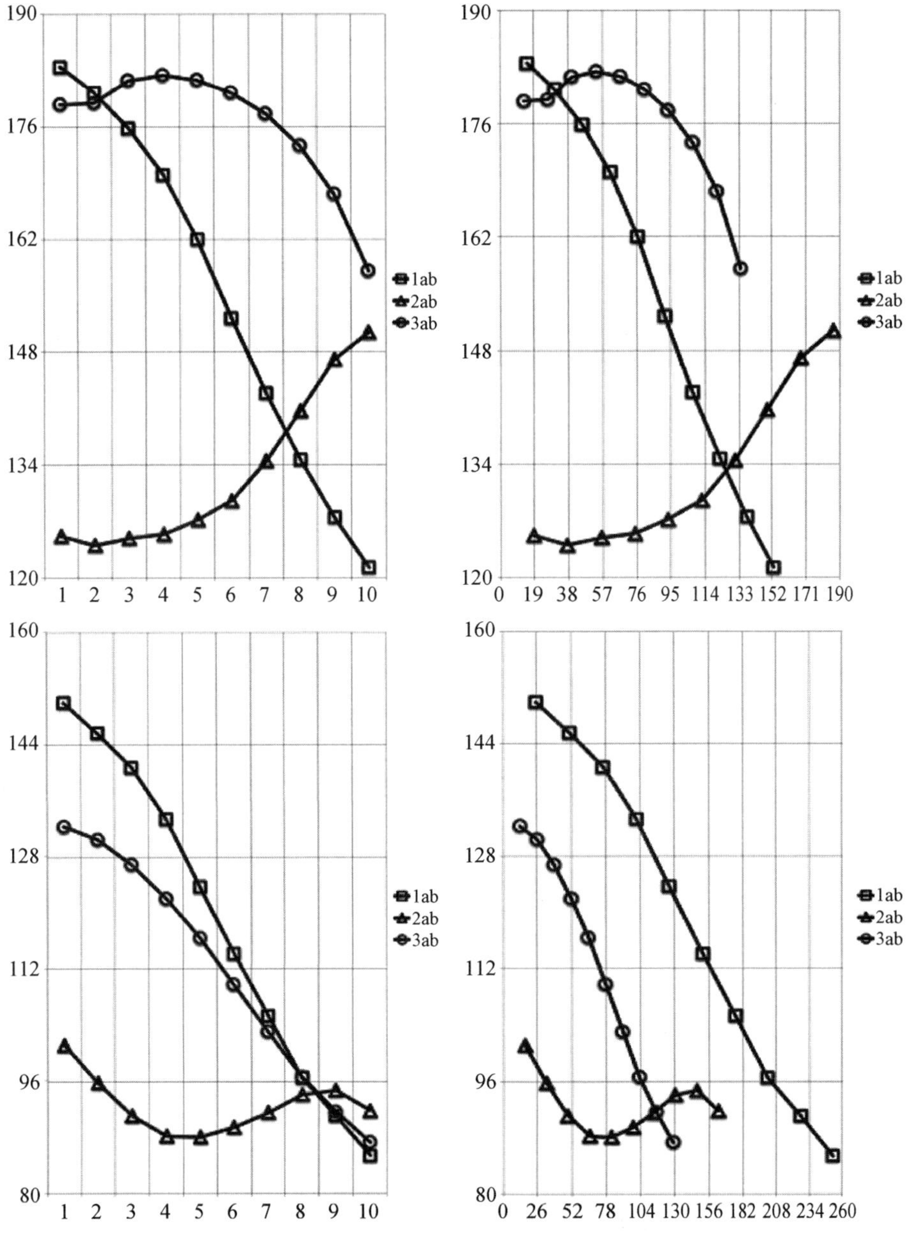

图 13a　单字调平均等长、实长音高曲线(上-老男,下-青男)

虎林今声调调域分布情况如下。

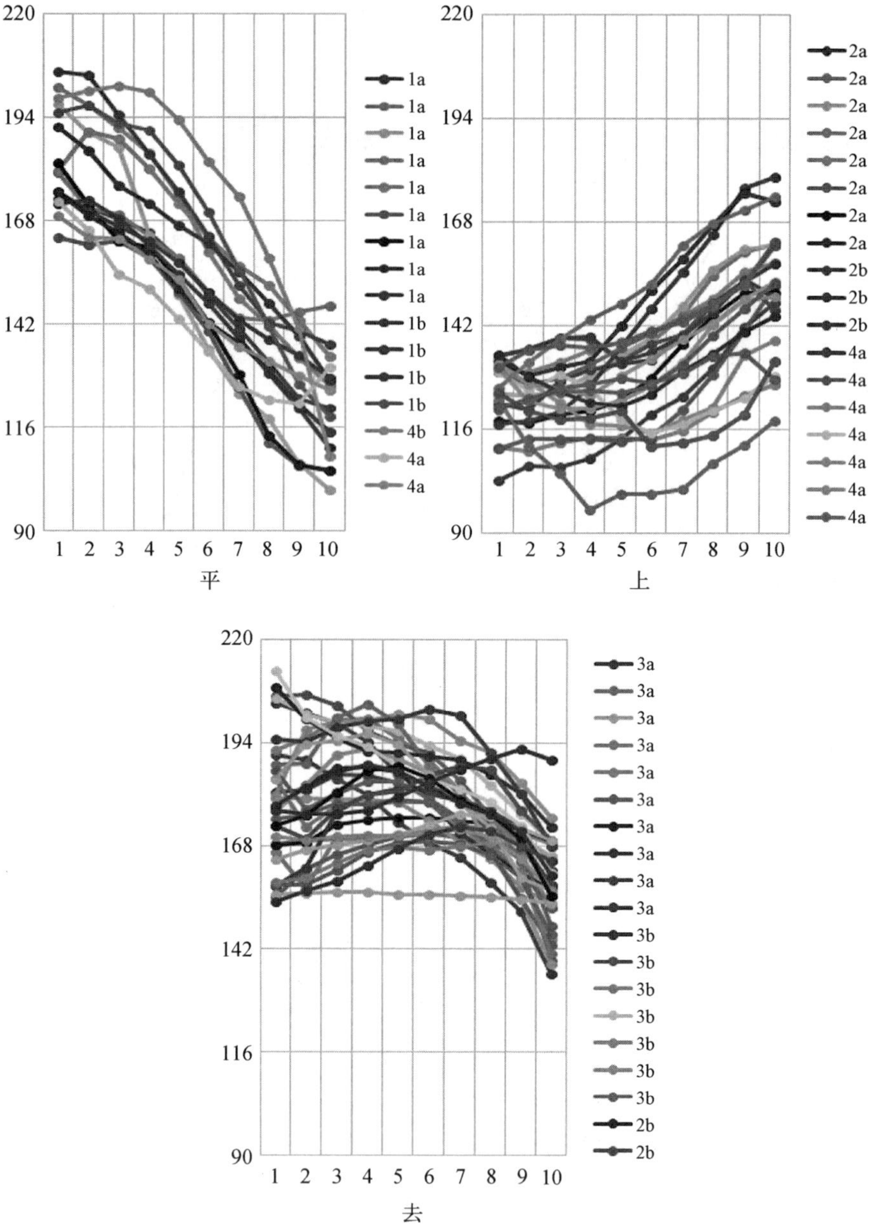

图 13b　今四声的调域分布范围-老男

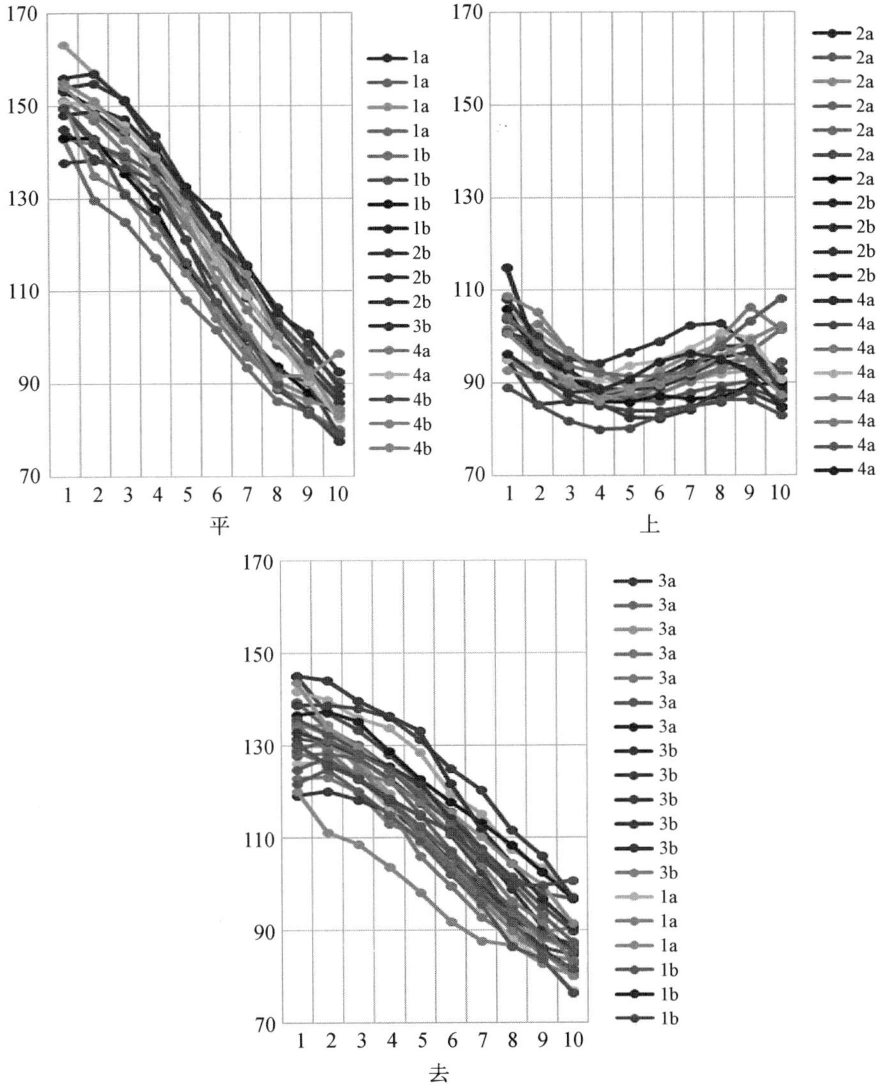

图 13c　今四声的调域分布范围-青男

虎林的单字调有 3 个：阴平 51、上声 213、去声 53。

虎林今调域的分布情况如下：阴平在 31 – 53 之间，上声在 212 – 224 之间，去声老男 553 – 332，青男在 31 – 42 之间，阳平归入去声，分布范围较宽。

四、小 结

从前面6个片的胶辽官话单字调的声学模式中，我们可以把胶辽官话的单字调的音高模式的一些共同特点作一简单归纳，以就教于各位方家。

（一）胶辽官话单字调总体情况

下面是胶辽官话三个片六个小片方言点调类、调值的对应。

表1 胶辽官话三个片六个小片方言点调类、调值的对应

片	小 片	方言点	阴平	阳平	上声	去声
登连片	烟威小片	烟台 qzy	21		214	42
		烟台(孙)	51		214	55
		烟台芝罘	52		214	454
		威海 qzy	53		312	44
		福山 qzy	31		214	53
		栖霞 qzy	52		314	44
		莱西 qzy	214		44	51
		海阳 qzy	53	323	214	31
		乳山 qzy	31	53	214	324
		文登 qzy	31	53	214	324
		荣成 qzy	53	55	314	334
		荣成	53	24	324	33
		荣成 qzy	53	55	314	334
		招远 qzy	44	53	44	314
		牟平 qzy	51	33	214	31
		牟平(罗、孙)	51	53	213	131

（续表）

片	小　片	方言点	阴平	阳平	上声	去声
登连片	蓬龙小片	长岛	423	44	213	52
		蓬莱 qzy	313	55	214	42
		黄县 qzy	313	44	24	53
		黄县（龙口）	313	44	24	53
	大岫小片	大连	312	34	213	53
		大连市区 lc	41	34	213	52
青莱片	胶莲小片	青岛	213	42	55	31
		平度	213		55	42
		青岛（音档）	24		45	51
		青岛 qzy	213	42	55	31
		高密	213	51	44	31
		即墨 qzy	214		55	31
	莱昌小片	莱州	213		44	51
		掖县（莱州）qzy	214		55	41
		昌邑	213	52	44	31
		莱阳 qzy	214	31	34	1
	青临小片	青州				
		临朐	312	52	35	31
盖桓片		虎林	51		213	51
		丹东	51	24	213	52
		盖州	412	24	213	51

表1是胶辽官话三个片六个小片方言点调类、调值的对应，这里的数据，既有本文的实验研究，也有钱曾怡（1959、2001）、罗福腾（1998）等学者的经典描写，表中标注qzy的地点，是钱先生1959年的调查，未作标注的点是本文的描写，从中我们可以对胶辽官话的调类、调型有一个总体的了解。

（二）胶辽官话声调调型的主要特点

胶辽官话声调调型较为特别的特点有两个：

（1）凹调较为突出，每个点至少有一个凹调；

（2）基本没有平调。

这几乎是目前所见多数胶辽官话点的共同特征，有些点的描写即使是升调、降调，也有前后明显的曲折的部分。

在本文中，我们根据《汉语方言音库》的录音，把青岛市区的声调描写如下：平声24、上声45、去声51，阳平与去声同调合并；其中上声的调值，音库描写为55，而调值的声学表现不是一个55的平调。

以往的研究记录，也基本反映了胶辽官话这两个主要特点。如牟平方言的声调的描写，钱曾怡在《胶东方音概况》中指出牟平方言的四个声调为：阴平（51）、阳平（33）、上声（214）、去声（31）；罗福腾（1998）：阴平（51）、阳平（53）、上声（213）、去声（131）；孙慧明（2007）：阴平（51）、阳平（53）、上声（213）、去声（131），无论记为什么调型，都是没有平调。又如大连话已有的描写，阴平312，如：逼、跌、忽、接、拍等；阳平34，如：疑、台、没、陈、时等；上声213，如：笔、老、我、桌、出等；去声53，如：奋、进、累、动、冠等；有2个凹调，一升一降，没有平调。（李悦，2020，浅析大连方言的语音特点）

通过胶辽官话以及其他汉语方言声调的比较观察可以看到，汉语方言声调的声学模式，主要反映为音高在时间轴上的变化形式，要分析一个方言的声调，最直接简便的方式是观察音高随时间而发生的变化形式，由此我们说，观察音高为主的音高域变化模式就是调型主导型的方言系统，如多数的官话方言；如果音高域不足以区分一个方言的声调，那就要考虑时间等因素的作用，南方粤、闽、客诸方言，大都有同样音高模式的舒促对立，这就是我们说的时间主导型的方言声调系统。这是基于观察所见的最为常见的两种声调的模式。

其他涉及声调的各种问题,都可以在音高域和时间范畴这两个方面来做基础的观察和描写。至于复杂声调以及声调在语流中的表现,则需要另外观察了。

参考文献

洪小熙 2005 《蓬莱方言语音研究》,山东大学硕士论文。
侯精一 2003 《现代汉语方言音库》,上海教育出版社。
林茂灿 1988 《普通话声调的声学特性和知觉征兆》,《中国语文》第 3 期。
林茂灿 1996 《普通话两音节间 F0 过渡及其感知》,《中国社会科学》第 4 期。
刘畅 2022 《大连市区方言单字调实验研究》,辽宁师范大学硕士论文。
刘复 1924 《四声实验录》,上海群益书社。
刘新中、曾玲 2020 《汉语方言声调古今对照与共时分布的研究方法——基于字音系统实验研究工具》,《中国语音学报》第 2 期。
罗福腾 1998 《胶辽官话研究》,山东大学博士论文。
罗福腾 1992 《牟平方言志》,语文出版社。
钱曾怡 1959 《胶东方言概况》,《山东大学学报(语文版)》第 4 期。
钱曾怡[主编] 2001 《山东方言研究》,齐鲁书社。
钱曾怡等 1981 《烟台方言报告》,齐鲁书社。
钱曾怡、曹志耘、罗福腾 1985 《山东平度方言内部的语音差异》,《方言》第 3 期。
钱曾怡、高文达、张志静 1985 《山东方言的分区》,《方言》第 4 期。
钱曾怡、曹志耘、罗福腾 1991 《潍坊方言志》,潍坊市新闻出版局。
钱曾怡、曹志耘、罗福腾 2002 《诸城方言志》,吉林人民出版社。
钱曾怡、太田斋、陈洪昕、杨秋泽 2005 《莱州方言志》,齐鲁书社。
沈炯 1985 《北京话声调的音域和语调》,《北京语音实验录》,北京大学出版社。
石锋 2008 《语音格局——语音学与音系学的交汇点》,商务印书馆。
石锋 2009 《实验音系学探索》,北京大学出版社。
孙慧明 2007 《胶东方言声调的实验研究》,鲁东大学硕士论文。
吴宗济 1986 《汉语普通话单音节语图册》,中国社会科学出版社。
吴宗济 1996 《赵元任先生在汉语声调研究上的贡献》,《清华大学学报》第 3 期。
吴宗济、林茂灿 1989 《实验语音学概要》,高等教育出版社。
熊子瑜 2017 《语音库建设与分析教程》,西安交通大学出版社。
殷焕先[主编] 1995 《山东省志·方言志》,山东人民出版社。
张树铮 1996 《山东方言历史鸟瞰》,《古汉语研究》第 2 期: 72—77 页,第 3 期: 86—

90 页。
赵元任 1980/1930 《一套标调的字母》,《方言》第 2 期。
赵元任 2002/1922 《中国言语字调底实验研究法》,《赵元任语言学论文集》,商务印书馆。
中国社会科学院语言研究所、中国社会科学院民族学与人类学研究所和香港城市大学语言资讯科学研究中心 2012 《中国语言地图集》,商务印书馆。
朱晓农 2006 《论分域四度标调制》,载《音韵研究》,商务印书馆。

善用数字人文技术，为丝路文化和海外方言文化建设赋能

甘于恩[1]　王晓珊[2]

（1. 暨南大学；2. 中国教育科学研究院荔湾实验学校）

提要　随着"一带一路"倡议的推进，丝路文化与海洋文化的建设也日渐引起有关部门和社会的重视。本文聚焦数字人文新趋势，提出丝路文化和海外方言文化建设的新思路。分为如下五个部分：一、概说；二、丝路文化与海洋文化；三、善用数字人文技术，为丝路文化和海外方言文化赋能；四、发挥方言的核心作用，推动海外方言文化建设；五、余论。

关键词　数字人文　丝路文化　海外汉语方言文化

一、概　　说

随着国家"一带一路"战略的推进，丝路文化的建设也日渐引起有关部门和社会的重视。那么，何为"丝路文化"？从字面上看，它是"丝绸之路文化"的缩略语，而"丝绸之路文化"的内涵又是什么呢？以下是一种解说：

> 丝绸之路，并不是一条单一的道路，而是指中国与世界其他地区之间贯穿古今的海上和陆上通商以及文化交流的区域，这是汉朝的正式官方使节达到的最远国家，这条路线联通了西方和汉朝之间的联系。

本文在第九届海外汉语方言学术研讨会暨首届海洋语言文化论坛（2023.7.15—16，鲁东大学）上宣读，得到与会专家的指教，本文作者据此做了若干修改。尚存问题，由作者负责。

> 中国的丝绸、瓷器、陶器、茶叶等大量珍贵产品和科学文化，除通过横贯大陆的陆上交通线路大量输往中亚、西亚和非洲、欧洲之外，也通过海上源源不断地销往东亚、大洋洲、美洲和世界各地。因此，学界习惯于将这些陆上与海上的交通路线区域称之为“丝绸之路”。海上的称“海上丝绸之路”，陆上的称“陆上丝绸之路”。而沿这些丝路所传播和衍生的文化则被称之为“丝路文化”。（引自“百度百科”）

结合上述的解说，我们似乎可以这么认为，所谓“丝路文化”就是由于对外贸易（包括海上和陆上）而引发的中华物质文明、精神文明的外输与演化。这种外输是基于互惠性、非强制性、互相尊重等特点而进行的。丝路文化既是一个历史概念，又是一个现实概念，是由于某个历史节点生发的延绵至今的中外文化交融。

那么，何谓“海洋文化”呢？单从字面上看，可以理解为“与海洋相关的文化”（百度百科：海洋文化，就是和海洋有关的文化；就是缘于海洋而生成的文化，即人类对海洋本身的认识、利用和因有海洋而创造出来的精神的、行为的、社会的和物质的文明生活内涵）。但这只是表面的理解，曲金良在《海洋文化概论》（1999）中说：“海洋文化的本质，就是人类与海洋的互动关系及其产物。”也就是说，在二者间的关系中，人类是主体，海洋是客体，主体作用于客体，但又接受客体的反作用。缺少了这种互动关系，便不存在所谓的“海洋文化”。我们是这样理解的：海洋文化有三个要素：一是人文（性），人在其中起主导的作用，特别是聚集性的族群或社区文化，是海洋文化的核心要素；二是海洋（包括河流），海洋是作为海洋文化产生的客观条件，没有这一客观条件，自然不可能产生出海洋文化；三是大陆，大陆是与海洋相对应的自然条件，也就是说，海洋文化是与大陆文化相映衬才存在的，忽略了大陆文化，孤立地谈海洋文化，也是没有意义的。

二、丝路文化与海洋文化

要推动“一带一路”倡议的实施，建设 21 世纪的海洋强国，就必须重视文化的建设，其中关键内容便是丝路文化和海洋文化。习近平总书记 2023 年 6 月 2 日在北京文化传承发展座谈会上指出：“中华文明具有突出的包容性，从根本上决定了中华民族交往交流交融的历史取向，决定了中国各宗教信仰多元并存的和谐格局，决定了中华文化对世界文明兼收并蓄的开放胸怀。”这就为新时代研究丝路文化和海洋文化指明了方向。

那么，丝路文化和海洋文化是怎么样一种关系？两者到底有何异同？我们有以下的看法：

研究文化，要抓住文化的内涵和本质，对于丝路文化和海洋文化，同样也应该如此看待。我们认为较为简便的办法，就是对二者的异同进行提炼和比较，丝路文化和海洋文化的相同点表现在哪里呢？

（一）相同点

1. 丝路文化和海洋文化都属于外向型的文化，丝路文化由于其目的性（对外贸易）的缘由，必须向外拓展，而海洋文化则由于地理环境的原因，必然与周边有较深度的接触；

2. 丝路文化和海洋文化的开放性皆较强，皆具兼容的特征；

3. 与海洋有不同程度的关联。丝路文化本身包含海上丝绸之路和陆上丝绸之路，前者其实就是海洋文化的一种，而陆上丝绸之路，往往并非单纯的陆路，不少与河流或海洋或多或少有些关联。

（二）相异点

1. 丝路文化的主体较多表现为从商人员或官员，这个是由其性质决定的，而海洋文化的主体较为宽泛，其平民性较为凸显；

2. 丝路文化侧重贸易性、盈利性，而海洋文化的内容可能更广阔一些，并不特别凸显“商”的色彩；

3. 丝路文化在空间上具有线性特征，具有延伸性（区域特征并非关键性特征），而海洋文化在空间上则具有区域特征，具有面的扩散性，不同区域的海洋文化会受种种因素的影响而产生不同的特征（如龙舟文化在各地的差异、各地渔歌在韵律和语言上的差异、与海洋相关的俗语的差异)。

三、善用数字人文技术,为丝路文化和海外方言文化赋能

新时代建设新文化要有新思路、新方法、新工具。习近平总书记在多次讲话中指出“要通过数字技术推动文化创新,提高文化传播力和影响力”。数字人文是教育部最新设置的本科新专业,具有广阔的应用前景。所谓数字人文(digital humanities),可视为计算机技术与人文学科的交叉,即在传统人文教学和科研中引入数字化的方法、技术和计算模式,系统地研究和探索利用计算机和数字资源,提升人文学科的教学科研水平和学生的实验实践能力。

无论是丝路文化,还是海洋文化,迄今为止研究成果皆十分丰硕,内涵丰富,需要善用数字人文技术,未来可以在(1)新媒体(包括网站、公众号、短视频等,可介绍家乡建设、文化、侨情等基本情况),(2)数据库(海外方言的语情、语音、词汇、语法、口头文化等),(3)文化创意(包括周边产品),(4)教材建设,诸方面进行着力,赋能丝路文化和海外方言文化,使之更为形象化、立体化,符合现代社会的需求。

四、发挥方言的核心作用,推动海外方言文化建设

语言是文化中的重要因素。方言又是对外交流中呈现出的重要语言符号。其中“乡音文化”则是联系海内与海外的重要文化纽带。何为“乡音文化”,我们认为是一种以方言为内核或者载体的文化体裁/汇集,如方言俗语、方言小说、地方戏曲、童谣、渔歌、方言流行歌曲、方言影视(如叶谦导演、归亚蕾主演的《番薯浇米》)、方言工具书,等等,这些都是以方言为语言表达形式,离开了方言,这些方言作品皆不能存在。

（一）乡音文化的作用

乡音是丝路/海洋文化的重要符号（第五届海外汉语方言研讨会论文集的标题就是《漂洋万里觅乡音》），在联系侨胞、沟通侨情方面起着重要的作用。

暨南大学汉语方言研究中心“语言资源快讯”公众号有些栏目跟丝路文化、海洋文化都有较密切的关系，如“海外（汉语）方言”“乡音乡情”“寰宇风情巡礼”“人物”等。（如：海外汉语方言 | 陈晓锦：《漂洋万里觅乡音》前言，2018－10－17；海外方言 | 张振兴：海洋与方言，2019－8－5）

“乡音乡情”“寰宇风情巡礼”“人物”栏目介绍丝路沿线国的风土人情、重要人物、作品，其中有一条推文是用佛山三水话演绎的，写得挺不错的（参：2021－3－29 人物（音视频）| 梁欣：回首星洲路——三水“红头巾”的故事（三水大塘话）【更新版】），讲述新加坡华人“红头巾”的故事，编辑为此还配上新加坡电视剧《红头巾》主题曲和央视的相关纪录片。

我们还认为，保护语言资源，就是保护我们优秀的传统文化，就是保护我们与海外华人联系的桥梁，就是保护两岸之间沟通的文化纽带。为此，我们还提出了新媒体“乡音地图”的构想。

（二）乡音文化与海外方言文化的关系

乡音文化对于海外方言文化而言，是一个坐标，是一个象征性的符号，二者是源和流的关系。乡音文化没有建设好，海外方言文化也很难建设好。

我们应该妥善处理乡音文化与海洋文化（包括海外方言文化）的关系，利用乡音讲好中国故事，讲好乡情故事，尤其是大陆人在海外努力拼搏，传播中华文化的感人事迹。

五、余　　论

丝路文化和海洋文化都有许多急迫的课题，需要认真思考，过细筹划，比如定期举办以“丝路/海洋文化”为主题的专题研讨会（最好是两年一届），出版丝路/海洋文化的“绿皮书”；出版一批与丝路/海洋文化相关的标志性成果（如广东有《江门市海上丝绸之路方言与文化调查研究》）；对外招标丝路/海洋文化的研究课题（如“侨批研究”）；引导大学生参与丝路/海洋文化的实地考察，组建一支服务丝路/海洋文化的志愿者团队；开展丝路/海洋文化知识的科普工作，筹建丝路/海洋文化展示馆（或博物馆），从而最大限度地激发/海洋丝路文化的传播与创新。

我们觉得陈晓锦、章策（2023）的意见对于丝路文化和海洋文化的建设同样是深具启发性的：“语言教育是解决当前困境的关键手段。”“我们还可以基于国内的‘中国语言资源保护工程’，构建起‘全球汉语方言档案馆’，通过现代信息技术和人工智能技术把不同汉语方言以视频、音频和书面文件的方式存档。利用人工智能搜索引擎打造功能性的三维立体化身，为海内外汉语学习群体提供广阔的平台。”由陈、章二位的意见引发开来，我们需要开发基于教育目的的读本、绘本、纪录片，搭建新媒体平台，推送大众喜闻乐见的文字和音视频，运用 AI 技术重现历史场景。每年的“世界海洋日”（6 月 8 日）和“国际母语日”（2 月 21 日）在中小学学生中开展主题教育，在大学生中开展建设海洋强国的专题实践。通过社会多层面、多方位的参与，使丝路文化和海洋文化的建设达到最大的张力和活力。

参考文献

陈晓锦、章策 2023 《从华人移民看海外汉语方言的传播与发展》，《暨南学报》第 5 期。

甘于恩、单珊 2013 《印尼“先达国语”词汇语法特点概说》，《华文教学与研究》第 4 期。

甘于恩 2018 《汉语方言研究中心与海外汉语方言研究》，《漂洋万里觅乡音——第五届海外汉语方言国际研讨会论文集》，世界图书出版广东有限公司。

甘于恩 2019 《乡土文化教材建设》，《钦州学院学报》第 4 期。

甘于恩、董一博 2021 《乡音地图与方言文化海外传播的若干设想》，第八届海外汉语方言研讨会论文，泉州师范学院。

甘于恩 2023 《善用数字人文技术，推进丝路文化传播与创新》，2023 年 6 月 19 日在泉州师范学院“丝路大讲堂”上的讲座。

甘于恩、李春燕等 2025 《跟着方言去旅行》，广东海燕电子音像出版社。

曲金良 1999 《海洋文化概论》，青岛海洋大学出版社。

徐 波 2004 《舟山方言与东海文化》，中国社会科学出版社。

试论境外汉语方言东干话的进一步研究

乌志鸿
（西安培华学院）

提要 本文根据笔者在写作《中亚东干语言文字研究》一书过程中的体会，阐述了开展东干话进一步研究，对于汉语语言学及其分支学科研究，特别是海外汉语方言的研究，以及汉语文字学研究特有的作用，并相应提出了一些可供学界共同讨论的东干语研究课题的原则性建议。

关键词 境外汉语 东干话 研究

东干话是中亚东干人所使用的语言。东干人，就是约一个半世纪前，从国内迁徙至中亚的西北回民。东干话，是国内西北方言的一个支流（以往学者称其为“汉语陕甘方言在中亚的特殊变体”），它是现存的原汁原味的原生态西北方言。由于东干人长期聚居在一个相对封闭的，本族本籍乡庄街区的语言环境之中，而且其大乡庄人口上千上万，这便使他们的乡音得到了很好延续。甚至，他们的西北老话儿比当今西北多数地区人说的还要地道。他们还完整地保留着大量的清代西北方言的旧词汇，且始终维持着清代西北回族民众传统风俗文化。他们使用的文字就是一种汉语拼音文字，不过不是如今国内所使用的拉丁字汉语拼音（拉丁字汉语拼音仅有百年史），而是由国内传统的回民小经文字转写而成的斯拉夫化拼音文字。回民的小经是阿拉伯字母汉语拼音文字，从已获得的历史资料来看，这种文字少说也有700年左右的历史。

1904年，东干人刊印了一部称之为《凯伊达尼》的小经著作。这部著作具有规范本民族语言文字的作用。此规范不仅仅在于语音的规范，也规范着汉语的词法和句法,特别是构词法,由此,为保留该民族语言文字的独特性、稳定性和延续发展性,奠定了坚实的基础。东干话文字的拉丁化、斯拉夫化演变,皆以其为蓝本。所以,东干话始终未在语音结构、语法结构和基本词汇等方面发生根本性变化。东干话《标准音节表》与国内普通话声韵配合表比照来看,两者基本是相一致的,差异仅在普通话和西北方言上。可以说,东干话声韵的配合关系,也是完全符合汉语整体结构规律的。这一现象,与同一时期许多高加索少数民族语言所存在着的,或变成二重语言制,或成为被丢失的语言的现象,以及"在中亚细亚,个别一批蒙古种的人转到突厥话里去,而一些突厥部落,相反地却蒙古化了"等现象,都形成了鲜明的对比。那些高加索少数民族语言的演变,在于其对相对强势语言(像俄语、格鲁吉亚语等)的若干语音特点的引入,其词汇的大量吸纳,及一些构词法(语言形态学的)和句法形式的借用等缘故,使得他们的原有语言的语法构造和基本词汇发生了根本性的变化。而东干话则与之完全不同,东干人在经济文化上,比起所处地区操其他语言的群体并不处于弱势,甚至还有所先进之处。况且,东干话属于与俄语、突厥语完全不同的语系,是无形态变化(准确说,是词根类型的)的孤立语,也称之为分析语的汉语。汉语又是一种历史悠久而先进的语言,拥有丰富的词汇,完善的构词法,坚固稳定的句法结构,具有自身特有的语言文字特征。加之,东干人又有坚守"娘亲言"的强烈意愿,这就使得他们难被改其乡音。虽在其特定大环境下,不得不引进一些当地外来词汇(据东干学者统计,俄文词语仅约占东干话所有词汇总量的7%左右),但在汉语语音、词汇和句法的基本面上是保存完好的。像东干话新造的词汇,一般与西北方言是相吻合的,是以汉语字义及其构词法所组合的,如:飞机,叫"风船[fəŋ$^{24-12}$ tʂʰuæ̃^{24}]"(今也说"飞机 фижи[fi$^{24-12}$ tɕi^{24}]"),而一般不说俄语的"Самолеты"。再如,收音机,叫"话匣子",写作"хуащязы[xua^{44} ɕia^{24}· tsɿ]"(以往西安老人也将收音机称为"话匣子"),而一般不说俄语的"радио"。还有像火车、汽车、电报、电光灯、电影、电视儿,等等,其叫法与中原话是一致的,只是写的是斯拉夫字母拼音文字,其他也多是如此。他们的风俗文化至今也与西北回族民众无大的差异,他们如今依然自称是“щи-бый лохуэйхуэй”(西北老回回),体现着他们对自己回族身份和华人身份的认同。东干语言发展史,堪称为接触语言学上的一个典型案例,也会为研究语言和社会结构关系的语言社会学提供不少的真实语料。

如今,东干族人还常阅读本族传统小经文。小经的声母韵母体系与其斯拉夫字母拼音文字声母韵母体系是有着一定对应关系的。但小经中的一些阿拉伯语浊音字母,与东干标准语中的一些斯拉夫浊音字母一样,已读成了清音,比如: ب[b]→[p](б[b]→[p]),ز[z]→[ts](з[z]→[ts])等。小经中的阿拉伯语字母ت[t]→[t^{h}],ك[k]→[k^{h}],ك[q]→[tɕ^{h}];波斯语字母پ[p]→[p^{h}]、چ[tʃ]→[tʂ^{h}]等,皆已按汉语语音,读成了送气音。但小经中存在“多母一音”现象,比如: ت[t]、ط[ṭ]→[t^{h}];ز[ð]、ز[z]、ض[ḍ]、ظ[ð̣]→[z];还存在“一母二音”现象,比如: س[s]→[s]/_[a-,u-]、س[s]→[x]/_[i, y];ك[k]→[k]/_[a, u],ك[k]→[tɕ^{h}]/_[i-,y-]等。对东干小经中这些语音现象的研究,定会对进一步深入开展西北方言和少数民族语音文字的研究,起到一定的启发和推动作用。

国内学者对东干话研究始于20世纪50年代初。当时我国正在推广文字改革,曾邀请苏联语言学家格·谢尔久琴柯教授作中国科学院语言研究所的专家顾问,谢氏曾给参与文字改革的我国学者专题讲授了“苏联东干族拉丁化文字以及30年代初期在苏联制定的汉语拉丁化文字”,以及“以俄文字母为基础而创立的苏联各族文字”等课程。这一些教材,后来被国内出版社汇编成《关于创立民族文字和建立标准语的问题》教程,予以正式出版。其书《译后记》曾写道: 谢氏的讲授“帮助我们解决了不少的实际问题”,“对我国语言科学研究和文字创立、改革的工作,都有很大的参考价值”。再后来,我国也曾派国内学者(如冯家昇、胡振华等)到中亚做过东干文字改革的实地考察。1959年,国家文字改革机构,也曾由文字改革出版社,发行了一套由陕籍学者杜松寿编译的《东干话拼音文字资料》集刊,对东干话作了全面详实的介绍和阐述。这是国内初次研究东干话的代表作,其编者也说道: 东干“语言现在是用拼音文字的(用斯拉夫字母拼写),因此对于怎么建立我国文字有一定的参考价值”。确实,国内曾开展的东干话的研究,对我国文字改革起到过积极作用，而且这种积极作用并非仅限于此，还对“我国语言科学研究”诸多课题的挖掘有着多方面的意义。正如罗常培先生所说的：“我国语言（方言）里有很多复杂的语言现象，等待我们去发掘、研究。”东干话中，确涵有极其丰富的语音学等语料资源，是值得我们去很好发掘、研究的。

东干书面语言，也称作东干标准语，它是以陇中语音为标准音，以中原官话为基础的通用语。其内部方言，大体上只分为“甘省口音$_{\text{гансынкуйин}}$”和“陕西口音$_{\text{шанщи куйин}}$”，也分别被称为伏龙芝方言和托克马克方言。国内学者实地调研后认为，东干甘肃话如同今甘肃定西、临夏的陇中片方言，东干陕西话如同今西安回坊、蓝田、高陵一带的关中片方言。若再细分起来，以东干学者的说法，他们的“口音”有“西宁人、兰州人、河州$_{\text{(临夏—笔者注，下同)}}$人、雅格$_{\text{(伊犁)}}$人、东眉$_{\text{(眉县以东即东府)}}$人、东路人$_{\text{(捻军后裔)}}$、灵州$_{\text{(吴忠)}}$人、安定$_{\text{(定西)}}$人、沙州$_{\text{(敦煌)}}$人、狄道$_{\text{(临洮)}}$人、莲花城$_{\text{(秦安)}}$人、张家川人”等方言之“分隔”。这也就是说，东干人来自西北不同地区，也带来了各自家乡的方言，至今他们仍然说着各自祖籍地的方言。西北几大方言片的一些与普通话有区别的语音，常常都会在东干人日常口语中出现。故对东干话的研究就相当于对西北方言的一种综合性的研究。这一综合性的研究，已是如今西北方言研究专业的一个主要方面。秦陇方言区域，乃是中华文明核心源头之一，西北方言又在中原人和西域各族之间文化交流中起着重要作用。历来语言界对西北方言研究都十分注重，如罗常培的《唐五代西北方音》、李范文的《宋西北方言》和白涤洲的《关中方言调查资料》等，都是西北方言的精湛研究成果。他们认为，西北方音的研究对“汉语音韵学上一系列的重要问题，诸如全浊音送气与清化，韵尾的消失等，将可获得解决”。相对于普通话声韵而言，具西北方言的特色的语音，如：[ø]→[ŋ]、[ø]→[v]、[n]→[ȵ]/_[i]、[t tʰ]→[tɕ tɕʰ]/_[i]，[-ŋ]→[-ɣ̃]/_[韵尾]，[tʂ tʂʰ ʂ ʐ]→[pf pfʰ f v]/_[u-]（原来韵母中的介音消失）、[tʂ tʂʰ]→[tf tfʰ]/_[u-]（原来韵母中的介音消失），[ə]→[ɯ]/_[k$_{\text{古入}}$，kʰ$_{\text{古入}}$，x$_{\text{古入}}$]，以及[ən]→[əŋ]/_[甘省话]、[in]→[iŋ]/_[甘省话]、[uəŋ]→[uŋ]/_[甘省话]、[un]→[uŋ]/_[甘省话]等等，皆存在于东干人日常口语之中，确有诸多这方面的语料可采集。

近二十几年以来，国内语言界掀起第二次东干话研究热，成果累累，如2002年海峰在其导师胡振华教授指导下发表的论文《东干话概况》，2012年学者林涛主编出版的《东干话调查研究》，2015年学者王森等出版的《中亚东干话调查研究》等。他们在调查研究中深感，东干话研究“在研究汉语西北方言、汉语发展史、语言间的影响（语言接触学-笔者注）以及研究回族语言文化等方面为我们提供了宝贵资料。”这几年，笔者受其影响，便着手研究东干话，多方收集研究资料，一边学习，一边作笔记，归纳整理，编写了一部《中亚东干语言文字研究》。在研究过程中，同样也有如此感受。一个直观感觉，当再翻阅以前读过的许多语言学家的那些大作之时，我常常有茅塞顿开之感，较之以前的领会，就又深刻了许多，对其理论的运用也就自如多了，一些东干话音韵难点问题，一些西北方言语音特征，如西安回坊话等的解读，便多得以迎刃而解。

在东干话中，确有不少字的读音，仍保留着中古西北方言的遗音。像“苇”两读 ви[vi]/йү[y]、“穗”两读为 суй[suei]/шү[ɕy]，此白读音[йy]、[ɕy]，当是唐五代西北方言的遗音，今西安话、定西话的白读也是如此遗音。再如，东干话“角”两读为 жүə[tɕyə]/гə[kə]，其读音的历史演变大致是这样：此字在中古为江摄见觉开二入声字，其音为[kɔk]，至近代演变为见母萧豪韵上声字，其音读[kiau]；中古觉药韵到元代分别并入哥戈和萧豪两韵之中，大致文读并入哥戈韵，白读并入萧豪韵，故“角”有萧豪韵和车遮韵两读；至清晚期，其声母又从[k]转成[tɕ]，其车遮韵转入坡梭部[ə]，而“角”又读乜邪韵部[yə]，以致“角”有[tɕyə]/[kə]两读。[kə]的读音，在今兰州话、定西话中仍保留着此白读音。同样，东干话韵母方面也保存着一些古音，如“棵科课河和喝”等字的读音，与普通话不同，大体如同今西安话，将果摄开一、合一的见晓系字、咸摄、山摄、宕摄开一入声部分韵母读合口[uo]，保持着自宋以来的旧读音。研究东干话古遗音，对方言语音现状，汉语方言的语音演变机理，以及汉语普通话的推广等课题的研究，都会起到积极推动作用。

关于上面提到的“多母一音”，东干话声母 t[t^h]是舌尖中送气清塞音；

俄语声母 т [t]是舌尖中浊塞音;阿拉伯语声母ت[t]是舌尖中清塞音,ط[ṭ]是舌端齿龈清塞顶音,发顶音要舌后部上抬且稍向后收而舌面成下凹形,其静音后盖微带一个滑音 w[t^w](或视之为咽化舌端音[$t^ʕ$])。应该说,其间表示的音值还是有所差异的。在东干话中,不管是阿拉伯语字母拼音声母的ت或ط,还是拉丁字母拼音声母的 t,或是斯拉夫字母拼音声母的 т ,其音值皆当标定为[t^h]。类似的还有阿拉伯语声母"ث[θ]、ذ[ð]、ظ[ð̣]、س[s]",按生成音系学的区别性特征理论,"ث[θ]、ذ[ð]、ظ[ð̣]、"为"分布性"音,"س[s]、ز[z]"为"非分布性"音,读音也是有所区别的,缘于有分辨意义而"对立";故阿拉伯语声母的"ذ[ð]、ز[z]、ظ[ð̣]",按音位学的归纳音位原则,是不能归在一个音位里的;"ث[θ]、س[s]"也是如此。而在波斯语和东干小经汉语拼音中,缘于无分辨意义,则"ذ[ð]、ز[z]、ظ[ð̣]"就可归为一个音位/z/,"ث[θ]、س[s]"也就可归为一个音位/s/,这也是符合东干族人传统语感的。东干标准语的[tʂ,tɕ]两声母,皆以字母"ж"表示;[$tʂ^h$,$tɕ^h$]的两声母,皆以字母"ч"表示。这是因为,东干话声母[tɕ,$tɕ^h$],是中古音见组声母[k, k^h]和精组声母[ts, ts^h]的腭化音;它只出现在细音韵母之前,跟出现在洪音韵母前面的[tʂ,$tʂ^h$]有着互补关系。按音位归并原理,二者可共用一套字母,这也与以往的国语罗马注音字母所采取的方法相类似。而这一方法,早先的小经就采用着,如 200 年多前的西安小经文献《白亚尼注释》中的"求(qiu)كِيُو靠(kao)كَوْ","开(kai)كَىْ起(qie)كِى"等。清末东干小经《凯伊达尼》也是如此用法,如:看(kan)گَا,清(qing)كِ等。这一点,对汉语语音史再深入研究当有着一定的语料价值。

还有,《凯伊达尼》将一些字的后鼻音韵尾"ŋ",用"ءْ"表示,如"[aŋ]ءْا、[əŋ]ءْـَ、[iaŋ]ءْيَا、[uŋ]ءْـُ"等。此语感,与高本汉所注"ng 实发ɣ̃音"有所近似。高氏认为:"它不像 ŋ 那样当真闭塞",是个"摩擦的 ŋ",或称之为半鼻音,"它的发音作用往往短而松并且舌头很快的落下来",是"有点游移不定的声音",这盖非所谓"相混"现象,在单字读音中"是不变的ɣ̃"(这一判定已普遍为中国语音学家们所接受,如罗常培等)。此ɣ̃音,相当于阿拉伯语舌面后浊擦音的鼻化音,而东干灵州话是用阿拉伯语上喉壁浊擦音ع[ʕ]来表示的。其实,西北方言[an]组、[aŋ]与[əŋ]组韵母的鼻韵尾较弱,[an]组一般发鼻化音[ã],西安话 aŋ、iaŋ、əŋ、iŋ 韵母的实际音值分别当为 aɣ̃、iaɣ̃、əɣ̃、iɣ̃;银吴片方言的[an]组也将韵母尾弱化,主要元音略带鼻化色彩,[aŋ]组与[əŋ]组韵母鼻音韵尾较松;西宁话读[aŋ]韵母为[ɔ̃],读[əŋ]韵母为[ə̃];乌鲁木齐话[ŋ]韵尾的鼻音韵母的主要元音也是略带鼻化。国内学者在中亚所作调查研究,多认为其韵母"ан[an]",实际读音是鼻化音"æ̃",是东干话的一个独立音位。在东干话的其他元音中,也有一些与普通话元音有所差异的成分,包括语流音变等,这些语音现象,也都要在东干话再研究中,得以进一步验证。

本文之所以提出对东干话再深入研究,也缘于以往的东干话研究多注重语音,对其词汇收集整理虽不少,然分析研究还不够充分,对其语法研究虽也有所涉及,但仍需要再深入。这种不够充分状况,大致与我国 20 世纪 50 年代后期的汉语方言调查研究有类似之处。这可能是多桎梏于方言划分标准的缘故吧。今通行的方言划分标准是建立在语音差异上,如古入声字的演变,古浊音声母字的演变;五层次的划分以共同特征作标准,其共同特征主要还体现在语音上,如声调系统;其官话基本特征在于古浊辅音清化,入声调的消失,浊塞音变送气音或不送气音。但若按一般人以听懂与否作为自然标准,来判定方言间的分隔,当还有词汇、语法方面的因素呢,这对方言分类而言,也是十分重要的。赵元任先生就曾说过,方言的差异主要在"同字异音、同义异词以及语法上的歧义"。王力先生也曾认为,是词汇的差异而不是语音的差异造成了不同方言的人不能互相交际。细分起来,东干话研究不仅属西北方言范畴,也是属少数民族回族方言范畴的,也属海外汉语方言范畴课题。民族心态是民族文化的一个重要方面,语言和文化又有着密切联系,主要体现就在词汇方面。东干话语音与西北方言相吻合,词汇、语法同西北回民话一脉相承。东干话中,词汇上多有本民族经堂语词汇(包括阿拉伯语、波斯语的音译词汇),语法上多使用经堂语特有的"语气词"等,如"与、那、着、的、把、打从、是、上"等。这些所谓的语气词等,实是一套表示语序的虚词系统,是专门来表示汉语语法关系和语法意义的。经堂语的词汇及其虚词,当是回族方言的一个重要的语言特点,也是区别于其他方言的一个基本特征。如苏联著名汉学家雅洪托夫所言:“虚词对于分类来说是非常重要的,他们甚至比语音特征的证明更重要。”这一点,对解决方言划分上现存的“缺陷”(李振兴先生语)却是有启发性的例证。

确实,东干话中多有阿拉伯语、波斯语语音译词汇,东干人一般都起有阿拉伯语名字(即一般人所谓的教名,回族民众称之为经名),这两点与西北回族民众是一样的,他们对这些词汇发音,也一定程度上带有阿拉伯语、波斯语语音成分。这也是其小经字母囊括阿拉伯语28字母的缘故。比如人名“صَالِح[ṣaliħ]善良”,书面音译字为“萨利赫[salihe]”,而一般回民乡老的口语音为“斯乌阿利合儿”[s^walixər],是带有阿拉伯语读音成分的。此处“ص,ح”两个具阿拉伯语独有语音特征的字母音,在回民日常口语中是有所存在的,也是部分回族人具有的一种传统语感。再者,阿拉伯语、波斯语中有成音节的辅音和叠音,而汉语则无严格意义的复辅音声母,韵尾辅音仅有-n和-ŋ,东干话的音译词,常多有增音出现。这盖在其他海外汉语方言中,也是常存在着的。应该说,回族方言音译词的诸如此类语音现象,当是汉语方言学值得多加探讨的课题。

研究东干话,直接涉及汉语、俄语,也涉及阿拉伯语、波斯语和突厥语;汉语不仅是现代汉语,还有古代汉语。研究东干文字演变史,涉及小经拼音文字、拉丁拼音文字和斯拉夫拼音文字。研究东干话词汇、语法,也涉及回民经堂语和小经文。笔者《东干话语言文字研究(初稿)》一书中的词例、句例等,又多摘自《东干-英语词典》,便也涉及英语。总之,研究东干话要涉及多种语言和方言,涉及语言学及其各分支学科的方方面面的知识。这就使得东干话的研究具有了很强的综合性,其语料也必然十分丰富。这当是研究海外汉语方言一个不可或缺的部分,是很有学术价值的研究课题,也是能获得更多更大成果的学业。也正是这一东干话研究的综合性,就使得它与其他海外汉语方言研究具有了协同的意义,以相互借鉴,共同探索海外汉语方言的共性特征,进一步探索海外汉语方言演变发展的客观规律,促进海外汉语方言演变发展过程中的自组织系统的有序性,增强其汉语言结构的稳定性，保持中华文明的持续地跨越式发展。

当今世界发展处于百年未有的大变局之中，我们站稳脚跟的根基，当在中华优秀传统文化上，增强我国国际竞争的软实力是当务之急。我们语言学界学人，当在建立起能引领国际语言学界的，具中国化、时代化的，由我们中国学人自己创立的一整套语言学及其相应分支学科的完整学术理论体系上，作出我们的应有贡献。

让我们大家一起为此努力奋斗吧！

参考文献

［苏］谢尔久琴柯　1956　《关于创立民族文字和建立标准语的问题》，民族出版社。

［苏］桑席叶夫等　1954　《论方言・少数民族语言》，杜松寿、彭楚南译，上海东方书店。

高本汉　1926　《中国音韵学研究》，商务印书馆。

国标 GB/T7693.第 4、6、9 部分《外语地名汉字译写导则・俄语・阿拉伯语・波斯语》。

罗常培、王均　2002　《普通音韵学纲要》，商务印书馆。

乌志鸿　2022　《中亚东干话言文字研究稿》，第六届东干文化语言国际研讨会交流资料。

杨敬修　1919　《亥帖译音》，上海秀真精舍。

张振兴　1997　《重读〈中国语言地图集〉》，《方言》第 4 期。

社科院语言所　1999　《方言调查表》，商务印书馆。

一百多年来台湾地理语言学的发展

陈曼君　张盛鑫　宋愈涵

（集美大学）

提要　中国台湾的地理语言学诞生于20世纪初叶的日本殖民统治时期，具体经历了勃发期、缓长期和振兴期三个发展时期。勃发期的代表人物为日本学者小川尚义，他在台湾地理语言学领域所取得的成就堪称台湾地理语言学的第一座丰碑。之后，台湾地理语言学进入缓长期，只有钟露升等有限的几位学者倾注于地理语言学的研究。20世纪90年代以后，台湾地理语言学进入振兴发展阶段，出现了洪惟仁、李壬癸等一批实力雄厚的研究者，可谓硕果累累。台湾地理语言学不仅在方法上有深入的探讨和突出的建树，而且在理论方面有不俗的贡献。大陆地理语言学方兴未艾，对台湾地理语言学发展脉络的梳理有助于两岸学科的交流互鉴和共进共荣。

关键词　台湾地理语言学　分期　发展成就

关于地理语言学在中国台湾的发展状况，学者们已有不同程度的涉足，如《台湾の汉语方言地理学》（洪惟仁，2002：127—137）、《战后台湾闽南语地理语言学的回顾与展望》（李仲民，2009a：101—147）、《台湾地理语言学研究之我见》（甘于恩，2010：17—22）、《台湾的社会地理语言学及其理论》（洪惟仁，2016：115—168）等。学者们从不同的视角展示台湾地理语言学研究取得的成就、发展的前景以及存在的问题，有的还就未来的健康发展建言献

本文是福建省社会科学规划项目“语言地理学视角下的闽台闽南方言副词研究”（FJ2020B129）阶段性研究成果。

策。然而迄今为止，学界对台湾地理语言学的发展面貌缺乏全面、清晰的概括。这将不利于两岸学人取长补短，两岸学科共进共荣。本文将着重对台湾地理语言学的发展成就做个全面的俯瞰。

地理语言学在台湾的发展可以分为勃发期（日本殖民统治时期）、缓长期（日本殖民统治时期结束之后至20世纪90年代以前）和振兴期（20世纪90年代以来至今）三个发展时期。

一、勃发期

中国台湾的地理语言学诞生于20世纪初叶的日本殖民统治时期。正如洪惟仁（2019）所言，“可以说台湾的语言地图是赶上了世界地理语言学的潮流之先机”。1907年至1945年，是台湾地理语言学的勃发时期。这个时期，日本学者小川尚义来到台湾从事语言学研究。尽管他的研究是适应日本殖民统治台湾之需，然而客观上可以说是他的团队为台湾地理语言学撑起了一片天。

1907年，小川尚义（1907）主编出版了《台日大辞典》。他紧跟世界地理语言学的发展脚步，根据祖籍地来源绘制了“台湾言语分布图”，附在该辞典上，成为台湾第一张语言地图，开了台湾地理语言学之先河。该分布图是一幅彩色语言地图，制作十分精细，也十分精美。尽管他的语料来源存在一定的缺陷，乃至于在方言分类、分区上出现把“闽粤”之分等同于“闽客”之分等失误，“但从语言地理学史的观点看，这张地图的成就不能不令人惊叹”（洪惟仁，2011a：i—vi）。

小川尚义（1935）对台湾地理语言学另一个贡献是他后来和浅井惠伦合作发表的“台湾高砂族言语分布图”①。洪惟仁（2011a：i—vi）将该分布图称为“真正的语言地图”。因为这张地图所用的语料是小川尚义通过大规模的田野调查获得的，因此其对台湾南岛语的分区分类既相当精细，又相当精

① “台湾高砂族言语分布图”为小川尚义、浅井惠伦《原语による台湾高砂族传说集》（1935）中所附的语言地图。

确,可谓首开台湾语言田野调查之先河。小川尚义在这张分布图里对台湾南岛语的分类,“当代的南岛语语言学者及人类学者直到今天都没有超出他建立的分类架构”(洪惟仁,2019)。不仅如此,小川尚义还为后世留下了丰富的台湾南岛语调查语料。

小川尚义首次全面、精细地为台湾全境语言、方言分区分类,又为台湾留下大量弥足珍贵的调查语料,无论是其学术价值还是其语料价值,都是不可低估的。因此,他在台湾地理语言学领域所取得的成就堪称台湾地理语言学的第一座丰碑。

二、缓 长 期

小川尚义之后,台湾地理语言学沉寂了数十年,直到 20 世纪六七十年代才有了起色。1945 年以后到 1990 年以前,这个时期只有钟露升、顾百里、土田滋等有限的几位学者倾注于台湾地理语言学的研究。

钟露升是第一位对台湾地区闽南语进行真正意义上全面深入调查的学者。他在台湾师大和辅仁大学三年任教期间,针对 27 个词条对这两所高校来自全台湾各区乡镇 174 点的大学生 448 人进行调查,于 1967 年写就研究报告《闽南语在台湾的分布》。该研究报告绘制了两类地图——变体分布图和“各县市代表语音”地图各 27 张,“这是台湾方言变体分布图的滥觞”(洪惟仁,2019),成为台湾地理方言学的开山之作。

顾百里(Cornelius C. Kubler)《澎湖群岛方言调查》(1978)是作者深入澎湖列岛 6 个乡镇代表点和遍及各岛的 88 个村庄进行田野调查的结晶。该著作分分地报告和综合报告,绘制了 11 张“澎湖村里方言地图”和 1 张“澎湖方言综合地图”。分地报告记录了 6 个乡镇代表点的语料,综合报告则是由 88 个村庄的语料整理而成的。《澎湖群岛方言调查》虽然忽视年龄上的差异,导致受访者的年龄小至 11 岁大至 70 岁,但是他却开创了几个“第一”:第一次对澎湖列岛的方言进行网罗式的调查研究,第一篇专门运用地理语言学方法进行研究的硕士学位论文,更是第一部台湾区域性地理方言学著作。

1962年以来,日本学者土田滋延续小川尚义南岛语研究的传统,致力于台湾南岛语的调查研究工作,绘制了多张台湾南岛语地图(土田滋,1983等)。这些地图展示了他对台湾南岛语分类、分区的看法。

三、振 兴 期

20世纪90年代以后,尤其是进入21世纪以来,台湾地理语言学研究硕果累累,进入振兴发展阶段,不但有宏观的研究,而且有微观的研究,同时还有融入社会学因素、历史学因素的更为细致的研究——社会地理语言学、历史地理语言学研究。

(一)微观的地理语言学研究

微观的地理语言学研究就是涉及台湾县市及以下或者一定区域的语言或方言的地理语言学研究。这类研究既涉及台湾县市及以下或者一定区域的语言或方言的分类、分布研究,也涉及台湾县市及以下或者一定区域的语言或方言变体的分布研究。概括起来,主要有洪惟仁团队,郑锦全团队,卜温仁团队,张屏生、李仲民,李香仪、庄文岳、涂春景,以及地理学家陈国章、韦烟灶团队的研究。

1. 洪惟仁团队的研究

洪惟仁是台湾地理语言学研究最重要的代表人物之一。他的地理语言学研究在宏观微观方面纵横驰骋,取得了卓著的成就,对台湾地理语言学作出了巨大的贡献。

洪惟仁团队指的是洪惟仁及其学生们。洪惟仁地理语言学研究虽然是宏观微观兼顾,但是较早时期他和他的学生们大多数研究成果还是区域性的微观研究,因为这是宏观研究的基础。早在1992年,洪惟仁《台湾方言之旅》就探讨台湾闽南语、客家话的分类、分布与分区,并附有台湾第一幅区域方言分区图——“台北地区方言分布图”。此后,洪惟仁接连推出《新竹市方言志》(1997a)和《高雄县闽南语方言》(1997b)。潘科元硕士论文《大台北地区闽南语方言音韵的类型与分布》(1996)以洪惟仁(1992)的分类方法、理论模式及其方言语料为基础,再加上几个点的调查语料,进行更为深入细致的方言比较、方言分类与分区,并绘制了一幅方言分区图。洪惟仁在潘科元(1996)的基础上,根据更多的语料写成《台北地区闽南语的方言类型与方言分区》(2009a:239—309)和《续修台北县志》卷三"住民志·第二篇语言"(2009b),对台北地区闽南语方言区划进行更为精细的研究,内附一幅"台北地区闽南语方言分区图"和24张台北地区闽南语变体分布图,全是彩色地图。这是运用GIS地图绘制技术的第一套台湾区域性变体分布地图集,也是把方言分区图和变体分布图结为一体的首次有益尝试。

除了上述成果外,洪惟仁一方面指导学生撰写地理语言学硕士论文,如张素蓉《台中县海线地区泉州腔的渐层分布》(2006)、简秀梅《关庙方言区"出归时"字类回头演变之地理与社会方言学研究》(2006)、涂文钦《彰化县闽南语方言音韵的类型与分布》(2009)等,并与学生合作调查多地闽南语;一方面推出《高屏地区的语言分布》(2006:365—416)、《台北地区闽南语的方言类型与方言分区》(2009a:239—309)、《宜兰地区的语言分布与语言地盘的变迁》(2010:1—42)、《台湾西北海岸的语言分布与闽客互动》(2011b:29—64)、《台中地区的语言分布》(2011c)、《关庙方言群岛"出归时"现象的渐层分布:漳泉方言的竞争与重整》(2012:83—100,与简秀梅合作)、《新竹地区的语言分布与民族迁徙》(2015b:7—38,与许世融合作)等一系列论文。

2. 郑锦全团队的研究

郑锦全团队以郑锦全为学术带头人,包括萧素英、江敏华、蔡素娟、吴品慧、黄菊芳等成员。他们利用GPS定位、卫星航照图比对、GIS地图绘制等技术对台湾语言方言的分布进行挨家挨户的调查研究。这是台湾地理语言学的一个创举。该团队以乡、镇单位为调查研究对象,先后完成了新竹县新丰乡(郑锦全,2006),云林县仑背乡(黄菊芳、蔡素娟、郑锦全,2012)和新竹县新铺镇、苗栗后龙镇等地的语言方言调查研究。郑锦全所编的《语言时空变异微观》(2012)聚焦客家话与闽南语混杂的乡镇,并以客家话为中心,虽然所调查的乡镇不多,但却是史上最精细的语言分布调查研究成果,成为台湾微观地理语言学研究的一个里程碑。

3. 卜温仁团队的研究

卜温仁的台湾地理语言学研究宏观微观都有涉足，具体体现在其 Manping Taiwanese(2008)上。在该书里，他调查的词条仅有“大拇指、鹅、蝙蝠”3 条，但是无论是调查地点还是调查人数都很多，共绘制了 90 张地图。其中，“大拇指”地图 60 张，“鹅”地图、“蝙蝠”地图各 15 张，而大多数都是微观变体分布图。卜温仁的学生叶尚芳继承卜温仁的研究方法，在其博士论文《语言分布微观：台语方言地理研究》(2011)探讨 de-affrication(去塞擦音化)和 broom(扫帚)在台南闽南语和客家话的变体分布。

4. 张屏生、李仲民的研究

张屏生这方面的研究包括他的独立研究和他与李仲民等学者的合作研究。他的独立研究成果只见于《台湾客家之区域语言调查：高屏地区客家多样化现象研究》第四章“高屏地区客家话地理分布”(2012)，里面绘制了高屏地区客家话 8 种变体分布图。他与李仲民等学者合作发表了《澎湖县白沙乡语言地理研究》(张屏生、李仲民，2011)、《澎湖县闽南话的地理分布》(张屏生、李仲民、吕茗芬 2013)等，对澎湖县的白沙乡和 6 个乡镇进行逐村调查，绘制了 21 幅白沙乡音韵变体分布图和 6 个乡镇 16 幅词汇变体分布图；与其他学者合作发表了《嘉义方言志》(上下册)(张屏生、萧藤村、吕茗芬，2010)，内附 19 幅嘉义闽南语语音及词汇变体分布图。此外，李仲民(1998)还绘制了 1 幅台北双溪漳泉闽南语分界图和 18 幅方言变体分布图。

5. 李香仪、庄文岳、涂春景的研究

李香仪《台湾鹿港方言调查及方言地图之绘制》(2003)和庄文岳《台湾彰化县闽南语次方言声韵调之调查与比较》(2013)都是硕士论文。前者以大量的方言地图细致地展示了鹿港方言内部的差异。后者调查点细密，绘成 50 幅词汇变体分布图、1 幅“彰化县语言分区地图”，但是作者忽视年龄差异，导致将地理语言学和社会语言学混淆。涂春景的《苗栗卓兰客家方言词汇对照》(1998a)和《台湾中部地区客家方言词汇对照》(1998b)，分别附有方言词汇变体分布图 12 幅和 10 幅。

6. 地理学家陈国章、韦烟灶团队的研究

陈国章较早介入地理语言学研究，他先后调查了“仙草舅”（1997：1—6）的变体在台湾嘉南平原的分布、“脚踏车”（2000：1—10）的变体在苗栗以南至高雄8县市的分布，并都绘制了变体分布图。他（2004：19—25）还特别注重台湾地名变体和地名分类的研究，对台湾地名皆注明当地发音，根据发音可判断其族群背景；他（2002）根据语言的特征对台北市北投区地名进行分类，并以地图展示不同类型地名在空间上的分布，进而反映了北投土地开发史以及族群分布的空间结构。韦烟灶是陈国章的学生，他着重研究台湾及闽粤地区闽客地名的分布与闽客分布的关系，多篇研究成果收入《韦烟灶：台湾历史研究名家论文集》（2016），同时还和曹治中合作发表了《桃竹苗地区台湾闽南语口音分布的区域特性》（2008：49—83）。

（二）宏观的地理语言学研究

宏观的地理语言学研究，就是涵盖台湾全境语言或方言的地理语言学研究。这类研究既涉及台湾全境语言或方言的分类、分布，也涉及台湾全境语言或方言变体的分布，主要有洪惟仁、李壬癸、卜温仁、张屏生以及钟荣富、林修澈的研究。

1. 洪惟仁的研究

在宏观的地理语言学研究方面，洪惟仁的研究成果首先见于《台湾方言之旅》（1992）。该书是有关台湾闽南语及客家话调查的初探。在书中，他对台湾汉语方言的分类与分布进行了概说，并绘制了一张台湾汉语方言分布图附录于书末。这一分布图是日本殖民统治时期以后第一张根据田野调查语料制作的台湾汉语方言全图，分类比小川尚义（1907）的地图复杂得多精细得多，把后者出现的错误一一修正。后来，洪先生根据实际调查情况，又不断修正完善分布图。2010年以来，洪先生从宏观上发表了一系列重要的论文，不断地进行深度的理论探索，主要有《闽南语入字头（日母）的音变潮流》（2012：1—33）、《插入与包抄：语言地理分布的发展类型》（2013a：23—

30)、《台湾的语种分布与分区》(2013b：313—367)、《台湾的语种分布与区划》(2013c：123—139)、《语言分布发展的扩散论与类型论》(2015a：639—660)、《论语言地理学的波传模式与烟火模式：以排湾语重音分布的形成与发展为例》(2018：53—90)等。

2. 李壬癸的研究

李壬癸把毕生的精力都献给了南岛语研究事业。洪惟仁(2019)称他"是一位能够兼顾宏观和微观,共时和历时全方位研究台湾原住民语言的南岛语学者"。他对南岛语的调查遍及整个台湾,1999年发表了《台湾原住民史：语言篇》,2004年将书中的附图"台湾南岛民族迁移图"(2004a)重绘成彩色图,并于2010年发表更新版。同时,他的《台湾南岛民族的族群与迁徙》(1997,2011)、《台湾平埔族的历史与互动》(2000)、《珍惜台湾南岛语言》(2010)里都附有多幅南岛语分布地图。李先生南岛语学的经典著作是《台湾南岛语言论文选集》(第一、二分册)(2004b)。书中多篇论文都附有方言分区图。李先生绘制的地图大都是分区图,只有一张"台湾南岛语区域特征图"呈现出南岛语5个音韵上的区域特征在不同语言之间分布的情形,体现了他在台湾南岛语地理语言学共时研究上的成就。

3. 卜温仁(Warren A. Brewer)的研究

在宏观上,卜温仁的 Mapping Taiwanese(2008)调查人数最多的是"鹅"。就"鹅"调查了983个闽南人和89个客家人。调查对象涵盖所有的年龄层,其中以老年人居多。他开创了采用GIS绘制语言地图的先例,既研究变体在台湾闽南语、客家话的分布,也涉及闽南语和客家话的分区,把方言变体分布图和方言分区图有机地结合起来。

4. 张屏生的研究

张屏生对台湾地理方言学的研究,宏观微观兼而有之,更多的贡献在于他对台湾汉语方言语料上的收集。在宏观上,他的研究成果体现在《台湾地区汉语方言的语音和词汇》(册一,2007)上所附的"台湾地区汉语方言分布图"。该分布图对台湾闽客方言的分类较之以往更加细致,调查范围到乡镇一级单位,同时还标注方言岛。

5. 钟荣富、林修澈的研究

钟荣富在宏观上的研究体现在其《台湾客家语音导论》(2004)里的多张台湾各县市客家人分布图,并未对台湾客家话进行分类,而只在微观上涉及,如《台湾南部客家话分类的语音指标》(2012)。林修澈的研究主要体现在一张原住民语言分布图上。该分布图附在林修澈《族语扎根》(2006)上,地图精细到村一级行政单位,但是关于方言的分类并不是方言学意义上的分类。此外,林修澈还在《原教界:原住民教育情报志》上附有南投县仁爱乡、嘉义县阿里山乡、苗栗县南庄乡、台东县卑南乡的族群分布图。

(三)社会地理语言学研究

社会地理语言学就是地理语言学研究融入社会语言学的元素的一门分支学科。日本语言学界早在 20 世纪 60 年代已经开始进行这方面的尝试研究了。台湾社会地理语言学研究虽然起步于 21 世纪初期,但已有不俗的表现,既探讨年龄变异在地理上的分布,或根据不同年龄层的变体分布地图,从变体地理分布的变化,揭示语音变化发展的过程,又把社会语言学融入语言分类和语言区划中。这方面的成果主要见于洪惟仁、李仲民、卜温仁、何正芳、简秀梅等学者的研究,其中尤以洪惟仁和李仲民的研究最为突出。

1. 洪惟仁的研究

洪惟仁《闽南语入字头(日母)的音变潮流》(2012)就是其社会历史地理语言学研究的典范。该文绘制了 3 幅入字头变体分布图,通过福建南部闽南语地区及台湾地区入字头变体的分布,并通过与泉州韵书《汇音妙悟》(黄谦,1800)的对比,揭示了“入归柳”(j->l-)音变是由泉腔方言开始扩散的,目前已经扩散到闽南地区大部分的泉腔方言区和龙岩区、漳东区,显示出大陆闽南地区的 j->l-音变扩散的速度比较快,台湾相对缓慢。

洪惟仁的另一大贡献是把社会语言学引入语言分类和语言区划中。2019 年,他完成出版了《台湾社会语言地理学研究》——第一册《台湾语言的分类与分区：理论与方法》和第二册《台湾语言地图集》。第一册系统深入地阐述语言分类与分区的理论与方法，全面检讨传统理论，根据台湾语种的变异、变化与进化的研究成果，提出水系模式、洪水论等新理论，并为台湾的语种进行分类、分区，综述台湾语种的分布大势。第二册在地图上全面精细地展示台湾语种的分类、分区状况。这是台湾史上第一本语言地图集及其研究专论，记录作者三十多年间调查台湾所有语言，包括闽南语、客家话及部分罕见语言的分布状态。该地图集也是世界上最精密、最精细的语言地图集之一，共 105 张，以 GIS 技术精确定位，精细程度达村里以下的自然村。

2. 李仲民的研究

李仲民是台湾第一位引进 glottogram 研究的学者。glottogram 首创于日本，是将地理语言学和社会语言学相结合的一种研究方法，但是日本学者只能用图表来展示线性方言分布点的语言接触和变化过程。李仲民引进后进行了改良，并在其博士论文（2009b）进行实践。论文绘制了 1 幅"台湾东北部程度副词/$tsin^{44}$/（真）、/$tsin^{41}$/（尽）三维图表"。地图展现了东北部老漳腔区传统的程度副词 tsin（去声）正在向 tsin（阴平）靠拢的趋势。"此图因为套叠了二度空间地图而加上时间的因素，是略过三度空间、虚拟四度空间的'立体地图'，可以说是台湾社会地理方言学四度空间'立体地图'的滥觞。"（洪惟仁，2019）此后，李仲民发表的《glottogram 在地理语言学研究的一个实例》（2011）等都是他运用 glottogram 方法进行研究的成果。他的这一研究方法对学界产生较大的影响。

3. 卜温仁（Warren A. Brewer）的研究

卜温仁的 Mapping Taiwanese（2008）将变体和年龄层做了交叉比对，依据 5 个年龄层绘制了 5 张"鹅"的变体分布图。他记录了 39 种音值变体，其中主要有 go（305 点）、gɤ（217 点）、gia（252 点）、ŋo（89 点）。卜温仁第一次用社会地理方言学方法，用多幅地图展现/o/元音展唇化现象在年龄层扩散的过程，展现台湾闽南语正在进行中的一种音变"[o]>[ɤ]"。

4. 简秀梅、何正芳的研究

简秀梅《关庙方言"出归时"字类回头演变之地理与社会方言学研究》

(2006)根据关庙方言“出归时”现象(tsh->s-)的地理分布进行了地理方言学和社会语言学研究,绘制了 s 变体的“方言等高线”,展现方言变异的渐层分布。“‘方言等高线’是以二度空间虚拟三度空间的地图,加上社会语言学现时的时间变化,是唯一的四度空间的社会地理语言学研究。”(洪惟仁,2019)何正芳《澎湖县湖西腔闽南语在地理和年龄的变化研究——以〈汇音妙悟〉“高”“科”韵和小称词为例》(2011)运用社会地理语言学对湖西方言三个主要特色进行研究。论文把年龄层分为四层,绘制了 4 幅虚拟四度空间的立体的社会地理方言分布地图,展现湖西方言演变的趋势,弥补了顾百里(1978)地理方言学等研究的缺陷。

(四) 地理历史语言学研究

地理历史语言学就是“历史与地理双轨交错的语言学”(洪惟仁,2023)。这是洪惟仁先生倡导、亲自践行并努力构建的一个新的地理语言学分支学科。因此,这方面的成果主要见于洪惟仁先生的研究。

洪惟仁这方面的研究体现在《闽南地区方言地图集》(2023)中。该地图集调查点涵盖闽粤闽南方言区,而以闽南核心地区——泉州、厦门、漳州三地市为主。闽南三地市的调查点十分密集,每个县至少调查五六个点,大的乡镇有差异的还分别调查。连同福建省龙岩市、三明市、莆田市相关的县、区、镇、乡、街道等周边方言区和广东省惠州市博罗县、惠城区、惠东县和潮州市揭东县、饶平县相关的镇、乡、街道等漳泉系方言区,调查点共计 275 个。调查对象主要是老年人。

《闽南地区方言地图集》采用 ArcView 9.3 版软件绘制地图。全书分为 11 章,收有 122 张精美的彩色地图,包括 1 章声母地图,5 章韵母地图,2 章声调地图,和词汇地图、同言语束图、方言分区图各 1 章。每张地图都附有例字和地图简释,简要阐述方言变体的类型、变体分布状态、祖语形式拟测和由祖语分化、演变为现代复杂多样变体的过程,已经初步勾勒出闽南方言音韵史的轮廓。该地图集在地理历史语言学的建构方面进行很好的尝试,也为闽南方言地理历史语言学的建立奠定坚实的基础。

四、结　语

对海峡两岸而言,地理语言学研究方法都是一种舶来品。地理语言学在海峡两岸的发展都可以概括为“早生而成长缓慢”,不过两岸的情况又迥然有别。台湾地理语言学产生于1907年,其发展脉络可以概括为勃发期、缓长期、振兴期。

勃发期出现于日本殖民统治时期,是日本学者小川尚义引领的。他在台湾从事台湾语言、方言田野调查研究工作历时40载。他耗费了一生的心血为台湾贡献了“台湾言语分布图”(1907)和“台湾高砂族言语分布图”(与人合作,1935)和大量弥足珍贵的调查语料。他在台湾地理语言学领域所取得的成就堪称台湾地理语言学的第一座丰碑。

进入缓长期,台湾地理语言学沉寂了数十年,后来只见钟露升、顾百里、土田滋等有限的几位学者倾注于地理语言学的研究。钟露升开启台湾地理方言学研究的先河,其研究报告《闽南语在台湾的分布》成为台湾地理方言学的开山之作。顾百里(Cornelius C. Kubler)《澎湖群岛方言调查》(1978)是台湾第一篇专门运用地理语言学方法进行研究的硕士学位论文,更是第一部台湾区域性地理方言学著作。日本学者土田滋延续小川尚义南岛语研究的传统,绘制了多张台湾南岛语地图。

20世纪90年代以后尤其是进入21世纪以来,台湾地理语言学研究进入振兴发展阶段,不但有宏观的研究,而且有微观的研究,同时还有融入社会学因素、历史学因素的更为细致的研究——社会地理语言学、地理历史语言学研究。微观方面的研究队伍最为壮大,主要有洪惟仁团队,郑锦全团队,卜温仁团队,张屏生、李仲民,李香仪、庄文岳、涂春景,以及地理学家陈国章、韦烟灶团队等研究力量。宏观方面的研究主要有洪惟仁、李壬癸、卜温仁、张屏生以及钟荣富、林修澈的研究。社会地理语言学方面的成果主要见于洪惟仁、李仲民、卜温仁、何正芳、简秀梅等学者的研究,其中尤以洪惟仁的研究最为突出。至于地理历史语言学的研究成果主要见于洪惟仁先生。

台湾地理语言学不仅在方法上有深入的探讨和突出的建树,而且在理论方面有不俗的贡献。

参考文献

Tsuchida, Shigeru(土田滋) 1983 Austronesian Languages in Taiwan, In S. A. Wurm and Shiero Hatori eds. *Language Atlas of the Pacific Area*, Canberra: The Australia National University。

卜温仁 2008 Mapping Taiwanese.台北"中研院"语言学研究所。

陈国章 1997 《嘉南地区"仙草舅"方言俗称的分布——以闽系台语为例》,台湾师范大学《地理教育》第23期。

陈国章 2000 《台湾西部"脚踏车"用词的种类与分布》,台湾师范大学《地理教育》第26期。

陈国章 2002 《从地名看语族分布——以台北市北投区为例》,台湾师范大学《地理教育》第28期。

陈国章 2004 《台湾地名辞典(合订版)》,台湾师范大学。

甘于恩 2010 《台湾地理语言学研究之我见》,《集美大学学报》第3期。

顾百里 1978 《澎湖群岛方言调查》,台湾大学。

何正芳 2011 《澎湖县湖西腔闽南语在地理和年龄的变化研究——以〈汇音妙悟〉"高""科"韵和小称词为例》,台湾师范大学。

洪惟仁 1992 《台湾方言之旅》,前卫出版社。

洪惟仁 1997a 《新竹市方言志》,新竹县政府。

洪惟仁 1997b 《高雄县闽南语方言》,高雄县政府。

洪惟仁 2002 《台湾の汉语方言地理学》,马濑良雄兼修、佐藤亮一、小林隆、大西拓一郎《方言地理学の课题》,东京明治书院。

洪惟仁 2006 《高屏地区的语言分布》,《语言暨语言学》第72期。

洪惟仁、简秀梅 2012 《关庙区方言"出归时"现象的渐层分布:漳泉方言的竞争与重整》,郑锦全《语言时空微观变异》,台北"中研院"语言学研究所。

洪惟仁 2009a 《台北地区闽南语的方言类型与方言分区》,《台湾语文研究》第3期。

洪惟仁 2009b 《续修台北县志》,台北县政府。

洪惟仁 2010 《宜兰地区的语言分布与语言地盘的变迁》,《台湾原住民民族研究季刊》第3期。

洪惟仁 2011a 《"语言地理学专号"缘起(代序)》,《台湾语文研究》第2期。

洪惟仁 2011b 《台湾西北海岸的语言分布与闽客互动》,《台湾语文研究》第2期。

洪惟仁 2011c 《台中地区的语言分布》,钟荣富等《语言多样性:曹逢甫教授荣退论文集》,文鹤出版公司。

洪惟仁 2012 《闽南语入字头(日母)的音变潮流》,《台湾语文研究》第2期。

洪惟仁 2013a 《插入与包抄:语言地理分布的发展类型》,曹志耘:《汉语方言的地理语言学研究》,商务印书馆。
洪惟仁　2013b　《台湾的语种分布与分区》,《语言暨语言学》第 2 期。
洪惟仁　2013c　《台湾的语种分布与区划》,《人文与社会科学简讯》第 2 期。
洪惟仁　2015a　《语言分布发展的扩散论与类型论》,《语言暨语言学》第 5 期。
洪惟仁、许世融　2015b　《新竹地区的语言分布与民族迁徙》,《新竹文献》第 63 期。
洪惟仁　2016　《台湾的社会地理语言学及其理论》,《台湾语文研究》第 1 期。
洪惟仁　2018　《论语言地理学的波传模式与烟火模式：以排湾语重音分布的形成与发展为例》,《台湾语文研究》第 1 期。
洪惟仁　2019　《台湾社会语言地理学研究——第一分册：台湾语言的分类与分区理论与方法》,前卫出版社。
洪惟仁　2023　《闽南地区方言地图集》,台湾语文学会。
黄菊芳、蔡素娟、郑锦全　2012　《云林县仑背乡客家话分布微观》,郑锦全《语言时空变异微观》,台北"中研院"语言学研究所。
简秀梅　2006　《关庙方言区"出归时"字类回头演变之地理与社会方言学研究》,高雄师范大学。
李壬癸　1999　《台湾原住民史：语言篇》,台湾省文献委员会。
李壬癸　2004a　《台湾南岛民族迁移图》,台北"中研院"计算中心绘制。
李壬癸　2004b　《台湾南岛语言论文选集》(第一、二分册),台北"中研院"语言学研究所。
李壬癸　2010　《珍惜台湾南岛语言》,前卫出版社。
李壬癸　1997/2011　《台湾南岛民族的族群与迁徙》,常民文化事业,1997;前卫出版社,2011 增订新版。
李壬癸　2000　《台湾平埔族的历史与互动》,常民文化事业。
李香仪　2003　《台湾鹿港方言调查及方言地图之绘制》,台北师范学院。
李仲民　1998　《台北县双溪闽南语初步研究——调查、比较与方言界线之探讨》,文化大学。
李仲民　2009a　《战后台湾闽南语地理语言学的回顾与展望》,《台湾语文研究》第 4 期。
李仲民　2009b　《从地理语言学论台湾闽南语语言地图的编制观念与方法——以台湾东北部闽南语研究为样本》,文化大学。
李仲民　2011　《Glottogram 在地理语言学研究的一个实例》,《语言教学与研究》第 5 期。
林修澈　2006　《族语扎根》,政治大学。
潘科元　1996　《大台北地区闽南语方言音韵的类型与分布》,新竹清华大学。
涂春景　1998a　《苗栗卓兰客家方言词汇对照》,台北文化艺术基金会。
涂春景　1998b　《台湾中部地区客家方言词汇对照》,台北文化艺术基金会。
涂文钦　2009　《彰化县闽南语方言音韵的类型与分布》,新竹教育大学。
韦烟灶、曹治中　2008　《桃竹苗地区台湾闽南语口音分布的区域特性》,《地理学报》第 53 期。
韦烟灶　2016　《韦烟灶台湾历史研究名家论文集》,兰台出版社。
小川尚义　1907　《日台大辞典》。

小川尚义、浅井惠伦 1935 《原语による台湾高砂族传说集》,东京刀江书院。

叶尚芳 2011 《语言分布微观:台语方言地理研究》,淡江大学。

张屏生、李仲民、吕茗芬 2013 《澎湖县闽南话的地理分布》,曹志耘《汉语方言的地理语言学研究》,商务印书馆。

张屏生、李仲民 2011 《澎湖县白沙乡语言地理研究》,张屏生《永不枯竭的井泉:庆祝董忠司教授六十华诞论文集》,台北"中研院"语言学研究所。

张屏生、萧藤村、吕茗芬 2010 《嘉义方言志(上下册)》,高雄中山大学出版社。

张屏生 2007 《台湾地区汉语方言的语音和词汇(1~4册)》,台南开朗杂志事业有限公司。

张屏生 2012 《台湾客家之区域语言调查:高屏地区客家多样化现象研究》,南投台湾文献馆。

张素蓉 2006 《台中县海县地区泉州腔的渐层分布》,新竹教育大学。

郑锦全 2006 《台湾客家与闽南族群杂居环境的语言互动空间》,何大安等《高山水长:丁邦新先生七秩寿庆论文集(上)》,台北"中研院"语言学研究所。

郑锦全 2012 《语言时空变异微观》,台北"中研院"语言学研究所。

钟露升 1967 《闽南语在台湾的分布》,台北"国科会"研究报告。

钟荣富 2004 《台湾客家语音导论》,五南图书出版公司。

钟荣富 2012 《台湾南部客家话分类的语音指标》,郑锦全《语言时空变异微观》,台北"中研院"语言学研究所。

庄文岳 2013 《台湾彰化县闽南语次方言声韵调之调查与比较》,新竹教育大学。

海上丝绸之路沿线闽南方言文献传播路径与研究现状及问题对策

金　美

（喀什大学，厦门大学）

提要　明末清初世界大航海时代，以福建漳州月港为起点达至世界各地的海丝之路，已是众多闽南移民“下南洋”谋生存、求发展的海上国际通道。同时，以西班牙传教士为主的欧洲传教士，来到菲律宾、中国澳门、中国台湾等亚洲地区，撰写了一系列珍稀的闽南方言文献，其国际传播不仅路径广，从欧洲到美洲到亚洲，穿越大西洋和印度洋，而且时间长达400多年，从明末清初大航海时代持续到现代20世纪前半叶，产生了迄今已知的中外历史上第一部汉语语法教材《汉语语法：漳州话语言艺术》（*Gramatica China: Arte de La lengua Chio Chiu*，1620），以及近代重要的一批汉语语法书和辞典，如：《汉语厦门话语法》（*Gramática China del Dialecto de Amoy*，1928）、《华班辞典》（*DICCIONARIO CHINO-ESPAÑOL*，1937）等。这些文献是中西方首次大规模接触碰撞历史开端的标志性文化成果，具有极高的语言学价值、文化价值和中西文化交流史价值。

关键词　海上丝绸之路沿线　闽南方言文献传播路径　现状　对策

在世界大航海时代、即我国明末清初以来数百年的历史进程中，闽南方言文献在海上丝绸之路沿线的传播，经历了复杂多变的国际国内形势变化，在发展道路上面临着一系列的困境和挑战。本文针对这些闽南方言文献传播路径与研究现状来进行考察、梳理，探析闽南方言文献所代表的中华海洋文化国际传播中存在的问题与对策。

世界大航海时代以漳州月港为起点达至世界各地的海丝之路，其沿线各国各地区的闽南方言文献的国际传播从我国明末清初延续到现代20世纪前半叶，开启了长达400多年的闽南方言文化的国际传播史。当时，西班牙殖民者在占据了东南亚菲律宾（1565年）、北美墨西哥（1519年）、中国台湾（1626年）等地后，传教士随即从欧洲前来传教并撰写了一系列珍稀的闽南方言文献，这些文献是中西方首次大规模接触碰撞历史开端的标志性文化成果。

一、大航海时代至20世纪前半叶闽南方言文献的国际传播路径

本文所称的闽南方言文献，主要是指世界大航海时代以来西班牙传教士所撰写的闽南方言教材辞书，即从大航海时代、我国明末清初以来，迄今所知的西班牙传教士编纂的、直至1949年中华人民共和国成立以前这段历史时期、供西班牙人或相关人士学习或教授汉语言文化所编写的闽南方言教材辞书。

教材辞书，有广义和狭义之分。根据本文研究对象的文本特征、教学语境和教育者、受教者特征，早期教材辞书有不少手稿本，有些是残卷，教师是传教士，受教者有传教士也有教民，教学语境有课堂也有非课堂。因此，本文的“教材辞书”概念是广义的。广义的教材辞书指课堂上和课堂外教师和受教者使用的所有教学材料，比如课本、练习册、活动册、故事书、图片、手绘图表等；教师自己编写或设计的材料我们也称之为教学材料。

15世纪以来，指南针、印刷术在欧洲的传播，引发了葡萄牙和西班牙先行的地理大发现活动，开启了大航海时代，同时，手稿本之外的印刷品著述大量出现并留存至今。当时，西班牙传教士编写的闽南方言教材辞书不断面世，成为有史以来中国和西方第一次大规模接触交流的标志性文化成果。目前已知最早出现的汉语文献是西班牙传教士编写的闽南方言泉州音系统

的《华语韵编》(*Arte y Vocabulario de la Lenga China*,1573。已佚),它比汉语官话系统的《葡汉辞典》(1583—1588 年)还早 10—15 年。目前最早的汉语语法著作《汉语语法:漳州话语言艺术》(1620)也是西班牙传教士编写的。葡萄牙、西班牙、荷兰等最早的海洋强国不断开辟海上新航线,尤其是开辟了通往印度和美洲的新航线,这些海洋强国的殖民扩张、远洋贸易和传教活动,构成了这一时期全球化拓展的基本格局。在找到了通往亚洲的通道之后,葡萄牙最早抢占先机,于 1511 年占领马六甲苏丹国(今马来西亚马六甲),控制了经过印度、绕道南非、通往欧洲的马六甲海峡航运枢纽,后来这条航线上沿途的所有重要港口几乎都被其控制。占领马六甲成为欧洲海洋强国殖民扩张、远洋贸易和传教活动历史开端的标志。自此,葡萄牙殖民马六甲、中国澳门、印度果阿等,西班牙殖民菲律宾、中国台湾(北部基隆、淡水)等,荷兰殖民马来西亚、中国台湾(南部)、中国澎湖列岛、印度尼西亚(巴达维亚)等。这一时期,中国明朝政府对沿海地区大多时候实行严格的海禁政策、闭关锁国,但也有管控宽松的短期开海,如在 1555 年基本平定嘉靖倭乱后,1567 年(明隆庆元年)在福建漳州月港(今龙海县海澄镇)部分开放海禁,准许私人出海贸易,漳州月港成为当时中国唯一合法的出海贸易港口(厦门港、泉州安平港等也有一些民间贸易,另一获明廷开放海禁的广州港则不得出海、只允许外国人前来贸易)。这次开海就是历史上著名的"隆庆开海",这次开海持续到明末清初。闽南漳、泉居民,纷纷渡海前往古称"吕宋"的菲律宾群岛贸易谋生。1521 年,麦哲伦率领西班牙环球航行远征船队到达菲律宾群岛。1565 年,西班牙远征军在殖民者、后为第一任菲律宾总督的米格尔·洛佩斯·德·黎牙实比(Miguel López de Legazpi)的带领下登陆占领菲律宾的宿务(Cebu)岛,1571 年黎牙实比登陆占领马尼拉(Manila),自此开启了菲律宾的殖民历史,也开启了"马尼拉大帆船"(Galeón de Manila)时代中国福建与菲律宾之间的帆船商业贸易。大批西班牙传教士随着西班牙船队来到菲律宾,在 1565 年西班牙开始殖民统治至 1898 年结束殖民的这 300 多年中,随着 1571 年开始的漳州月港与马尼拉的帆船贸易,大批漳州、泉州等地的闽南民众前往马尼拉为主的菲律宾各地从事商贸活动并渐次定居谋生,明万历年间(1573—1620)达至极盛。随后明廷又多次颁布禁海令,东南沿海的海上贸易起起落落,但从未真正断绝。直到崇祯十一年(1638)正月,明廷接受大臣傅元初的奏请,下令开福建海禁,于是漳州、厦门、泉州、广东的港口相继开禁。1655年,菲律宾圣玫瑰省派出利崎(1621—1685)等4人陪同罗文藻到福建传教,7月登陆厦门岛。

福建民众到东南亚菲律宾等国商贸、移民的内因是因为人口压力大,那个时期福建人口快速增长而可耕土地稀少,因"地狭人稠"而不得不"仰粟于外",到海外经商或移民谋生,福建人口快速增长的状况从元朝一直延续到清初。在元初1277年福建人口才29.35万。1381年明朝后期广东和福建人口分别是310万和384万,但到了1626年,广东和福建人口分别增长到414万和553万,福建人口超过广东140万。

明末开放海禁,设置福建漳州月港后,月港有两条分别经由太平洋与印度洋通往西班牙的海上航线("图一"由中国福建漳州籍福建省民俗学会江智猛副会长提供):

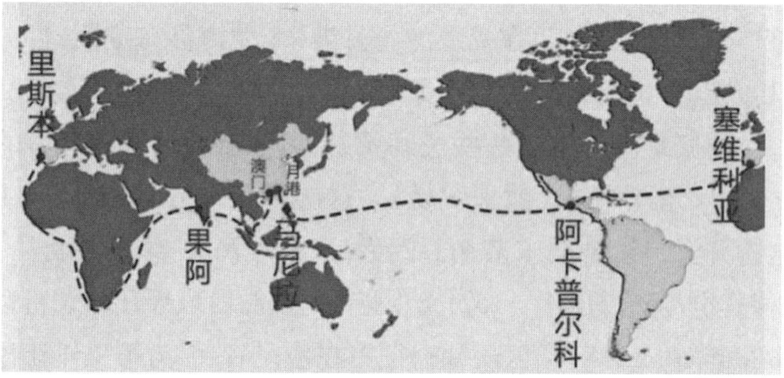

图一 大航海时代中国福建漳州月港太平洋与印度洋两条航线图

① 印度洋航线(葡萄牙管辖):中国漳州月港⟺中国澳门(葡萄牙殖民)⟺马来西亚马六甲(葡萄牙殖民)⟺印度果阿(葡萄牙殖民)⟺葡萄牙里斯本⟺西班牙(塞维利亚)

② 太平洋航线(西班牙管辖):中国漳州月港⟺菲律宾马尼拉(西班牙殖民)⟺墨西哥阿卡普尔科(西班牙殖民)⟺西班牙(塞维利亚)。

上面的①和②两条航线分别由当时的两大海洋强国葡萄牙和西班牙控

制,葡萄牙经管印度洋航线,西班牙经管太平洋航线。欧洲天主教的传教路径也循着这两大航线延展于欧洲和远东(Far East)地区。

以上两条航线,与大航海时代至20世纪前半叶闽南方言教材辞书的国际传播路径应存在对应关系,本研究领域的中外研究团队在传播路径沿线国家和地区都寻获到了相关的汉语教材辞书。下面列举与本文研究团队的研究相关的文献。

(一)西班牙巴塞罗那大学图书馆、马德里皇家图书馆及阿维拉修道院

1. 西班牙巴塞罗那大学图书馆

本文团队2017年赴西班牙调研时从巴塞罗那大学图书馆获得迄今面世最早的汉语语法著作手稿本《汉语语法:漳州话语言艺术》(*Gramática China: Arte de la Lengua Chio Chiu*),它是生活在菲律宾马尼拉的西班牙传教士对当地中国福建闽南人所说“漳州话”的记录手稿,以讲解漳州话语法为主。它至迟在1620年写作完成,那时正值世界大航海时代、中国明末清

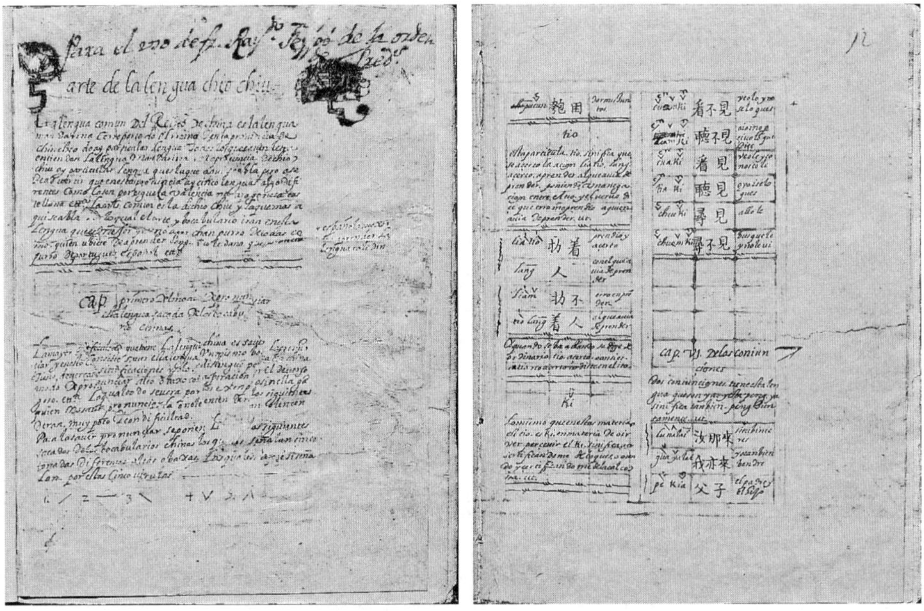

图二 《汉语语法:漳州话语言艺术》(1620)手稿本书影

初。目前以本文作者为第一作者的书稿《〈汉语语法：漳州话语言艺术〉(1620)译注》即将由上海古籍出版社出版。

2. 西班牙马德里皇家图书馆

《华班辞典》(*DICCIONARO CHINO-ESPAÑOL*)一书是本文团队从西班牙马德里皇家图书馆(Biblioteca Nacional de España)获得(皇家图书馆又称为国家图书馆)。目前没有中译本,也未见系统研究的论著。本文团队正在进行数据库建设、翻译注释和研究。

《华班辞典》(1937),1928—1937 年之间写作成书,1937 年由香港出版社出版。全书正文约 9 万汉字,正文初始字共 4 749 个,收词条 34 148 条、包括 722 条谚语(“Refr”)。《华班辞典》汉字标目以闽南话读音的首字母为排列顺序,每个短语“词条”单列一行,每行都分为左中右三列:左列为繁体汉字短语,中列为拉丁字母标注的闽南话读音,右列为西班牙语释文。

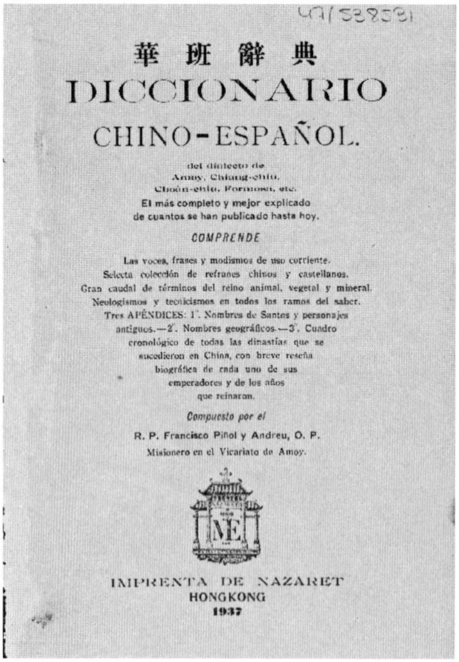
華班辭典
DICCIONARIO
CHINO-ESPAÑOL.
El más completo y mejor explicado
de cuantos se han publicado hasta hoy.
COMPRENDE
Las voces, frases y modismos de uso corriente.
Selecta colección de refranes chinos y castellanos.
Gran caudal de términos del reino animal, vegetal y mineral.
Neologismos y tecnicismos en todos los ramos del saber.
Tres APÉNDICES: 1°. Nombres de Santos y personajes antiguos.—2°. Nombres geográficos.—3°. Cuadro cronológico de todas las dinastías que se sucedieron en China, con breve reseña biográfica de cada uno de sus emperadores y de los años que reinaron.
Compuesto por el
R. P. Francisco Piñol y Andreu, O. P.
Misionero en el Vicariato de Amoy.
IMPRENTA DE NAZARET
HONGKONG
1937

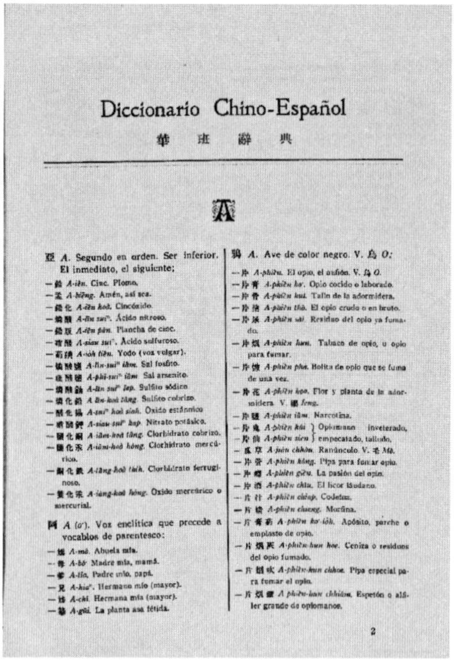
Diccionario Chino-Español
華班辭典
A

图三 《华班辞典》(1937)首页书影

另有两部易混的不同著作。一部是 Prat Tipson 所著《班华辞典》(1925),又叫《厦门台湾方言西班牙语中文词典》[Z].厦门: Imprenta de la Mission Catolica,1925。作者为 Tipson, Prat,作者说明记录的是厦门和台湾方言,全书共 767 页,由 Mission Catolica 印刷出版。另一部是大型字典《班华字典》(1941—1943),用西班牙语解释闽东方言福宁片福安方言,作者 Ignacio Ibañez, Blas Cornejo 修订,1941—1943 商务印书馆出版。

3. 西班牙阿维拉(Avila)修道院

本文团队 2017 年赴西班牙调研时到达世界文化遗产城市阿维拉(Avila)进入阿维拉修道院档案馆查阅闽台语言文化资料,获得了该院馆藏分类目录全部书目。

本文团队当时震惊地发现该档案馆馆藏的大量中国闽台文献资料残破不堪、触碰就顷刻分裂为碎片,经我们询问,馆长向我们解释,该档案馆的所有文献都还没有被数字化(至今依然没有被数字化),查阅资料者需预约、需向档案馆提出书面申请,进入馆藏地查阅时,需经馆长同意才能用纸笔手抄部分资料。如下图当时我们所拍照片:

图四 2017 年西班牙阿维拉档案馆馆长托马斯(Tomás)博士向我们介绍馆藏相关文献

（二）菲律宾圣托马斯大学图书馆

台湾新竹清华大学2017年在网上发布其团队发掘西班牙传教士闽南话文献《漳州话语汇》信息（网址 https://max.book118.com/html/2017/0529/110032523.shtm 2021－9－3）。“由本校人文社会研究中心、‘中研院’台湾史研究所、西班牙庞培法布拉（Pompeu Fabra）大学及塞维亚（Sevilla）大学组成的研究团队，寻获一份距今约400年、厚达千页、21 000多字词的《漳州话语汇》（*Vocabulario de la Lengua Chio Chiu*）手稿。——近年来前往西班牙与菲律宾等地档案馆，找寻古闽南话的词典或古籍，终在菲律宾圣多玛斯大学档案馆寻获《漳州话语汇》。”

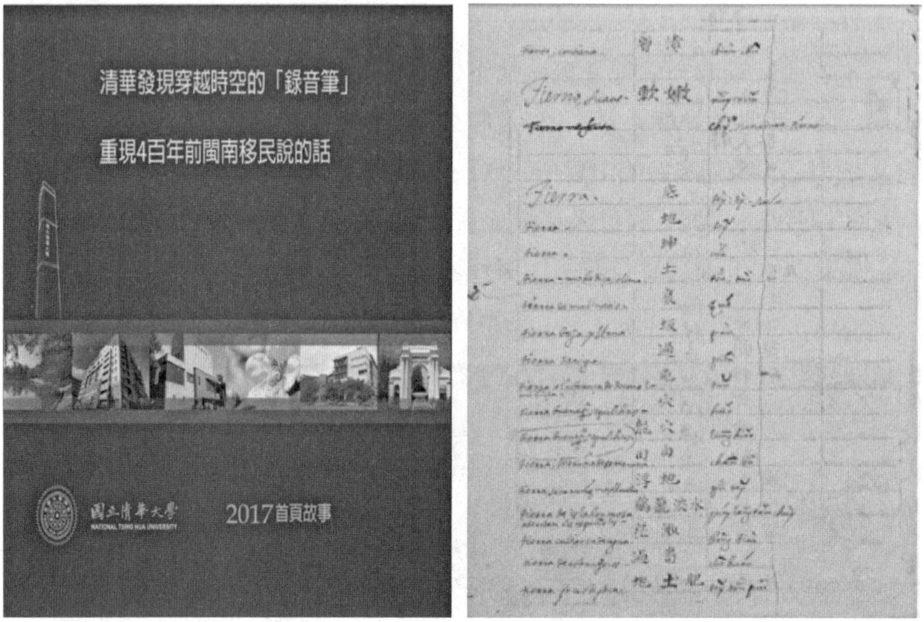

图五　2017年台湾新竹清华大学公布并展示寻获《漳州话语汇》手稿本

此外，该团队又发掘整理了《漳州话词汇与语法》，此书已于2023年12月由台湾新竹清华大学出版社影印出版，本文团队于当月获该书编订者赠书。书影如下：

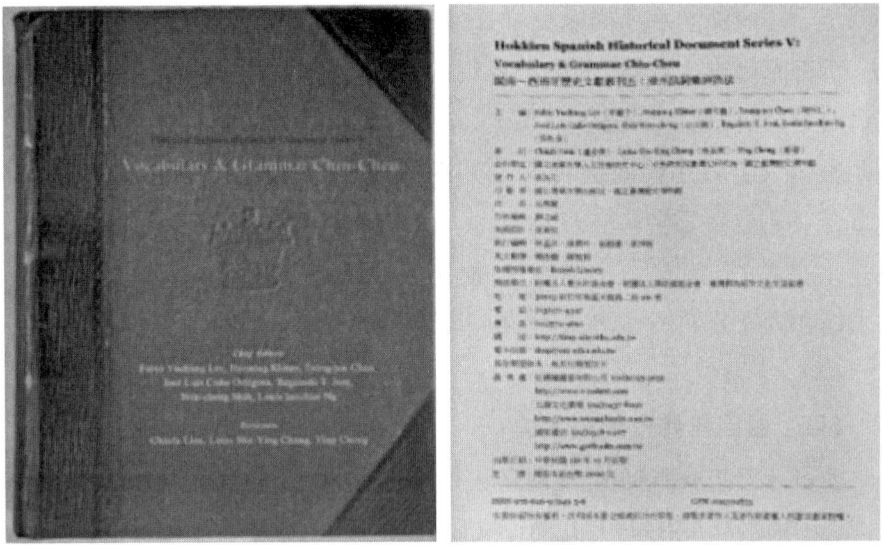

图六　2023 年 12 月台湾新竹清华大学出版社影印出版《漳州话词汇与语法》

（三）香港天主教多明我会档案馆

2020 年，本文团队在香港的西班牙天主教多明我会档案馆发掘搜寻到

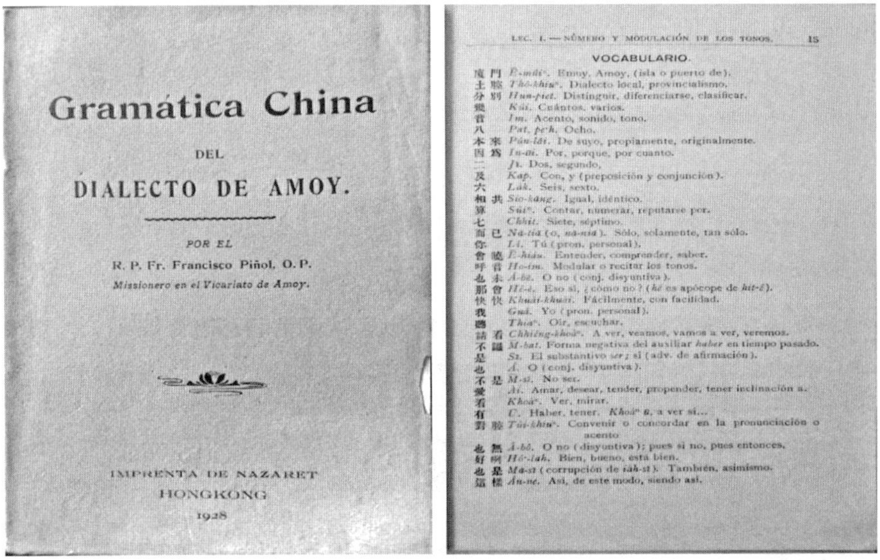

图七　《汉语厦门话语法》（*Gramática China del Dialecto de Amoy*）

一部至今国内外学术界尚未见中译本、也未见到相关研究论著的西班牙传教士所著闽南方言教材,是迄今发现的首部厦门话语法教材。本文作者把它命名为《汉语厦门话语法》(*Gramática China del Dialecto de Amoy*)。作者是西班牙天主教多明我会传教士弗朗西斯科·彼纽尔(Francisco Piñol),1928年香港拿萨雷特印务(Imprenta de Nazare,又称为"辣匝肋印书馆")出版。此前本文作者遍访中国香港、澳门及西班牙、新加坡、菲律宾等各大学图书馆和国家公共图书馆,但均未找到它。

(四) 墨西哥修道院档案馆

西班牙巴塞罗那UPF(庞佩乌法布拉)大学女历史学者Dolores Folch(多洛雷斯·福尔奇)教授写有几篇论文研究过马丁的生平及手稿。她认为西班牙传教士早期闽南话文献手稿应保存在墨西哥天主教修道院档案馆里。

本文团队通过在古巴学习工作的成员,从古巴哈瓦那网站搜索获得线索:墨西哥天主教修道院曾保存过西班牙人马丁·德·拉达(Martín de Rada,1533—1578)的一些手稿,墨西哥应该有学者研究过马丁手稿。马丁的《华语韵编》(*Arte y Vocabulario de la Lenga China*,1573。已佚)是目前已知的留下书名的史上最早的汉语语言学文献,而且难得的是文献的方言是很

图八 古巴哈瓦那网站搜索线索页面

稀少的泉州话系统。目前发掘整理出来的菲律宾和欧洲的闽南方言字典辞书教材，早期大部分是漳州话系统的，晚期大部分是厦门话系统的，泉州话系统的很少见到。据记载，马丁・德・拉达 1575 年到福建，他的《出使福建记》记录了福州和闽南各地的风土人情。

参见前“2. 菲律宾圣托马斯大学图书馆”：由台湾新竹清华大学人文社会研究中心、台北“中研院”台湾史研究所、西班牙庞培法布拉（Pompeu Fabra）大学及塞维亚（Sevilla）大学组成研究团队。2017 年台湾新竹清华大学、台北“中研院”、西班牙庞培法布拉（Pompeu Fabra）大学发掘西班牙传教士闽南话文献《漳州话语汇》。

二、海上丝绸之路沿线闽南方言文献研究现状

目前海内外学者对西班牙传教士闽南方言文献的研究基本上是处于初期阶段。

初期阶段这个现状，主要体现在目前的成果形式主要体现在针对教材辞书公布语料、书目汇编、概况介绍和音系整理等以下几个方面。

（一）公布语料

西班牙传教士闽南方言教材辞书，近十来年才被国内外学界关注，国内外学者开始致力于寻找、搜集并公布相关语言材料。

在公布语料方面，最早有几位欧洲学者，近几年中国台湾学者、菲律宾圣托马斯大学菲律宾学者与西班牙学者合作寻获并公布了几种语料，语料年代较早。福建师范大学马重奇团队将中外有关闽方言的诸多公布的文献进行了汇编，其中也有西班牙传教士闽南方言教材辞书。兹列举如下：

1.《汉语语法：漳州话语言艺术》（*Gramática China: Arte de la Lengua Chio Chiu*）这部手稿至今面世的有善本和残本两个版本。善本手稿最初被法国阿兰・贝罗贝（Alain Peyraube）教授在西班牙巴塞罗那大学图书馆发现，他说：“于 1620 年出版的 *Arte de la Lengua Chio Chiu*。这部文献是本文作者之

一的贝罗贝在巴塞罗那(Barcelona)大学图书馆发现的,其手书的标题为*Grmatica China*。"①另一手稿本是残本,现藏于英国的大英图书馆(The British Library,又称为不列颠图书馆、英国国家图书馆),共有46页,最早的发现者是英国龙彼得(Piet van der Loon)教授,他1967年在大英博物馆找到的《西班牙手稿》(Spanish Manuscript)中含有此手稿,当时汉译名为"《漳州话文法》"。

2. 李毓中(Fabio Yuchung Lee)、陈宗仁(Tsung-jen Chen):《西班牙—华语辞典》(*Dictionario Hispánico Sinicum*,新竹:清华大学出版社,2017。作者佚名,又称为《西中词典》),共1 102页,27 000多个词条。原稿现存于菲律宾马尼拉市圣多玛斯大学档案馆,1626年—1642年。

3. 李毓中、陈宗仁:闽南—西班牙历史文献丛刊一(*Regalado Trota José*, *José Luis Caño Ortigosa eds. Hokkien Spanish Historical Document Series I*,新竹:清华大学出版社,2018)。

4. 李毓中、(西) Cano Ortigosa:《漳州话语汇》(*Vocabulario de la Lengua Chio Chiu*,又称为《漳州话词汇》)2018年在菲律宾圣多玛斯大学档案馆发现,作者佚名,多达千页,21 000多个字词。

5. 李毓中、陈宗仁:闽南—西班牙历史文献丛刊二:赫尔佐格·奥古斯特图书馆的菲律宾中文手稿(José Luis Caño Ortigosa, Shih Wen-cheng 石文诚. *Hokkien Spanish Historical Document Series II: Philippine Chinese Manuscripts in the Herzog August Library*,新竹:清华大学出版社,2020)。

6. 李毓中、Henning Klöter(韩可龙),陈宗仁等:闽南—西班牙历史文献丛刊五:《漳州话词汇与语法》[M].新竹:清华大学出版社,2023。

7. 马重奇:《明清以来闽方言文献集成》(第一辑),北京:商务印书馆,2023。

(二)书目汇编

台湾、港澳、大陆的书目汇编中,都涉及大航海时代以来的近现代西班

---

①(法)曹茜蕾,贝罗贝:《近代早期闽南话分析型致使结构的历史探讨》,《方言》2007年第1期,第53页。

牙传教士闽南话教材辞书。如：

洪惟仁：《台湾文献书目解题（语言类）》[Z].台北："中央"图书馆台湾分馆，1996。

游汝杰：《西洋传教士汉语方言学著作书目考述》[M].哈尔滨：黑龙江教育出版社，2002。

游汝杰：《西洋传教士汉语方言学著作书目考述》（增订本）[M].上海：上海教育出版社，2021.

张嘉星：《闽方言研究专题文献辑目索引》（1403—2003）[M].北京：社会科学文献出版社，2004。

金国平：《西方澳门史料选萃（15—16世纪）》[M].广州：广东人民出版社，2005。

张嘉星《欧洲人汉语辞书编纂始于闽南话辞书说》（2013）是大陆地区较早简要介绍西班牙传教士闽方言辞书目录的文章，其中从史学角度介绍了《华班辞典》。有些大陆学者从对外语言文化交流文献例证角度所著文中载录了部分西班牙传教士的教材辞书目录，如：张西平、李雪涛《西方汉学十六讲》（外语教学与研究出版社，2011），沈庶英《对外汉语教材理论与实践探索》（北京语言大学出版社，2012），《鼓浪屿研究（第六辑）》（2017）中几篇文章，但都没有对《华班辞典》等辞书展开深入的文献语言学研究。

（三）概况介绍

现有的论著研究内容大都是文献概况介绍，并且大都是在文献的真伪、时代背景、编写/出版年代、版本、校勘、地理、历史地位、影响，以及作者考证、生平、写作过程、写作水平、作者思想、作者写作风格、作者成就等非语言学内容的整理和研究上。除少数语言学方面的研究外，还未见有数据库建设、数字化研究的论著。

台湾学者较早关注并撰写了一些概况介绍的论文，如赖永祥《十七世纪西班牙教士在台传教史略》，载台北中国文化学院西班牙研究所《中国与西班牙文化论集》（1965）；或在书中论及，如吕兴昌《台湾白话字文学资料搜集整理计划期末报告书(修订本)》(2002)一文提出《华班辞典》在台湾白话字研究中的重要作用,翁佳音《"khan-chhiú"牵手来看台湾世界史——从台湾历史惯用语论大福佬文化圈概念》(《台湾史研究》2006)解说了《华班辞典》的作者、出版社和某些词语如"牵手"的西班牙语释义。

早期欧洲学者的论文多可归为这类。如

(西) Dolores Folch(多洛雷斯·福尔奇).Martin de Rada's Book [J]. *Sinologia Hispanica*, *China Studies Review*,2018,6,1, p.1 – 26.

(西) Pedro García Galende. Fray Martín de Rada, Científico y misionero en Filipinas y China (siglo xvi)[J].*Anuario de Historia de la Iglesia*, ISSN 1133 – 0104, N°. 25, 2016, p. 568 – 570.

(西) Zhicang Huang. Victorio Riccio: el primer misionero dominico de Xiamen, 1655 – 1665 [J]. *Transocéanos. Viajes Culturales en los Mundos conocidos* (*siglos XVI – XVIII*)/Bernat Hernández (ed. lit.), 2019, p.147 – 165.

(意) Federico Masini(马西尼).Chinese language and Christianity[J].in Chu-Ren Huang, Zhuo Jing-Schmidt, *Barbara Meisterernst Edit The Routledge Handbook of Chinese Applied Linguistics*,2019。

大陆最早的介绍文章有:

《厦门鼓浪屿天主堂卞司铎半生心血结晶:华班大辞典出版》[N].公教周刊.1938(24)。

大陆的相关概况介绍论文,较为集中地收录在两本文集中,见游汝杰、邹嘉彦译:《语言接触论集》[C].上海:上海教育出版社,2004;周振鹤:《中欧语言接触的先声:闽南话与卡斯蒂里亚语初接触》[C].上海:复旦大学出版社,2018。其他的如:

严佳、卞浩宇:《浅谈十六世纪葡萄牙、西班牙来华传教士对汉语的认识与研究》[J].《科技信息》,2010(31);

詹石窗、林安梧:《闽南宗教》[M](福建人民出版社,2007),书中记载多明我会西班牙传教士有编撰闽南话和西班牙对照字典的传统,并提及《华班辞典》的信息;

张西平:《明末清初天主教入华史中文文献研究的回顾与展望》[J].

《炎黄文化研究》,2012(10);

张先清:《传教、冲突与文化解释——17世纪台湾原住民与天主教的相遇》[J].《学术月刊》,2013(12);

刘莉美:《马尼拉闽南话文献〈西班牙—华语辞典〉与西班牙传教士高母羡》[J].《汉学研究》,2020(2);

管永前:《从传教士汉学到“新汉学”——西班牙汉学发展与流变述略》[J].《国际汉学》,2020(3);

林素娥:《西洋传教士汉语方言文献的语言学研究综述》[J].《辞书研究》,2021(1);

李葆嘉:《西洋汉语文法学三百年鸟瞰》[J].《华东师范大学学报》,2020(3)。

(四)音系、词汇及语法整理

福建师大马重奇等师生主要基于音韵学研究做了一些音系整理工作,兼及词汇与语法整理。如:

马重奇、王彩:《明末福建闽南漳州方言音系及其性质研究——〈漳州话语法〉(1620)个案研究》[J].《古汉语研究》,2024(2);

马重奇:《〈汉西字典〉(1604)音系及其音系性质研究》[J].《古汉语研究》,2022(4)。

马重奇、吴洁:《四百年前漳州方言的音系研究——以〈西班牙—华语辞典〉音系为例》[J].《古汉语研究》,2021(1)。

杜晓萍:《十九世纪外国传教士所撰福建闽南方言文献语音和词汇系统研究》[D].福州:福建师范大学博士论文,2011。

厦门大学金美等师生做了一些音系、词汇和语法的整理工作。如:

李滟谦:《〈中国语法:漳州话的语言艺术〉研究》[D].厦门:厦门大学硕士学位论文,2019。

金美:《〈汉语语法:漳州话语言艺术〉的音系与语法——兼与近现代西班牙传教士闽方言汉语教材比较》[J].《南方语言学》,2020(16)。

李茜:《〈汉语厦门话语法〉语音与词汇研究》[D].厦门:厦门大学硕士

学位论文,2022。

金美:《〈汉语语法: 漳州话语言艺术〉(1620)菲律宾闽南方言同音字汇》,载《刺桐寻古韵,丝路探方音——第八届海外汉语方言国际学术研讨会论文集》,福州: 福建省地图出版社,2023。

易丽雯:《〈华班辞典〉语音与词汇整理研究》[D].厦门: 厦门大学硕士论文,2023。

(五) 专文专书译注

这一类针对西班牙传教士所撰教材辞书进行的专文专书译注,至今很少。中国大陆、台湾和都只见到少量的论著译注本。如:

江树声译注:《热兰遮城日记》(第 1 册)[M].台南: 台南市文献委员会,2000。

(西) Formosa José MarÍa Alvares 著,李毓中、吴孟真节译《西班牙人在台湾》[M].台北: 台湾文献馆,2006。

德国洪堡大学韩可龙(Henning Klöter)在其 2011 出版的《生理人的语言》(*The Language of the Sangleys: A Chinese Vernacular in Missionary Sources of the Seventeenth Century*)[M]. Holland. Leiden: Bril,2011)一书中,附录了他翻译的《汉语语法: 漳州话语言艺术》英文版,并有西文转写和一定的注释、分析。

厦门大学中文系语言学及应用语言学专业师生与欧语系西班牙语专业师生合作,共同把西班牙传教士所撰闽南方言教材辞书的中译本译注出来了一些,其中,以本文作者为第一作者的《〈汉语语法: 漳州话语言艺术〉(1620)译注》即将由上海古籍出版社出版。

(六) 专文专书研究

这方面欧洲和台湾学者较早投入研究,较早产出了一批成果。

(荷) Loon Piet. van. der(彭特 · 凡德,又名龙彼得).*The Manila incunabula and early Hok-kien studies*(*part I*)(马尼拉早期福建话研究一)[J]. Asia

Major,1966(12):1－43.

Reviewed Work: The Manila incunabula and early Hokkien studies[J]. *Revue Bibliographique de Sinologie*,Vol.12/13(1966－1967), p.539－540.

The Manila incunabula and early Hok-kien studies(part Ⅱ)(马尼拉早期福建话研究二)[J]. *Asia Major*,1967(13):95－186.

(德)韩可龙(Henning Klöter):《西方传教士之汉语言观——以一本十七世纪闽语语法为例》[J].见云林科技大学汉学所:《汉学研究集刊》,2008;

《早期西文文献的官话与方言》[J].见复旦大学文史研究院:《西文文献中的中国》,北京:中华书局,2012;

《最早的福建话字典》[J].见周振鹤编:《中欧语言接触的先声:闽南话与卡斯蒂利亚语接触》,上海:复旦大学出版社,2018;

(意)马西尼(Federico Masini):《罗马所藏1602年手稿本闽南话—西班牙语词典——中国与西方早期语言接触一例》[J].收入邹嘉彦、游汝杰主编:《语言接触论集》,上海:上海教育出版社,2004。

(西)José Eugenio Borao Mateo(鲍晓鸥)著,李毓中译:《有关台湾的西班牙资料》[J].《台湾风物》,1995(3);

洪惟仁:《十六、十七世纪之间吕宋的漳州方言》[J].《历史地理》,2014(30);

李毓中、张正谚、吴昕泉:《〈奥古斯特公爵图书馆菲律宾唐人手稿〉研究初探》[J].《季风亚洲研究》,2019(8)。

陈宗仁:《马尼拉Santo Tomas大学典藏Dictionario Hispanico Sinicum有关航海与地理用语的分析》[J].《季风亚洲研究》,2020(10)。

董忠司:《四百年前第一套闽南话音标系统的音读重构——〈漳州语语法〉和〈西中词典〉的语音系统(声调篇)》[J].第十二届台湾语言及其教学国际学术研讨会论文,高雄:中山大学中文系,2018;

董忠司:《17世纪初语言接触下海外汉语方言(闽南话)音标的首度完成——菲律宾马尼拉〈漳州语语艺〉及其声调符号的建立》[J].见莫超主编:《域外乡愁的回音——第六届海外汉语方言国际研讨会论文集》,广州:世界图书出版广东有限公司,2019。

王三庆:《第一部中国西译书〈明心宝鉴〉中载存的闽南话译音研究》

[J].《华冈文科学报》,1991(18);

施雪琴:《16—17 世纪西班牙传教士与菲律宾民族语言的发展》[J].《东南亚》,2003(3);

施雪琴:《西班牙天主教在菲律宾:殖民扩张与宗教调适》[D].厦门:厦门大学博士论文,2004。

苏惠苹:《明中叶至清前期海洋管理中的朝廷与地方:以明代月港、清代厦门港、鹿耳门港为中心的考察》[D].厦门:厦门大学硕士论文,2008。

张嘉星:《西方传教士汉语闽方言教育史略——从天主教徒早期南洋闽南话著述说起》[J].见《北方语言论丛》(第三辑),2013。

杨慧玲:《梵蒂冈图书馆藏明清中西文化交流史重要文献——对梵蒂冈图书馆藏稿抄本 Borg.cin.503 的初步研究》[J].《史学史研究》,2016(2)。

吴蕙仪:《17、18 世纪之交欧洲在华传教士汉语知识的传承与流变——基于梵蒂冈图书馆一份手稿的个案探讨》[J].《国际汉学》,2017(4)。

张屏生:《〈西华辞典〉中的闽南话音系及其相关问题》[J].《南方语言学》,2019(15)。

金美:《韩国语与〈汉语语法:漳州话语言艺术〉(1620)闽南话数量结构对比研究》[C].台湾《千里音缘一线牵》,台北:学生书局印行,2022。

日本学者也有少量研究成果。

(日)中村孝志:《十七世纪西班牙人在台湾的布教》[M].翁佳音,吴密察,许贤瑶编.《荷据时代台湾史研究(下卷)——社会文化》,台北县:稻香出版社,2001:135—182。本文原载于《日本文化》1956(4):25—61,赖永祥译《台湾文献丛刊》2 辑,1956(4)。

(日)石崎博志著,邢云译:《MVSEVM SINICVM 中的方言记录——以语法记录为中心》[J]. 见周振鹤编:《中欧语言接触的先声:闽南话与卡斯蒂利亚语接触》,上海:复旦大学出版社,2018;《多明我会的汉西字典编辑》[J].同上书。

金国平:《"中国大帆船"与"丝银之路"——"Parian"研究》[M].澳门学研究丛书(第二辑),澳门基金会、暨南大学澳门研究院,2022。

崔维孝:《明清之际西班牙方济会在华传教研究》[D].广州:暨南大学

博士论文,2004。

董海樱:《西人汉语研究述论——16—19世纪初期》[D]. 杭州: 浙江大学博士论文,2005。

本文作者团队的研究内容主要在西班牙传教士海外闽南方言教材辞书的专书数据库建设、数字化研究(包括古籍文献的文物保护等)、建设面向国际和面向海内外的课题研究网络平台、专文专书的翻译、注释和研究,以及专书比较研究等方面,是语言学研究为主涉及文献学(包括文献考古和保护)等内容的系统化研究,在注重语言系统本体研究的同时也兼及文献学相关研究。语言本体研究主要针对教材辞书的语音、词汇、语法、文字等语言文字要素和语言文字结构进行系统化研究,同时涉及文献学的相关研究如版本、目录、地理、校勘等方面的研究。

三、从海上丝绸之路沿线闽南方言文献传播看当前中华海洋文化国际传播的一系列问题对策与未来展望

这个部分的内容是在前面系统地梳理和描写了近现代海丝之路沿线闽南方言教材辞书文献的国际传播路径和研究现状后,论述当前包括闽南在内的中华海洋文化国际传播的相关问题、对策及未来展望。

1. 当前中华文化国际传播只基于我国优秀语言文化的国际传播的重要性和必要性来研究,强调急需进行传播,这是只考虑到传播主体的需要,只想着向别人推广什么,忽视别人需要什么,没有关注传播受体的需要。目前笔者的研究团队所采用的语言文化文献是海外传教士(以西班牙传教士为主)所写,因此避免了只想着向别人推广什么,忽视别人需要什么的弊端,这些最初在海外产生的成果更易为海外民众接受,可达到文化和民心融通的功效。切实做到让流失在海外的面临损毁失传的珍稀中华优秀语言文化成果回归国内,再通过翻译注释的工作,采用现代传播方式、传播媒介,再次推广出去,在海外产生当代影响力,免除了中华优秀语言文化的国际认同受阻的困惑,增强国际认同。

2. 当前中华文化国际传播偏重在研究如何传播弘扬传统语言文化典籍如孔孟儒学和唐诗宋词等。但这些中华民族传统语言文化典籍,不但语言文化特征强,而且对中国古代语言文化素养要求高,普通国外的外籍民众及生长在国外的华人短期内很难吸收消化。如选取近现代海丝之路沿线西班牙传教士撰写的系列闽南方言教材辞书传播路径作为切入点,依托教材辞书传播路径作为载体,与当前国家的"一带一路"文化战略目标一致,而且因为有具体的文献载体传播路径,追踪语言文献的传播路径来考察语言文化的传播,因此具有历史真实性和可操作性,而不是空谈传播路径。

3. 历史上,海外民众的"中国观"、对"中国""中国人"形成的认知,海外汉学家包括传教士们的论著中对中国和中国人的描述起了很大的作用。因此,整理研究这些论著,一方面通过中文译注让这些论著回到中国,塑造中国和中国人好形象,消除我们国民文化自信的缺失感,了解我们当时面临的历史状况。另一方面,把它们重新推出去到海外。这样可以有交互性双重功效,一是国内民众了解海外的中国观,二是海外民众通过现代传播方式接受重新解读的中华优秀语言文化,避免文化输出的内容和形式单一。要积极实现传统语言文化资源的现代性转化。

4. 本文在我国以儒学和唐诗宋词为核心传统文化为国际传播内容之外,以近现代中西方接触碰撞最早的西班牙传教士闽南方言语言文化文献作为新传播路径,来研究中华优秀语言文化国际传播,开阔思路,通过开辟新的传播路径来梳理新的传播史、分析新的传播方式、拓展新的传播观,探索传播的未来的发展趋势,使语言文化从原有传播的制约和困境中取得突破,探索中华优秀传统文化对外传播的多种角度、多种渠道、多种路径,创新语言文化传播方式,实现多元优势资源的聚合,创新拓展国际传播的平台,构建打造我国语言文化软实力的新模式。

5. 闽南方言除中国大陆和台湾地区以外,还分布在东南亚的大部分华人社群中,是东南亚各国华人的主要母语方言。闽台以闽南方言为基础的中华地域认同、中国国家认同,都需要我们努力发掘历史语言文化文献来得到证实和增强。这符合当前我国统一台湾的国策和两岸民心所向。"闽台"自古一家的观念需要加强巩固。闽台之间的历史关系,需要从多视角包括宗教方面的关系来挖掘揭示,比如1880年(清光绪六年),罗马天主教廷将福建教区划分为福州与厦门两个教区,台湾教区归属厦门教区管辖,这客观上加强了闽南与台湾的关系。本文的研究致力于厘清闽台之间、大陆与台湾之间的语言文化演变脉络和异同,为两岸的语言文字统一提供语言学理据,具有理论意义和实践意义。

综上所述,本文下一步将以海丝之路沿线西班牙传教士闽南话教材辞书传播路径作为切入点,对闽台中华优秀语言文化国际传播进行系统全面深入的研究。通过追踪这些闽南方言教材辞书的成书过程与传播路径,考察探索闽南在中华海洋文化国际传播的历史、现状与未来发展中的地位和作用,旨在借鉴有益的历史经验,揭示深远的历史启示,整合丰富的国际文化资源,探索有效的国际合作模式,在当今的世界海洋文明进程中,在全球史视野下构建"海洋命运共同体"及"一带一路"(The Belt and Road,缩写B&R)新型闽南中华海洋文化体系。

参考文献

[西] 弗朗西斯科·瓦罗 2003 《华语官话语法》,姚小平、马又清译,外语教学与研究出版社。

[德] 韩可龙(Henning Klöter) 2011 *The Language of the Sangleys: A Chinese Vernacular in Missionary Sources of the Seventeenth Century*.Holland.Leiden: Bril。

厦门大学中国语言文学研究所汉语方言研究室 1982 《普通话闽南方言词典》,福建人民出版社。

[意] 卫匡国,[意] 白佐良 2011 《中国文法》,白桦译,华东师范大学出版社。

佚名 1620 《汉语语法: 漳州话语言艺术》(*Gramática China: Arte de la Lengua Chio Chiu*),(手稿)原稿现藏于英国国家图书馆和西班牙巴塞罗那大学图书馆。

张先清 2021 《帝国潜流: 清代前期的天主教、底层秩序与生活世界》,社会科学文献出版社。

周振鹤 2018 《中欧语言接触的先声: 闽南话与卡斯蒂里亚语初接触》,复旦大学出版社。

从禁忌语看胶东民俗文化

姜　岚
（鲁东大学）

提要　本文通过田野调查分析胶东禁忌语的特征及其所反映的民俗文化。胶东禁忌语主要体现在渔业、饮食、身体、行为等方面，其语音上的避讳最常见，用词上的避讳数量较多，替代语多是中性词和褒义词，动词性词语占优势。胶东渔民的禁忌语最多最全，体现了胶东悠久而发达的海洋渔猎文化；饮食禁忌语比较常见，体现了胶东人对饮食的重视和热爱；身体、年龄等禁忌语体现了胶东既传统又趋雅的特点；年节禁忌用语最讲究，体现了胶东重视节日仪礼的社会文化特征。胶东因其地理位置的特殊性，形成了与山东其他地区迥异的民俗文化。通过禁忌语，我们能够发现胶东一些独特的民俗文化现象。

关键词　胶东地区　禁忌语　民俗文化

我国早在汉代就已经有了“禁忌”一词，在《汉书》《后汉书》《风俗通义》等文献中都有记载。禁忌，简单地说就是不能做的事和不能说的话。禁忌是一种民俗文化现象，因人们聚居的地理环境等因素而有所不同。从含义上看，禁忌可以分为两大类：禁忌行为和禁忌语。禁忌行为就是指不能做的事，如吃饭忌敲碗，婚礼忌穿黑色等。禁忌语就是指不能说的话。禁忌语（包括委婉说法）是民俗文化直接作用于方言的结果，是方言调查研究的重要组成部分。

本文的“胶东”指烟台和威海两市所辖地区。

禁忌语在胶东人的日常生活中广泛存在，尤其是过年过节、婚丧嫁娶以及从事海上渔业生产时。

一、胶东禁忌语的特征

胶东禁忌语与南北各地不尽相同，其特征主要表现在四个方面。

（一）语音上的避讳最常见

分两类情况：

1. 单纯为了避讳某个读音

有些禁忌语，其读音有多个字形，即同音字较多，因同音而避讳，例如“翻 fan^{53}”与“帆、番、藩、幡、蕃”等同音，“停 tiŋ^{214}”与“庭、亭、停、廷、蜓、婷、霆”等同音，“住 tʂu^{33}”与“祝、著、筑、助、柱、驻、诸、铸、贮、蛀”等同音，“沉 tʂen^{33}”与“陈、晨、尘、臣、辰、谌”等同音，“初十 tʂu^{53}sɿ^{214}”与“触石”同音，“盛 tʂəŋ^{53}”与“沉 tʂə^{33}”音近，“归 kuei^{53}”与“鬼 kuei^{214}”音近，在船上都不能说。

2. 因觉得读音污秽或不雅而避讳

如“屄 pi^{53}”“尸 sɿ^{53}”“屎 ʂɿ^{214}”等读音，这些读音平时不能随意道出，只有骂人时才使用。

（二）用词上的避讳数量较多

又分两类情况：

1. 只避讳而无替代说法

如婚礼忌说“散伙”“好不到头”“断子绝孙”，打井时忌喊“老婆”，腊月二十三小年开始直到正月十五忌说“死”“坏”“断”“碎”“不好”等不吉利的字词。这类词语只要在相应的时间或环境里不说出来就可以了。

2. 有避讳且有替代说法

有些禁忌语的替代说法比较明确、固定、统一，如饺子煮破了称“挣了”，蒸饽饽裂了口称“笑了”，“醋”称“忌讳”，“一百岁”称“九十九岁”，“胖”称

“富态”,“棺材”称“寿器”,“月经”叫“例假”,“完了”称“好了”等。

还有一些禁忌语,其替代说法并不确定,如因尊重祖宗而忌直呼祖先名字,但具体怎么称呼,因人而异,一般多数会随着本人父母的叫法,家族中则可能会有几种称呼,家族之外的其他人还会有不同称呼。

(三)替代语多是中性词和褒义词

替代语为中性词的,如“游、划、篷、雄、跑马、鸭子、包子、抹布、清水、装饭、蚕沙、蚕眠了”等。替代语为褒义词的,如“挣、正、笑、好了、升了、满了、富态、烧得旺”等。这两类替代语数量较多,占比较大。

另外还有少量替代语带有贬义色彩,如“不中用了、老了、糟蹋了、丢了、不好养、不好抬将”等,但与被替代的禁忌语“快死了、死了”相比,程度要轻,容易被接受。

(四)动词性词语占优势

无论是禁忌语还是替代语,从词性上看,主体是动词、名词、形容词、数词,其中动词数量最大。从功能上看,动词性词语占多数。如“好了、升了、满了、丢了、添病了、不中用了”等替代语,“破了、裂了、完了、死了、漏了”等禁忌语。

二、胶东渔民的禁忌语最多最全,体现了胶东悠久而发达的海洋渔猎文化

胶东半岛北、东、南三面环海,在距今约6 500~4 500年的大汶口文化时期,当地人就能够捕获鳓鱼、蓝点马鲛、梭鱼、黑鲷等海洋鱼类。说明当时胶东已有渔民从事海上作业。

渔猎文化是胶东最早出现的文化形式。(中国社会科学院考古所,1988:189)

渔民出海行船风险很大,为了避免险情或者灾祸发生,渔民在各方面的

禁忌最多。无论在岸上、家里还是在船上、海里，无论是吃饭、走路还是出海、卸货，渔民处处都有禁忌。例如，因为出海常有风险，为了回避，胶东渔民把“出海”称为“下河”，船归回港叫“收山”或“收后”，尽量不说与“海”有关的字眼。人或物品掉进海里，忌说“掉儿海里”，而说“落河里”。“翻、漏、散、离、停、住、沉、倒、破、完、火”等字无论在哪里都不能说，包括这些字的同音字，因为意味着渔船出现问题，可能会导致船翻人亡。渔船上不能说“盛饭”，而要说“装饭”，因胶东话中“盛”与“沉”音近，渔民忌讳。吃饭的碗不能倒着放，因为形似船翻。渔民一般不说“船停在岸边”，而要说“船靠在岸上”，“靠”既表动作，也表状态；船上鱼虾卸完了，要说“这一船鱼都满了”；船漏了要说“开了个口儿”；不能说“倒点水喝”，因要避讳“船倒落水”，而要说“清水喝”；不能说“把垃圾倒掉”，因要避讳“船倒”，而要说“卖掉垃圾”。甚至连船长都不宜姓“陈”，渔民们也忌说姓“陈”，因“陈”与“沉”同音，一般多用“耳东”代替，说“咱船长姓耳东”。还有“帆、升帆、落帆、帆布、帆船”也都不能说，因“帆”与“翻”同音，渔民十分忌讳，凡是与“帆”有关的，都得换一个说法，如把“船帆”称为“篷”，“升帆”称为“掌篷”，“落帆”称为“查”或“落篷”，“帆布”称为“抹布”，“帆船”称为“风船”等①。胶东话“初十”与“触石”同音，不吉利，胶东沿海也忌说，用“俩五”替代，说“今天是俩五”，不说“今天是初十”。吃完饭，筷子不能横放在碗上，因形似帆倒在船上。以前胶东的筷子称为“箸”，筷子笼称为“箸笼”，因胶东话“箸”与“住”同音，所以渔民忌说，船家都叫“筷子”和“筷子笼”。船上所有的物品忌头或口朝下放，因为意味着“翻过来”，连裤腿和袖口也不能翻卷起来。乘船时，不能七男一女共乘，因为像八仙过海，会惹恼龙王而翻船的。胶东渔民出海时忌用“远”“近”来表示距离，因为可能会产生茫茫无归的不良心理感受，因此用“高”“低”来表示距离，如“船走高了”等。

胶东渔民的禁忌语体现了对海洋的敬畏和渔民对自身安全的担忧，是其渔猎文化的重要体现。大海神秘莫测，难以驾驭，因此必须处处小心谨慎，并请来海神娘娘和龙王一起保佑自身的安全，由此形成其关于海洋的仙

① 例句：“他见前面的船没有篷，赶紧赶过去帮忙。”“掌篷喽！”“风船来啦——”

道文化，如崂山道士、八仙过海传说、胶东妈祖的兴盛等。

即使在今天航海技术已经比较发达，海上作业的危险性依然很高，因此人们的这种担忧恐惧心理一直存在，并体现在语言表达上，延伸到日常生活中。例如：胶东忌说“翻”，最早就源于出海打鱼的渔民，目的是为了避免翻船。后来扩展到不是渔民的老百姓家里，在一日三餐特别是年节吃鱼时，都不能说“翻”，而是用“游、划、正”等代替，吃完鱼的一面，准备吃另一面时，常说“把鱼划过来”，这一禁忌在胶东各地普遍存在，是渔民禁忌语的泛化表现。

三、饮食禁忌语常见多用，体现了胶东人对饮食的重视和热爱

方言里面的禁忌语反映的是所处地区的民间风俗。胶东因其地理位置的特殊，形成了与其他地区迥异的民俗文化。通过胶东禁忌语，我们能够发现胶东一些独特的仪礼民俗文化现象。

胶东是以农业、渔业生产为主的沿海地区，有着独特的饮食习惯，是中国四大名菜之一“鲁菜”的发源地，因此关于饮食的禁忌语比较丰富，也比较常用。胶东无论过年过节还是日常起居，在饮食上都很讲究，不仅食物要丰盛，而且餐桌上的用语也要讲究，一来为了趋吉避祸，二来是体现豪爽大方的待客之道。例如，胶东各地忌说“醋”，尤其忌说“吃醋”，因为有嫉妒之意，感觉不好，一般都用“忌讳”替代，如“你要不要来点儿忌讳？”“凉拌菜加上点忌讳吧”等。

胶东话中“蒜”和“散”同音，有“散伙”之意，忌说，用“义和菜”替代，如“吃肉就点儿义和菜吧”。胶东也忌讳夫妻俩或亲戚俩分吃一个蒜瓣，认为吃了两人会离散而不能团聚，不吉利。

平时吃饺子时，胶东忌说“下饺子”，要说“煮饺子”；饺子皮煮烂了，忌说“破”，要说“挣”。尤其在大年夜和大年初一，有时煮饺子时会故意把饺子煮破，并大声说：“挣了！”为的是讨口彩，图吉利。

胶东话中“糙”与“操”同音，为避免不雅，忌说。“糙米”一词胶东都说

“馅儿米”，如“这馅儿米真难吃”。

吃饭时，吃完一碗再添一碗，胶东忌说“要饭”，要说“添饭”。在饭店宴请亲朋，先菜后饭，菜吃得差不多时，要跟服务员说“点饭”或“点点儿主食”，不能说“服务员，要饭”；服务员也不能说“你们要点儿什么饭”。客人初到，头一顿饭主食要吃面条，意思是缠住客人双脚，留客人多住几天之意，以显示主人的热情好客。客人临走，最后一顿送行的饭，主食要吃饺子，因为饺子是圆的，能滚动，称为“滚蛋馉馇”，其实是祝福客人回程顺利圆满之意。

在饮食动作方面，胶东也有一些禁忌，例如盛饭时，忌饭勺向外翻，因为这是牢房给犯人舀饭的方式。吃饭时不能催，否则显得小气、没教养。饭碗不能敲，不能攥着，因为要饭的才会这样。吃完饭，筷子不能横放在碗上，因为像倒在船舷上的船帆，不吉利。更不能将筷子垂直插在碗里，因为只有祭奠死人才会这样做。

胶东饮食方面的禁忌语，反映了胶东人对饮食的重视，也体现了胶东作为鲁菜起源地的独特饮食文化，其核心就是对食物的敬畏和热爱，一日三餐来之不易，虽然每天都要吃饭，但是无论何时何地都不能无所顾忌，应该体现出一种仪式感。

四、对身体、年龄等的禁忌语，体现了胶东传统和趋雅的特点

（一）隐私部位和男女之事忌直说

胶东话称男性生殖器为“鸭巴子、鸭子、小鸭儿、二哥”等，因此在社交场合，胶东人忌说“二哥”，都称“大哥”。女性生殖器，胶东多地称为“包子”，因此当地人把“包子”这种食物称为“角子”或“角儿”，忌说“包子”。还有像“跑马、马上风、压摞儿、背趟儿”等委婉而形象的说法，是用来指代“射精、性交”等用语的。这些都是受中国传统文化影响，胶东与其他各地的人们都羞于直接称呼人体的隐私部位，包括其分泌物、相关行为等，一般都会使用替代语，这样显得委婉，以免不雅或引起不良联想。所用替代语都比较普通，

但形象化色彩浓厚。

(二)有些年龄忌实说

胶东人说年龄时都说虚岁,不说周岁或实岁。同时,胶东有“七十三,八十四,阎王不叫自己去”的说法,当地人认为这两年是“吊险年”,老人容易出问题,因此忌说老人七十三岁和八十四岁,一般少说一岁,以图吉利,如“俺妈今年八十三啦”。胶东还有“人活百岁终须死”之说,为避寿命极限,忌说“一百岁”。同时因为“九”与“久”同音,吉利,所以用“九十九岁”替代,如“老爷子今年九十九岁了”,实为一百岁,下一年则说“老爷子一百零一岁了”。男性四十一岁,当地人认为是“驴岁”,开启了上有老下有小负担重的日子,同时身体特别是性能力也从此开始降低,妨妻,是个不吉利的年龄,因此忌说,以避祸趋利。一般会多说一岁,称“四十二岁”,有时也可以少说一岁,说“四十岁”,例如“她对象儿今年四十二岁”。

(三)“病、死、怀孕、克”等字眼儿忌说

胶东遇到生病、死亡等,一般都会转换说法,有时还会区分得很细致。例如“死”有“老了、走了、没有了、丢了、不好养、不好抬将”等,分别指老人、年轻人、中年人、孩子。

胶东不仅过年忌说“死”字,平时也忌说人“死了”“快死了”。六七十岁的老人去世要说“老了、过世了、故去了”等,如“咱村儿的王大爷夜来老了”;青年人和中年人去世,要说“没有了”或“走了”,如“大蓉儿才 44 岁,就没有了”“他家礼钢儿得心脏病突然走了”;小孩子夭折,要说“糟蹋了、丢了、不好养、不好抬将”等,如“他家孩子才 9 个来月儿,糟蹋了”。人快死了,要说“不中用了”,如“老太爷昏迷了 5 天了,医生说不中用了,让准备后事”等。胶东还忌说“棺材”一词,以“寿器”替代,例如“前面有家寿器店”。胶东忌说“克夫、克妻、克人”字,觉得不好听,用“妨”替代,如“这孩子的生辰八字妨人”。

胶东话中“怀孕”和“坏运”同音,因此忌说,多用“有了、有喜了”替代,如“老张家的儿郎媳妇有了”。

五、年节禁忌用语最讲究，体现了胶东重视节日仪礼的社会文化特征

过年过节喜欢“讨口彩”是典型的中国民俗现象，胶东同样如此，不仅持续的时期长，而且有时会刻意制造。例如过春节，从腊月二十三“小年”开始就得开始说吉利话，一致持续到正月十五“灯节”之后才算结束。除了忌说“破、下”，还忌说“完、死、灾、穷、裂[①]、坏、断”等不吉利的词语。例如要说“花生剥好了”“水缸里的鱼不动了”“他家今年有点儿事儿，过年只能将就着过”“饽饽笑了”“碗笑了”等，而不能说“花生剥完了”“水缸里的鱼死了”“他家今年遭灾了，只能过个穷年”“饽饽裂开口了”“碗裂了”。过年用作供品的蛇形面食，胶东当地忌说“蛇”，要说“神虫”，以图吉利，显敬畏，如“把神虫从屋子里请出去”。正月初三前，还忌讳向家门外扫地、泼水等，意为把家财扫出去或泼出去了，不吉利。大年初一的凌晨，家家户户一定要煮饺子，有时还要故意煮破，并高喊“挣了”“挣了好多”才行。忌说“炕烧糊了”，而要说“炕烧得旺”；也忌说鞭炮意外“炸了”，而要说“炮仗升了”。这些禁忌在春节、端午、中秋、元旦等传统节日中都有所体现，反映了胶东人重视年节讲求礼仪的社会文化特征，这也是中国传统文化的表现。

除了以上所述，胶东禁忌语还涉及居住、婚育、旅行、服饰等多个方面。

居住：胶东建造住房忌正对着小胡同儿，因为其又名“箭道”，会伤及住在里面的人的。院门忌建在南屋正中且正对着正房门，认为会“水火相克”。

婚育：胶东婚嫁送礼忌送钟、梨，因其与“终、离”谐音。孕妇又叫“双身人”，忌在婚丧仪式上走动。

旅行：忌双日出门，阴历每个月逢五的日子不能出远门，更不能在外留宿，有“三六九，往外走”“二五八，好归家”的说法。

服饰：胶东人衣服上的扣子忌四个或六个，多为五个或七个，因为当地人认为“四六不成材”。

---

① “裂”与“劣”同音，不吉利。

同时,胶东除了禁忌语之外,还有不少禁忌行为,例如,蓬莱一带忌八月缝被子,认为“七月不缝被,八月没什么睡”,实际是督促主妇们要勤快,早早抓紧时间浆洗并缝制好被褥,以便入秋使用。胶东地区,五月忌盖房子,有“五月盖房,令人头秃”的说法,因为当地认为五月是恶月,不吉;忌讳甲子年,认为是寡妇年,会有灾祸,忌结婚。如果一年中有两个立春,也忌讳结婚,有“一年两个春,死了丈夫断了根”的说法。(刘焕阳、陈爱强,2015:483—486)探望病人要在上午九十点钟,忌讳下午去探望。出嫁的闺女,不能回娘家过年。新婚第一年的媳妇,不能在娘家过清明、四月初八、端午、七月七、冬至,这叫“管节”。小孩子忌吃生蟹生虾,有“生吃蟹子活吃虾,长大以后吃他妈”的说法。(山东省荣成市地方史志编纂委员会,1999:1056—1057)同时小孩子也不能吃没有见天儿的东西,如毛蛋、乳猪、乳鸽等,认为对孩子成长不利。

以上这些禁忌语和禁忌行为都是胶东当地民间信仰的体现,反映了胶东对待人或事物的感情色彩和道德观念,因此也是当地民间社会文化的重要体现。

胶东常见禁忌语分类举例表

类别	胶东说法	说　明	举　例	分　布
饮食	游、划、正	吃鱼的另一面时,要把鱼翻过来,胶东忌讳说“翻”。渔民在海上所有“翻”的同音字都忌说。	把鱼~过来。	胶东各地
	挣	饺子皮煮破了,胶东忌说“破”。	饺子~了。	胶东各地
	煮饺子	忌说“下饺子”。	今晚~。	胶东各地
	好了	过年忌说“完了”。	花生都剥~。	胶东各地
	忌讳	指醋。胶东忌说“吃醋”。	凉拌菜加上点~吧。	胶东各地
	义和菜	指大蒜。胶东“蒜”与“散”同音,有“散伙”之意,忌说。	吃肉就着点儿~吧。	福山、蓬莱、文登等地

（续表）

类别	胶东说法	说明	举例	分布
饮食	笑	① 蒸熟的饽饽裂开口；② 过年时，碗、碟、盆等器物裂了口子。“裂”与“劣”同音，胶东忌说。	① 饽饽~了。② 碗~了。	胶东各地
	馅儿米	指糙米。胶东“糙”与“操”同音，忌说。	~真难吃。	胶东各地
	神虫	指过年用作供品的蛇形面食。胶东忌说“蛇”。	把~从屋子里请出去。	胶东各地
身体行为	鸭子、鸭巴、小鸭儿、二哥	指男性生殖器。胶东忌说“阴茎”。社交称呼忌称“二哥”，而要称“大哥”。	把~露出来拍个照儿。	胶东各地
	包子	指女性生殖器。胶东忌说“女阴”。胶东把食品“包子”多称为“角子、角儿”等。		牟平、文登、荣成
	例假、身上	指月经。婉称。	她来~了，没来上体育课。	胶东各地
	雄	指精液。含有精子的男性生殖腺分泌物。		胶东各地
	跑马	指遗精。“跑”有丢失、泄露义。“马”与古人用“骑马”称呼男女性交有关。		胶东各地
	马上风	专指男子性交猝死。		胶东各地
	同房、房事、压摞儿	指男女之间的性行为。婉称。		胶东各地
	背趟儿、压摞儿	指动物交尾。婉称。		胶东各地
	身体不熨帖、身体不熨可	指生病。委婉说法。	老王最近~，很少出门。	胶东各地

（续表）

类别	胶东说法	说　　明	举　例	分　布
身体行为	阵号、阵候	指婴幼儿生病。委婉说法。	孩子有~了。	烟台一带
	添病了	指病情加重。	他太爷~。	威海一带
	有了、有喜了	指怀孕。胶东“怀孕”和“坏运”同音，忌说。	老张家的儿郎媳妇~。	胶东各地
	四十二岁	男性四十一岁，胶东人认为妨妻，忌说。一般会多说一岁，有时也可以少说一岁，说“四十岁”。	她老公今年~。	胶东各地
	七十四、八十五	胶东有“七十三，八十四，阎王不叫自己去”的说法，因此忌说老人七十三岁、八十四岁，一般多说一岁。	奶奶今年七十四。	胶东各地
	九十九岁	胶东有“人活百岁终须死”之说，为避寿命极限忌说“一百岁”。同时“九”与“久”同音，吉利。	老爷子今年~。	胶东各地
	老了	指老人去世。胶东忌说“死了”。	村里的百岁老人王大爷~。	胶东各地
	没有了、走了	指青年人或中年人去世。忌说“死了”。	大蓉儿才41岁，就~。	胶东各地
	糟蹋了、丢了、不好养、不好抬将	指小孩死亡。忌说“死了”。	他家孩子~。	威海一带
	寿器	指棺材。婉称。	前面有家~店。	胶东各地
	不中用了	指人接近于死亡。胶东忌说“快死了”。	我想老太爷一定是~！	胶东各地
	妨	指影响人的命运，与“克”同义。胶东忌说“克”。	~夫，~妻。	胶东各地

（续表）

类别	胶东说法	说　　明	举　例	分　布
身体行为	耳背	指耳聋。婉称。	不要那么大声喊，大爷~。	胶东各地
	烧得旺	指炕烧糊了。忌讳说“糊”。	火太旺，把炕~。	烟台一带
	升了	指鞭炮意外炸了。	炮仗~。	烟台一带
渔业	篷	指船帆。“帆”与“翻”同音，忌说。	徐盛斌见前面的船无~，赶紧赶过去。	胶东沿海
	掌篷	指升帆。	~喽！	胶东沿海
	查	指落篷，即落帆。	~了。	胶东沿海
	抹布	指帆布。“帆”与“翻”同音，忌说“帆”。		胶东沿海
	风船	指帆船。“帆”与“翻”同音，忌说“帆”。	~来了。	胶东沿海
	出海	出海有风险，渔民通常说出海为“下河”，回港叫“收山”或“收后”。	今天晚上~。	胶东沿海
	落河里	指掉海里。	有东西~了。	胶东沿海
	高、低	出海人不说“远”“近”，因为会有不好的心理感受，要说“高”“低”。		胶东沿海
	满了	卸完鱼、虾，忌说“完了”或“没有了”。	这一船鱼都~。	胶东沿海
	挣了	过年煮饺子，煮碎了，忌说“破了”“漏了”等不吉利的话。	这一锅饺子都~。	胶东沿海
	俩五	胶东“初十”与“触石”同音，不吉利，忌说。	今天是~。	胶东沿海

（续表）

类别	胶东说法	说　　明	举　例	分　布
渔业	清水	指倒水。避讳“船倒落水”之意。	~喝。	胶东沿海
	卖掉	指倒掉。避讳“船倒”之意。	~垃圾。	胶东沿海
	装饭	指盛饭。“盛”与“沉”音近，渔民在船上忌说“盛”。	用大碗~吧？	胶东沿海
	靠	海上航行作业最担心船坏了而停住不前，忌说“停、住”，而且与其同音的字均要避讳。	小船~在岸上。（既表动作，也表状态）	胶东沿海
	耳东	指姓陈。“陈”与“沉”同音，忌说。	咱们船长姓~。	胶东沿海
	蚕僵了	指蚕死了。蚕农忌讳说“死”。	由于~不少，所以蚕农的损失很大。	胶东各地

参考文献

刘焕阳、陈爱强　2015　《胶东文化通论》，齐鲁书社。

山东省荣成市地方史志编纂委员会　1999　《荣成市志》，齐鲁书社。

中国社会科学院考古所　1988　《胶县三里河》，文物出版社。

黄河流域方言文化探析

——以聊城市临清地名词汇为例

姚桂林

（鲁东大学）

提要 语言是地域文化的显著特征，也是一个地区、一个民族、一个国家最有凝聚力的文化。地名词汇更是一个地区文化特征的显著标志。临清由于特殊的地理位置、经济状况、历史演变、交通条件等各种因素，形成了这一地区独特的地名词汇，既古老又丰富，蕴藏着深厚的文化底蕴。

关键词 临清　地名词汇　黄河文化

一、引　　言

黄河流经山东的 9 个市 25 个县，境内河道全长 628 千米。黄河作为母亲河，哺育了齐鲁儿女，润泽了山东大地，深刻影响了山东人民的繁衍生息，社会、文化、历史、民俗、方言等莫不与黄河息息相关。

地名作为专名词汇的一部分，隶属于语言词汇系统，是地方历史、文化、语言、民俗等各方面因素综合体的体现，在研究地方文化方面具有独特的优势。我们从黄河文化视角研究临清地名词汇，希望能为我国黄河文化研究尽一份绵薄之力。

本文是山东省社科规划项目“聊城方言民俗图典研究”（22DYYJ01）的阶段性研究成果。

二、临清地名的历史文化

（一）运河文化

运河与黄河的关系尤为密切，在明朝时期，京杭大运河的开通和维护直接依赖于黄河的治理，因为大运河曾长期以黄河故道为运道，即所谓的“借黄行运”。黄河和运河文化对我国的政治、经济和文化发展产生了深远的影响。

临清是京杭大运河重要航道枢纽，地位相当重要。隋朝大业四年（608），隋炀帝开凿永济渠段，南引沁水、北抵涿郡（今北京），临清就位于京杭运河永济渠段。隋、唐、宋历代之地理、政治原因，永济渠并没有机会发挥多大的作用。元至元二十六年（1289）开凿会通河，中州一带迅速兴起，但由于航道技术等客观条件所限，很快又趋于沉寂。明清时期，因经济重心与政治中心南北分离，南方物资财富由大运河运往北京，临清因占据运河咽喉要地而在南北运输中的地位日趋重要。元、明时代，临清在京杭大运河中的地位很快被凸显出来了。《马可·波罗游记》：“临清实南北要冲，京师之门户……边城依阜，百肆堵安，两水交渠，千樯云集……关察五方之客，闸通七省之漕……乃南北之襟喉，舟车之都会也。”《临清县志》载：“临清处汶、卫流域，每届漕运之时，帆樯如林，百货山积……当其盛时，北自塔湾，南至头闸，绵亘数十里，市肆栉比，有肩摩毂击之势。”①明代王玙《临清州治记》云：“达官贵人之所递临，而兵民杂集，商贾萃止。”由此可见，在临清城鼎盛时期，车水马龙、商贾云集，极尽繁华。

如今地名中遗存的钞关、鳌头矶、清真寺、沙丘古渡中还可想见当年临清运河名城的繁华与辉煌。

鳌头矶：明清时期，临清地处南北河运要冲，设水陆码头，船来船往，车水马龙，商贾云集，文人荟萃。“鳌矶凝秀”为临清十六景之一，常有文人来此登阁赋诗。“鳌头矶下征帆发”，“江山帆樯万斛来”，“高阁门环鲁水滨，中

---

①《临清县志》卷八“经济志”，台北：成文出版社，1934 年。

流分派接天津。仰瞻檐外飞红日，俯瞰波高跃锦鳞”等诗句，就是当年鳌头矶附近运河风光的写照。清乾隆皇帝南巡途经临清，纪晓岚、刘墉随行，在鳌头矶乾隆帝触景生情，让纪、刘二人对联，纪晓岚对“鳌头独占天子幸临留句”，刘墉见是嵌字联，接笔对出“矶秀两川渔夫扬清激浊”。明代王玙《咏鳌头矶》：“十里人家两岸分，层楼高栋入青云。官船贾舶纷纷过，击鼓鸣锣处处闻。折岸惊流此地回，涛声日夜响春雷。城中烟火千家集，江上帆樯万斛来。”

钞关：民国《临清县志》载，临清居运河要冲，百货骈集，明宣德四年(1429)设关于此。明万历时期，临清所收关税居八关之首①。早年钞关的遗址现在称为前关街、后关街。

（二）临清地名与繁荣的经济史

1. 临清仓

对于临清城的由来，民间有着“先有临清仓，后有临清城”的说法。明清时期，作为漕运码头的临清成为全国储粮仓之冠。粮仓面积一度占到临清砖城面积的四分之一，除漕粮储运外，作为粮食贸易中心，乾隆年间临清城内外仅粮店就有百余家，粮食年销量近千万石。临清城浓郁的商业气息，让天南地北的商人集居于此。据史书记载，明万历二十八年(1600)，临清居民为66 000多人，而外商人数是居民数的10倍。据此推算，当时临清城区总人口有70万，实为名满天下的商业都会。临清如此繁华的商业，大大超过与它平级的州城，就是在当时的府城、省城中也是较少见的。

2. 工商业

临清曾经的繁华在如今的地名中也可寻得蛛丝马迹。临清地名中有不少以传统工商业命名的街巷，从这些名称中即可想象这些大多依运河的流向而设的古街巷，当年均是经营各种专门商品的专业市场，如锅市街、竹竿巷、柴市街、白布巷、马市街、箍桶巷、考棚街等。

---

① 明万历时的八大钞关分别是：崇文门、河西务、临清、浒墅、淮安、扬州、北新和九江。

锅市街：指专卖“家什”的市场，如锅市、碗市等。明代，临清锅市所卖的铁锅以外地为主，本地铁锅很少。清代后期，临清所卖的铁锅多为当地生产的。

竹竿巷：以竹器、竹货的编制、出售得名。乾隆年间《商贾便览》在临清“观音嘴”地名之下注有：“此处可买竹物。”由此可见，临清竹器已相当著名。众所周知，山东并不产竹，临清之所以会成为鲁西北竹器制作和集散地，是因为缸帽，济美酱菜盖缸，下雨不漏，透气性好，临清的竹制品有筐、床、帘、枕等，在相当长的一段时间内，销量很好。如竹竿巷这样南方才有的街巷出现在临清，可以看作临清当时与南方贸易往来的一个辅证。采访张家老人，经老人回忆，当年竹料都是通过运河，从湖、广、河南运过来的。[①]

柴市街：该街形成于明代，为柴禾市场，故称之为柴市街。乾隆《临清州志》载：“柴市街，东西约二里许，为四乡柴薪聚集之地。”明清时期，临清为国家贡砖烧制基地，有近千座砖窑。根据《运河城市发展史》的相关内容记载：“临清有官窑三百八十四座”，“其他府县在临清设砖窑数百座”，“民窑不计其数”，另外，“每窑每年出十二窑砖”。烧一窑砖用柴量极大，据《临清州志》载“每烧砖一窑，约需柴八九万斤不等”。如此巨量的柴禾，仅凭临清当地的柴源是难以满足需要的，故外府县的大量柴禾涌入临清。临清老砖城永清门外南城根胡同就是买卖交易柴禾的街市，柴市街由此得名。

白布巷：白布巷得名于白布作坊和白布商铺。明清时期随着漕运的兴盛，临清工商业大大发展，尤其纺织手工业走在了全国的前列。万历年间，临清手工作坊已初具规模。《明实录》记载：“家家纺车转，户户机杼声。”临清纺织手工业的发达，一是因为临清是当时的商业都会，繁华至极，大批能工巧匠汇聚临清，纺织技术优于其他地方；二是因为临清是一个产棉区。

马市街：元朝时因马匹交易市场而得名。历史上的临清，几度成为南北方军事征战之地，是一个时期的南北方战争的桥头堡。历史上，北方盛产马

---

① 部分内容参考自央视 CCTV4 千年古县－临清栏目 http://mp. weixin. 99. com/s/3gqbveVDs6IlocoGIK4xIw

匹,而生活日用必需品匮乏。北方蒙古人以马匹,南方汉人以盐、糖、针线、棉布、铁具、丝绸等杂货,双方进行交易。交易点多在当时的南北分界的运河大码头清源(即临清)交易,因此,北方大量的良马被贩到临清交易。随着马市的兴盛,马市逐渐形成了一条大街巷,后称之为"马市街"。

箍桶巷:该巷因木盆、木桶等木器的加工而得名。箍桶巷的形成有其特殊的原因,其中便离不开运河文化。一方面,因临清作为漕运要塞,受江南婚俗影响,临清女孩出嫁时需要陪一对马桶作为嫁妆,故箍桶巷作坊的木器有着很大的销售市场;另一方面,漕运的影响,漕船及水上人家的生活必需品以木制品为主,如木盆、母桶、木缸等,这在一定程度上也促进了箍桶巷的形成。据载,箍桶巷于明朝宣德年间已经成型。

3. 临清地名与砖窑业

临清市砖窑多始于明朝永乐年间,明成祖朱棣为了迁都,在北京大兴土木,营建皇家宫苑城池。临清砖用于明王朝的紫禁城和十三陵的建设,故明王朝在临清设有"工部营缮分司(遗址在今回民中学)"。临清砖窑称"皇窑",从明永乐初至清末延续了近500年。据《临清直隶州志》载,明清两代的临清砖窑有数百座,大部分分布在运河两岸,砖窑分布相当密集,几乎几十米就有一座砖窑。据《中国运河城市发展史》记载:"明清两代,临清东西吊马桥官窑七十二座,东西白塔窑官窑四十八座,河隈张庄官窑七十二座,共计一百九十二座,每座官窑包括两个窑,共计三百八十四个窑。"临清砖窑烧制的白城砖、九斤头、书方子、寿宫砖等各类贡砖,用黄裱纸封好装漕船载运京师,贡砖曾以"敲之有声,断之无孔",质地坚硬、不碱不蚀而名冠全国。清代缪荃孙《云自在龛随笔》中记载:"考故明各宫殿九层基址、墙垣,俱用临清砖。"走访了临清博物馆,馆内收藏了几十种明清两代的临清贡砖,如嘉靖十年用于修建故宫三大殿的大工砖,用于修建明清皇陵(清东陵、清西陵、明十三陵)的寿工砖。①

临清境内沿运河分布的窑厂见下图:

---

① 部分内容参考自央视CCTV4千年古县-临清栏目 http://mp.weixin.99.com/s/3gqbveVDs6IlocoGIK4xIw

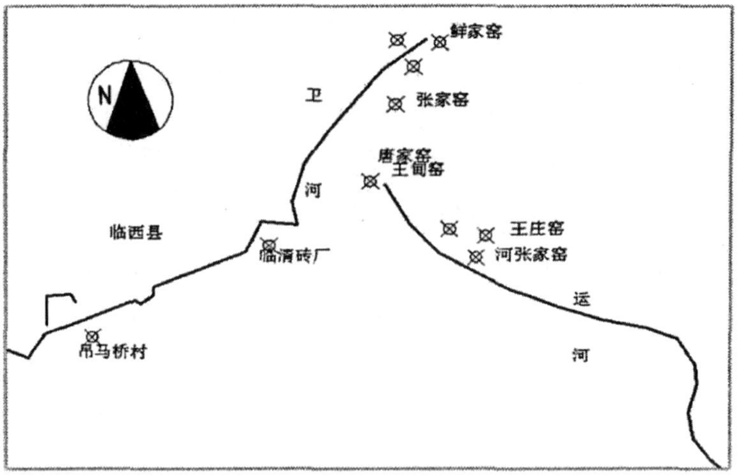

反映临清砖窑业的地名多集中在沿运河一带，如窑地头、徐窑、唐窑、张窑、丰窑、窑口等。

窑地头：清道光年间，此地生产砖、瓦，窑工移居于此，后形成村落，遂命“窑地头”为村名。

唐窑：据《唐氏家谱》载，明初唐姓始祖由山西洪洞县迁此落户建村，原村名为“五里庄”，因距临清城五里。后因唐氏建窑烧砖，后称“唐家窑”取代“五里庄”，现简称为“唐窑”。

张窑：据《临清县志》的记载，明永乐年间（1403—1424），段、迟两姓在此建窑烧砖，所烧制的砖运往北京，后窑户渐多，建村后，以张氏窑户命村名为“张家窑”。现北京城墙的砖印有“临清张家窑”字样的很多。后简称为“张窑”。

窑口：明洪武年间，金姓在要道口上建窑烧砖，后来形成村落，以“口”命村名。

（三）临清地名与交通

坞（十里坞）：《汉语大字典》云：“坞，防守用的小堡。”《广韵》：“坞，《通俗文》：营居曰坞。”据《临清乡村概况》记载，“坞”指围在村外的土堡，作为屏障，十里坞相传始建于汉代，汉代十里设坞，十里坞系因距当时县治贝丘城(今近古村)十华里而得名。坞堡之设现虽早已废弃但“十里坞”作为村名,一直沿用至今。

会通桥:原为会通闸,建于元世祖至元三十年(1293),明永乐十五年(1417)重开会通河南支漕舟改航,遂建此桥。

月径桥:建于清初,砖砌拱桥。

永济桥:俗称“天桥”,建于明成化年间。

三、临清地名的社会文化

(一)临清地名与传统道德观念、美好意愿

临清地名中有很多表达对美好愿望的地名,无论过去还是现在,无论战争年代还是和平时期,这种寄托幸福安康的社会心态是普遍存在的。

临清地名中反映人们祈求安定、和平、美好愿望的地名如下:育新街、太平街、健康街、幸福村、福德街、光明街、兴安街、吉士口街等。

吉士口街:吉士口原名鸡市口,是买卖鸡的市场。清乾隆年间升临清为直隶州,在鸡市口附近的考棚街设置考棚。临清州公布考试结果多在鸡市口张榜。考生为了讨得吉祥,便将鸡市口易名为吉士口,取吉祥、中取之意。又因明清时期翰林院内设有庶吉士的职位(即由科举考试中进士的人中择优选取,是明内阁辅臣的重要来源之一),故考生也都怀有高中榜首之愿望。

(二)临清地名与宗族观念

宗族观念也可称作家族观念在汉族人的潜意识中是一种根深蒂固的存在。《周礼·春官·大宗伯》:“以饮食之礼,亲宗族兄弟。”《尔雅·释亲》:“父之党为宗族。”清代的宗族观念达到鼎盛,宗族观念十分强烈,族谱详细记载着全族男子的名讳、字号、生辰八字、卒年。为了彰显家族意识,有些地名的命名就不可避免带上了宗族色彩。比如,地名中以姓氏冠名而作为地名的组成部分是很常见的一种现象。下面我们从两个方面来探讨临清地名中的宗族观念。

1. 姓氏地名

临清地名一个显著的特点是存在大量以姓氏参与构成的地名。临清现存地名中,由姓氏构成的地名共计 390 个,占临清全部地名的一半左右。这主要是因为临清现有家族大部分是明朝洪武、永乐年间从山西泽、潞二州迁来,少部分是从山东登州迁来。作为一个早期移民城市,临清地名中留存的姓氏反映了移民的宗族观念。

另外,从临清市现存的文物遗址中也不难发现宗族观念的根深蒂固。如,冀家大院、汪家大院、赵家大院、孙家大院、朱家大院、单家大院、陈家大院、汪广洋家族墓、箍桶巷张氏民居、王家宅等。

2. 祠堂的设立

临清市地名中不仅仅反映了当地民众的宗教信仰,地名还可以渗透出中华民族对祖先崇拜的文化,如姜堂、吕堂、李堂、张堂等。人们通过修建祠堂,来祭祀先祖。“在中国古代儒家伦理里中,家族观念相当深刻,往往一个村落就生活着一个姓地一个家族或者几个家族,多建立自己的家庙祭祀祖先。”①

姜堂:根据《姜氏家谱》相关内容的记载,该村始建于清乾隆五十年(1785),原村名为“姜家祠堂”,因姜姓迁此落户建村,并盖有祠堂。清末简称为“姜堂”,沿用至今。

吕堂:相传,该村始建于明朝永乐年间,吕姓奉诏由山西迁此落户建村,并设有“吕氏祠堂”,后命村名为“吕堂”。

四、临清地名的地域文化

(一) 临清地名中反映平原地形的地名

临清位于黄河冲积平原,地势平坦,适于种植蔬菜,这可以反映在地名通名“洼”“坑”“园”等中。如:司家洼、宋洼、洼里、张洼、刘洼、杜洼、李洼、河洼、前大水坑、后大水坑、唐园、桃园街、林园、花园、桑树园、乜园、菜园赵

① 内容参考自 http://baike.baidu.com/view/59339.htm.

庄、闫杏园、霍杏园、燕杏园、苇园等。

司家洼：据传，该村始建于明嘉靖时期，司姓奉诏由山西洪洞县迁此落户建村，建村地点位于古赵河畔，因洼地适于养殖莲藕、种植芦苇，遂以此为生计，以“司家洼”命名村名，今简称“司洼”。

杜洼：相传，此村建于宋代，原名“王程庄”，位于现村位置北 1 公里处，因原位置地势高，风沙多，有一名姓杜的在现村址开设菜园，因菜园所处地势低洼，所以起名“杜洼”。

洼里：根据《李氏家谱》相关内容的记载，该村始建于唐代，原村名为“江家洼”。因元末战乱该村被屠掠一空，江姓家族迁居别处，后来此落户建村的居民因此处地势低洼，遂命村名为“洼里”。

后大水坑、前大水坑：相传，该村始建于清朝时期，该村所在地原建有一娘娘庙，庙内有一大水坑，分别在该坑的南、北方建村，即现在的后大水坑、前大水坑。

乜园：据传，该村始建于明中期，乜姓奉诏由山西迁此落户建村，乜氏善于种植蔬菜，建村后，命村名为“乜园”。

菜园赵庄：据传，该村始建于明初期，赵姓奉诏由山西洪洞县迁此落户建村，因赵氏以种植蔬菜为生计，遂命村名为“菜赵庄”，简称为“赵庄”，后因与市内其他村庄重名，后更名为“菜园赵庄”。

（二）临清地名与运河

临清地名通名中出现的“河”“堤”“闸”“口”“湾”“圈”等可以反映河道及其设施。如孟口、堤口、后汪堤、前汪堤、郭堤、上堤尹庄、下堤尹庄、戴闸、戴湾、冯圈、杨圈、李圈、郭圈、赵圈等。

堤口：据传，该村始建于明朝中期，具体建村时间无法考证，汪姓奉诏由山西洪洞县迁此落户建村，建村处位于卫河堤口的两侧，遂以“堤口”命村名。

孟口：相传，该村始建于明朝洪武二年（1369），孟姓奉诏由山西洪洞县迁此落户建村，原村名为“渡口”，因建村地处于卫河渡口附近，后因村名不具有区别性,遂加之姓氏在前,命村名为“孟口”。

郭堤:据传,该村始建于明朝洪武年间,具体时间无法考证,郭姓奉诏由山西洪洞县迁此落户建村,因建村处位于黄河古堤高处,即陈公堤,遂命村名为“郭堤”。

戴闸:相传,该村始建源流可追溯至元朝至元二十六年(1289),因开凿大运河在靠近临清戴湾的西部建立一水闸,后根据记载,李姓于明朝万历八年(1580),由市内其他乡村迁此落户,李氏以捕鱼为生,成村后,命村名为“戴闸”。后虽然水闸拆除,但村名并未改变。

戴湾:相传,该村始建于元代初期,因戴姓最初在此落户建村,建村地点位于开挖会通河时形成的弯道处,遂命村名为“戴家湾”,后简称“戴湾”。

赵圈:据传,该村始建于明朝中期,赵姓奉诏由山西迁此落户建村,建村之初受运河围绕,处于小运河转弯之处,遂命村名为“赵圈”。

冯圈:据传,该村始建于明朝时期,具体时间无法考证,冯姓奉诏由山西洪洞县迁此落户建村,建村的地点位于卫运河转弯之处,运河呈半圆形围绕村庄,遂命村名为“冯圈”。

五、临清地名词汇的价值

临清地名词汇是当地劳动人民长期以来通过对现实生活的观察体会创作出的语言结晶,地名词汇也是地域上语言文化的反映,也可以说是黄河文化的一个重要组成部分。这些地名词汇传递的是该地区的历史文化信息,反映了这一方土地上的自然地理现象、社会演变、民俗文化等。研究整理这些地名词汇,对于继承弘扬民族传统文化,推动社会文明进步,具有重要的历史作用和现实意义。

1. 临清市地名词汇的研究可以帮助我们更好地了解该地区的历史变迁。地名往往反映了一个地方的历史沿革和文化传承。通过对临清市地名的研究,我们可以追溯该地区的发展历程,了解其曾经的政治、经济和文化状况。这有助于我们更加全面地认识临清市的过去,从而更好地把握其现在和未来。

2. 临清市地名词汇的研究对于保护和传承当地文化具有重要意义。地名往往承载着当地特有的文化内涵和价值观念。通过对临清市地名的深入研究,我们可以挖掘出其中蕴含的文化元素,从而更好地传承和弘扬当地的文化传统。这有助于增强当地居民的文化认同感和自豪感,促进当地文化的传承和发展。

3. 临清市地名词汇的研究还可以为地理学和人文地理学的发展提供宝贵的研究对象。地名往往与地理环境和人文特征密切相关,通过对临清市地名的研究,我们可以深入探讨地名与地理环境、人文特征之间的关系,从而丰富和完善地理学和人文地理学的理论体系。这有助于推动相关学科的研究和学术交流,促进学科交叉融合和学术创新。

临清市地名词汇研究具有重要的学术和实践价值。临清地名词汇是黄河流域语言文化,解读临清地名词汇,对于研究我们中华民族文化的源流传承,品味黄河文化的深厚底蕴,充实和丰富汉语词汇都有着十分重要的意义。

参考文献

戴昭明　1996　《文化语言学导论》,语文出版社。

郭锦桴　2003　《汉语地名与多彩文化》,上海辞书出版社。

华林甫　2006　《中国地名史话》,齐鲁书社。

李如龙　1993　《地名与语言学论集》,福建省地图出版社。

牛汝辰　1993　《中国地名文化》,中国华侨出版社。

申小龙　1990　《中国文化语言学》,吉林教育出版社。

史为乐　1994　《中国地名考证文集》,广东省地图出版社。

苏新春　2006　《文化语言学教程》,外语教学与研究出版社。

王功俯、孙洪林　2006　《传统文化与中国地名的关系》,《中国地名》第 6 期。

杨琳　1996　《汉语词汇与华夏文化》,语文出版社。

张鸿魁　1990　《临清方言志》,中国展望出版社。

周振鹤、游汝杰　2007　《方言与中国文化》,上海人民出版社。

周佳泉　1999　《地名的文化感悟作用》,《中国地名》第 3 期。

从新旧唐人街语言景观的变化看海外汉语方言传播的变迁

——以马来西亚金宝县为例

吴　芳　官宏霖

（深圳大学）

提要　马来西亚霹雳州的金宝县（Kampar）是马来西亚华人人口占比第二的县，华人占当地总人口比例接近一半。来自广东粤客地区的华人早在19世纪末就已来到金宝，从事锡矿开采工作。随着社会历史的变迁，华人在金宝的居住中心也发生了变更，逐渐形成了旧街场和新街场两处华人聚居地唐人街。在对两处唐人街的语言景观进行搜集分析中可以发现，两地唐人街语言景观虽大多为“汉字+拼音文字”的形式，但在具体的拼音文字上存在明显差异：旧街场语言景观蕴含着较为丰富的粤语音译信息，而新街场则弱化了这一颇具移民特色的方言特征，当中，英语和马来语的出现频次远高于华语及包括粤语在内的汉语方言。新旧街语言景观的差异显示出当地华人语言文化的变迁。

关键词　金宝唐人街　语言景观　汉语方言　变迁

一、金宝华人与汉语方言概况

（一）金宝及金宝华人

金宝，马来语Kampar，位于马来西亚霹雳州东南部锡矿资源丰富的近打河流域,为金宝县县府。金宝开发的时间可追溯至19世纪80年代。当时,霹雳近打河谷发现了举世闻名的锡矿,近打的锡矿产量随即超越太平,成为马来半岛最重要的锡矿产区。① 而金宝的开发亦源于此锡矿的开发。按陈长兴所著《金宝100年(1886—1986)》所载,1886年于"万邦刁湾"(Mambang Di Awan),即今金宝督公街(Jalan Tokong)处发现丰富的锡苗,随即对其进行开发。其中一名来自苏门答腊的矿场主拿督嘉波,以其故乡"金芭"(Kampar)之名对该小镇进行命名,华人则因其读音音译为"金宝",意为此地有金有宝。(陈长兴,2001:10)

根据2010年马来西亚人口普查结果,金宝县人口为98 976人,其中华人占全县人口的51.87%。② 2022年5月,大马统计局所公布大马人口调查,金宝县华裔人口占比虽有下降,但其占比仍然高达49.3%,仅次于槟城东北县,位居马来西亚第二。③ 其中金宝镇区华人占比更是高达66.39%,远超其他民族人口。④

因锡矿产业的开发,大批华人涌进金宝从事开采、贸易活动。开埠初期,金宝华人的情况不甚明晰。现存金宝古庙门匾上款为"光绪甲辰金宝阖埠重建",光绪甲辰即公元1904年,可知至少在1904年之前,金宝就已存在华人庙宇。同时,其中主神观音前锡制供具上镌"水月宫"、北帝前香炉上镌"玉虚宫",或可推测古庙重建前身为主祀观音的"水月宫",另有主祀北帝的"玉虚宫"在重建中被整合到古庙之中。且重建后的金宝古庙规模宏大,为三间二进粤式建筑,其中大量神龛、匾额、供具为广东生产,如神龛上有"粤

---

① 马来西亚华人矿务总会,2002年。转引自:罗烈师著《河婆认同之形成:马来西亚霹雳州双溪古月新村华人的方言群与信仰》。详参:https://www.hakka.gov.tw/File/Attach/39745/File_78635.pdf

② 维基百科:金宝县。详参:https://zh.wikipedia.org/wiki/%E9%87%91%E5%AF%B6%E7%B8%A3

③《东方日报》2022年5月30日讯《槟州东北县华人占比例最高》,详参:https://perak.chinapress.com.my/20201026/%E3%80%90%E9%9C%B9%E9%9B%B3%E5%A4%B4%E6%9D%A1%E3%80%91%E5%A2%9E%E5%8A%A0%E7%8E%870-8-%E9%A9%AC%E7%99%BB%E5%B7%B4%E5%86%B7-%E4%B8%8A%E9%9C%B9%E6%9C%80%E9%AB%98-%E6%88%AA%E8%87%B3%E5%8E%BB%E5%B9%B4/

④ 维基百科:金宝。详参:https://zh.m.wikipedia.org/wiki/%E9%87%91%E5%AF%B6

东羊城源昌街”、香炉上镌“粤东小半甫元和造”、铜炉上有“省城义和承办、佛山生合炉铸”等商号字眼，古庙重建之时大量物品为广东制造再运至金宝，可见其时华人在金宝实力强大、财力充足。另外，古庙“泽及同人”匾额下款为生和号、致祥号等36家商号名称，由此可知在20世纪初，金宝埠已至少有36家华人商行。

金宝古庙在1904年重建之时，各县府社群各有捐赠牌匾、香炉、石狮子等物。当中，广东潮州府、惠州府和海南琼州府是以府的名义进行捐赠：潮州府众以潮州主要河流韩江自称“韩江众等”敬送“泽及潮黎”匾一件，潮州府属主要为潮州方言群；惠州府众称“惠州十属弟子”敬送古庙狮子一对，“惠州众弟子”香炉一个，惠州府属主要为客家方言群；海南琼州府属以“琼州众等”赠“赫声濯灵”匾一件，海南琼州府属主要为海南闽方言群。其余皆为粤方言群下的县域组合或独县赠送，县域组合，如：南番顺，即南海、番禺、顺德三县；古冈州，即恩平、新会、台山、开平、鹤山和赤溪六县；要明，即高要、高明二县；增龙，即增城、龙门二县；此外还有东莞、新安二县组合；四会、广宁二县组合；独县赠送如花邑（花县）、清远、从邑（从化）、英邑（英德）等四县。不难看出，1904年重建古庙捐赠中潮、客、琼三方言人群皆为以府为单位的捐赠，而粤方言区捐赠整体呈现为相较于“府”一层级为更小单位的县或县域组合的方式捐赠。且就数量上而言，粤方言社群捐赠物品数量远多于其他方言社群。可以推断该次重建是以粤方言人群为主体，而金宝埠的方言社群亦是如此。据1911年霹雳金宝人口调查显示，其时金宝人口9952人，其中广东人6909人，福建人1245人，客家人971人，海南人115人。（苏映彤，2021：17）广东人占金宝华人人口的比例是远超其他社群的。

现今，金宝还存有12座会馆，分别是：东安会馆（1927）、增龙会馆（1929）、广西会馆（1929）、高州会馆（1930）、福建公会（1934）、古冈州会馆（1934）、南番顺会馆（1938）、海南会馆（1938）、梅江公会（1950）、会宁同乡会（1957）、清英连花会馆（1958）及高要会馆（1969）。（黄文斌，2018：164）

表 1 金宝的华人会馆

序号	名 称	当地华人籍贯县域	成立时间	方 言
1	东安会馆	东莞、新安	1927	粤语
2	增龙会馆	增城、龙门	1929	粤语
3	广西会馆		1929	粤语
4	高州会馆		1930	粤语
5	福建公会		1934	闽语
6	古冈州会馆	恩平、新会、台山、开平、鹤山、赤溪	1934	粤语
7	南番顺会馆	南海、番禺、顺德	1938	粤语
8	海南会馆		1938	闽语
9	梅江公会	梅县、蕉岭、平远、兴宁、五华、大埔、丰顺	1950	客家话
10	会宁同乡会	四会、广宁	1957	粤语
11	清英连花会馆	清远、英德、连州、花县	1958	粤语
12	高要会馆		1969	粤语

其中福建公会、海南会馆为闽方言会馆，梅江公会为客家方言会馆，其他会馆为粤方言社群会馆，亦可见粤方言在金宝当地为主要方言。

（二）新旧街场的唐人街概况

目前的金宝大致可分为旧街场与新街场两个区域。由于华人众多，两个区域内都设有唐人街，分别以新街场和旧街场命名，新街场唐人街的面积比旧街场唐人街的略小。旧街场是拥有百余年开埠历史的市镇，集中了金宝的金融、工商、行政等职能。而新街场兴起于 20 世纪末，主要得益于工业区设立，如梅江公会于 1992 年已于新街场设置恒产。（莫雁慈，2014：34）而进一步的繁荣兴盛是因为引进了一所大学，即“拉曼大学”，这所大学的引进与被称为“金宝新街场发展之父”的丘思东紧密相关。丘思东在1996年引进拉曼学院霹雳分院，2001年引进拉曼大学总部，同时于2010年创办西湖国际学校，使得金宝新街场成为一座大学城。[①] 特殊的社会历史环境下，旧街场与新街场唐人街的语言生活也截然有别，这种区别在语言景观中同样可以窥见一二。

二、新旧街场唐人街语言景观汉字差异

本文搜集的金宝唐人街语言景观是以街市上的商铺招牌、菜牌、路牌、牌坊为主。根据搜集的结果，无论是旧街场还是新街场，汉字在这些语言景观中都占据了主要的地位。论文主要论述语言景观中的海外方言传播，因而所论述的语言景观，皆需带有汉字。根据最终整理，共搜集到329个有效语言景观，其中，旧街场搜集到206个，新街场搜集到123个。两地唐人街语言景观（下文简称“两地景观”）中汉字的呈现方式存在一定差异。

（一）两地景观中汉字使用的差异类型

1. 汉字的呈现类型差异

两地景观中的汉字大致可分为两种呈现方式，一种为单独文字形式呈现，称为“纯汉字”型；另一种情况是与对译的拼音文字一起呈现，称为“拼音文字+汉字”型。旧街场唐人街语言景观（下文简称“旧街场景观”）中有“纯汉字”型21例，“拼音文字+汉字”型185例；新街场唐人街语言景观（下文简称“新街场景观”）中有“纯汉字”型2例，“拼音文字+汉字”型121例。从各种类型的具体比例上看，新街场更倾向使用两种不同类型

① 《中国报》2022年5月22日《巨石陨落！“金宝新街场发展之父”丹斯里丘思东　与世长辞》，详参：https://perak.chinapress.com.my/20220522/%E5%B7%A8%E7%9F%B3%E9%99%A8%E8%90%BD%EF%BC%81%E9%87%91%E5%AE%9D%E6%96%B0%E8%A1%97%E5%9C%BA%E5%8F%91%E5%B1%95%E4%B9%8B%E7%88%B6%E4%B8%B9%E6%96%AF%E9%87%8C%E4%B8%98%E6%80%9D%E4%B8%9C/

文字并行的形式，即在呈现汉字语言景观时，同时使用拼音文字对汉字进行对译。

2. 汉字繁简情况差异

这些景观中汉字字体的呈现皆有繁有简，但两个唐人街汉字繁简的分布情况存在着较大差异。具体如下表2所示：

表2 金宝新旧街场唐人街语言景观汉字类型对比表

地 点	字体类型	文字类型	数量	占比(%)
旧街场(206)	简体字(48)	纯汉字	2	4.17
		拼音文字+汉字	46	95.83
	繁体字(158)	纯汉字	19	12.03
		拼音文字+汉字	139	87.97
新街场(123)	简体字(71)	纯汉字	2	2.82
		拼音文字+汉字	69	97.18
	繁体字(52)	纯汉字	0	0
		拼音文字+汉字	52	100
	繁简混搭(1)		1	100

由表2可知，旧街场景观中繁体字出现的频次远高于简体字，而新街场则相反，简体字出现的频次高于繁体字。此外，新街场景观中还出现了1例繁简字混搭的特殊情况。

（二）汉字使用差异原因

1. 两地唐人街功能的变化导致汉字呈现类型的变化

早期华人向海外迁徙，唐人街是这些华人的聚集地，华人抱团意识较强，日常生活起居皆围绕在唐人街，纯汉字的语言景观对语言交流沟通并无障碍,因而旧街场唐人街能够保留一定数量的纯汉字语言景观。但随着社会的发展,很多地方的唐人街已成为外来游客旅游打卡之地,成为历史文化的一种象征,因而以"汉字+拼音文字"对译的方式呈现各种生活日常信息,更适合地方经济文化的发展。同时,新街场唐人街依托着华人高校拉曼大学发展,国际化视野更为广阔,因而在这方面更倾向使用双文字形式的语言景观。

2. 马来西亚的汉字简化政策的推动导致繁体字逐渐减少

众所周知,马来西亚在 20 世纪 80 年代前仍是以繁体字作为官方的书写文字,繁体改简体的举措比中国晚了 20 余年。事实上,早在 20 世纪 60 年代,马来西亚民间就已有人开始使用中国的简化汉字。1981 年 2 月 28 日马来西亚出版《简化汉字总表》,并在同年 8 月 31 日宣布 1983 年开始正式使用简体字以取代繁体字,但这项举措在马来西亚各地已经存在的唐人街里并未流行开来。早期马来西亚唐人街的大部分商铺是家传祖业,因而这些老店仍旧会坚持原来的繁体字系统,而新入驻的一些店铺则开始使用简体字。旧街场唐人街已有百年历史,因而街道上的语言景观必然以繁体字居多。而新街场的出现恰恰是在马来西亚汉字推行简化政策之后,因而不可避免地更倾向于使用简体字。在调查过程中,发现新街场景观中存在繁简混搭的特殊现象,这正好印证了马来西亚华人社区汉字的使用从繁体到简体过渡的情况。

三、两地景观中的汉语方言信息

(一) 语言景观拼音文字的语码

金宝华人占当地人口近一半,金宝县府华人更是超过六成,这些华人主要来自中国大陆南方地区的广东、福建、广西等地,以广东籍华人为主。华人除了讲华语外,相互交流时还可听到粤语、闽语、客家话等汉语方言。事实上,当地目前最通行的汉语是以粤语为主的汉语方言。华语、汉语方言除了以语音形式存在于日常交际中外,也以可视化的文字形式通过当地各种类型的语言景观进入日常生活。这种文字形式除了以方言字词的汉字形式呈现外,还能以汉语拼音、方言拼音的形式隐含在对译的拼音文字中,因而两地景观中的拼音文字就呈现出不同语码相互组合的情况。同样,两地景观中拼音文字语码呈现的具体情况也不尽相同。这种不同主要表现在不同语码出现的频次上。

旧街场景观中的拼音文字的语源主要包括:马来语、英语、华语、粤语、闽语、客家话等7种语源。其中,马来语出现的频次最高,粤语次之,客家话和华语的频次则是最低的。各拼音文字的出现频次依次为:马来语(137例)>粤语(111例)>英语(68例)>闽语(23例)>华语(18例)>客家话(1例)。不同语源拼音文字的出现频次差异很大。

新街场景观中的拼音文字主要包括:马来语、英语、华语、粤语、闽语等6种语源。当中,英语出现的频次最高,其次是马来语,而粤语出现的频次低于马来语和英语。各拼音文字的出现频次依次为:英语(70例)>马来语(49例)>粤语(28例)>华语(15例)>闽语(13例)。

很明显,两地景观的拼音文字中,旧街场景观中是马来语和粤语占据优势,且粤语与马来语几乎势均力敌;而新街场景观中则是英语和马来语占据了绝对优势,且英语的优势更为突出。两个街场景观中,除了粤语,其他汉语方言,无论是华语、闽语还是客家话,都呈现出非常微弱的频次。

(二)两地景观中粤语拼音的呈现情况

在汉语方言方面,闽语和客家话在金宝都属于较弱势的汉语方言,必然地,在语言景观中,这两者的信息无论新街场还是旧街场,尤其在旧街场中出现的频次都相对比较低,且在数量上不具有明显的对比度,因而下文对这两者不作具体分析。论文重点关注金宝强势方言——粤语在两个唐人街语言景观中的情况,以此探讨汉语方言在两地的传播状况。

从前文可知,就华语和汉语方言而言,粤语都在金宝两地景观拼音文字中出现频次最高,除了可单独以粤语拼音形式呈现外,还可跟其他外语语码

(英语、马来语)或华语、其他汉语方言拼音组合,从整体形式上看是比较多样的。两地街场景观中,粤语的具体组合情况如表 3、4 所示:

表 3 旧街场景观中的粤语拼音呈现类型

语码组合方式	出现频次	占比(%)
粤语	20	18.02
粤语+马来语	59	53.16
粤语+英语+马来语	16	14.41
粤语+闽语+马来语	3	2.7
华语+粤语+马来语	1	0.9
粤语+英语	11	9.91
粤语+闽语	1	0.9
总计	111	100
总景观数	185	

表 4 新街场景观中的粤语拼音呈现类型

语码组合方式	出现频次	占比(%)
粤语	3	10.71
粤语+马来语	9	32.15
粤语+英语+马来语	3	10.71
华语+粤语+马来语	1	3.57
粤语+英语	10	35.72
粤语+闽语	1	3.57
华语+粤语	1	3.57
总计	28	100
总景观数	121	

剔除两地景观中无拼音文字的情况,旧街场语言景观共有 185 例有拼音文字的景观,新街场有 121 例。对比表 3 和表 4,可以得到以下一些具有差异性的信息:

1. 粤语在两地景观中的占比有明显区别。旧街场景观中,粤语出现了 111 例,占当地景观总数的 3/5,而新街场景观中,粤语只出现了 28 例,只占当地景观总数的 1/4。无论在单语码、双语码、多语码的拼音文字组合中,粤语在新街场景观中的重要性已明显被削弱。

2. 从具体的组合语码上看,旧街场景观中,“粤语+马来语”的组合是出现频次最高的组合;但新街场则是以“粤语+英语”的组合频次最高,而在旧街场中,这一组合类型出现的频次则是非常低的。上文论述中也已发现,新街场拼音文字中频次出现最高的是英语,粤语与其他语码组合频次的高低在这方面与整体语码出现频次的高低是一致的。

四、可视化汉语方言在金宝传播的变迁

唐人街的语言景观事实上是一种从文字的角度展示当地汉语方言生存状况的方式,这是一种动态的可视化的汉语方言材料。对比不同地方的语言景观,往往能够看到不同地区汉语方言使用的一些特点。金宝新旧街场唐人街语言景观中呈现出来的差异,恰好反映出汉语方言由于时代变迁在海外传播中的变化,这种变化主要表现为:

1. 弱势汉语方言逐渐退出华人社区语言使用舞台。金宝坐落多座华人会馆表明当地早期华人来源多样。比如,旧街场景观中还可看到不少闽南话语言景观,如万生隆(BAN SENG LEONG),也可看到少量客家话语言景观,如“锡客楼客家美食馆(RESTORAN HAKKA TIN RODA)”。但在新街场景观中,闽语语言景观已减少,客家话语言景观则已不见踪影。据调查,金宝一带来自闽南地区、广东客家地区的华人基本都会使用粤语,但当中有些华人已经不再使用闽语或客家话了。新街场语言景观汉语方言拼音文字种类的减少正是折射出金宝汉语方言逐渐单一化的现状。

2. 粤语华人社区已逐渐从单纯主要操讲粤语的社区,变为粤语和华语并行的社区,进而导致新街场景观中,粤语拼音频次减少。金宝旧街场唐人街居民大多仍为早期中国大陆粤语区华人的后代,或为其他汉语方言群体的后代,居民之间目前大多仍以粤语进行日常交流。而新街场唐人街居民之间也有以粤语交流的,但更常见为华语交流。一方面可能是当地居民来源多样化,大学城的形成,大量外来年轻学生的涌入,其中一定数量是当代中国留学生。由于华人间沟通需要共同语,且随着汉语热,华语逐渐与粤语形成竞争的关系。虽然华语拼音在新街场景观中不具有强势,但从占比上看,已比较明显高于旧街场,这表明华语逐渐强势。随着时代的推移与汉语热的继续发展,相信这一趋势会更加明显。

此外,在与外语组合时,新街场景观中,汉语方言拼音更倾向与英语组合,而旧街场则是更倾向与马来语组合。两地在这方面组合方式具有较大的差异性,其原因尚有待进一步探讨。

参考文献

陈长兴　2001　《金宝100年(1886—1986)》,马来西亚瑞文印务有限公司。

陈晓锦　2003　《马来西亚的三个汉语方言》,中国社会科学出版社。

黄文斌　2018　《增城客家人的移居与发展:以马来西亚金宝增龙会馆为例》,载《会馆、社群与网络:客家文化学术论集》,新加坡国立大学中文系。

莫雁慈　2014　《金宝梅江公会研究(1906—2013)》,拉曼大学学士论文。

尚国文、赵守辉　2014　《语言景观研究的视角、理论与方法》,《外语教学与研究》第3期。

苏映彤　2021　《金宝海南会馆研究(1936—1970)》,拉曼大学学士论文。

许文杰　2012　《金宝古庙与社区研究(1904—2012)》,拉曼大学学士论文。

王晓梅　2021　《马来西亚华人社会语言研究》,商务印书馆。

王晓梅　2022　《马来西亚的多语景观——华裔景观阅读者的视角》,《中国语言战略》第1辑。

袁佳慧　2022　《大华语视角下马来西亚华语词汇变异研究》,《文化学刊》第9期。

詹凯玉　2022　《马来西亚华人聚居区语言景观调查研究》,华东师范大学硕士论文。

华文教育视域下的海外汉语方言保护和传承

章　策
（暨南大学）

提要　海外汉语方言属于濒危汉语方言，保护和传承海外汉语方言是当前易被忽视却刻不容缓的事业。华文教育既是华人社会的“留根工程”，亦是维护和传承海外汉语方言的关键途径之一。鉴于海外汉语方言社区的持续萎缩、华文教学语言的迅速更替以及华文媒体语言的不断更新，本文提出针对海外汉语方言保护和传承的策略。结果显示，将华文课程与汉语方言教学元素相结合，能够构建和谐健康的方言教学环境；华人社区所营造的汉语方言氛围，有助于巩固社区母语防线；发挥网络新媒体优势，有助于实现跨区域方言文化交流。本文聚焦于海外汉语方言，不仅拓宽了濒危汉语方言研究的视野，同时也为我国语言战略规划及华文教育发展提供一定的参考。

关键词　海外汉语方言　华文教育　保护　传承

一、引　　言

海外汉语方言①作为传承中华文化和增进民心相通的关键载体，发挥着

① 本文提及的“海外汉语方言”指中国大陆、台湾、香港、澳门以外地区使用的汉语方言及其地域文化。这些方言与中国大陆方言有不同发展轨迹和特点，今天继续独立演化。

团结华侨华人、凝聚侨心侨力的情感纽带作用。海外汉语方言的日渐式微或消亡，将导致海外华侨华人与祖籍地的情感纽带断裂，不利于其民族认同感的形成，亦不利于中华文化的传承。华文教育旨在面向华侨华人，特别是华裔青少年，传承中华文化，其本质是一种服务：对侨民而言，提供国家通用语言文字教育；对华人来说，则承担祖语传承服务（郭熙，2021）。简言之，华文教育应满足海外华侨华人的民族语言文化传承需求。海外汉语方言作为其民族语言文化的重要组成部分，华文教育有责任和义务加以保护和传承。

华文教育是保护和传承海外汉语方言的重要途径，两者互为补充。在新时代背景下，华文教育虽已实现了迅猛的发展，然而，它也迎来了更为复杂多样的挑战。鉴于海外华人新生代在中文水平和文化认知等方面的显著差异，越来越多的学者认识到传统模式化教学的局限性，并认为华文教育本土化是提高工作实效的关键所在。所谓华文教育本土化，是指将华文教育调整为符合当地华人社区实际需求的过程。要真正实现华文教育本土化并推动其转型升级，寻求突破的关键在于海外华人社区的语言文化。在此过程中，海外汉语方言的作用至关重要。同时，海外汉语方言也能从华文教育中汲取养分，实现其长久承续和发展。

观察以往的研究，学者们普遍关注如何借助海外汉语方言以推动或优化华文教育。诸如丁启阵（2003）、陈荣岚（2001/2007）、郭熙（2010）等学者，均强调海外汉语方言在华文教育事业中的关键角色，并主张充分挖掘与利用海外汉语方言，以辅助华文教育的发展。然而，针对濒临消亡的海外汉语方言，较少有学者探讨如何实现其保护与发展。语言教育是传播与传承语言文化的有效途径。在海外华人社区内部，受族群差异、民族融合及住在国语言政策等多重因素影响，海外汉语方言正处于濒危状态。因此，唯有通过系统且有效的华文教育，方能实现海外汉语方言的保护与传承。

本文以华文教育为切入点，探讨了海外汉语方言衰减的现状及其成因，并针对海外汉语方言的保护与传承提出了一系列切实可行的建议。期望通过华文教育途径，科学规划海外汉语方言的功能，助力挽救濒临失传的海外汉语方言。

二、海外汉语方言的衰退现象

海外汉语方言不仅是海外华人社区内部不可或缺的主要交际工具，更是他们与祖籍国之间一条亲密且自然的情感纽带。源于中国汉语方言的海外汉语方言，在远离本土后，吸收了其他国家和民族的语言元素，形成了独特的语言特征。然而，由于长期脱离祖籍地母体方言，以及在住在国主流语言或方言的强势影响下，海外汉语方言正面临传播和传承环境缺失的严峻挑战，导致其逐渐出现衰退的趋势。尤其在21世纪以后，全球化进程的加速使得这种衰退趋势愈发明显。根据我国濒危方言的定义标准，所有海外汉语方言均应被视为濒危方言。陈晓锦(2009)根据海外汉语方言使用人数和传播状况，将其划分为五个等级，濒危程度由1至5级逐级加剧。由此可见，海外汉语方言的濒危程度远超预期，且近年来有加剧之势。

海外汉语方言衰退的显著表现，主要体现在三大领域：华人社团内部的方言使用逐渐式微，华文教育体系中的方言教学面临挑战，以及华文媒体在传播过程中对方言的覆盖与呈现趋于减少。这些现象共同反映了海外汉语方言衰退的严峻现实。在早期的华人社区中，汉语方言一度成为华文教学和华文媒体的主导媒介，这些曾被海外华人视为“华社三宝”的支柱形式，如今随着海外汉语方言的衰退而陷入危机。海外汉语方言社区、华文教学语言以及华文媒体的萎缩和更替，无疑揭示了海外汉语方言衰退的现实状况。

（一）海外汉语方言社区持续萎缩

邹嘉彦和游汝杰(2001)指出，近代华人出国谋生经历了四次高潮。除近代的四次移民高潮外，20世纪70至80年代的现代海外移民活动亦为一次历史性的移民高峰。前述四次的华人海外移民，大体奠定了海外汉语方言社区的语言基础，并塑造了当前海外汉语方言在全球的分布格局。自1840年至1949年，四次移民潮涌现，华工成为海外移民的主力。这些初抵异国的华人，仅掌握祖籍地的母语方言。因此，他们以方言为创立华人社区的资本,在海外立足。稳定后,他们返回祖籍地,引领亲朋好友外迁。由此,以某一方言民系为基础的海外华人社区逐步成型,并获得快速发展。早期海外移民主要来自闽、粤沿海地区,他们将闽、粤、客等汉语方言传播至东南亚各国,随后又在南北美洲传播。早期华人定居国外后,从群体民系来源出发,建立了具有浓厚方言和地域特色的"方言会馆",如新加坡和马来西亚等地曾存在众多具有闽、粤、客特色的"方言会馆"。随着华人移民数量的增长,以方言会馆为基础的海外汉语方言社区逐渐形成,奠定了现今海外华人社区的基本格局。诸如马来西亚东马砂拉越泗里街新会话社区、缅甸曼德勒台山话社区、美国纽约台山话社区、加拿大温哥华潮州话社区等,均为历经多次移民壮大后形成的海外汉语方言社区。

1. 美国的海外汉语方言社区

海外汉语方言社区的形成并非一蹴而就,而是在国际政治风云变幻之中艰难形成。国际政治环境对华人移民规模、海外华人社区繁荣以及海外汉语方言的传承与发展产生深远影响。华人移民数量及来源成为决定海外汉语方言社区内部语言生态的关键因素。19 世纪中叶至 20 世纪初,美国排华运动使得华人在北美生存空间受到严重挤压,对在美华人和华人社区产生深远影响。美国政府在实施严格排华政策过程中,逐步剥夺华人入籍权利,严禁华人女性移民美国,导致性别失衡的早期美国华人社区困境加剧。排华法案实施后,美国华人社区长期处于"单身汉社会",华人数量锐减。1860 年时华人数量约为 3.4 万人,1880 年时增至 10.5 万人,1900 年时降至 9 万人,至 1920 年仅有 6.1 万人①。在美国极端反华运动背景下,华人被迫多次转移。尽管如此,凭借共同的母语方言及方言文化,早期来自广东"三邑""四邑"②及中山的华人移民逐渐在美国构建起以血缘、亲缘和地缘共同体为核心的汉语方言社区,团结应对外来压力。直至 20 世纪 40 年代,中美两国成为反法西斯同盟国,这种高压态势才得以缓解。

---

① 数据转引自李晓静(2007)。

② "三邑"是指广东珠三角的南海、番禺、顺德三县,"四邑"是指珠三角西部的台山、开平、恩平、新会四县。

2. 东南亚的海外汉语方言社区

东南亚地区一直是华侨华人最为集中的区域。至2007年,全球华侨华人中约有73.5%的人居住在东南亚①。20世纪40至80年代,受国际政治形势和国家民族主义等因素影响,东南亚的海外汉语方言社区面临巨大挑战,迅速萎缩。在中国政府的协助下,众多华侨华人踏上了归国的征程。现全国84个华侨农场中,41个是为安置马来西亚、越南、印度尼西亚、缅甸、印度、泰国、老挝等归国难侨而设立,其余43个则为20世纪70年代末为安置越南归难侨而设立。这些华侨农场主要分布在粤、闽、桂、滇等省份,其社区通行的汉语方言是海外汉语方言在本土的缩影。华侨农场内部语言中保留异族语言及海外汉语方言异质成分,尤以词汇借用显著。例如,广东阳江岗美华侨农场的印度尼西亚归难侨将"拐杖"读为"□□toŋ kaiʔ",系印尼语"tongkat"的音译词。此外,还有借自印尼语的英语借词"kanker",读为"□□kaŋ kər"。同时期,新加坡的独立建国为东南亚华侨华人的语言和文化保护提供了"避难所"。

新加坡建国初期,华族约占总人口的70%,为主要民族。这些华人的母语以闽南方言为主,另有说广东话(粤语)和客家话的群体。新加坡曾是方言堡垒,但在1979年李光耀推行"华语运动"后,情况发生改变(黄霞、游汝杰,2013)。在长达20余年的"以华语取代方言"的倡导下,新加坡的汉语方言社区逐渐式微。

理论上,大规模的华人移民应能为现有的华人社区带来新的活力。然而,实际情况却并不如预期,随着华人移民的数量和规模的增长,海外的汉语方言社区反而呈现出加速萎缩的趋势。越来越多的"无方言族"②涌入老华人社区,原有的汉语方言社区生态逐渐被打破。

新的移民来源丰富多样,除了传统的闽粤籍移民外,其他汉语方言群体的移民也在迅速增加。这些新移民大多接受过我国新式教育,整体文化水

① 庄国土等,2010;中华人民共和国国务院侨务办公室:http://qwgzyj.gqb.gov.cn/yjytt/155/1830.shtml

② 无方言族,也叫"非方言族",是指在方言地区出生但获得的第一语言不是方言而是普通话的群体。具体参见劲松、马璇(2012)。

平较高，与早期移民相比，他们并未显著体现出发源地的民系特征。

因此，当他们抵达海外华人社区后，大多采用汉语普通话作为日常交流的主要语言。另一方面，受住在国语言政策的影响，许多新生代华裔不再使用汉语方言，而是选择说住在国的官方语言或华语。

（二）华文教学语言的快速替换

海外华人对民族语言和文化传承高度重视。在他们定居海外并站稳脚跟之后，便会积极创办华校。早期华文教育主要采用私塾或书院形式进行母语教学。随着所在国家教育环境的变化，许多学校逐渐摆脱私塾或书院的形象，转变为具有现代特色的办学模式。这些中文学校在教学过程中以汉语方言作为主要教学语言，为低龄华人子女传授国语，如菲律宾的闽南话教学、泰国的潮州话教学等。

1. 泰国的华文教育

观察泰国早期华文教育的语言现象可以发现，部分由潮州籍华侨华人创立的商业学校，其中文课程主要采用潮州话进行教学。在第二次世界大战之前，尽管华语逐渐成为泰国中文学校的教学语言，但仍有不少学校沿用汉语方言，尤其是潮州话，作为教学语言，使其成为当时泰国最受欢迎的方言。然而，自 20 世纪 70 年代起，泰国政府实施的"归化政策"对华文教学活动产生限制。在此背景下，越来越多的华人华裔开始放弃华文华语，乃至汉语方言。受泰国政府限制的影响，华人华裔的泰化进程也随之加快。如泰国的潮州话，由于长期受到泰语的影响，已发展成为与祖籍地潮州话不同的海外潮州话变体。如泰国潮州话中的"乡下"读为"山芭[sũã^{33} pa^{33}]"，"芭[pa^{33}]"就是借自泰语音"□ba"。"玉米"读为"□□[k^{h}au^{53} p^{h}oŋ^{53}]"，借自泰语音"□□[k^{h}au p^{h}ot]"等①。然而，在多重因素的作用下，曾经在泰国盛行一时的潮州话逐渐边缘化，以致潮州话社区衰落、瓦解。但这并不意味着潮州话在泰国完全消失。潮州话通过与泰语的接触和交融，也对泰语产生了深远的影响。通过音译、意译、音译加意译的方式，泰语吸收了很多潮州

① 泰国潮州话的语料引自陈晓锦（2010）。

话的词汇。其中，音译词占据大部分，比如豆腐[tau hu]、旗袍[kiːpau]、方刀[paŋ tɔ]等①。这些源自潮州话的借词，已完全融入泰语的词汇体系，成为泰语的重要组成部分。尽管潮州话社群已式微，但其在所在国的语言和文化方面产生了深远影响。现今泰国流行的"优泰剧"，是一种以泰语演唱、融入泰国元素的泰语潮剧。通过泰语传唱潮剧的形式，不仅保留了潮州话的文化内核，也丰富了泰国文化的内涵。"优泰剧"是中泰文化交融的产物，亦为中外语言文化交流互鉴的典范。

2. 美国的华文教育

美国华人社区的华文教育，其历史渊源可追溯至旧金山的唐人街。与东南亚地区的华文教育存在相似之处，我国在海外的华文教育初期，主要依托私塾与专馆等教育形式进行，这些机构构成了我国海外华文教育的最早雏形。然而，受到"排华法案"的影响，这些学校转为学堂或书院，并沿用中国传统教学模式进行教学。在这一阶段，美国旧金山和俄勒冈州波特兰城的华文教育尤为繁荣，主要教学语言为粤方言，这与当地华人主要来自广东粤方言区密切相关。

二战结束后，中国台湾留学生、东南亚华人难民以及中国大陆"无方言族"新移民纷纷涌入美国华人社会，对原本以粤方言为教学语言的华文学校产生巨大冲击。与美国相比，东南亚马来西亚、新加坡等地的方言教学并未持续太久。例如，全美洲第一所教授中文、传播中华民族传统文化的学校——美国三藩市美洲中华中学校，最初以粤方言为主要教学语言。然而，在全球化趋势下，该校于2007年停止广州话班的招生，2010年取消粤方言教学。现今，越来越多的中文学校已实现从粤方言向普通话的教学语言转变。

由此可见，汉语方言在华文教学中的影响力逐渐式微，华语逐渐成为主流。尽管海外汉语方言社区的势力逐渐减弱，但并不意味着其消亡。事实上，通过接触与融合，它们已成为海外华人社区华语的重要组成部分。在全球华语范围内，我们仍能感受到某种汉语方言在海外辉煌时期的遗韵。以东南亚华语为例，其中就蕴含着闽南话的深深烙印。许多闽南话的特色元

---

① 泰语材料引自李泰盛(2004)。

素,已经深深嵌入当地华语之中,成为不可或缺的一部分。

(三) 海外华文媒体语言的不断更新

海外华文媒体①起着连接海外华人与祖籍国及住在国之间的纽带作用,是当地国民了解中国的主要渠道。华文媒体所创设的语言文化环境,对教学及实践华文教育具有深远影响。传统媒体如报纸、杂志等对受众的文化素养要求较高,因而难以在早期海外华人社区中充当信息传播媒介。然而,随着有声媒体的不断演进,广播逐渐成了海外华人群体获取祖国信息、感受祖国温情的重要途径。早期华文媒体语言充满浓厚的民系特色,这与媒体语言市场紧密相连。民国时期,国民政府中央广播电台便专门为海外华人设立了汉语方言广播节目,如以厦门话为标准音的闽南语节目和以广州话为标准音的粤语节目。

1. 美国的华文媒体

海外华文媒体的语言选择受华人语言环境的直接影响,而华文媒体语言的变迁也在一定程度上揭示了华人语言环境的变化。华文媒体始终密切关注语言市场,特别是受众的语言背景。早期第一代华人大多仅精通汉语方言,因此华文媒体在语言上偏向于使用汉语方言。1939 年,美国奇异电器公司在旧金山博览会上推广无线电设备,采用粤语进行示范播音,并间或混杂普通话。二战后,美国政府征用该公司设备,以粤语和普通话交替广播。1968 年,美国纽约诞生了美洲第一家粤语广播电台——中华商台。中华商台通过电话线路广播,成为纽约唐人街最受欢迎的华语广播,并在美洲华语广播市场独占八年,直至 1976 年以后情况才发生转变。

华语广播是继中华商台之后的第二家中文电台,依然以粤语作为主要播音语言。经过数十年的发展,华语广播成为北美最大的中文广播电台。20 世纪 80 年代以后,来自中国大陆和台湾的移民数量增加,1986 年纽约诞生了第一家以汉语普通话为主的广播电台——侨声广播电台。在巨大市场

---

① 海外华文媒体是中国大陆、香港、澳门、台湾之外,以华语作为传播语言的媒体,包括报纸、杂志、广播、电视以及各种新兴媒体。

需求的推动下,1988 年纽约第四家华语广播——中国广播网应运而生。这四家电台立足于不同母语方言背景的华人语言市场,形成了竞争态势。然而,随着技术革新及新移民群体的冲击,传统的粤语广播逐渐衰落。在全球华人广播市场,普通话正以惊人的速度改变原有媒体语言。

2. 东南亚的华文媒体

东南亚的华人社群高度重视华文媒体在信息传播与文化教育领域的影响力。新加坡作为东南亚地区最早开设华语广播与电视频道的国家,其背后原因与其华人占多数的国家结构密切相关。然而,其他东南亚国家的华语广播与电视频道却近乎空缺。随着我国与东南亚各国联系的不断强化,东南亚社会对我国新闻资讯的需求日益增长。

以菲律宾为例,20 世纪 80 年代以来,该国与中国开展合作,推出了"福华有线中文电视服务",每天轮流播放 7.5 小时的普通话、广东话及闽南话节目。又如 2005 年,泰国设立了中文电视台,以中文对话与泰文字幕为播放形式。此外,泰国还选择播放潮州话、客家话等汉语方言节目。自 21 世纪起,印度尼西亚、马来西亚、越南、缅甸等东南亚国家亦纷纷开播中文广播电视节目,广受当地华人社群的欢迎与认可。

随着中文广播电视在东南亚地区的广泛覆盖,以普通话为标准音的华文媒体语言,逐渐挤压汉语方言所剩不多的空间。比如新加坡电视台播放的来自中国香港和台湾的电视剧,重新使用普通话进行配音,替代原本的粤语和闽南话原声(彭伟步,2007)。

在审视美国和东南亚各国华文媒体语言所经历的转变与革新过程中,我们不难发现,华人社区的语言环境正经历着前所未有的深刻变革。

三、海外汉语方言的保护和传承

海外汉语方言,作为华侨华人在海外华人社区进行日常交流与沟通的核心工具,其重要性堪与普通话相提并论,两者在促进文化传承与社群凝聚方面均发挥着不可替代的作用。作为一种全球性的文化资源,海外汉语方言是世界各国多元文化的重要组成部分。在保护和传承海外汉语方言的过程中,我们应以保护为手段,传承为目的(曹志耘,2017)。而传承的核心在于教育,其中,华文教育成为海外汉语方言传承的重要途径之一。

然而,长期以来,在华文教育领域,人们更多关注的是汉语标准语——普通话的教学与推广,而对海外汉语方言在华人社区中的地位和作用视而不见。有一部分人甚至认为方言会妨碍华语的学习,为海外华人带来学习负担。但实际上,华文教育的推广与海外汉语方言的保护和传承并无冲突。郭熙(2020)在关于海外华文教育事业发展的建议中,强调了重视海外汉语方言在华文教育中的重要作用。

将海外汉语方言元素融入华文教育环节,不仅有助于提升华文教育的成效,同时也有助于保护和传承海外汉语方言。海外华人社区的汉语方言与文化属于中华地域文化的范畴,地域文化的传承和发展对中华文化在海外的传承和发展具有重要的现实价值。因此,通过融入海外汉语方言元素,华文教育不仅提升了自身的质量和认可度,也起到了保护和传承海外汉语方言的作用。我们应借助华文教育这一路径,持续推进海外汉语方言的保护和传承。

(一) 完善华文课程体系,创设和谐方言环境

构建平等宽松的教学语言环境,对于海外汉语方言的保护与传承至关重要。现阶段,海外华文教育愈发关注所在国的语言环境,特别是海外华人社区的语言与文化背景。在当前的华文教育课程体系改革中,本土化课程体系建设初见成效。海外汉语方言与文化作为住在国多元语言与文化的重要构成部分,亦是华文教育本土化的关键内容之一。华文教师与华文教材在推动海外汉语方言的保护与传承过程中发挥着重要作用。

1. 华文教材

华文教材作为华文教学课程的核心载体,其在编写过程中需充分考虑多数华人社区华文教育的现实状况,即以第二语言教学为主导,而非母语教学。因此,教材的本土化编制须兼顾海外华人的学习特征和背景,以提升他

们对汉语的理解度和兴趣。教材内容应体现海外华人社区汉语方言的特性,融入诸如语音、词汇、语法等方面的海外汉语方言元素。这不仅有助于海外华人学生更易于理解和掌握汉语,同时也能保护和传承华人社区的汉语方言与文化。

以东南亚地区为例,该区域的华人主要来自我国的闽、粤、客三大民系,闽方言、粤方言和客家方言在东南亚华人社区内广泛流传。在多元的语言文化环境中,海外汉语方言展现出强大的生存和发展能力,成为所在国家多元语言文化的重要组成部分。其中,泰国的潮州话与泰语之间的融合程度较高,已形成"你中有我,我中有你"的语言生态。

在编写"本土化"华文教材的过程中,应充分利用海外华人学生已有的语言(方言)基础,顺势推进华文教育,潜移默化地深化海外汉语方言与文化的保护和传承。

2. 华文教师

华文教师在推动华文教育中具有举足轻重的地位,他们是教学活动的主导者。在构建完善的本土师资培养体系过程中,华文教师不仅需精通普通话的系统知识与教学技巧,还应熟练掌握汉语方言和外语。实现"本土化"需同时关注海外华人社区和国内市场。在选拔华文教师时,母语方言背景应为重要考量因素。

具有方言背景的华文教师,一方面有助于提升华文教育的教学质量,另一方面也能保护和传承海外华人社区的方言与文化。通过华文教学平台,教师可推广和传承方言与文化,同时强化海外华人学生的方言母语认同感,提升他们对方言与文化的认识和理解。

以客家方言背景的华文教师为例,他们能更深入地了解和熟悉客家方言与文化。在教学过程中,将客家山歌、客家故事等具有深厚文化底蕴的元素有机地融入课程体系之中,旨在有效促进中华地域文化的传承与发展,确保这一宝贵的文化遗产能够得以延续至下一代。通过比较祖籍地、普通话和住在国客家方言,海外华人学生能更好地了解本土方言与文化,增强对中华文化的认同和理解,进而更好地传承和发扬客家方言与文化。

（二）营造浓厚方言氛围，固牢社区母语堡垒

海外华人社区的华人家庭和社团组织在海外华人接触、学习中文以及维护和传承中华文化方面发挥着重要作用。绝大多数海外华人具备“双重语言人[①]”的身份，即掌握包括汉语方言和所在国官方语言在内的多种语言能力，甚至还会使用其他语言或方言。因此，华人社会的语言生活主要以汉语方言为基础，辅以汉语普通话和当地民族语，逐渐形成多语并用的发展态势（李嘉郁，2006）。

在海外华人社区内部，华人在不同场合使用不同语言。在社区内部，华人通常运用本民系的方言进行交流，而对外则主要使用住在国的语言。许多海外华人学生的汉语方言背景是在家庭或社区中自然习得的。然而，受到英语、普通话及住在国官方语言的影响，海外华人社区的汉语方言使用频率逐渐降低，这无疑对海外汉语方言及文化的保护和传承产生了一定影响。

海外汉语方言作为海外华人社区各大民系的重要特征之一，同时也是群体认同的象征。因此，海外华人社区和家庭应主动进行语言规划，巩固社区母语地位，以保护汉语方言及文化。

1. 华人社区

海外华人社群在支持和推动海外汉语方言的保存与传承方面发挥着关键作用，其在语言教育、文化活动以及宣传推广等领域具有重大影响力。首先，应当定期安排开设方言课程或举办方言沙龙活动，为华人群体提供一个学习与应用方言的正式平台。其次，需加强家长教育，以纠正华人家庭对于语言传承的误解，并着重强调家长在保护与传承海外汉语方言中的核心作用。第三，应组织多样化的方言文化活动，特别是在春节、中秋等传统节日中，融入客家山歌、泉州南音、广府醒狮等具有地方特色的表演元素，以增强华人对自身文化的认知与兴趣。第四，建议设立华人乡音博物馆，旨在保存、展示并共享海外汉语方言资源，引导华人群体关注族群历史与文化传统，进而培养他们的语言忠诚度。最后，利用互联网平台和社交媒体，如短

---

① “双重语言”是就语言的使用能力而言的，即社会成员个人有能力运用两种或两种以上的语言或方言。具体参见游汝杰（2006）。

视频、推文等新媒体形式,积极推广方言与传统文化,以扩大其影响力与覆盖面。

2. 华人家庭

与非华裔汉语学习者相较,华裔汉语学习者的语言生活场域中,家庭角色至关重要(王建勤,2018)。作为海外汉语方言的最后防线,华人家庭的语言生活直接影响着海外汉语方言的传承。华人子女若要熟练掌握本民系的方言,家庭在其中起着关键作用。在家庭语言生活中,应保持代际间的稳定汉语方言环境,例如在家庭聚会、与长辈交流时,有意识地使用汉语方言,使孩子熟悉方言的词汇和语法。同时,以孩子的兴趣为出发点,引导他们欣赏方言歌曲和小说、观看方言影视及电视节目,以便更好地掌握汉语方言的发音和用法。此外,创造使用汉语方言的机会,鼓励孩子参与华人社区内的文化活动,使其接触更多汉语方言使用者。

除海外华人社区自身的努力外,中国政府、学术权威部门等亦应尽力为海外华人社区的方言与文化资源保护提供支持。例如,中国政府可在华文教育中加强政策扶持,吸引华裔青少年参与"方言寻根"活动。学术权威部门则应积极组织汉语方言师资培训、开发校本课程、开展研学活动等。尤为重要的是关注华文教育中的家庭语言规划内容①,并为华人家长提供培训课程。借此契机,提升族群的语言保护意识和使用热情,固守海外华人社区方言母语的最后防线。

(三)构建网络媒体平台,深化方言文化交流

网络媒体的开放性和共享性为跨境方言文化交流提供了便捷的互动平台。在过去的一段时间里,受技术条件的制约,海外华人与祖籍地的互动交流相对封闭。然而,随着互联网技术的不断进步,网络新媒体平台以其多样化的形式和高效的传播效率,突破了时空的限制,推动了海内外华人之间的文化交流。保护和传承汉语方言是海内外中华儿女的共同使命,祖籍国和

---

① 郭熙、王文豪(2018)指出,家庭语言规划在华文教育中的重要作用将会是未来研究的新突破点。

海外华人社区应携手共进,充分利用数字媒体技术的优势,通过网络新媒体平台,共同保护和传承海外汉语方言与文化。

1. 建立全球汉语方言数字博物馆

曹志耘(2010)针对我国汉语方言急剧衰落的现状,首度提出构建汉语方言博物馆的初步构想。他强调,汉语方言博物馆应涵盖以下三大核心板块:方言与方言文化的展示、方言语料的搜集与保存以及方言研究。此外,他还提出可与外国政府或海外华人社群展开深入合作,在海外设立实体汉语方言博物馆。同时,逐步构建全球华人服务的汉语方言数字博物馆网站,实现汉语方言博物馆的数字化。借此良机,整合更多海外汉语方言与文化资源,打造具有全球性、跨区域特色的语言数字博物馆品牌。汉语方言博物馆的国际化,有助于促进跨文化交流,提升海外华人对海外汉语方言及祖籍地汉语方言的认知与理解。强化海外华人的自信心与认同感,推动海外汉语方言的保护、传承与发展。

2. 打造跨时空网络方言数字课程

数字媒体技术的进步为汉语方言优质教学资源的共享创造了条件。网络方言数字课程作为乡土课程资源的一种,是华文教育资源的核心组成部分。我国多个政府部门和高等教育机构纷纷编制网络方言数字课程,以供海外华侨华人子女学习。例如,中共青田县委统战部和浙江"青田之家"公益基金会为欧洲青田华侨华人打造的"我们一起来说青田话",以及暨南大学中华文化港澳台及海外传承传播协同创新中心项目推出的"我是潮州人——实用潮州话会话教程"。

网络方言数字课程克服了时空限制,为海外华人群体提供了便捷的方言学习平台,既满足了海外华人学习方言的需求,又使他们更好地融入所在社区的语言文化,加深对祖籍国的情感联系,增强海外华人社区的文化认同和语言传承。

3. 借助多样化的网络社交平台

针对海外年轻人的认知学习与社交生活习惯,运用大数据技术对他们的兴趣与需求进行深入分析,以多样化的方式激发他们学习汉语方言的热情。充分整合微信、微博、抖音(Tik Tok)、Facebook 等社交媒体资源,构建跨国方言交流社群,发布与汉语方言相关的各类内容,并与年轻群体积极互动,以增强他们对方言的热爱。同时,通过短视频等形式,向海外华人传播方言民俗文化、方言电影、方言戏曲等多元化内容,实现跨国交流,全面推广并传承汉语方言及民族语言文化。

四、结　　语

海外汉语方言与华人社会的三大支柱之间存在紧密的联系。当前,海外汉语方言衰退的现象主要体现在方言社区的持续萎缩、华文教学语言的迅速更替以及华文媒体语言的不断更新。为确保海外汉语方言的传承与繁荣,以华文教育为切入点,展开濒危海外汉语方言的保护与传承工作。具体措施包括: 1) 优化华文课程体系,营造和谐方言环境;2) 加强方言氛围营造,巩固社区母语防线;3) 搭建网络媒体平台,深化方言文化交流。

综合以上分析,本文揭示了海外华人社区汉语方言的濒危状况,进一步扩大了濒危汉语方言研究范围。从华文教育的视角出发,提出了针对海外汉语方言保护与传承的策略,为我国语言战略规划及华文教育发展提供一定的参考。然而,随着我国移民规模的不断扩大,有必要将部分海外新华人社区的汉语方言纳入研究范围,以验证结论并丰富研究内容。

参考文献

曹志耘　2010　《关于建设汉语方言博物馆的设想》,《语文研究》第 2 期。
曹志耘　2017　《关于语保工程和语保工作的几个问题》,《语言战略研究》第 4 期。
陈荣岚　2007　《全球化与本土化: 东南亚华文教育发展策略研究》,厦门大学出版社。
陈晓锦　2010　《泰国的三个汉语方言》,暨南大学出版社。
陈晓锦、郑蕾　2009　《海外汉语濒危方言》,《学术研究》第 11 期。
陈晓锦、黄高飞　2016　《汉语海洋方言的扩散与回归》,《暨南学报》第 1 期。
陈晓锦、章策　2023　《从华人移民看海外汉语方言的传播与发展》,《暨南学报》第 5 期。
丁启阵　2003　《论汉语方言与对外汉语教学的关系》,《语言教学与研究》第 6 期。
郭熙、王文豪　2018　《论华语研究与华文教育的衔接》,《语言文字应用》第 2 期。
郭熙　2021　《服务海外华语传承之思考》,《华教播种者——纪念董鹏程先生文集》,世界华语文教育会。

郭熙 2020 《新时代的海外华文教育与中国国家语言能力的提升》,《语言文字应用》第4期。
黄霞、游汝杰 2013 《华语运动与新加坡的语言使用考察》,《西部学刊》第12期。
劲松、马璇 2012 《"非方言族"对本地方言使用和发展的影响——以太原市的个案研究为例》,《语言文字应用》第4期。
李泰盛 2004 《泰语中潮州话借词及其词义嬗变说略》,《汕头大学学报》第3期。
李晓静 2007 《19世纪中期到20世纪初美国排华政策对华人社区的影响》,《山东师范大学学报》第4期。
彭伟步 2007 《海外华文传媒概论》,暨南大学出版社。
王建勤 2018 《语言生活视角下的汉语国际教育》,《语言战略研究》第6期。
游汝杰 2006 《方言和普通话的社会功能与和谐发展》,《修辞学习》第6期。
邹嘉彦、游汝杰 2001 《汉语与华人社会》,复旦大学出版社;香港城市大学出版社。

从几项语音特征看海内外宝安客家话的“异境异变”

陈嘉乐
（南京大学）

提要　19世纪末20世纪初，广东宝安（今深圳、香港一带）的客家人成批徙居东南亚、中美洲等地，宝安客家话也随之流播至海外，由此形成“同源异境”的方言变体。在马来西亚沙巴亚庇，宝安客家话是最具影响力的汉语方言。经过百余年发展，祖籍地广东宝安客家话和迁入地马来西亚亚庇客家话各自产生演变。本文以语音为切入口，结合共时语料与历史文献，考察海内外宝安客家话的“异境异变”。研究发现，同源异境的宝安客家话变体语音差异主要体现在声母和韵母上。流播在外的亚庇宝安客家话“存古与嬗变兼具”，一方面相较原乡方言保留了早期的语音层次，另一方面受当地多语多方言接触影响，演变出原乡方言不具备的语音特征。

关键词　宝安客家话　同源异境方言　语言接触　语音演变

一、引　言

方言的形成与移民的徙居息息相关。历史上我国有数次大规模移民运动，近代以来，华人迁徙至世界各地，使诸多国家地区流播着汉语方言，延绵

本文是国家社科基金重大项目“海外华人社区汉语方言与文化研究”（14ZDB107）阶段性研究成果。

至今。源自同一地区的方言受各自语言环境影响发展演变，成为不同的方言变体，由此形成“同源异境”（陆露、唐贤清，2022）的方言。目前，学界对同源异境汉语方言的研究主要有刘俐李（2003）、陈秀琪（2006）、张屏生（2009）、钟荣富（2011）、陆露（2016）等。陈晓锦（2014）书中所涉“与祖籍地母体方言比较”的研究思路实际也采用了同源异境的研究视角。以上学者着眼于同源异境的关中方言、闽南方言、客家方言、粤方言变体，对其“异境异变”“异境同变”和“异境同貌”等表现展开介绍。将同源异境诸方言变体进行比较研究，有助于归纳同源方言的本质特征，考察不同语言环境下各方言变体的演变路径及机制。

宝安①客家人迁入马来西亚沙巴州始于19世纪末，20世纪20年代移民数量激增，二战后逐渐终止。宝安客家话依托广大的使用群，成为马来西亚沙巴州通行的“标准客家话”。由于20世纪50年代后再无成规模的客家人徙居沙巴，如今亚庇宝安客家话与深圳、香港一带（旧宝安县）的客家话已存在一定差异，这种差异来源于二者的“异境异变”②：一方面，流播南洋的宝安客家话在与当地官方语言、华语③及其他汉语方言的接触下产生变异；另一方面，在粤语和普通话的强势冲击下，香港客家话已是极少人使用的濒危语言，深圳客家话的使用范围也大幅萎缩，并不可避免地沾染了一些粤语、普通话的特征。

为考察宝安客家话语音的“异境异变”，我们全面调查了亚庇客家话和深圳龙岗爱联客家话，引用前人调查的当代宝安客家话材料④进行比较，同时参考近代晚期巴色会新安客话文献作为宝安客家话百余年前的历史语

① 据《宝安县志》（1997），宝安县是深圳市前身，民国三年（1913）前称新安县，在宝安籍华人成规模迁居沙巴的19世纪80年代至20世纪40年代，宝安县的辖区范围大致涵括今天深圳市的宝安区、南山区、福田区、罗湖区、盐田区、龙华区、龙岗区西部和大鹏新区以及香港特别行政区。

② 陆露、唐贤清（2022）将同源方言在不同语言环境影响下呈现的不同演变路径与方向简称为“异境异变”。本文亦采用此定义。

③ 本文“华语”定义引自郭熙（2010），即“以现代汉语普通话为基础的华人共同语”。马来西亚华语是马来西亚华人社会的共同语，也是华语在马来西亚的区域变体。

④ 包括詹伯慧、张日昇主编（1987）中的深圳盐田沙头角客家话，张双庆、庄初升（2003）中的香港新界西贡荔枝庄客家话。两个方言点均在旧宝安县辖境内。

料①,以便窥探各方言变体的演变轨迹。下文分声、韵两部分介绍宝安客家话语音的“异境异变”。②

二、声母的“异境异变”

(一) 泥来母洪音分混的差异

客家方言泥来母的分合类型可分为“不混型”“半混型”和“全混型”三种(谢留文,2003：4)。“不混型”指不论今韵母洪细,泥母都读鼻音声母,与来母不混。这在客家话中最为常见。“半混型”指泥母与今洪音韵母相拼时混入来母读[l],与细音韵母相拼仍读鼻音声母。“全混型”则不论韵母洪细,泥母都读同来母。下表反映了亚庇客家话和深圳龙岗、沙头角和香港新界客家话泥来母与洪、细音韵母相拼的读音情况。

表 1　亚庇客家话与深圳、香港客家话泥来母洪音分混情况比较表③

	洪音字						细音字			
	泥—犁		奴—炉		挪—罗		娘—凉		女—吕	
亚庇	nai^2/lai^2	lai^2	nu^2	lu^2	nɔ^2	lɔ^2	ŋiɔŋ^2	liɔŋ^2	ŋi^3	li^3
龙岗	lai^2	lai^2	lu^2	lu^2	lɔ^2	lɔ^2	ŋiɔŋ^2	liɔŋ^2	ŋi^3	li^3
沙头角	lai^2	lai^2	lu^2	lu^2	lɔ^2	lɔ^2	giɔŋ^2	liɔŋ^2	gi^3	li^3
新界	lai^2	lai^2	lu^2	lu^2	lɔ^2	lɔ^2	^{ŋ}giɔŋ^2	liɔŋ^2	^{ŋ}gi^3	li^3

基于上述分类标准,深圳龙岗、沙头角和香港新界客家话泥母洪音一律混入来母读[l],细音字并入疑母尚读鼻音声母[ŋ](或读鼻音塞化后的鼻后

① 主要参考田志军(2015)和庄初升、黄婷婷(2014)。

② 经调查整理,发现同源异境的宝安客家话各变体语音同大于异。由于共性特征非本文研究对象,故不涉及讨论。

③ 为突出各方言点例字在声、韵母上的差异,表中例字的声调采用数字调类标调法标记：1 为阴平,2 为阳平,3 为上声,5 为去声,7 为阴入,8 为阳入。下各表同。

塞音[^{ŋ}ɡ]和浊塞音[ɡ]),属于“半混型”。亚庇客家话除个别泥组洪音字有[n][l]两读外,泥来母读音基本分别,接近“不混型”,但“泥、糯、拿、暖、卵”等个别泥组洪音字既可读[n],也可读[l],这在海外客家话中并非个案。陈晓锦(2003：42)调查的马来西亚士乃惠阳客家话泥母洪音基本读[n],但存在“泥来渐混”的现象,如“糯”可读[nɔ^{42}]和[lɔ^{42}],“拿”可读[na^{33}]和[la^{33}],“泥”可读[nai^{21}]和[lai^{21}]。

那么,这种“泥来渐混”的现象缘何而来?根据田志军(2015)的研究,晚清时期新安《新约》所反映的19世纪后期新安客家话泥母逢细音读如[ȵ],逢洪音一律混入来母读[l],属于泥来母“半混型”,今天的深圳、香港客家话除[ȵ]演变为[ŋ](或[^{ŋ}ɡ]和浊塞音[ɡ])外,基本保留了近代晚期新安客家话的特点。那么亚庇客家话的“泥来渐混”是迁居海外后受华语或其他汉语方言影响产生了“回头演变”吗?似乎也说不通。一方面,泥母洪音[n]混入来母[l]后又系统而有条件地重新读[n]不太现实;另一方面,尽管华语是海外华人社区的常用语言,但其使用频率未必有国内深圳、香港普通话的使用频率高,士乃和亚庇都属于客家人占主导的华人社区,解释为受其他方言影响也不具说服力。

我们认为这是亚庇宝安客家话的自源演变。庄初升、黄婷婷(2014)对同属19世纪下半叶的巴色会客家方言文献《客家俗话马太传福音书》《启蒙浅学》和《圣经书节择要》的语料进行了梳理。这三本书中,《马太传福音书》反映了古泥母字在洪音前读为l,细音前读为n或ǹ①;《启蒙浅学》和《圣经书节择要》则反映了泥来母不论逢洪细音都基本有别的事实。这说明在19世纪晚期,新界一带的新安客家话泥组洪音存在着新老派的读音差异,因此尽管《马太传福音书》比《启蒙浅学》和《圣经书节择要》成书早20年,但由于记音依据的是新派口音,因此泥母洪音混入来母;后两本的记音则依据老派口音,泥来不混。

这样看来,马来西亚亚庇宝安客家话很可能是保留了清代晚期新安客家话“泥来不混”的老派口音,个别泥母洪音字[n][l]两读反映的是“泥来不

---

① 庄初升(2014：61)将ǹ拟音为[ŋ]。

混”向“泥来半混”的过渡阶段，这说明亚庇客家话的泥来母相混类型相比今天深圳、香港客家话是更早的语音层次。

（二）鼻音声母塞化现象的有无

亚庇客家话音系中有[m n ŋ]三个鼻音声母，深圳龙岗、沙头角和香港新界客家话音系中则都没有[n]声母，双唇鼻音[m]和舌面后鼻音[ŋ]塞化为鼻冠音[^{m}b ^{ŋ}g]或浊塞音[b g]。它们来自中古明、微、泥（娘）、日、疑母，各点例字读音见下表。

表 2　亚庇客家话与深圳、香港客家话鼻音塞化情况比较表

	明母		微母		娘母		日母		疑母	
例字	棉	门	袜	忘	女	娘	日	肉	鹅	牙
亚庇	men^{2}	mun^{2}	mat^{7}	mɔŋ^{5}	ŋi^{3}	ŋiɔŋ^{2}	ŋit^{7}	ŋiuk^{7}	ŋɔ^{2}	ŋa^{2}
龙岗	men^{2}	^{m}bun^{2}	^{m}bat^{7}	^{m}bɔŋ^{5}	^{ŋ}gi^{3}	^{ŋ}giɔŋ^{2}	^{ŋ}git^{7}	^{ŋ}giuk^{7}	^{ŋ}gɔ^{2}	^{ŋ}ga^{2}
沙头角	men^{2}	mun^{2}	mat^{7}	mɔŋ^{5}	gi^{3}	giɔŋ^{2}	git^{7}	giuk^{7}	ŋɔ^{2}	ga^{2}
新界	^{m}bɛn^{2}	^{m}bun^{2}	^{m}bat^{7}	^{m}bɔŋ^{5}	^{ŋ}gi^{3}	^{ŋ}giɔŋ^{2}	^{ŋ}git^{7}	^{ŋ}giuk^{7}	^{ŋ}gɔ^{2}	^{ŋ}ga^{2}

由上表所示，龙岗、沙头角、新界客家话鼻音塞化①的表现并不一致。龙岗爱联客家话多数发音人不见鼻音塞化，个别发音人鼻音声母与元音[i u a ɔ]相拼时发生塞化，读如[^{m}b]或[^{ŋ}g]；沙头角客家话双唇鼻音未塞化，仍读[m]，来自古娘、日、疑母的舌面后鼻音与[ɔ]相拼未塞化，仍读[ŋ]，与[i a]相拼塞化为浊塞音[g]；香港新界客家话的塞化程度更为彻底，双唇鼻音塞化为[b]，舌面后鼻音塞化为[g]，它们可与包括[i u a ɔ ɛ]在内的所

① 胡方（2005：14—15）认为，“鼻音塞化”是鼻音在后接口元音[+口腔（oral）]特征的逆同化影响下，逐渐具备[+口腔（oral）]特征的音变现象。理论上这种同化是可能逐渐发展的：第一阶段是只同化除阻处，其前面的持阻部分尚保留鼻音特征，这时它是一个后塞鼻音（post-stopped nasals）；第二阶段中部分持阻过程渐渐同化，这时它是一个鼻音特征不够明显的鼻冠音；第三个阶段整个鼻音被完全同化，原来的鼻音也就成了真正的浊塞音。

有单元音相拼。

从语图上看,鼻冠音声母和普通鼻音声母有明显的区别。以"门"字为例,图 1 所反映的龙岗客家话"门"的声母就是个鼻冠音声母[ᵐb],波形图中显示鼻音声母的能量是先增后减,宽带语图中元音[u]前有一小段颜色较浅,鼻音共振峰特征不显著,此外,它在除阻处有一条较为明显的冲直条,显示为与[m]同部位的浊塞音[b]。相比之下,图 2 所反映的亚庇客家话的"门"就是个纯鼻音声母[m],它的共振峰模式非常清晰,从鼻音过渡到后接元音未有阻塞,能量递增,同时可以明显看到其受后接元音反共振峰的影响。

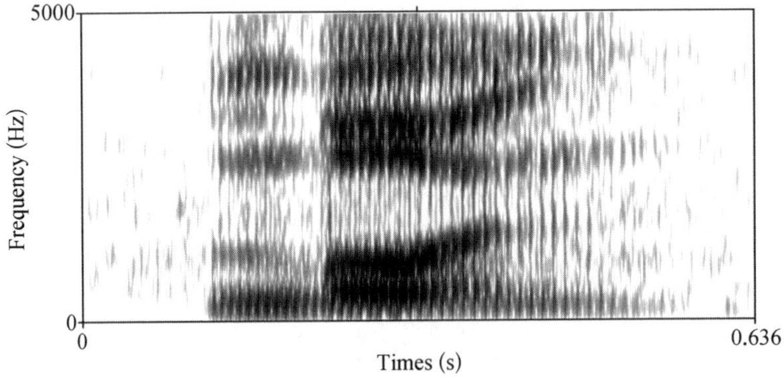

图 1　龙岗客家话"门[ᵐbun²¹]"的声学语图

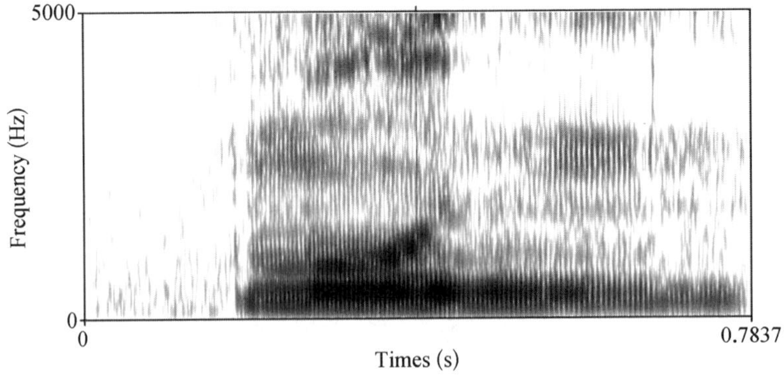

图 2　亚庇客家话"门[mun²¹]"的声学语图

有趣的是，我们在整理龙岗爱联客家话材料时，发现有个别[l]声母字也存在塞化的情况，读音接近[^{n}d]，如“利是钱”的“利”、“铝镬”的“铝”。香港西贡客家话中也有类似的现象(李如龙等，1992)。这表明深圳、香港客家话不仅鼻音声母[m ŋ]已经发生塞化，与[n]同发音部位的边音声母[l]也有塞化的趋势。

实际上，19 世纪的传教士文献中并未记录到当时的新安客家话有鼻音塞化的现象，说明这种音变至少是在 19 世纪 80 年代后才产生。这种自旧宝安一带客家话演变而来的音变在今天的亚庇、深圳、香港客家话中有着不同的表现：亚庇宝安客家话保留了晚近新安客家话的特点，未产生鼻音塞化的音变；深圳、香港客家话则已发展到塞化音变的第二阶段，李如龙等(1992)记录的香港西贡客家话则体现着鼻音塞化音变第二阶段向第三阶段的过渡。

考虑到龙岗、沙头角、新界客家话兼具“泥母洪音混入来母”和“鼻音声母塞化”的表现，我们认为今天深圳、香港一带的客家话正经历着“去鼻音化(denasalization)”①的音变。这种音变最早可追溯到 19 世纪后期，始于舌尖前鼻音[n]，在晚近巴色会新安客家话文献中就已有依据当时的新派口音记录到的[n]音位失落的现象，泥母洪音混入来母读[l]，后来细音也混入疑母读[ŋ]。此后，音系中仅剩的鼻音声母[m ŋ]受后接元音逆同化的影响，塞化为[^{m}b ^{ŋ}g]或[b g]，流音声母[l]也逐渐发生塞化，读[^{n}d]或[d]。

今天亚庇宝安客话仍保留[m n ŋ]三个鼻音声母，大概因为在国内祖籍地音变初起之时就“远迁南洋”，因此并未发展出今天深圳、香港客家话的这条音变链。而百余年来深、港客家话的去鼻音化音变路径大致如下所示：

晚近之前		19 世纪晚期新安客家话 亚庇宝安客家话		今深、 港客家话
m		m		^{m}b
n	n 的边音化 →	n/l	m、ŋ 的塞化 →	l/^{n}d
ŋ		ŋ		^{ŋ}g

---

① 徐宇航(2018：705)指出，“去鼻化音变(denasalization)”是指鼻音声母演变为塞音声母的过程，亦称“鼻音塞化音变”。以鼻音[m]为例，去鼻化音变指的是[m]演变为[b]的过程，这个过程的中间可能经过[^{m}b]阶段。

至于该音变的未来走向,主要有两种可能:(1) 彻底塞化为浊塞音声母[b d g];(2) 发生"回头演变",读为鼻音声母[m n ŋ]。当然,考虑到深圳、香港客家话的濒危程度较高,也不排除方言消亡的可能性。

去鼻音化的音变也见于厦门话(胡方,2005)、潮州话(徐宇航,2018)和台山话(刘新中,2019)等粤闽沿海地区方言,它们比较一致地显示着鼻音声母[m- n- ŋ-]向各自同部位的浊塞音[b- d- g-]的逐渐演变。就这些方言的共时表现来看,闽南方言的音变起始时间更早,客家话发生去鼻音化音变相对较晚。

(三) 古微匣影云以母合口字是否读[v]

海内外的宝安客家话都有一部分匣影云以母合口字与微母合口字合流,读唇化浊音声母[w]或[v]。因与粤语情况相近,故将广州、香港两地粤语(引自詹伯慧、张日昇主编,1987)纳入比较。例字及读音见下表。

表 3 亚庇客家话与深圳、香港客家话古微匣影云以母合口读音比较表

中古声组	微 母		匣 母		影 母		云 母		以 母
例字	文	物	禾	话	威	碗	芋	黄	维
亚庇	wun^{2}	wut^{7}	$wɔ^{2}$	wa^{5}	wui^{1}	$wɔn^{3}$	wu^{5}	$wɔŋ^{2}$	wui^{2}
龙岗	vun^{2}	vut^{7}	$vɔ^{2}$	va^{5}	vui^{1}	$vɔn^{3}$	vu^{5}	$vɔŋ^{2}$	vui^{2}
沙头角	vun^{2}	vut^{7}	$vɔ^{2}$	va^{5}	vui^{1}	$vɔn^{3}$	vu^{5}	$vɔŋ^{2}$	vui^{2}
新界	vun^{2}	vut^{7}	$vɔ^{2}$	va^{5}	vui^{1}	$vɔn^{3}$	vu^{5}	$vɔŋ^{2}$	vui^{2}
广州粤语	$mɐn^{2}$	$mɐt^{7}$	$(w)uɔ^{2}$	$(w)uɐ^{6}$	$(w)uɐi^{1}$	wun^{3}	wu^{6}	$(w)uɔŋ^{2}$	$(w)uɐi^{2}$
香港粤语	$mɐn^{2}$	$mɐt^{7}$	$(w)uɔ^{2}$	$(w)uɐ^{6}$	$(w)uɐi^{1}$	wun^{3}	wu^{6}	$(w)uɔŋ^{2}$	$(w)uɐi^{2}$

上表所示,合流的微匣影云以母合口字在龙岗、沙头角和新界客家话都读唇齿浊擦音[v],与海内外绝大多数客家话相同。亚庇客家话只有云母的"晕、王、往"三个字读音接近[ʋ],其余字读双唇浊擦音[w],有时摩擦很轻,

听感上近似[u]。与之相似的是，张双庆、庄初升(2003：18)整理的香港西贡荔枝庄客家话中也提到其“v 的读音接近 w”。在 19 世纪新安客家话罗马字文献中，传教士将该声母记作“w”，而庄初升、黄婷婷(2014)和田志军(2015)均将其拟为[*v]。

实际上，尽管[v]与[w]音值较为接近，但仍能够较好分辨，且同样采用莱普夏斯标准字母记音的五经富《新约》、《客英词典》和《客法词典》等反映近代晚期广东揭西、梅州等地客家话的传教士文献中，同音类的符号用的是[v]而非[w]，证明传教士并非“[v][w]不分”。此外，该音类在今天亚庇客家话和新界各点客家话都有读[w]的表现，因此我们推断，这些合流的古微匣影云以母合口字声母有可能在当时的新安客家话中就是读[w]，亚庇客家话较好地继承了这一特点，今天龙岗、沙头角、新界的[v]则是后起的层次①。

粤语和客家话这部分字的音类来源相似，加上两种方言接触频繁，使人很容易认为该音类读[w]是受粤语影响导致，其实不然。我们着重关注与亚庇客家话关系最为密切的广府片粤语的表现。以上表所举詹伯慧等(1987)调查的广州市区和香港市区粤语音为例，匣影云以母的合口字皆读唇化擦音[w]，有时摩擦也较轻，零化为[u]，这一点与亚庇客家话相同。不同的是，粤语的微母字都读为[m]而非[w]，那么亚庇客家话这部分读[w]的微母字又该如何解释？事实上，匣影云以母部分合口字合流是很多东南方言共有的特征，粤语和客家话尤其类似，它们首先合流成零声母，而后再由[-u-]介音唇化、擦化为唇擦音声母[w]或[v]，只不过客家话中还有一部分微母合口字参与合流，粤语的微母则与明母是一个音类，读[m]。

基于此，我们认为亚庇客家话部分微匣影云以母合口字读[w]而非[v]恰恰是存古现象而非接触产生的新变。

---

① 庄初升、黄婷婷(2014：64)也曾指出，从整个音位系统来看，w 和 v 是同一个音位的两个自由变体，早期以 w 为主，这是个摩擦很轻的略带展唇的半元音；今天则以 v 为主，这是个唇齿浊擦音，摩擦也较轻。

三、韵母的“异境异变”

(一) 古见组合口一二等字有无[-u-]介音

侯小英(2017)指出大多数客家方言点带有[-u-]介音,少数无[-u-]介音的客家方言主要集中在广东境内粤东北及珠三角地区,大多分布于东江流域及其邻近地区。本文所比较的几个深圳、香港客家方言点悉数在列。虽然亚庇客家话与深、港客家话皆由旧宝安客家话一脉相承,但它却是有[-u-]介音的。详见表4。

表4 亚庇客家话与深圳、香港客家话见组合口一二等读音比较表

古韵	果合一	假合二	蟹合一	蟹合二		山合一		山合二	
例字	果裹	夸瓜	块	乖筷	挂卦	官灌	括	关惯	刮
亚庇	uɔ	ua	uai	uai	ua	uɔn	uat	uan	uat
龙岗	ɔ	a	ai	ai	a	ɔn	at	an	at
沙头角	ɔ	a	ai	ai	a	ɔn	at	an	at
新界	ɔ	a	ai	ai	a	ɔn	at	an	at

上表所示,亚庇客家话的[-u-]介音只散见于部分中古见组合口一二等中,具体包括果摄合口一等、假摄合口二等、蟹摄合口一等、蟹摄合口二等和山摄合口二等。部分字有两读,如“果”可读[kuɔ]或[kɔ],“瓜、寡”可读[kua]或[ka],“快”则有[k^{h}uai][k^{h}ai]两读。这些零星残见的[-u-]介音究竟是古音的遗存还是新起现象呢?

我们认为古音遗存的可能性更大。前文所引的19世纪传教士罗马字客家话文献显示,当时的新安客家话虽未有[-u-]介音,但见系中有两个唇化舌根声母[k^{w} k^{wh}]。其他近代晚期粤东客家话罗马字文献中,五经富《新约》音系①中不仅有唇化舌根塞音声母[k^{w} k^{wh}],还有唇化舌根鼻音声母[ŋ^{w}],《客法词典》音系②

① 记录的是近代晚期广东揭西五经富方音。
② 记录的是近代晚期广东梅县方音。

中虽无这套唇化声母,但见系字有合口介音[-u-]。据此田志军(2015: 132)推断,"粤东客家话本有完全的唇化舌根声母,后世逐渐磨损,遂至部分地域消失,最后全然消失"。此外,粤东客家话见组合口本无[-u-]介音,《客法词典》见组的合口介音[-u-]是唇化色彩消变的表现,这是近代晚期新起的现象。庄初升(2016)专门讨论了客家方言的唇化软腭音声母①及其相关问题。其文就古见组合口字声母今读情况,把近三十个客家方言点调查材料分为"今读[kv]组"(如陆河话)、"今读[k]组且不带[-u-]介音"(如五华话)和"今读[k]组且或多或少带[-u-]介音"(如梅县话)三个类型,通过引证19世纪以来的客家方言罗马字拼音文献,认定三种类型中"今读[kv]组"层次最早,其他两种层次都是由此发展来的,演变路径为: kv、k^hv→kw、k^hw→k(u)、k^h(u)。

由此看来,今天亚庇客家话古见组合口一二等部分字的[-u-]介音很可能是从近代晚期的唇化舌根声母[k^w、k^{wh}]演变而来的,按照前文所述的分类方式,它与今天的梅县客家话属于同一种类型,都有[-u-]介音且只与部分韵的见组相拼,亚庇有[-u-]介音的韵母有[uɔ、ua、uai、uan、uɔn、uat],梅县则更多了[uɛn、uɛt、uaŋ、uak、uɔŋ、uɔk]几个韵母②。由于亚庇客家话见组保留[-u-]介音的韵母较少,因此很容易被认为是语言接触导致的新起现象。就亚庇老派客家话部分见组合口一二等字有两读和新派客家话无[-u-]介音的语言事实③来看,[-u-]介音的走向恰恰是失落,而非新增,其演变结果是与龙岗、沙头角客家话一样,即彻底失去[-u-]介音。

我们还可从语言景观中找到旁证。亚庇当地有很多成立数十年的华人商店,商牌上的客家话注音也显示着20世纪30年代前亚庇宝安客家话的读音,比如"广兴(KWONG HIN)有限公司"中的"广"注为"KWONG",说明曾经的亚庇客家话也和今天的梅县客家话一样,古宕摄见组合口字带有唇化成分,只是演变至今逐渐消失了,"广"便读作"[$kɔŋ^{31}$]",其余见组的唇化成

---

① 其命名是基于被动发音器官,实质同于前文所述"唇化舌根声母"。

② 梅县音系参引李如龙、张双庆主编的《客赣方言调查报告》(1992: 3)。

③ 通过调查亚庇当地老、中、青三代华人的客家方言,发现存在新老派差异,中年发音近老年发音,部分语音特征处于新老过渡阶段。其中古见组合口一、二等字在老派读音部分韵摄中还残存[-u-]介音,但中青年已基本脱落。

分只以[-u-]介音的形式在少数果、假、蟹、山摄合口字得以保留。这同样印证了“见组合口残存的[-u-]介音是古音遗存”的猜想。

(二) 止摄开口三等精知庄章组是否有读[ɿ]或[u]的层次

止摄开口三等精知庄章组字亚庇、龙岗、沙头角和新界客家话都是读[i]的居多。其余字，龙岗、沙头角和新界皆读[u]，亚庇则仅有个别字读[u]，其他都读[ɿ]。下面我们对几个方言点止开三精知庄章组字读[ɿ]或[u]的层次展开讨论。

首先是亚庇客家话中的[ɿ]。深圳龙岗、沙头角和香港新界客家话都只有[a i u e(ɛ) ɔ]五个单元音。亚庇客家话音系还多了一个[ɿ]，它只与[ʦ- ʦʰ- s-]声母相拼，在精知庄章组都有分布，收字如下：

精组：资姿咨子$_{笛\sim|日\sim}$梓姊$_{\sim嫂}$字慈词辞磁饲$_{\sim料}$此赐丝司斯私思似寺伺嗣巳祀

知组：知$_{通\sim}$是致智痴持耻

庄组：师狮史士事$_{\sim实}$

章组：支$_{\sim持}$之诗始$_{\sim终}$侍氏试$_{考\sim}$

部分字有两读，如“试$_{考\sim}$[sɿ^{52}]|试$_{\sim下}$[si^{52}]”“始$_{\sim终}$[sɿ^{31}]|始$_{开\sim}$[si^{31}]”“知$_{\sim道}$[ti^{33}]|知$_{通\sim}$[ʦɿ^{33}]”等。“子”甚至有[i][ɿ][u]三读：“子$_{笛\sim|日\sim}$[ʦɿ^{31}]|子$_{两\sim爷}$[ʦu^{31}]|子$_{\sim孙}$[ʦi^{31}]”。具体成因后文再行讨论。

接着介绍四个方言点止开三[u]音类的齿音字。

表5　亚庇客家话与深圳、香港客家话[u]音类字及其来源比较表

方言点	齿头音	正齿音	
	精组	庄组	章组
亚庇	子(之韵)	事仕使驶(之韵)	侍(之韵)
龙岗	斯撕(支韵) 资咨次瓷自私肆(脂韵) 子梓磁字丝思伺辞词祠寺饲(之韵)	师狮尸(脂韵) 事使史驶(之韵)	是(支韵) 之侍诗(之韵)

（续表）

方言点	齿头音	正齿音	
	精组	庄组	章组
沙头角	紫雌此斯厮撕赐（支韵） 资姿咨次瓷糍自私（脂韵） 兹滋子梓慈磁字伺思辞词祠似祀巳寺嗣饲（之韵）	师狮（脂韵） 士仕事使史驶（之韵）	/
新　界	此斯（支韵） 资次自私（脂韵） 子慈字司四辞词祠祀寺饲（之韵）	师（脂韵） 士仕柿事使史（之韵）	侍（之韵）

由上表可知，亚庇、龙岗、沙头角和新界客家话止开三读[u]的字不尽相同，但它们有类似的分布规律：[u]主要见于精庄组，章组少见，知组不见；之韵收字最多，其次是脂韵，支韵最少。

关于深圳、香港客家话止开三齿音字读[u]的问题，已有一些学者进行过讨论，他们都试着从19世纪末传教士文献中找寻线索，发现其中有一个“z̥”符号与今天深圳、香港亚客家话止开三齿音字的[u]韵母相对应，并一致认为[u]的产生是自身演变而非语言接触的结果：张双庆、庄初升（2003：31）认为，z̥可以拟为[ɿ]，其演变大致经历了“ɿ→ʮ→u”的过程；田志军（2015：162—163）指出，将z̥拟为[ɿ]不好解释其到[u]的演变，基于“莱普夏斯曾指出这是个央高元音，处于i和u之间”的解释，拟为舌面央高元音[ɨ]或[ʉ]更为妥当，就新安的演变而言，[ɨ]或[ʉ]“向后走就成为舌面后高元音[u]，向前走就成为舌尖元音[ɿ]”；丘学强（2018）在系统梳理近代晚期以来深圳客家方言止开三齿音字的读音类型的基础上，肯定了田志军（2015）将z̥拟为[ɨ]的合理性及其演变为[u]的路径，并进一步对音变的起源、现状和发展趋势进行分析，得出“[u]音类来源于止开三的精庄组字，随后在类推作用下逐渐扩散到章组字中，其出现是精庄组[ɨ]类部分字为避免与知、章组Ⅰ类字①合流而产生的补偿”的结论。

我们认可丘学强(2018)对这一音变的解释。只是为何亚庇客家话止开三齿音字韵母读[u]不像深圳、香港客家话那般成规模,仅零星存在于之韵的个别精庄组字呢?这就要回到对该音变的解释上。19世纪晚期新安客家话精庄组的[ɨ]是一个央高中元音,它的音变有两个方向可供选择:要么前化,与知三章组的[i]合流;要么后化为[u],继续保持与知三章组[i]的对立。就今音来看,深圳、香港客家话是[ɨ]部分前化与[i]合流(或进一步前化为[ɿ]②),部分后化为[u];亚庇客家话则更多地是向前演变为[i],但很难确定是否有经历后化为[u]的过程。为什么这么说呢?

首先,亚庇客家话止开三[u]音类收字过少(见表6),且都集中在之韵,若定性为单纯的系统性音变较为牵强,就这些字多数有两个或以上读音来看,似乎也少不了外源流入的影响。

表6 亚庇客家话止开三[u]音类字读音及对应的语义条件

例 字	古声组	读音及语义条件
子	精 组	[tsi^{31}]:~孙 | [tsɿ^{31}]:日~ | [tsu^{31}]:两~爷
事	庄 组	[sɿ^{52}]:~故 | [su^{52}]:做~
仕		[sɿ^{52}]/[su^{52}]:~途
使		[sɿ^{31}]:~用 | [su^{31}]:唔~意指不用
驶		[su^{31}]:~车意指开车

再看词汇条件。[i]和[u]通常都在更为地道的方言说法中出现,应是较早的层次,[ɿ]的用法更具书面语色彩,当是后起的层次。结合前文所述

① “Ⅰ”表示该部分i韵母字来自知$_{三}$、章组,原来只与ʧ组相拼。

② 丘学强(2018)依据止开三齿音字韵母读[u]之外是读[i]还是[ɿ],将深圳客家话分为[i]型和[ɿ]型两类。若[ts]组有读[ɿ]的,便没有读[i]的,反之亦然。在实际发音中,[ɿ]型客家话的[ɿ]只在舌尖音声母和零声母后出现。

的演变路径，或许亚庇客家话也曾发生过“[ɨ]→[u]”的音变，但由于[u]读音与止开三齿音字的主流读音[i]相去甚远，加上华语在海外华人社区的日常语言使用中有着举足轻重的地位，从中借入的[ɿ]音类逐渐排挤原有[u]音类的领地，使得“[ɨ]→[u]”的音变戛然而止。今天亚庇客家话止开三齿音字的[u]音类只存在于极少数使用频率较高口语色彩浓的常用字中，那些具有书面色彩的非常用字的读音则已被[ɿ]音类取代。正如王士元(2002：103)所说，“一种音变如果受到另一种音变的冲击，那么这种音变将会中止，中止的表现就是产生音变的残余”。

由此我们可以接着对上文存疑的[ɿ]的成因进行解释。我们认为亚庇客家话的[ɿ]并非自源音变产生，而是受华语影响的结果。该判断是如何得出的呢？首先，与深圳、香港客家话不同的是，亚庇客家话的[i]无论是否与精知庄章组声母相拼都没有擦化的表现，也即不具备上文提及的渐变为舌尖元音[ɿ]的条件；其次，上文所列亚庇客家话读[ɿ]的字散落在精知庄章四个声组，并没有显著的分布规律，归结为自然音变似乎说不通；另外，这些字在亚庇客家话中往往都是些非常用字，很容易被更常使用的华语说法所取代。华语止开三精组韵母读[ɿ]，知庄章组韵母读[ʅ]，由于亚庇客家话中没有舌尖后元音，在不新增音位的前提下，依据[+舌尖性(apical)]和[+元音(vowel)]的音值相似性，亚庇客家话知庄章组非常用字也易与精组非常用字一样，读为[ɿ]。个别[i][ɿ]两读的字也能体现客家话和华语两个语音层次的纠葛。实际上，丘学强(2018：275—276)在预测深圳客家话止开三读音的发展趋势时也曾提到，尽管[u]音变已经中止，但“未来可能受到广州话或普通话的影响，发生新的重叠式音变”。而亚庇客家话受华语影响新起的[ɿ]音类正印证了这一推测。在这一点上，亚庇客家话似乎也走在了其祖籍地深圳、香港客家话的前头。

由此可见，亚庇客家话止开三[i]、[u]、[ɿ]三读是层次叠置的表现，[i]层次最早，[u]次之，[ɿ]是受华语影响后起的层次。今天亚庇客家话读[ɿ]的字在止开三精知庄章组字中已约占四成，就华语在海外华人社区的推广普及和使用情况来看，可能会有越来越多的止开三精知庄章组字转读[ɿ]。

(三)山摄细音字[-i-]介音有无

表7 亚庇客家话与深圳、香港客家话山摄细音比较表

例字	别	天	连	节	缺	现	热	远
古声组	帮组	端组	泥组	精组	见组	晓组	泥日疑母	影组
亚庇	$p^h(i)et^8$	$t^h(i)en^1$	$l(i)en^2$	ʦ(i)et^7	k^het^7	hen^5	$ɲiet^8$	ien^3
龙岗	p^het^8	t^hen^1	len^2	ʦet^7	k^het^7	hen^5	$ɲiet^8$	ien^3
沙头角	p^het^8	t^hen^1	len^2	ʦet^7	k^het^7	hen^5	$ɡiet^8$	zen^3
新界	$p^hɛt^8$	$t^hɛn^1$	$lɛn^2$	ʦ$ɛt^7$	$k^hɛt^7$	$hɛn^5$	$^ŋɡɛt^8$	$zɛn^3$

上表展示的是亚庇和深圳、香港客家话山摄细音字不同声母条件下[-i-]介音的保留情况。从中发现,四个方言点山摄开合口三四等[-i-]介音存在不同程度的脱落。

先来看国内宝安客家话。龙岗客家话山摄三四等[-i-]介音只见于泥日疑母和影组字,其余声组条件皆已脱落。沙头角客家话与零声母相拼的[-i-]介音在高顶出位后舌尖化为[z]声母,因此除了与泥日疑母细音字的[ɡ]声母相拼仍有[-i-]介音外,其他情况下[-i-]介音都已脱落了。香港新界客家话[-i-]介音的脱落更甚,泥日疑母细音字的[-i-]介音也在鼻音声母塞化后丢失,如此一来,山摄细音字的[-i-]介音便彻底完成脱落,全部混入曾臻摄开口一等读[ɛn/ɛt]。

亚庇客家话的[-i-]介音在影组和泥日疑母细音字中得到保留,其他声组基本脱落,有些字的[-i-]介音时有时无,有进一步脱落的趋势。晚近新安客家话中山摄细音字[-i-]介音在泥日疑母及晓影母中得以存留(田志军,2010),考虑到[-i-]介音在山摄呈现消亡态势,百余年后今天的亚庇客家话也应当像沙头角、新界客家话那样,进一步失落才是,为何在其他声组仍可见残存的[-i-]介音呢?

我们推测,这些残存在泥日疑母和影组之外的[-i-]介音应该是宝安客

家话与沙巴地区其他客家话接触后产生的。之所以将诱因指向其他客家话而非华语或其他汉语方言(如广府话、福建话),主要是基于同音类音值的相似程度:华语虽然山摄三四等阳声韵多数读[i(y)εn],但入声韵并未保留,且音值多为[iε][yε]和[ɤ];广府话和福建话虽保留韵尾相配阳入声,但介音和主元音的音值均与客家话相去较远。这便只能归因于沙巴地区其他客家话的影响。

尽管亚庇当地客家移民中宝安籍的占有较大比重,但仍有大量龙川籍和部分其他籍贯的客家移民。为更好地融入当地“大客家”的环境,这些非宝安籍的客家华人都会改说沙巴州的标准客家话——宝安客家话。在不同祖籍客家华人的交流过程中,宝安客家话与其他宝安客家话互相浸染,使本来仅在宝安客家话影组和泥日疑母细音字中存在的[-i-]介音又零散而不规律地出现在其他声组中。同样地,非宝安客家话的[-i-]介音也因此逐渐脱落。江欣洁(2013:54)就曾对沙巴龙川客家话山摄开口三四等字[-i-]介音脱落的情况进行分析,发现“舌根音[k-]、唇音[p-]及零声母后的[-i-]介音仍存在,除了知系与晓组的齐齿呼韵母丢失,其他声母后的[-i-]介音也有部分脱落”。

[-i-]介音在沙巴亚庇宝安客家话零散重生,又在沙巴龙川客家话渐次失落,正是方言接触影响的结果。沙巴龙川客家话虽总体向宝安客家话靠拢,但其“山摄三四等保留[-i-]介音”的音韵特点同样也渗入宝安客家话中。从另一角度看,这正是多个祖籍地的客家话在沙巴逐渐交融为一种客家话的表现。

综上,就山摄细音[-i-]介音的保留程度来看,海内外宝安客家话可分三类:

(1) 亚庇客家话属于“[-i-]介音渐脱落”型,[-i-]介音在泥日疑母和影组清晰可见,其他声组部分字[-i-]介音时有时无;

(2) 龙岗客家话和沙头角客家话属于“[-i-]介音残存”型,前者泥日疑母和影组字尚有[-i-]介音,后者[-i-]介音只见于泥日疑母;

(3) 香港新界客家话则属于“无[-i-]介音”型,山摄细音完全混入曾摄开口一等。

四、结　　语

总的来说,自晚近宝安客家话发展而来的马来西亚亚庇宝安客家话和深圳、香港客家话语音面貌仍较接近,但因处于不同语言环境,在百余年的各自演变中逐渐形成差异。表8直观展示了共时平面海内外宝安客家话各变体方言的“异境异变”。

表8　亚庇客家话与深圳、香港客家话语音差异简表①

语音比较项目		亚庇	龙岗	沙头角	新界
声母	泥母逢洪音混入来母	-	+	+	+
	鼻音声母存在塞化现象	-	+	+	+
	古微匣影云以母合口字读唇齿浊擦音[v]	-	+	+	+
韵母	古见组合口一二等无[-u-]介音	-	+	+	+
	止开三精知庄章组有读舌尖元音[ɿ]	+	-	-	-
	止开三精庄组读[u]不限于之韵	-	+	+	+
	山摄三四等[-i-]介音尚拼泥日疑母和影组	+	+	-	-

上表所示,海内外宝安客家话的语音差异主要在声母和韵母上。声母方面,深圳、香港客家话相对一致,亚庇客家话泥母逢洪音基本不混入来母、鼻音声母无塞化表现、微匣影云以部分合口字读[w]。韵母方面,亚庇客话与深、港客话的主要区别体现在介音[-i-、-u-]的脱落程度、个别音位的有无或分布范围的广狭上。

通过同源异境视野比较不同宝安客家话变体的语音系统,发现流播在外的亚庇宝安客家话“存古与嬗变兼具”。一方面,遥迁南洋的亚庇客家话

① 表中“+”表示“符合”,“-”表示“不符合或仅少数情况符合”。

相较如今的祖籍地方言保留了早期的层次,比如：声母上,去鼻化音变尚处于泥来渐混的初期阶段、古微匣影云以母合口字保留晚近时期[w]的读音；韵母上,古见组合口一二等残存[-u-]介音、山摄细音尚拼泥日疑母和影组。另一方面,受当地多语多方言接触影响,亚庇客家话演变出原乡方言不具备的语音特征,比如：止开三齿音字大量转读[ɿ],[u]音类字相应大幅减少。此外,亚庇客家话已出现明显的新老派语音差异,还从英语、马来语、广府话、福建话和华语中吸纳了大量社群内广泛使用的外来词,这些拟另文介绍。

参考文献

宝安县地方志编纂委员会编 1997 《宝安县志》,广东人民出版社。

陈晓锦 2003 《马来西亚的三个汉语方言》,中国社会科学出版社。

陈晓锦 2014 《东南亚华人社区汉语方言概要》,世界图书出版广东有限公司。

陈秀琪 2006 《语言接触下的方言变迁——以台湾的诏安客家话为例》,《语言暨语言学》第2期。

郭 熙 2010 《话说“华语”——答旧金山华文电视台“八方论坛”主持人史东问》,《北华大学学报》第1期。

侯小英 2017 《客方言的[u]介音》,《方言》第1期。

胡 方 2005 《论厦门话[ᵐb ⁿd ᵑɡ]声母的声学特性及其他》,《方言》第1期。

江欣洁 2013 《马来西亚沙巴龙川客家话研究》,台湾“中央”大学硕士论文。

李如龙 2014 《新界客家话百年接触演变的启发》,《龙岩学院学报》第6期。

李如龙、张双庆主编 1992 《客赣方言调查报告》,厦门大学出版社。

刘俐李 2003 《东干语、焉耆话、关中话同源异境之百年演化》,《中国社会科学》第1期。

刘新中 2019 《粤语台山台城话里的鼻音与后塞鼻音》,《中国语文》第5期。

陆 露 2016 《同源异境视野下闽台客家方言音韵比较研究》,福建师范大学博士论文。

陆 露、唐贤清 2022 同源异境视野下汉语方言比较研究的新探索,《南京师大学报》第2期。

丘学强 2018 《深圳客家话止摄开口三等齿音字研究》,《客家方言调查研究——第十二届客家方言学术研讨会论文集》,中山大学出版社。

田志军 2010 《一百五十年前新安(香港)客家方言声母及其流变》,《江西教育学院学报》第1期。

田志军 2015 《近代晚期粤东客音研究》,中国社会科学出版社。

王士元 2002 《王士元语言学论文集》,商务印书馆。

谢留文 2003 《客家方言语音研究》,中国社会科学出版社。

徐宇航、张 凌 2018 《潮州方言鼻音声母——规则、演变、层次》,《中国语文》第6期。
游汝杰 2016 《汉语方言学教程》(第二版),上海教育出版社。
詹伯慧、张日昇主编 1987 《珠江三角洲方言字音对照》,广东人民出版社。
张屏生 2009 《新加坡、大陆福建、台湾三地同安腔闽南话语音和词汇的比较》,陈晓锦、张双庆主编《首届海外汉语方言国际研讨会论文集》,暨南大学出版社。
张双庆、庄初升 2003 《香港新界方言》,香港商务印书馆。
钟荣富 2011 《大陆原乡、新加坡与台湾的大埔客家话之比较研究》,《族群、历史与文化:跨域研究东南亚与东亚》,新加坡国立大学中文系、八方文化创作室。
庄初升 2016 《客家方言及其他东南方言的唇化软腭音声母》,《方言》第2期。
庄初升、黄婷婷 2014 《19世纪香港新界的客家方言》,广东人民出版社。
庄初升、刘镇发 2002 《巴色会传教士与客家方言研究》,《韶关学院学报》第7期。

马来西亚亚庇新安客家方言新老派词语表达方式的对比探究

李颖慧

（江西电力职业技术学院）

提要 马来西亚亚庇客家人以新安（今深圳）客家话为正宗。亚庇新安客家方言词汇在当地客家人的传承中，出现了明显的新老派代际差异，部分方言词汇的表达方式发生了变化，除借词和语码转换外，还出现了解释式表达和合并式表达。本文将收集到的这两种表达方式进行代际间的例释论述，对比代际之间的差异，以期能展现亚庇新安客家人词汇传承的部分面貌。

关键词 亚庇新老派客家方言词汇 解释式表达 合并式表达

马来西亚（Malaysia）俗称"大马"，由东马及西马组成。沙巴州（Sabah）简称"沙州"，旧名"北婆罗洲"（North Borneo），位于马来西亚东马，地理位置三面环海，有"风下之乡"的美誉。亚庇市是沙巴州首府（Kota Kinabalu），是一座以发展商业和旅游业为主的城市。根据马来西亚统计局2020年官方数据显示，马来西亚是华人华侨人数第二多的国家，华裔马来西亚公民占23.2%，其中客家人占亚庇华人的大多数。亚庇当地的客家人以新安（今深圳）客家话为正，以龙川和惠阳等其他地区的客家话为辅。

调查词汇过程中发现亚庇新安客家方言存在明显的代际变化。据《汉语方言学教程》（2016），"一般通过对老年人和青少年口语特点的比较，来观察方言的年龄差异。在年龄差异比较中，老年人称为老派，青少年称为新派。中年的方言特征往往在老派和新派之间游移不定"。综合亚庇新安客家方言语音特点、工作环境、家庭因素、教育情况等多种因素，本文将青少年和中老年分别称为新、老派。

海外华人，不论新、老派，在使用方言进行日常交流时，如碰到突然想不起该如何用方言词表达的情况，除了使用借词和语码转换的方式来表达，还常用其他表达方式来代替。陈晓锦、许婉虹（2019：1—13）称这种表达方式为解释式表达或合并式表达。亚庇客家人在日常使用亚庇新安客家方言亦如此。

解释式表达是指根据语境对该词词义做“随文释义”或“随例释义”，主要目的是对词语在特定语境中的含义做出解释，以求交际畅通，所以解释式表达是对原有的方言词进行解释，由简趋繁。合并式表达是指将义同、义近的词进行合并，所以合并式表达是将原有方言词的词义扩大，由繁趋简。解释式表达和合并式表达会随着发音人的使用习惯而变化，相比于合并式表达，解释式表达随着上下文和语境发生变化的情况更明显，更具有随意性。

除了客家方言本无对应的方言词外，方言使用能力的减弱是导致原有客家方言词缺失的重要原因，新老派的方言使用能力在代际中亦有明显区别，现就田野调查中收集到的解释性表达和合并式表达进行分析。

一、解释式表达

通过整理发现，新派用解释式表达的方式来代替方言词的情况比老派更为普遍。

（一）老派使用方言词，新派使用解释式表达

1. 表述含义离开具体语言环境大致明确

序号	条目（词性）	亚庇新安客家方言老派		亚庇新安客家方言新派		解释式表达的表述结构
1	铺床（v.）	铺床	$p^{h}u^{33}ʦ^{h}ɔŋ^{21}$	铺好□只床	$p^{h}u^{33}hau^{31}a^{33}$ $ʦak^{32}ʦ^{h}ɔŋ^{21}$	动宾结构
2	砍价（v.）	讲价	$kɔŋ^{31}ka^{52}$	一直喊减价	$it^{32}ʦi^{33}ham^{52-55}$ $kan^{31}ka^{52}$	动宾结构

（续表）

序号	条目（词性）	亚庇新安客家方言老派		亚庇新安客家方言新派		解释式表达的表述结构
3	要账（v.）	攞食	lɔk^{5}sit^{5}	催渠还钱	ʦ^{h}ui^{33}ki^{21} wan^{21}ʦ^{h}ɛn^{21}	动宾结构
4	摊凉（v.）	摊凉	t^{h}ɔn$^{33-35}$liɔŋ^{21}	等渠凉	tiɛŋ^{31}ki^{21}liɔŋ^{21}	动宾结构
5	泥石流（n.）	泥石流	nai^{21}sak^{5}liu^{21}	山石流下来	san^{33}sak^{5}liu^{21} ha^{31}lɔi^{21}	主谓结构
6	祖居地（n.）	祖地/祖屋	ʦu^{31}t^{h}i^{52}/ ʦu^{31}wuk^{32}	祖先□块地	ʦu^{31}ɕiɛn^{33}a$^{52-55}$ k^{h}ai^{52}t^{h}i^{52}	定中结构
7	富人区（n.）	富人区	fu$^{52-55}$ŋin^{21}k^{h}i^{33}	有钱佬个地方	iu^{33}ʦ^{h}ɛn^{21}lau^{33} kɛ^{33}t^{h}i$^{52-55}$fɔŋ^{33}	定中结构
8	露脐装（n.）	露脐装	lu$^{52-55}$ʦ^{h}i^{21}ʦɔŋ^{33}	露肚脐个衫	lu^{52}tu^{31}ʦ^{h}i^{21} kɛ^{33}sam^{33}	定中结构
9	剩饭（n.）	隔夜饭	kak^{32}ia$^{52-55}$fan^{52}	剩到个饭	in$^{52-55}$tau^{31} kɛ^{33}fan^{52}	定中结构
10	白领（n.）	白领	pak^{5}laŋ^{31}	食薪水个人	sit^{5}sin$^{33-35}$sui^{31} kɛ^{33}ŋin^{21}	定中结构
11	贩子（n.）	摆档佬	pai^{31}tɔŋ$^{52-55}$lau^{31}	卖东西个人	mai$^{52-55}$tuŋ^{33}si^{33} kɛ^{33}ŋin^{21}	定中结构
12	店员（n.）	掌店	ʦɔŋ^{52}tiam^{52}	卖东西个人	mai$^{52-55}$tuŋ^{33}si^{33} kɛ^{33}ŋin^{21}	定中结构

2. 表述含义离开具体的语言环境会产生歧义

序号	条目（词性）	亚庇新安客家方言老派		亚庇新安客家方言新派		解释式表达的表述结构
1	打鼾（v.）	打鼾	ta^{31}hɔn^{33}	睡目有声音① 睡觉讲梦话② 睡觉打鼾③ 睡觉时候外界有声音	sɔi^{31}muk^{5}iu^{31} saŋ^{33}in^{33}	主谓结构

（续表）

序号	条目（词性）	亚庇新安客家方言老派		亚庇新安客家方言新派		解释式表达的表述结构
2	失眠（v.）	失眠	sit^{5}men^{21}	睡唔到 ① 头枕不到具体事物，如枕头② 因噪音等其他事情干扰而无法睡觉	sɔi$^{52-55}$m̩^{21}tau^{31}	动补结构
3	捋（袖子）（v.）	捋/执	lu^{21}/tsap^{32}	拉踮来 ① 把袖子拉起来② 把人拉起来	lai^{33}hɔŋ$^{52-55}$lɔi^{21}	动补结构
4	嘶哑（n.）	沙阿声	sa^{33}a^{33}saŋ^{33}	声音沙沙 ① 人发出沙哑的声音② 外界事物发出沙沙的声音	saŋ^{33}im^{33}sa^{33}sa^{33}	主谓结构
5	侧门（n.）	旁门	p^{h}ɔŋ^{21}mun^{21}	旁边个门 ① 旁边一模一样的门② 旁边非主要的门	p^{h}ɔŋ^{21}pɛn^{33} kɛ^{33}mun^{21}	定中结构
6	衬衫（n.）	衬衫	ts^{h}in$^{52-55}$sam^{33}	开纽个衫 ① 有纽扣的衣服② 没有系好纽扣的衣服	hɔi$^{33-35}$ɲiu^{31} ɛ^{52}sam^{33}	定中结构

3. 表述含义离开具体的语言环境难以理解

序号	条目（词性）	亚庇新安客家方言老派		亚庇新安客家方言新派		解释式表达的表述结构
1	宅男（n.）	宅男	tsak^{5}nam^{21}	在屋企食睡屙	ts^{h}ɔi^{33}wuk^{32}k^{h}a^{33} sit^{5}sɔi$^{52-55}$ɔ^{3}	状中结构
2	宅女（n.）	宅女	tsak^{5}ɲi^{31}	在屋企食睡屙	ts^{h}ɔi^{33}wuk^{32}k^{h}a^{33} sit^{5}sɔi$^{52-55}$ɔ^{3}	状中结构
3	稀客（n.）	稀客	si$^{33-35}$hak^{32}	脉介风吹你来	ma^{31}kai^{33}fuŋ^{33} ts^{h}ui$^{33-35}$ɲi^{21}lɔi^{21}	主谓宾结构
4	落枕（v.）	失枕	sit^{5}tsim^{31}	睡错觉	sɔi$^{52-55}$ts^{h}ɔ$^{52-55}$kau^{52}	动补结构

（二）老派使用解释式表达，新派使用方言词或不说

1. 表述含义大致明确

序号	条目（词性）	亚庇新安客家方言老派		亚庇新安客家方言新派		解释式表达的表述结构
1	透支（v.）	用过窿	$iu\eta^{52-55}k\text{ɔ}^{52}lu\eta^{21}$	/		动补结构
2	老移民（n.）	移民来了好久个人	$i^{21}min^{21}l\text{ɔ}i^{21}h\text{ɔ}i^{33}hau^{31}kiu^{31}ke^{33}\eta in^{21}$	/		定中结构

2. 表述含义离开具体的语言环境会产生歧义

序号	条目（词性）	亚庇新安客家方言老派		亚庇新安客家方言新派		解释式表达的表述结构
1	赴宴（v.）	饮烧酒 ① 喝高度酒② 赴宴	$im^{31}sau^{33-35}tsiu^{31}$	食餐	$sit^{5}ts^{h}\text{ɔ}n^{33}$	动宾结构

海外华人社区方言会有较多的解释式表达出现，这也是方言代际发展的一个趋向。通过详细列举分析，新派使用的解释性表达（22 条）明显多于老派（3 条），这反映出新派方言词语缺失的比老派的多。但可以发现，新、老派之间在解释式表达上有语法共同点：

一是被解释式表达代替的方言词都是名词和动词。

二是原有方言词与解释式表达的结构上大致相同。新、老派关于动词对应的解释性表达一般为动宾结构、动补结构或主谓结构，名词对应的解释性表达一般为定中结构和状补结构。

可见解释式表达的意思虽会因为随着上下文和语境发生变化，颇具随意性，但其语法结构上又显出一致的规律性。

二、合并式表达

通过整理发现，新、老派都存在合并式表达的现象，新派的合并式表达方式比老派多。

1. 老派没有合并式表达，新派有合并式表达

序号	条目（词性）	亚庇新安客家方言老派		亚庇新安客家方言新派	
1	香瓜（n.）	香瓜	hiɔŋ^{33}ka^{33}	蜜瓜	mit^{5}kua^{33}
2	甜瓜（n.）	甜瓜	t^{h}iam^{21}ka^{33}		
3	放屁（v.）	放屁	fɔŋ$^{52-55}$p^{h}i^{52}	放屁	fɔŋ$^{52-55}$p^{h}i^{52}
4	打气筒（n.）	打气筒	ta^{31}hi$^{52-55}$t^{h}uŋ^{31}		
5	屁股（n.）	屎窟	si^{31}fut^{32}	屎窟	si^{31}fut^{32}
6	肛门（n.）	屎窟窿	si^{31}fut^{32}luŋ^{21}		
7	楼梯（n.）	楼梯	liu^{21}t^{h}ɔi^{33}	楼梯	liu^{21}t^{h}ɔi^{33}
8	梯子（n.）	梯	t^{h}ɔi^{33}		
9	蚊帐（n.）	蚊纱	mun^{33}sa^{33}	蚊纱	mun^{33}sa^{33}
10	纱窗（n.）	纱窗	sa^{33}ʦ^{h}ɔŋ^{33}		
11	笔（n.）	笔	pit^{32}	笔	pit^{32}
12	钢笔（n.）	钢笔	kɔŋ^{33}pit^{32}		
13	晒（太阳）（v.）	晒	sai^{52}	晒	sai^{52}
14	烤火（v.）	炙火	ʦak^{5}fɔ^{31}		
15	值得（v.）	值得、抵	ʦ^{h}it^{5}tet^{32}/tai^{31}	抵	tai^{31}
16	合算（v.）	合算、划算	hap^{5}sɔn^{52}/fak^{32}sɔn^{52}		

（续表）

序号	条目（词性）	亚庇新安客家方言老派		亚庇新安客家方言新派	
17	发冷（v.）	发冷	fat^{32}laŋ^{21}	发冷	fat^{32}laŋ^{21}
18	打冷战（v.）	打冷□	ta^{31}laŋ^{21}tsun^{33}		
19	提（水）（v.）	揳/捡	k^{h}ia^{21}/kam^{31}	掇	tɔt^{32}
20	搿（起来）（v.）	捧	puŋ^{31}		
21	扛（箱子）（v.）	扛	kɔŋ^{33}		
22	修理（v.）	修整	siu^{33}tsiŋ^{31}	滚好	kun^{31}hau^{31}
23	捡漏（v.）	执好	tsap^{32}hau^{31}		
24	擦（桌子）（v.）	擦/抹	ts^{h}at^{32}/mat^{32}	抹	mat^{32}
25	（笔）涂抹（v.）	划	wak^{5}		
26	按（图钉）（v.）	揿	k^{h}im^{52}	揿	k^{h}im^{52}
27	（虎口）掐（v.）	搣/撚	miet^{32}/ɲien^{31}		
28	（指甲）掐（v.）	□/捏	liet^{32}/ɲiet^{32}		
29	（一）只（鸡）（量）	只	tsak^{32}	条	t^{h}iau^{21}
30	（一）头（猪）（量）	条	t^{h}iau^{21}		
31	（一）支（烟）（量）	支	tsɿ^{33}		
32	（一）株（草）（量）	株	tsu^{33}		
33	（一）堆（沙）（量）	堆	tɔi^{33}	堆	tɔi^{33}
34	（一）泡（屎）（量）	笃	tuk^{32}		
35	（一）伙（人）（量）	伙	fɔ^{31}		
36	（一）口（水）（量）	口	hiu^{31}	口	hiu^{31}
37	（一）滩（水）（量）	滩	t^{h}an^{33}		
38	（一）扇（门）（量）	扇	san^{52}	只	tsak^{32}
39	（一）只（碗）（量）	只	tsak^{32}		

2. 老派有合并式表达,新派没有合并式表达

序号	条目 （词性）	亚庇新安客家 方言老派		亚庇新安客家 方言新派	
1	浴室(n.)	冲凉房	ts^{h}uŋ$^{33-35}$liɔŋ^{21}fɔŋ^{21}	冲凉房	ts^{h}uŋ$^{33-35}$liɔŋ^{21}fɔŋ^{21}
2	卫生间(n.)			厕所	ts^{h}i$^{52-55}$sɔ^{31}
3	钳子(n.)	钳子	k^{h}iam^{21}tsai^{31}	□仔	k^{h}am^{31}tsai^{33}
4	镊子(n.)			钳仔	k^{h}iam^{21}tsai^{31}
5	汽车(n.)	车	ts^{h}a^{33}	车	ts^{h}a^{33}
6	小轿车(n.)			细车	sɛ$^{52-55}$ts^{h}a^{33}
7	小艇(n.)	船仔	sɔn^{21}tsai^{31}	舢板	sam^{33}pan^{52}
8	小船(n.)			细船	sɛ$^{52-55}$sɔn^{21}
9	(船)渗水(v.)	落水	lɔk^{5}sui^{31}	漏水	liu$^{52-55}$sui^{31}
10	下雨(v.)			落水	lɔk^{5}sui^{31}

新派(17 条)比老派(5 条)更擅于将义同或义近的词进行合并。这种合并表达方式反映出新派对于具体词义的认知模糊或不再细分,如“晒(太阳)”和“烤火”,新派统称为“晒”;“笔”和“钢笔”,新派统称为“笔”。这也是方言词汇使用能力下降的表现,使得被合并掉的方言词在语言运用中的作用逐渐减弱。

新、老派之间合并式表达呈现出了共同语法特点是:

一是归并的词类更广。除了有名词和动词,还有量词。

二是基本上是同一词类进行归并。除新派诙谐地将类态异质①的“放

① “类态异质”这一说法是由陈晓锦、许婉虹《美加华人社区粤方言的两种词语表达方式》提出的。“类态异质”指形态相似,但是性质不同。这种类态异质的合并式表达在海外华人中较少见。

屁”和“打气筒”合并为“放屁”外,其他的都是同一词类的词进行合并。

新、老派中都存在着用这两种词语表达方式来代替词语的现象,这一现象呈现出比较一致的语法特点印证了:语言变化中,语法变化最慢,词汇变化速度最快。但是不论是解释式表达,还是合并式表达,新派中呈现出来用这非词语的表达方式代替词语的现象都要比老派明显,一定程度上表明了新派的方言词使用能力下降。

参考文献

陈晓锦 2013 《马来西亚的三个汉语方言》,中国社会科学出版社。

陈晓锦 2014 《东南亚华人社区汉语方言概要》,世界图书出版广东有限公司。

陈晓锦、许婉虹 2019 《美加华人社区粤方言的两种词语表达方式》,《中国语文通讯》第1期。

李盈 2012 《武汉方言新、老派词汇比较研究》,华中师范大学硕士论文。

林水檺、何国忠、何启良、赖观福 1998 《马来西亚华人史新编》,马来西亚中华大会堂总会。

游汝杰 2016 《汉语方言学教程》,上海教育出版社。

游汝杰、邹嘉彦 2004 《社会语言学教程》,复旦大学出版社。

缅北果敢地区"打歌"文化活动初探

林徐扬　肖自辉

(暨南大学)

提要　缅北果敢地区的"打歌"文化活动是以海外汉语方言果敢话为载体的传统语言类文化活动,它既有与流行于我国境内云南等地的"打歌"相类似的艺术特征,亦融合了当地独特的社会现实与土生华人族系的文化特色,呈现出了一种独特的面貌。本文通过初步记录整理缅北果敢地区"打歌"的形式、曲调、舞步与歌词,试探析"打歌"的艺术特色,海外汉语方言果敢话的语言特点,以及该民间自娱活动背后所承载的地域、族系的文化特色。

关键词　缅北果敢地区　土生华人族系　打歌　语言类文化活动

一、引　　言

土生华人是指在海外定居时间较长的早期中国移民的后裔,他们一般被当地人看作原住民。其中,部分地区的早期中国移民由于有稳定的聚居区域且人数较多,逐渐发展成了一支相对独立的有自身语言和文化特色的族系,族系内部成员具有相同本土文化和共享的历史记忆,构建起了有别于其他华人群体的身份认同,我们将其称为"土生华人族系"。本文所涉及的生活在缅北果敢地区的果敢族土生华人族系即为此类。

本文是国家社科基金后期资助项目"缅北土生华人族系的汉语方言与文化"成果。

缅北果敢地区地处缅甸掸邦高原北部，与我国云南省临沧市的镇康、耿马两县交界，在清光绪二十三年（1897）中英签订《中缅条约附款》，将该地区划归英属缅甸之前，一直归属中国云南版图。最早定居于此的华人为清顺治十五年（1658）南逃于此的南明皇帝朱由榔的随从与军士，后历代有边境地区的华人或迁居、或逃难而落籍于此，果敢华人数量亦不断增加。（云南省镇康县志编纂委员会，1992）缅甸独立之后，果敢地区的华人于 1982 年获得了缅甸原住民身份①，被划为缅甸的一个少数民族，称作果敢族。果敢族华人具有缅甸的法律身份，属于缅甸的法定成员。该族系主要使用的语言——果敢话，属于汉语方言，他们的生活方式、传统习俗与文艺娱乐活动等都与我国境内云南镇康等地的各族民众有类似乃至于重合之处，是一支典型的土生华人族系。

本文所探讨的缅北果敢地区的“打歌”文化活动，作为在果敢族土生华人族系中较为流行的一种传统语言类文化活动，则既有与境内云南地区的“打歌”相类似的艺术特征，同时也在发展过程中打上了带有当地自然、历史、社会特色的烙印，并在一定程度上反映了该族系的文化特色。

二、果敢地区“打歌”文化活动的基本形式

果敢地区的“打歌”是一种以曲调、舞步、歌词为基本组成要素，集民族歌、舞、乐为一身的艺术表演形式，也是长久流行于果敢当地土生华人族系及周边地区各族民众之间的群众性传统文化娱乐活动，其在当地的各类重要场合，如婚丧嫁娶，节庆仪式等庆典活动中几乎必不可少，尤其是在重要庆典中进行打歌时，往往气氛热烈，通宵达旦。

从艺术形式上看，果敢地区的“打歌”是一项具有群体性特征的民间歌舞活动。其参与人数众多，从几人到几十人不等，男女老少皆宜。舞蹈队形也较为简单，一般以数张四方桌子为圆心围成一个圆形，最中间的桌子上供

① 根据缅甸 1982 年公民法，在 1823 年之前将缅甸作为长居地的民族为原住民。参见《缅甸社会主义联邦共和国公民法》（缅甸人民议会，1982 年）。

放香炉与祭品猪头，打歌时队伍围着桌子呈圆形，演奏者领头边奏边舞，其余人跟随其后，合着音乐载歌载舞，顺着逆时针方向绕圈打歌。其中，舞蹈队伍只有一行人时必须男女间隔，有两行人时则是男女并肩。值得注意的是，这些形式与规则都与国内的“打歌”有一定的相似之处。此外，发源于我国云南省镇康县的“阿数瑟”式打歌亦流行于果敢北部地区的土生华人族系（普红雪、李晓娟，2017），并已成为当地“打歌”的主要形式。由此，这些果敢地区“打歌”文化活动与境内“打歌”文化活动的相似乃至于重合之处，在一定程度上反映出缅北果敢地区与我国云南地区山水相连，习俗相通，文化相互交流、影响的现实，呈现出了共同的汉民族文化特征。

不过，果敢地区“打歌”时所选用的乐器与国内有所不同。有别于镇康等地打歌时要用到芦笙、三弦和竹笛等多种乐器（马国伟，2006），果敢地区打歌时所使用的伴奏乐器以三弦为主（在当地习称“弦子”），或只使用三弦。这种“弦子”一般使用椿木制作，鼓的两面多蒙以蛇皮，音色清晰，音量较大，在打歌中，通常会出现几把甚至几十把“弦子”一起演奏的情况，“弦子”的演奏者还会边舞边弹边唱，这些特点与国内的“打歌”相异。

从组织形式上看，果敢地区早期的“打歌”活动是婚丧喜事之夜乡亲邻舍们之间自然而然发生的聚会活动，近年来则逐渐发展为由打歌队主导，民众参与的民间娱乐活动。打歌队是在现代娱乐活动不断丰富，“打歌”这一传统活动有所萎缩的背景下，在果敢当地政府的推动下组建的。如今果敢的各个乡镇都组建起了专业的打歌队，这些打歌队每队一般 20 多人，统一着装并配乐器，由专门的领头人带领，应邀参加附近重要庆典仪式的主导性“打歌”。打歌队的出现不仅反映出果敢人民对“打歌”的热爱，也促使“打歌”这一传统语言类文化活动在果敢地区重新绽放活力，并在新时期呈现出崭新的面貌。

三、果敢地区“打歌”文化活动的曲调与舞步

曲调与舞步是缅北果敢地区“打歌”文化活动的重要组成部分，具有独特的艺术价值。

（一）灵活变换的曲调

果敢地区的打歌曲调，是在打歌场上依照伴奏弦子的旋律和舞步节奏，从而有规律地演唱的曲调，果敢话直接称之为“调子”。这种打歌曲调或唱腔不是一成不变的，而是会随着特定时间点的到来而灵活变换。如在宴会仪式上打歌时，开宴后至宵夜前的这段时间的打歌曲调，以比较高亢、热烈、欢快的硬调为主，舞步步调较快；在宵夜后则转为比较优雅、浑厚、沉稳的软调，舞步步调也随之较慢。所谓曲调的软硬之分，通常以“弦子”的和谐为区别。其中硬调的调弦和谐是两音，其音为“献山”2个音阶，所弹曲调多为进行曲类的四二拍；软调的调弦和谐则是三音，即“献山神”3个音阶，所弹唱的曲调，多为抒情曲类的四四拍。同时，由于打歌时使用汉语方言果敢话演唱，为适应方言特点，打歌的曲调韵律也时常有调整与变动。

（二）随性自由的舞步

果敢地区的“打歌”舞步简单易学，随性自由，手脚动作除基本步伐、动作外无严格要求。“打歌只要人会摆，不伤身子不伤鞋”等歌词即为对这种特点的反映。果敢地区的“打歌”以腿部动作为基本舞蹈要素，如抬脚、踩脚、踢脚等。舞步类型则主要有三摆手、小半翻、倒折歌、踢脚歌等。以下是打歌时脚步和手部基本动作与节拍的基本配合情况：

脚步动作：

第一、二拍：右脚出，左脚跟上并用脚尖点地。

第三、四拍：左脚出，右脚跟上并用脚尖点地。

第五、六拍：右脚出，左脚跟上（可不靠拢）。

第七、八拍：右脚出，左脚上靠。

第九、十拍：左脚出，右脚跟上并用脚尖点地。

第十一、十二拍：右脚出，左脚跟上并用脚尖点地。

第十三、十四拍：左脚出，右脚跟上（可不靠拢）。

第十五、十六拍：左脚出，右脚上靠。

第十七至二十四拍：做第一至八拍动作。

第二十五至二十八拍：做第九至十二拍动作。

第二十九至三十一拍：原地左右左踏步（可不靠拢）。

第三十二拍：右脚上靠。

手部动作：

偶数拍双手自然下垂、摆动；奇数拍双手由自然下垂状态，从两侧划到身前并轻击掌。

总之，缅北果敢地区“打歌”的曲调与舞步都兼具灵活自由与洒脱随性的特点，这不仅使得果敢地区“打歌”的形式更为丰富多样，也在一定程度上展现出了果敢族土生华人族系的文化心理与民族性格。

四、果敢地区“打歌”文化活动的歌词

除曲调与舞步，“打歌”时所唱的歌词也是果敢地区“打歌”文化活动的核心之一。这些歌词不仅是“打歌”的基本组成内容，更是使得果敢地区的“打歌”呈现出与其他地区不同的艺术和文化特色的重要元素。

果敢地区“打歌”的歌词形式南北有别，在北部地区，以男女对唱为主要特点的“阿数瑟”式打歌比较常见。“阿数瑟”即打歌时，男女歌手以问答式即兴对唱，民间俗称作对子。作对子多以七字一句，两句为一组，唱完一组，众人高声齐唱收尾压脚句“阿数瑟呢瞧着，罗细瑟呢甩着”。南部地区则流行唱弦调，通常以七言两句为一对，两对四句为一调，演唱时一调重复数次，中间以弦子的伴奏作为穿插过渡，不过在实际的打歌过程中也并不完全受此格律束缚，弦调歌词可以减字、添字或添句，以便表达和传递一个相对完整的概念。

除形式的灵活多样外，果敢地区“打歌”的歌词特色还体现在其内涵的丰富多彩、方言土语的灵活运用以及精致巧妙的比兴手法之上。

（一）内涵丰富多彩

果敢地区“打歌”的歌词可分为两类，一是内容相对固定的歌词：由于果

敢地区现今的打歌活动主要由打歌队主导，打歌队在婚丧宴席中的打歌仪式逐渐形成了固定的流程，因而在不同的阶段有一些内容相对固定的歌词，比如在打歌开始阶段，打歌队往往会唱一些邀请类的歌词邀请人们参与打歌。到了晚上大约十点，打歌队则开始唱一些催促主人家准备宵夜的歌词，提醒主人家准备宵夜。到凌晨，打歌队会唱起催促主人家起床的起床调，提醒主人家晨起。待到打歌结束时，打歌队会唱一些告知主人家打歌将要结束的歌词。

除去这些内容固定的歌词，其余的歌词内涵往往十分丰富。天地万物、花鸟虫鱼、人生百态皆可入调，以言传情、以物及人、以事寓理、以古喻今，多种手法并行不悖。

如下述歌词，列举、描绘了果敢当地大新寨、南诏房、帕卡、芒究等村寨的人文特产与自然风貌等，具有浓厚的生活气息：

新寨酒药寨洼酒，阿吃豆子帕卡有。
芒究崩龙舂米卖，格下米脚卖米头。
骑骡跨马楂子树，串山打猎大水塘。
苦吃苦作小南郭，苦荞稀饭石果林。

又如反映了果敢东部的印信山景观和传说的歌词：

印信小山印信山，印信小山弯弯转。
印信山，凤凰凤凰歇在山，回头歇。
凤凰歇在八角楼。

此外，果敢“打歌”歌词中亦有讲述人生道理，传递果敢族土生华人价值观念的内容，如下述劝诫人们孝顺父母的歌词：

青棚叶子杈杈长，夫妻同心孝爹娘；
你孝爹娘恩情报，二天你呢又孝还。

或是宽慰人们以平常心面对死亡，生者当节哀顺变的歌词：

人生一世如太阳，早上升起晚下山；
自古人生总有限，今日凭吊泪不干。

总之，这部分内容广泛的歌词与果敢人民的生活紧密相连，反映了当地人们的生活现实与真实情感体验、价值观念，使果敢地区的“打歌”呈现出一种独特的文化面貌。

（二）善用方言土语

缅北果敢地区的打歌歌词使用汉语方言果敢话演唱，歌词中包含了大量的果敢话方言土语。这些方言土语既为“打歌”活动增添了浓厚的乡土气息，也揭示了海外汉语方言果敢话的部分语言现象，如下述打歌歌词：

> 天亮丝丝地亮丝，烧火不着温茶吃。
> 做客场中麻拘礼，这场落脚那场起。

歌词中的“丝丝”即为果敢话中的一种叠音语缀，它能与多个单音节形容词词根组成 ABB 式的形容词，如绿丝丝、黄丝丝等。而歌词第三句的“麻 ma^{55}”则是果敢话特殊音变中的合音现象，“麻”由莫 mo^{55}+阿 a^{55} 合音而成，表示禁止、否定义。这两个方言土语不仅生动地描绘了打歌活动的场景环境，鼓动着人们不要拘泥于礼节，一起参与欢快的打歌活动，同时也有助于深化我们对果敢话的认识与理解。

（三）比兴精致巧妙

缅北果敢地区的打歌歌词在创作手法上善即物起兴，往往选用贴近日常生活的风物入词，所使用的比兴直白通俗，精致巧妙，既委婉传情、烘托气氛，也隐含了果敢族土生华人的生活智慧，如：

> 对门望克一条街，椽子镶梁瓦相挨。
> 椽子镶梁好上瓦，姊妹有缘拆不开。

以及：

> 这山望克那山高，两山树木来相交。
> 树木相交成箐林，姊妹相交成花园。

两首打歌歌词都以所“望”见的事物，即日常可见的事物，如山头树木、椽子梁瓦作比，赞美了有缘相交，亲密无间的姊妹情谊。

又如：

新打锄头慢亮相，要做夫妻慢商量。

一锄不能挖块地，一句不能说成双。

这首歌词在形式与内容上前后呼应，比兴精致巧妙，说理简明生动，以锄头、挖地此类日常事物作比来言情说理，告诫人们婚姻之事不是一蹴而就的，更不能够强求。除上述三首歌词，果敢地区还流行着大量各色各样的以比兴手法创作的打歌歌词，此处不一一列举。

总之，果敢“打歌”活动的歌词形式多样，内涵丰富，善用方言土语，比兴精巧生动，不仅真切反映了果敢族土生华人的生活现实，揭示了海外汉语方言果敢话中的一些特殊语言现象，更凸显出“打歌”活动独特的艺术与文化特色，堪称果敢地区“打歌”文化活动的灵魂之所在。

五、“打歌”活动的文化特色

果敢族土生华人族系以汉族后裔为主体成员，在文化习俗方面也保留了大量的汉民族文化传统和风俗习惯，但由于他们身处异国他乡，自然环境和社会文化环境不同于中国，导致他们原有的一些汉族传统文化发生了变异，因此在社会文化上颇具自身特色。而要认识这种文化特色，首先应从语言入手，因为语言就像是一面镜子，它承载、反映着一个民族的文化，揭示着该民族文化的具体内涵。“打歌”活动中包含了大量果敢话方言土语与特有词汇的打歌歌词，作为一种语言艺术，恰恰能生动地体现出果敢族土生华人族系这种在当地自然环境、社会文化环境之下形成的独特文化风格与特色。下面将以歌词的内容与创作方式为例，进一步分析果敢打歌歌词背后所承载的缅北果敢族土生华人族系的文化特色。

（一）独特的社会现实与真挚的民众情感

缅北果敢地区“打歌”活动的歌词中，包含了大量反映当地自然环境、社会现实与民众日常生活、民俗礼仪、思想感情的内容。

如描绘了采取、炒茶、揉茶等场景，反映当地茶文化的打歌歌词：

正二三月春茶发，要把春茶采回家，
炒茶阿姐炒得好，姐姐妹妹来揉瞧。
揉茶欢乐哈哈笑，这种机会去哪找。
果敢春茶香又香，香茶出在果敢山。
姊姊妹妹采茶去，满山茶园好风光。

又如反映了果敢赌博、吸毒比较严重的社会现实，同时劝诫人们远离毒品的劝世小调：

鸦片烟膏芙蓉花，千财万贯莫吸它；
不知不觉上了瘾，等到想起败了家。
鸦片烟锅猴子头，先吸田地后吸牛；
大田大地吹飞掉，牛马牲口也不有。
白粉是个白骨精，千变万化勾引你；
如果阿哥跟它混，瘦筋干骨害自己。
人眼不见天眼见，水清终归要见底；
为人莫做亏心事，半夜敲门心不惊。
省吃俭用针挑土，滥吃滥造水冲沙；
富贵只为俭掐起，人穷只为破拉乎。
人有志气看从小，马有力气看蹄爪；
世间不有懊悔药，莫叫人生逗狗咬。
对门看见甘蔗园，甘蔗林中好赌钱；
赌钱不如做姊妹，姊妹更比甘蔗甜。

此外还有表达土生华人个人情感的歌词，如抒发对父母的思念之情：

正二三月菜花黄，嫁了姑娘想爹娘。
爹妈在着山成路，爹妈不在路成山。

或是宣泄个人的悲愤哀伤，揭露当地妇女的卑微地位与悲惨遭遇：

妹子是早上办家说给郎郎灶头高。
是我妹晚上挑水么扁担长,
是我妹早上还抬洗脸水。
是那晚上一盆刷脚汤,
是早些出工要到晚上回。
妹子是一背猪食要背柴,
小妹是睡得晚来格是要起早。
妹子咋会要顺老呢要顺小?
是大家吃饭么我添菜,
是咋会别人肚饱么我肚空?
是大家吃饱么出门去,
是小妹肚空咋出门?
妹子拿起饭碗么去打饭,
是咋会逗着黑心婆婆抢饭盆?
妹子是哭声才赔笑中过,
是妹呢眼泪才打肚中吞。
妹子是心中有话不敢说,
是我眼泪落在四眼角。

以上这些歌词,均从不同角度反映了果敢地区的独特社会现实,揭示了果敢族土生华人民众的真实生活图景,寄托了土生华人民众的真挚情感,是为果敢族土生华人形成自身文化特色的重要自然、社会背景。同时,其语言坦率直白,比喻生动巧妙,情感真切饱满,亦透露出了果敢族土生华人质朴、真淳的文化性格。

(二)开放的文化心理与洒脱的民族性格

缅北果敢地区的"打歌"歌词,不仅从内容上真实反映了果敢地区的社会现实,同时也在创作方式上展现了果敢族土生华人族系开放包容的文化心理以及热情活泼,洒脱自由的民族性格,如:

江边蚊子江外哥，江外阿姐来打歌。
等等着，站站着，等着站着来打歌，
江外阿姐打歌来。

又如：

小小蜜蜂飞过江，要飞要飞落长江。
细细想想细细飞，细想细飞落长江，
飞克长江吃凉水。

这两首打歌歌词的创作突破了传统的格式，不拘泥于七言双句的旧创作原则，而是根据歌词所要传达的内容与感情灵活调整。第一首词中的“等等着”“站站着”运用叠词，生动地描摹出了人们的动作与情态，使得整首歌活泼而有生趣。第二首词在描写蜜蜂时运用多种修辞手法，如比拟，反复等，不仅补足了音节，还为歌词增添了趣味性，同时也使得词中的“小蜜蜂”灵动而富有生命力与表现力。这两首歌词的创作方式透露出了果敢族土生华人族系民众少受规则拘束，着力发挥丰富想象力与表现力的民间艺术创作理念，而这种理念背后所蕴含的实质则是果敢族土生华人开放活泼的文化心理和民族性格。

六、结　　语

缅北果敢地区的“打歌”文化活动以曲调、舞步、歌词为核心，兼顾了艺术特色、语言特色与文化特色。其音韵和谐，易唱易记；舞步随性自由，随心而动；歌词的语言特色尤为突出，借方言土语与精巧比兴，歌唱多彩的日常生活，素朴直白，真善无邪，寄托了果敢族土生华人们的真挚情感。“打歌”活动既展现了果敢族土生华人对生活的热爱与生活智慧，果敢族土生华人族系的民族性格与民族心理，也折射出了地方历史人文痕迹，堪称原生态的乡土文化遗产。

尽管缅北果敢地区的“打歌”在曲调、舞步、歌词上都有与我国境内云南地区民众的“打歌”活动相类似之处，但它在继承原有的基本形式之上，进一步融合了果敢当地的独特社会现实、地域文化与族系特色，呈现出了一种独特的面貌，并逐渐发展成为当地特有的土生华人族系传统语言类文化活动。

总之，“打歌”作为流行于缅北果敢地区的传统语言类文化活动，既在果敢族土生华人的日常生活中起到了娱乐放松的“润滑”作用，也为民众提供了一种自由表达情感的方式。同时，其以海外汉语方言果敢话作为打歌时的共用语言，亦于无形中构建并维系了一种族群文化纽带，加强了果敢族土生华人的族群认同与归属感，促进了果敢族土生华人与周边其他民族的友好交流。此外，“打歌”多样的形式与丰富的内涵也反映出了果敢地区独特的自然条件、社会现实以及人们的思想感情、价值观念与文化心理，进而展现出当地的自然、社会与文化特色。尽管如今随着时代的发展，这一娱乐形式有所式微，但其在漫长历史变迁之中所承载的民族记忆，所蕴含的文化特色不会消逝。而对此类以语言为重要载体的文艺娱乐活动的研究，也启发了我们，在对某一族群的语言进行调查研究时，不能忽视该族群在历史发展中所形成的民间传统文化活动，这些文化活动中的语言使用不仅能为语言学研究助力，用以揭示语言现象与语言特点，同时也能为认识族群的历史来源，探究族群文化特色与民族心理性格的跨学科文化人类学研究提供有益的辅助。

参考文献

刘成成　2011　《文化人类学视野下的巍山彝族“打歌”》，云南艺术学院硕士论文。

马国伟　2006　《彝族“打歌”初探》，《中央民族大学学报》第 1 期。

缅甸掸邦《果敢志》编纂委员会[主修]、鲁成旺[总纂]　2012　《果敢志》，香港天马出版有限责任公司。

普红雪、李晓娟　2017　《跨国文化镇康“阿数瑟”民间传统歌舞研究综述与构想》，《当代音乐》第 14 期。

普红雪　2019　《谈镇康传统歌舞“阿数瑟”》，《北方音乐》第 6 期。

王士录　2005　《缅甸的“果敢族”：族称、来历、状况及跨国互动》，《世界民族》第 5 期。

云南省镇康县志编纂委员会[编]　1992　《镇康县志》，四川人民出版社。

庄国土　2002　《论东南亚的华族》，《世界民族》第 3 期。

阳江岗美华侨农场印度尼西亚归侨语言生活调查报告

庄晓茹

（暨南大学）

提要 印度尼西亚归侨是阳江岗美华侨农场的第一大归侨群体，祖籍地多为广东省梅州市，母语方言为客家话。归侨群体在与其他居民长期混居的过程中形成了独具特色的农场语言生活现象。本研究采用问卷法和访谈法相结合的形式对阳江岗美华侨农场印度尼西亚归侨及侨眷的语言生活情况进行调查。调查结果显示，受访的印度尼西亚归侨及侨眷在语言能力、语言使用和语言态度方面呈现出较大的代际差异。由于客家话在阳江岗美华侨农场中长期处于弱势地位，生存空间不断萎缩，客家话的传承面临较大困境，亟须加以保护。

关键词 华侨农场 印度尼西亚归侨 语言生活

一、引 言

20 世纪 50 年代至 70 年代，受各方面形势影响，久居东南亚国家的部分华人华侨选择回国。为安置这些归难侨群体，中国政府在广东省、云南省、海南省、广西壮族自治区等多个省市建立起华侨农场，广东省阳江岗美华侨农场就是其一。阳江岗美华侨农场地处阳江市江城区、阳东区和阳春市的交界处，始建于 1963 年 11 月，由当时的岗美青年林场、合水林场、潭水葵场、马水农场合并而成，场部位于阳春市岗美镇。截至 2000 年，该华侨农场先后安置了来自印度尼西亚、越南、马来西亚等 13 个国家和地区的归难侨 3 000 余人。

在阳江岗美华侨农场中，印度尼西亚归侨为第一大归侨群体。印度尼西亚归侨又以客家人为主，大多数客家籍归侨的祖籍地为梅州市梅县，也有少部分客家籍归侨的祖籍地为梅州市蕉岭、大埔，个别客家籍归侨的祖籍地为惠州、深圳、清远。根据归国时间与海外居住地的不同，可将印度尼西亚归侨分为1960年从爪哇岛归国的“老归侨”和1966年从苏门答腊岛归国的“新归侨”两大群体。

除安置归难侨外，阳江岗美华侨农场还安置了部分军队转业干部、退伍军人、知青、老工人。这些军队转业干部和退伍军人主要来自信宜等地，所讲方言为信宜客家话。

印度尼西亚归侨所讲方言主要是梅县客家话，而岗美镇本地居民所讲方言为粤方言阳春话春南小片的岗美话，退伍军人群体所讲方言主要为信宜客家话。因此，在印度尼西亚归侨和岗美镇本地居民、退伍军人群体长期混居的过程中形成了独特的语言生活现象。

从研究现状来看，探析阳江岗美华侨农场居民语言生活情况的研究成果较少。为了掌握印度尼西亚归侨及其侨眷的客家话传承情况，本研究对阳江岗美华侨农场印度尼西亚归侨的语言生活情况进行调查分析。

二、调查说明与样本基本情况

本次问卷调查内容包含个人基本信息、语言能力、语言使用和语言态度四大模块，以街头访谈的形式收集问卷，使用问卷星和Excel工具进行数据分析。本次调查共收回问卷107份，有效问卷为107份。受访者的个人基本信息见表1。

表1 调查问卷样本个人基本数据

问卷考察项		样本数	占比(%)
性 别	男	57	53.3%
	女	50	46.7%

（续表）

问卷考察项		样本数	占比(%)
年 龄	34岁及以下	13	12.2%
	35—60岁	29	27.1%
	61岁及以上	65	60.7%
出生地	印度尼西亚	69	64.5%
	广东省阳江市	34	31.8%
	其他	4	3.7%
祖籍地	广东省梅州市	100	93.5%
	其他	7	6.5%
受访者身份	归侨	70	65.4%
	侨眷	37	34.6%
受教育程度	没上过学	2	1.9%
	小学	36	33.6%
	初中	29	27.1%
	高中/中专	21	19.6%
	大专及以上	19	17.8%
职业或社会身份	商业从业者及服务业人员	6	5.6%
	公司职员	10	9.3%
	企业工人	8	7.5%
	政府/事业单位工作人员	5	4.7%
	学生	4	3.7%
	务农	1	1%

（续表）

问卷考察项		样本数	占比（%）
职业或社会身份	家庭妇女	4	3.7%
	退休人员	69	64.5%
家庭背景	纯客家庭	62	57.9%
	非纯客家庭	45	42.1%

针对问卷设置的个人信息考察项有以下两点说明：

第一，本调查关于年龄组的设置考虑到印度尼西亚归侨的归国时间及语言习得能力等因素。根据龙祉均（2022）关于广州花都华侨农场越南归侨语言生活调查报告的年龄组设定，特别关注 1966 年这个群体回流的时间点。因此，本调查将 61 岁及其以上的归侨群体划分为老年组。又考虑到这一群体的适婚适育年龄为 25 岁左右，因而将 34 岁作为青年组与中年组的分界线。

第二，关于受访者的家庭背景，“纯客家庭”指父母双方均为以客家话为母语的家庭，“非纯客家庭”指父母双方其中一方为非客家方言使用者的家庭。

三、语 言 能 力

语言能力的调查可以了解受访者的语言习得情况及语言掌握情况，从而反映出各语言各方言在受访者群体中的地位。本调查设置“最先学会的语言或方言”的问题了解归侨群体的母语习得情况，通过“会说的语言或方言”及“多语言听说能力统计”的问题探析归侨群体的语言掌握情况。

（一）最先学会的语言或方言

根据问卷数据可知，61 岁及以上的归侨大多选择客家话作为自己的第一母语,35—60 岁的群体出现客家话和普通话二元对立的态势,34 岁及以下的群体母语习得呈现多元化趋势。具体而言,阳江岗美华侨农场印度尼西亚归侨及其侨眷的年龄与其习得客家话的情况成正比,与其习得普通话的情况成反比。年龄越大,最先学会客家话的比例越高,最先学会普通话的比例越低;年龄越小,最先学会客家话的比例越低,最先学会普通话的比例越高。

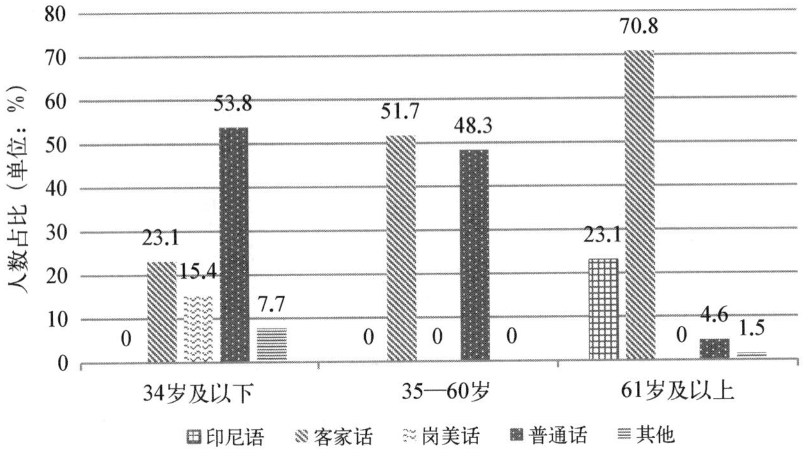

图 1 各年龄段印度尼西亚归侨及侨眷最先学会的语言或方言

（注：各年龄组别人数占比的计算方式为：各选项百分比 = 该选项被选择次数 ÷ 该年龄组别人数总数。结果保留小数点后一位。在多选题题型中部分题目选项的百分比总和会大于 100%,均为正常现象。计算方式全文统一,后文不加赘述。）

需要指出的是,在 61 岁及以上的归侨群体中,有 23.1% 的人将印尼语（本文以下内容均将印度尼西亚的官方语言“印度尼西亚语”简称为“印尼语”）作为他们的第一习得语言。而在 34 岁及以下的侨眷群体中,有 15.4% 的人最先习得岗美话。这一现象与归侨群体的家庭生活环境有密切联系。部分老年归侨的父母其中一方为印度尼西亚人,因而在其幼年期受父母影响最先学会印尼语。部分 34 岁及以下的侨眷因其父母其中一方为岗美镇本地人,因而其最先学会岗美话。受访的 1 位归侨表示,由于其在印度尼西亚居住地附近福建籍华人较多,因而她最先学会福建话。在 34 岁及以下的侨眷中,有 1 位受访者最先学会粤语,这是因为其出生于香港,3 岁后回到岗美华侨农场。从母语习得的整体发展趋势来看,越来越少年轻侨眷选择客家话作为母语方言。

(二)会说的语言或方言

无论是居住于印度尼西亚还是居住于阳江岗美华侨农场,印度尼西亚归侨群体都处在多语多方言的语言环境中,因此归侨群体均会讲多种语言或方言。

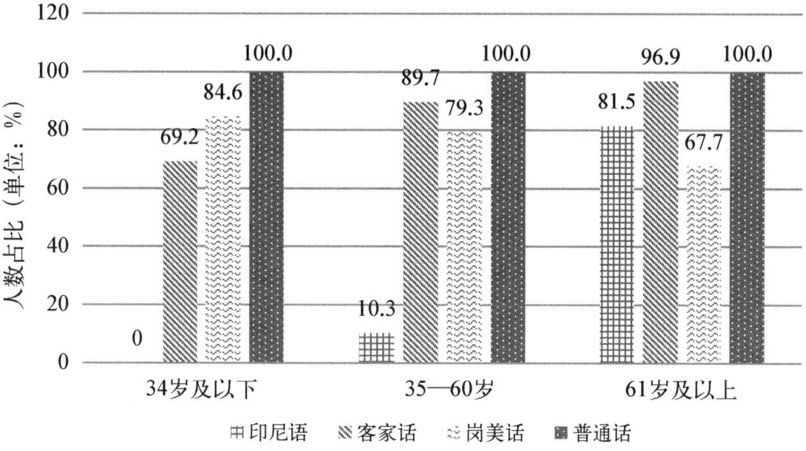

图 2 各年龄段印度尼西亚归侨及侨眷会说的语言或方言

由上图可知,61 岁及以上的群体会讲客家话的占比为 96.9%,35—60 岁的群体会讲客家话的占比为 89.7%,34 岁及以下的群体会讲客家话的占比 69.2%。可见,印度尼西亚归侨及其侨眷对客家话的掌握程度呈现逐渐下降的趋势。

与此同时,印度尼西亚归侨及其侨眷均学会讲普通话,这与普通话是我国的通用语言关联密切。归侨群体在日常生活中必须与其他居民群体进行交际,而不同方言使用者为了能够顺利沟通,最初一般会使用普通话进行交流,因而学会普通话有助于他们与其他群体交往,这也促使归侨群体均会说普通话。

由于居住环境的变化,不同年龄段的群体所会讲的语言或方言存在差异。61岁及以上的归侨群体曾居住于印度尼西亚。印度尼西亚的官方语言为印尼语。因此,出于社会交际需要,81.5%的61岁及以上的归侨不同程度上学会讲印尼语。由于归侨归国后居住于岗美镇,周边的强势方言为岗美话,因而归侨群体也会学习岗美话以便与本地居民交流,也因此失去了使用印尼语的语言环境,34岁及以下的群体均不会讲印尼语且大部分会讲岗美话。

(三)多语言听说能力统计

为了全面考察归侨群体对各语言、各方言的听说能力,问卷将各语言和方言的听说能力划分为六个等级。其中,选择"说得很流利"和"说得还可以"表明其语言能力较强;"只会说一点"和"会听不会说"表明其语言能力一般;"只会听一点"和"不会听也不会说"表明其语言能力较弱。统计结果如下:

1. 对印尼语的掌握情况

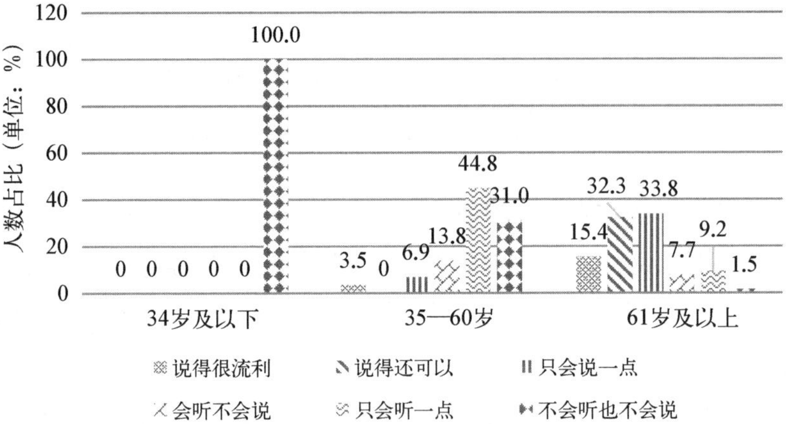

图3　各年龄段印度尼西亚归侨及侨眷的印尼语听说能力统计

由上图可知,印度尼西亚归侨的印尼语使用能力处于衰弱阶段。在61岁及以上的群体中仅有15.4%的归侨认为自己的印尼语"说得很流利";在35—60岁的群体中仅有1位归侨认为自己的印尼语"说得很流利";在34岁及以下的群体中，所有受访者均“不会听也不会说”印尼语。

归侨群体印尼语听说能力的下降，与其在阳江岗美华侨农场中的生活环境有较大关系。受访的绝大多数老年归侨至少会听一点印尼语，这是因为他们在印度尼西亚居住时期或多或少学会一些印尼语。表示自己“说得很流利”的老年归侨，主要是因为夫妻双方均为印度尼西亚归侨，在家庭生活中夫妻之间会时常使用印尼语进行交谈。34 岁及以下的侨眷群体主要生活在阳江岗美华侨农场中，日常生活中几乎没有学习印尼语的机会，因而完全丧失了印尼语的听说能力。

2. 对客家话的掌握情况

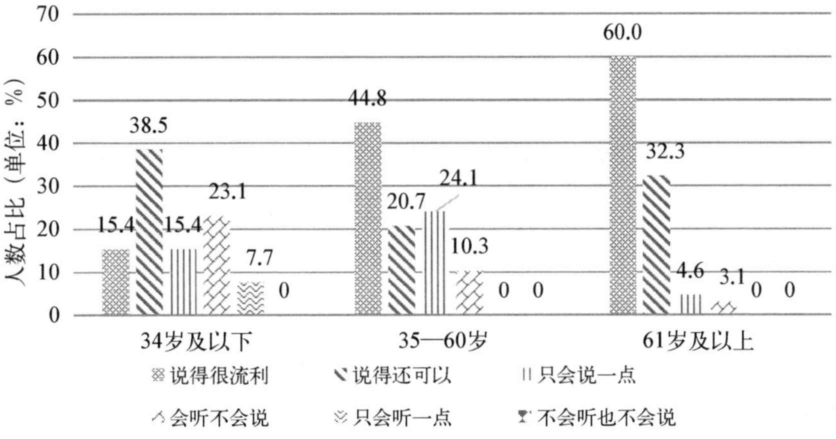

图 4　各年龄段印度尼西亚归侨及侨眷的客家话听说能力统计

由上图可知，有 92.3%的 61 岁及以上的归侨认为自己的客家话“说得很流利”和“说得还可以”，有 65.5%的 35—60 岁的群体选择了“说得很流利”和“说得还可以”，这说明大多数中老年归侨群体能够较为熟练地使用客家话。而在 34 岁及以下的群体中，客家话的使用能力明显下降，仅有 2 位受访者选择“说得很流利”，部分年轻侨眷甚至已经丧失了说客家话的能力。

可见，印度尼西亚归侨群体的客家话使用能力呈现下降趋势，在 34 岁及以下的青年群体中下降较为明显。

3. 对岗美话的掌握情况

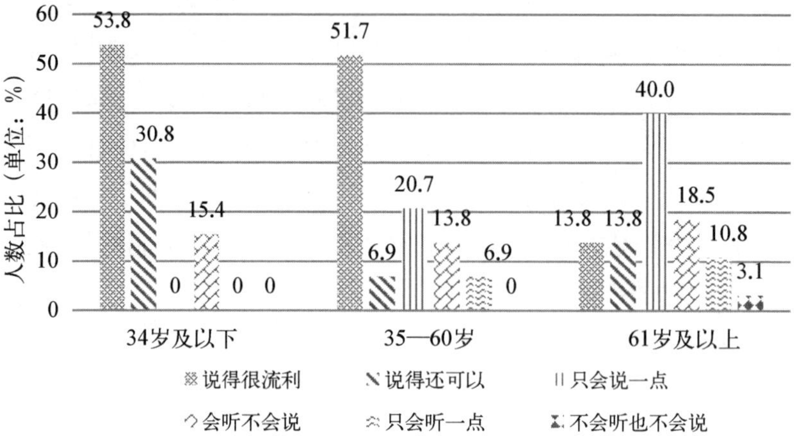

图5 各年龄段印度尼西亚归侨及侨眷的岗美话听说能力统计

由上图可知，岗美话的使用情况在印度尼西亚归侨群体中呈上升趋势。61岁及以上的群体大多只会说一点岗美话。这是因为在日常的市集购物中，经商的主要为岗美镇本地居民，为了能够在购物时进行交流，印度尼西亚归侨学会了最基本的岗美话生活用语。在中青年群体中，由于其从小生活在岗美镇，无论是上学还是日常交往中，都与岗美本地居民交流密切，因而大多学会了岗美话。由于35—60岁的群体部分选择与岗美镇本地居民组建家庭，年轻侨眷与岗美镇本地居民交流更加紧密，因而在34岁及以下的侨眷中讲岗美话的熟练程度有所增长。

4. 对普通话的掌握情况

由图6可知，印度尼西亚归侨群体均具备较强的普通话听说能力。这与归侨群体的社会交际需求联系紧密。在印度尼西亚居住时期，周边除客家籍华人聚居外，还有福建籍等来自其他方言区的华人居住，因此，除学会母语方言客家话、印度尼西亚官方语言印尼语外，大部分归侨还学会讲普通话，以满足与不同方言背景的华人交流的需求。加之大部分学龄儿童就读于华文学校，因而学会听说普通话。在阳江岗美华侨农场居住时期，归侨群体、退伍军人群体、本地居民等多个群体混居生活，由于各个群体的母语方

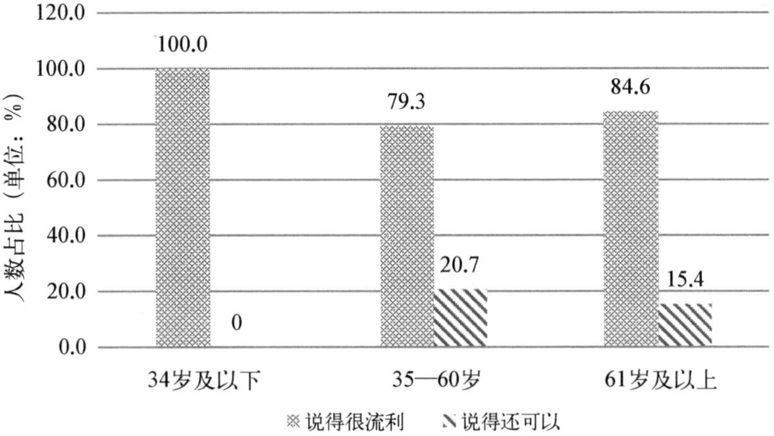

图6　各年龄段印度尼西亚归侨及侨眷的普通话听说能力统计

言有所差异，为了能够与其他群体进行交流，印度尼西亚归侨及侨眷均会讲普通话。

通过上述对印度尼西亚归侨的印尼语、客家话、岗美话和普通话的语言能力分析，可以得出以下结论。第一，随着年龄的年轻化，印度尼西亚归侨群体的客家话听说能力逐渐下降，客家话的传承受普通话和岗美话的威胁较大。第二，印尼语在阳江岗美华侨农场中已经完全丧失了生存空间。第三，普通话作为共同交际语，在阳江岗美华侨农场处于强势地位。

四、语言使用

语言使用的情况能够反映该语言在言语社区中的活力和地位。阳江岗美华侨农场的印度尼西亚归侨作为多语言多方言的掌握者，他们在不同的交际场合中使用的语言或方言也会有所不同。为了考察印度尼西亚归侨群体在不同场合中使用语言或方言的情况，本调查设置了家庭生活、邻里交流、工作场合、学校生活和市集购物五个交际场景进行考察。由于归侨群体的特殊性，本文分别调查了归侨在印度尼西亚居住时期和岗美居住时期两个不同地域的语言使用情况，侨眷则只调查其在岗美居住时期的语言使用情况。

（一）印度尼西亚居住时期

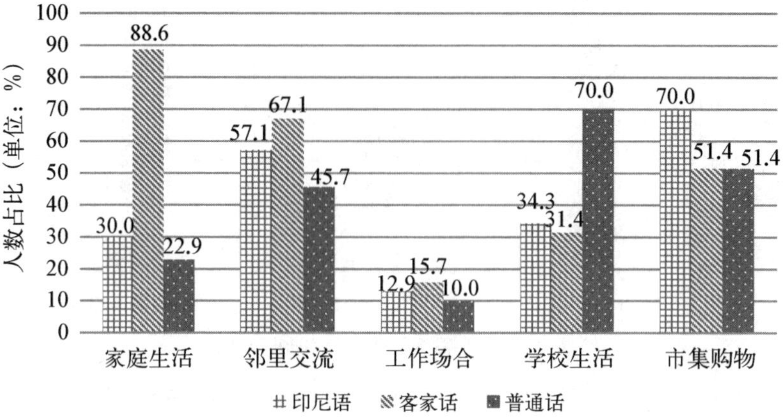

图 7 印度尼西亚归侨在印度尼西亚各场合中的语言使用情况

（注：由于部分归侨在印度尼西亚居住时没有参加工作，因而在工作场合的百分比总和低于 100%，因该题为多选题，所以部分选项的百分比总和大于 100%。）

由上图可知，在印度尼西亚居住时期，他们在不同的场合中的语言使用情况存在较大差异。

88.6%的老年归侨选择在家庭生活中使用客家话进行交流，部分非纯客家庭的受访者表示在家庭中会使用印尼语或普通话进行交流。受访的印度尼西亚归侨表示，他们大多数人是祖辈或父辈移居至印度尼西亚，家中长辈对客家话有着较为强烈的情感认同，要求家庭成员在家庭里使用客家话，因而在家庭生活中保留了讲客家话的语言习惯。

由于客家籍华人大多聚居在同一地区，因而 67.1%的老年归侨选择在邻里交流中会使用客家话进行交际。因身处印度尼西亚，官方语言为印尼语，为了能够与印度尼西亚人进行交际，在邻里交流中选择印尼语的老年归侨达 57.1%。除此之外，45.7%的老年归侨会使用普通话与其他华人进行交际。可见，他们在邻里交流中的交际用语是多样化的。

同时，受访的大部分归侨在不到 20 岁的年龄回国，因而只有个别归侨曾在印度尼西亚工作。通过访谈得知，由于他们在印度尼西亚居住时主要从事农业、手工业或零售行业，因而他们在工作场合会根据对象的不同而使用不同的语言进行交流。

在学校生活中,他们大多使用普通话进行交流,这是因为大多数学龄儿童就读于华文学校,主要使用华语进行教学,印尼语作为外语科目教授。

在市集购物中,他们会根据售卖者的身份来使用不同的语言或方言进行沟通,因而在市集购物场景下的语言使用是多样的。当经营者为印度尼西亚人时,他们会选择使用印尼语交流;当经营者为熟识的客家籍华人时,会使用客家话交流;当经营者为方言背景不同的华人时,大部分会使用普通话交流。个别受访者表示,因居住地附近福建籍华人较多,他们也学会一些福建话与福建籍华人进行交流。

由此可见,受访归侨在印度尼西亚居住时期使用的语言和方言是多样的,他们会根据具体的交际场景和交际对象选择合适的语言或方言进行交流。

(二) 岗美居住时期

1. 家庭生活

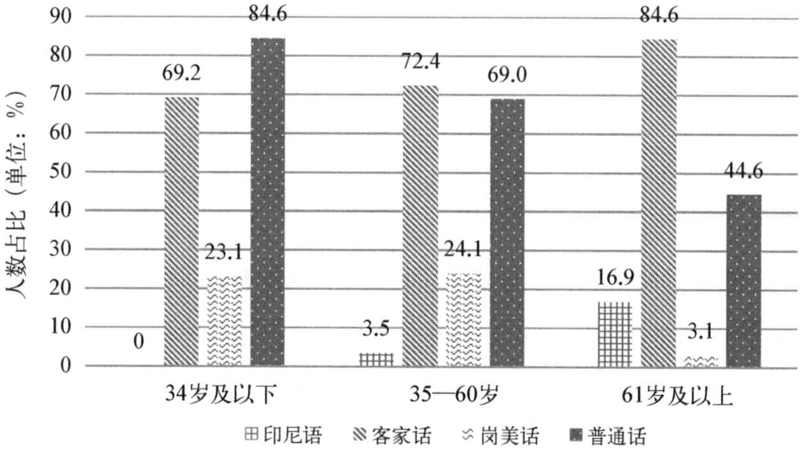

图 8 各年龄段印度尼西亚归侨及侨眷的家庭生活语言使用情况

在阳江岗美华侨农场居住时期,大多数归侨及其侨眷在家庭生活中会使用“客家话+普通话”来进行交谈。61 岁及以上的印度尼西亚归侨群体使用客家话的频率大于普通话,35—60 岁的群体使用客家话的频率与使用普通话的频率基本持平，而34岁及以下的群体则是使用普通话的频率高于客家话。

之所以会产生客家话与普通话使用频率的不同，与各年龄段群体的语言认同和语言身份有密切关系。

老年归侨大多在印度尼西亚居住时期便形成了在家庭生活中讲客家话的语言习惯，因而在阳江岗美华侨农场中也主要跟父母、同辈讲客家话。但是由于后辈已经较少讲客家话，因而为了能够与后辈进行交流，部分老年归侨也会在家庭生活中使用普通话。另一方面，部分归侨与非客家人结婚，为了能够沟通顺畅，在家庭生活中使用普通话进行交谈。

在35—60岁的群体中，他们大多数人只有在与父母进行交流时，会选择使用客家话。与自己的同辈交流时，则会根据同辈的语言能力来选择客家话或普通话。在与子女沟通时，为了发展孩子的普通话能力，所以他们主要使用普通话，较少使用客家话。

在访谈的过程中，询问34岁及以下群体在家庭中使用客家话的具体情况时，虽然部分人选择了会使用客家话的选项，但是大多数受访者会表示自己往往是在回答长辈的问题时使用客家话，而主动跟长辈交流时优先选择普通话。

选择印尼语与家人交流的家庭大部分是夫妻双方均为印度尼西亚归侨，且双方都会讲印尼语。在这样的家庭中，他们的部分儿女也会听懂一些印尼语并会讲一两句印尼语。

在家庭中使用岗美话的情况则为少数。从统计数据来看，61岁及以上的归侨中有3.1%的人会在家庭生活中使用岗美话，60岁以下的群体在家庭中使用岗美话进行交际的人数虽有增多，但仍为少数。这与归侨群体的家庭成员组成情况相关，使用岗美话交流的家庭主要是因为伴侣或后代的伴侣为岗美镇本地居民。但因为家庭成员仍以归侨群体为主，所以为方便不同家庭成员之间的沟通交流，大多归侨家庭选择使用普通话作为家庭用语，只有少数归侨家庭会使用岗美话进行辅助交谈。

从总体来看，印度尼西亚归侨群体在家庭生活中使用印尼语和岗美话的频率较低，主要使用普通话和客家话进行交流。随着年龄的变化，越年轻的侨眷越倾向于放弃客家话而选择普通话。

2. 邻里交流

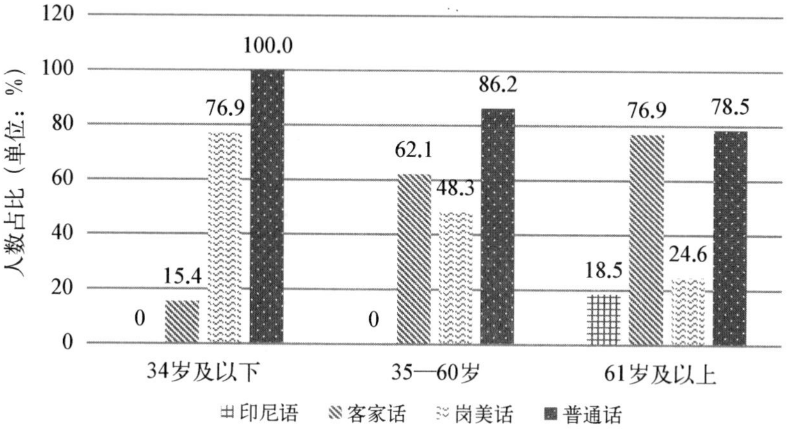

图9　各年龄段印度尼西亚归侨及侨眷邻里交流语言使用情况

在邻里交流中,印度尼西亚归侨及侨眷以普通话作为主要的交际语言。客家话在邻里交流中的使用频率随着年龄层的年轻化呈现下降趋势。造成这一现象的主要原因是归侨群体与岗美镇本地人逐渐融合。老年归侨在归国时被统一安置在政府为其修建的居民楼区域居住,当时的邻里主要为归侨群体,后加入华侨农场中居住的退伍军人群体也主要讲客家话,因而大多数归侨会使用客家话与邻里交谈。随着华侨农场的解体,年轻侨眷与岗美镇本地人居住在同一社区当中,因而普通话和岗美话在邻里间的使用频率逐渐升高,客家话的使用频率逐渐降低。

3. 工作场合

在工作场合中,印度尼西亚归侨及其侨眷均以普通话为主要的交际语言。

阳江岗美华侨农场在集体生产的时期,印度尼西亚归侨与本地居民在一起作业,为了沟通便利,主要选择普通话进行交流。又由于同一批次回国的归侨会分配到同一队伍中,因而在与自己相熟的客家归侨共同劳作时,也会选择使用客家话交谈。在工作中使用岗美话的印度尼西亚归侨则主要是商业经营者和事业单位工作者。

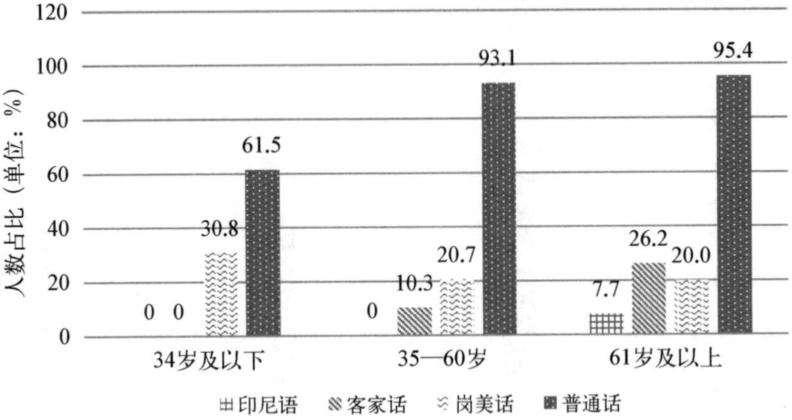

图10　各年龄段印度尼西亚归侨及侨眷工作场合语言使用情况
（注：由于34岁及以下的部分侨眷为尚未参加工作的学生，因而百分比总数低于100%。）

随着华侨农场改革，侨眷的工作场合不再局限在华侨农场中，部分侨眷到阳春市主城区工作，也有部分侨眷到广州、深圳等城市工作。因此，侨眷的工作用语主要是普通话，部分留在岗美镇工作的侨眷会使用岗美话进行工作交流。

4. 学校生活

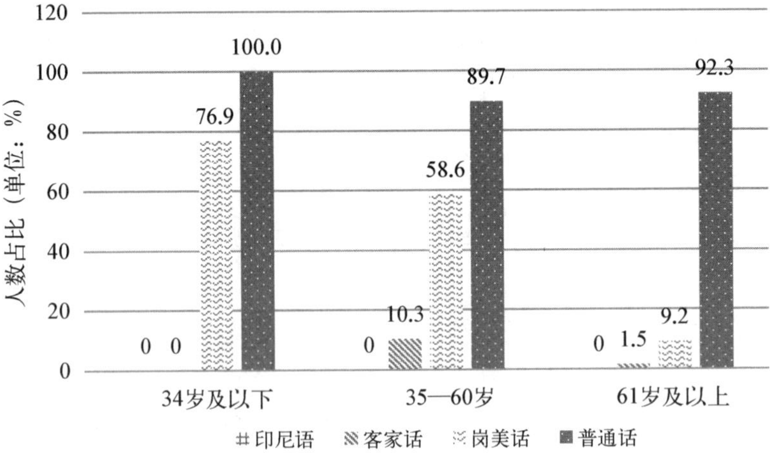

图11　各年龄段印度尼西亚归侨及侨眷学校生活语言使用情况

在学校里,印度尼西亚归侨及侨眷使用的语言从以“普通话”为主逐渐转向“普通话+岗美话”。这与阳江岗美华侨农场的教育情况有关。

为满足适龄归侨的教育需求,阳江岗美华侨农场建立之初开设了风门中学和几所连队小学。考虑到归侨适龄儿童不会听也不会讲岗美话,因此当时学校主要使用普通话进行教学,并聘请了一部分青年归侨作为教师。随着归侨群体与岗美镇本地居民的融合,风门中学和连队小学接连解散,青年侨眷与岗美镇本地居民共同就读于当地的学校中。因此,青年侨眷逐渐学会讲岗美话,岗美话也逐渐成为师生间的交际用语。

5. 市集购物

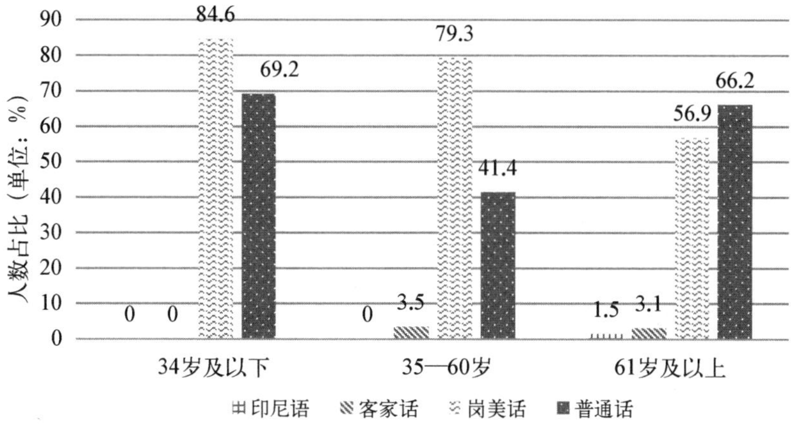

图 12 各年龄段印度尼西亚归侨及侨眷市集购物语言使用情况

在市集购物中,印度尼西亚归侨群体主要使用岗美话和普通话进行交流。相较于其他场所,35 岁以上的归侨及侨眷在市集购物时使用岗美话的占比较高。这是因为商业经营者大多数为岗美镇本地居民,为了能够顺利购买相关物品,大部分归侨及侨眷学会日常用品的岗美话用语。大部分选择“会说一点岗美话”的归侨受访者表示,他们基本上只会在市集购物时使用岗美话。

通过综合分析以上五个场景中印度尼西亚归侨及侨眷的语言使用情况,可以得出以下结论。第一,归侨群体在家庭生活中以“客家话+普通话”为主要的交际语言,但是不同年龄段使用客家话与普通话的频率有所不同。

在邻里交流、工作场合和学校生活中均以普通话为主要的交际语言,在市集购物中以“岗美话+普通话”为主要交际语言,普通话在各个场合中均占据重要的交际语言地位。第二,老年归侨在日常生活中使用客家话的频率较大,34 岁及以下的侨眷使用客家话的频率较小,使用范围明显减少。客家话在阳江岗美华侨农场的地位逐渐下降。第三,随着年龄的年轻化,客家话使用场合逐渐缩小、使用频率逐渐下降的同时,岗美话的使用场合逐渐增加、使用频率逐渐提升。

五、语 言 态 度

语言态度影响着语言的形成、传承与消亡。通过对一个群体语言态度的分析,可以预测该种语言在未来的发展趋势。本次调查通过语言认知、语言价值判断、语言传承三个维度探析阳江岗美华侨农场印度尼西亚归侨群体对传承客家话的态度,从而预测客家话在此华侨农场的未来发展态势。

(一) 语言认知层面

由于岗美华侨农场周边部分居民为政府安置的退伍军人,这些退伍军人大多来自信宜等地,他们所讲信宜客家话与归侨所讲的梅县客家话存在一定差异。为了解印度尼西亚归侨能否区分自己所讲的梅县客家话和退伍军人所讲的信宜客家话,本次调查特别设置了“您认为您所讲的客家话与退伍军人客家话是否一样”和“您认为您所讲的客家话与祖籍地客家话是否一样”两题。

1. 与退伍军人客家话是否相同

从调查结果来看,大多数 35 岁以上的印度尼西亚归侨群体认为自己所讲的客家话与退伍军人所讲客家话不一样。

在 34 岁及以下的侨眷群体中,仅有 38.5%的受访者选择了“不一样”的选项,另有 30.8%的受访者选择了“不清楚”的选项,这说明年轻一代的侨眷对自己所讲的客家话与退伍军人所讲客家话的区分度降低。

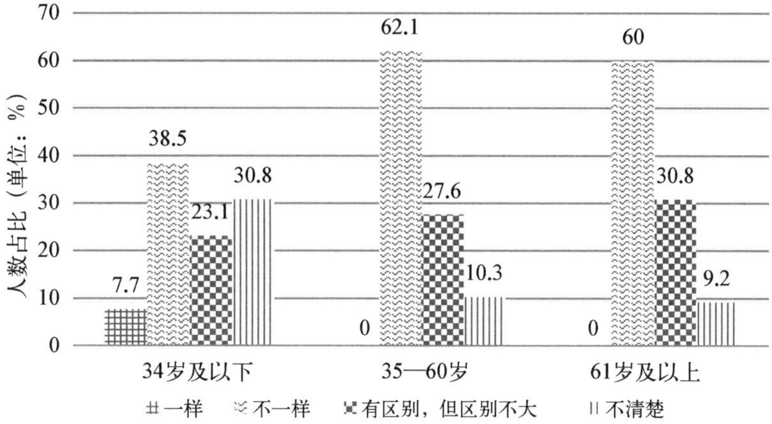

图 13　各年龄段印度尼西亚归侨及侨眷对自己所讲客家话与退伍军人客家话是否相同的看法

7.7%的 34 岁及以下受访者选择了“一样”的选项。出现这一现象的主要原因是部分归侨群体与退伍军人群体缔结婚姻，部分年轻侨眷的父母一方为归侨群体，另一方为退伍军人群体，他们在家庭生活中使用客家话进行交谈，使得年轻侨眷认为父母双方所说的客家话几乎没有区别。这一现象也从侧面表明，印度尼西亚归侨客家话与退伍军人信宜客家话在相互交流的过程中相互影响、相互融合。

2. 与祖辈讲的客家话是否相同

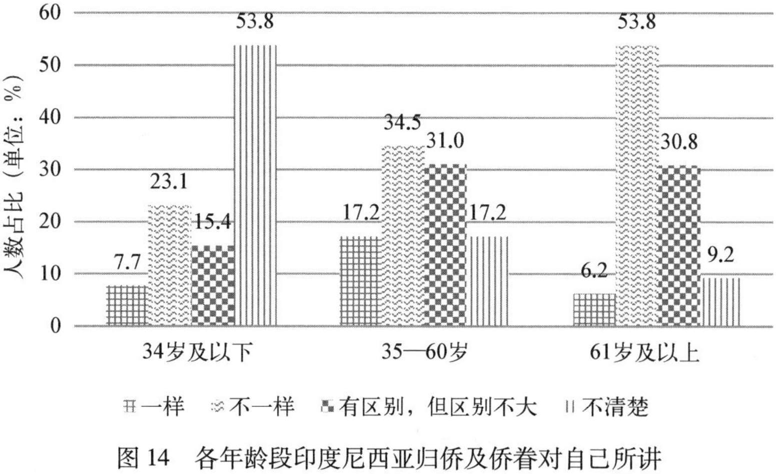

图 14　各年龄段印度尼西亚归侨及侨眷对自己所讲客家话与祖辈客家话是否相同的看法

在问到自己所说的客家话与祖籍地的客家话是否一致时,61 岁及以上的群体大部分认为自己所说的客家话与祖籍地的客家话有区别。这是因为许多老年归侨归国后曾前往祖籍地寻根,在与留在祖籍地的亲人取得联系后发现自己所讲的客家话与祖籍地的有所不同。在访谈的过程中,许多归侨都曾表示自己说的客家话比较“硬”,不似祖籍地那么“软”。在 35—60 岁的群体中,有 17.2%的人选择了“不清楚”的选项,而在 34 岁及以下的群体中,有 53.8%的人选择了“不清楚”的选项。这是因为年轻一代的侨眷与祖籍地的亲人基本没有了联系,因而不了解祖籍地客家话的情况。由此可知,35 岁以上的印度尼西亚归侨群体对自己所讲的客家话有着比较清晰的认知,年轻一代的侨眷对客家话的认知下降,对祖籍地客家话与退伍军人客家话的差异认知逐渐模糊。

(二)语言价值判断层面

本问卷参考陈嘉乐(2020)、吴婷(2022)的语言生活调查报告,设置了“最亲切”“最有用”“最有地位”三个角度的问题调查印度尼西亚归侨群体对自己所掌握的语言和方言的看法。其中,“最亲切”考察的是受访者对主要掌握语言或方言的情感态度,“最有用”考察的是语言或方言的实用价值,“最有地位”考察的是语言或方言的社会地位。统计结果如表 2。

表 2 各年龄段印度尼西亚归侨及侨眷对主要掌握语言的看法

调查项		年龄段		
		34 岁及以下	35—60 岁	61 岁及以上
哪种话最亲切	印尼语	0	0	1.5%
	客家话	38.5%	44.8%	70.8%
	岗美话	15.4%	6.9%	0
	普通话	46.2%	48.3%	27.7%

（续表）

调查项		年龄段		
		34 岁及以下	35—60 岁	61 岁及以上
哪种话最有用	印尼语	0	0	0
	客家话	0	0	9.2%
	岗美话	30.8%	27.6%	13.9%
	普通话	69.2%	72.4%	76.9%
哪种话最有地位	印尼语	0	0	0
	客家话	0	0	6.2%
	岗美话	38.5%	34.5%	32.3%
	普通话	61.5%	65.5%	61.5%

从统计结果来看，61 岁及以上的印度尼西亚归侨认为客家话最亲切的占比 70.8%，35—60 岁的群体认为客家话最亲切的占比 44.8%，34 岁及以下群体认为客家话最亲切的占比 38.5%，可见印度尼西亚归侨及其侨眷对客家话的情感认同随着年龄的减小而降低。相反，对岗美话和普通话的情感认同随着年龄的减小而逐渐提升。在认为“哪种话最有用”一题中，大部分印度尼西亚归侨及其侨眷认为普通话在阳江岗美华侨农场中最有用，也有小部分受访者认为岗美话在农场中最有用。而对于客家话，只有 9.2%的 61 岁及以上的归侨认为是最有用的方言。在认为“哪种话最有地位”一题中，印度尼西亚归侨群体均认为普通话在阳江岗美华侨农场中最有地位，岗美话次之。而客家话则处于弱势地位，仅有 6.2%的老年归侨选择了客家话是最有地位的日常用语。

以上数据表明，61 岁及以上的印度尼西亚归侨对客家话拥有较强烈的认同感和归属感，越年轻的侨眷对客家话越缺失认同感和归属感。在普通话和岗美话的影响下，客家话在阳江岗美华侨农场中逐渐失去实用价值，社会地位较低。

（三）语言传承层面

为了解印度尼西亚归侨群体对传承客家话的态度，特从行为倾向和忧患意识两个方面进行探究。行为倾向方面通过“您的父辈会要求您讲客家话吗”和“您会要求您的后辈讲客家话吗”两个问题考察；忧患意识方面设置“您认为岗美华侨农场的客家话是否需要传承”问题考察。

1. 行为倾向

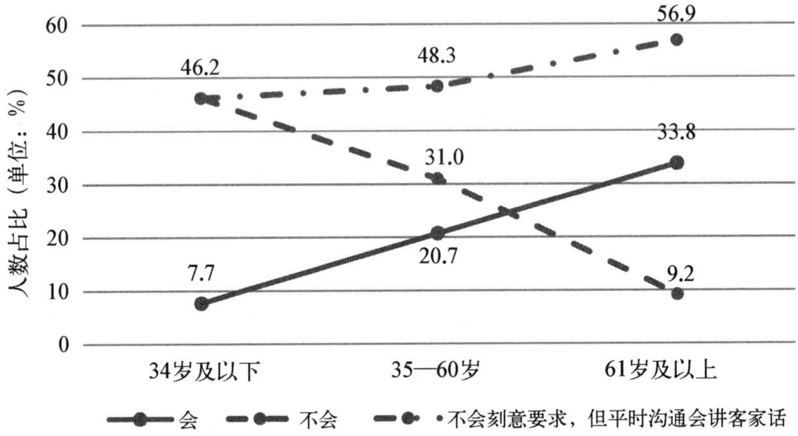

图 15 各年龄段印度尼西亚归侨及侨眷父辈是否要求自己讲客家话情况统计

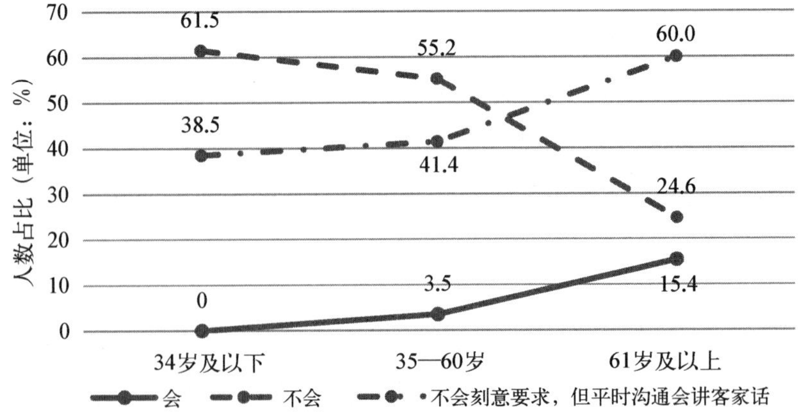

图 16 各年龄段印度尼西亚归侨及侨眷是否要求后辈讲客家话情况统计

由上述两图可知，选择“父辈不会要求自己讲客家话”和“不会要求后辈讲客家话”的比例随着年龄的减小而逐渐升高，这说明印度尼西亚归侨群体对于客家话传承的意愿是逐渐降低的。需要注意的是，在34岁及以下的侨眷中，部分受访者未婚未育，因而在回答“是否要求后辈讲客家话”时为假设性提问。

从调查结果看，34岁及以下的侨眷没有人选择“会要求后辈讲客家话”的选项，这与青年侨眷自身客家话使用能力弱有密切关系。部分青年侨眷受访者表示，自己的客家话已不再标准，且日常生活中较少使用客家话，因而不强求后辈学习客家话。

2. 忧患意识

表3　各年龄段印度尼西亚归侨侨眷对华侨农场客家话传承的态度

年龄段	态度倾向		
	需要	不需要	中立态度
34岁及以下	46.2%	7.7%	46.2%
35—60岁	51.7%	3.5%	44.8%
61岁及以上	64.6%	10.8%	24.6%

由上表可知，61岁及以上的印度尼西亚归侨对于传承客家话的意愿最为强烈，35—60岁的归侨及侨眷超过半数认为需要继续传承，34岁及以下的侨眷认为需要继续传承的人数下降至46.2%。这也印证了印度尼西亚归侨群体对于传承客家话的意愿逐渐下降的趋势。从访谈情况来看，大部分选择“中立态度”的受访者认为语言的使用应该尊重个体的自由选择，不强求后辈传承客家话。而选择“不需要”的受访者则主要认为在普通话使用范围越来越广的今天，年轻一辈为了更好融入社会生活，自然而然会选择学习普通话，客家话的消亡是不可避免的。

行为倾向和忧患意识的调查结果都表明年轻侨眷对传承和保护客家话的意愿较为消极，客家话在阳江岗美华侨农场的传承存在危机。如何提高年轻侨眷对客家话的归属感和认同感,是保护和传承阳江岗美华侨农场印度尼西亚归侨客家话需要解决的问题。

六、结 语

本次调查以阳江岗美华侨农场的印度尼西亚归侨及其侨眷为对象,进行语言能力、语言使用和语言态度三个维度的考察。通过对所得的数据进行统计分析,得出以下结论:

1. 在语言能力方面,阳江岗美华侨农场的归侨及侨眷均为多语言多方言使用者,大部分归侨及侨眷会讲客家话、普通话,部分归侨及侨眷还会讲岗美话。从语言习得的代际差异来看,各年龄组别的语言习得情况差异较大。老年归侨普遍会讲客家话,青年侨眷讲客家话的能力较弱。

2. 在语言使用方面,归侨群体无论在印度尼西亚居住还是在岗美华侨农场居住,都会根据不同的场合选择不同的语言或方言进行交际。在印度尼西亚居住时期,老年归侨在家庭生活中主要使用客家话,在邻里交流、学校生活和市集购物等开放性场所中,则会根据交流对象的不同而选择客家话、印尼语或普通话进行交流。在岗美华侨农场居住时期,印度尼西亚归侨及侨眷在家庭生活中以客家话和普通话为主要用语,但是不同年龄段的群体使用客家话与普通话的频率有所不同。老年归侨在家庭中主要使用客家话进行交流,大多数人只有在与后辈交流时使用普通话;35—60 岁的群体大多数只有在与父母交流时会使用客家话,与同辈交流则主要使用普通话和客家话,与后辈交流则以普通话为主;34 岁及以下的侨眷大多数选择用普通话与家人交谈,客家话成为其家庭辅助用语。除此之外,印度尼西亚归侨及侨眷在邻里交流、工作场合和学校生活中均以普通话为主要的交际语言,在市集购物中以岗美话和普通话为主要交际语言。在客家话的使用场合逐渐缩小的同时,岗美话的使用场合不断扩大,普通话成为各个场合的主要交际语言。

3. 在语言态度方面,61 岁及以上的印度尼西亚归侨对客家话有着清晰的认知和强烈的情感认同,对传承客家话有着较为强烈的意愿。但是随着侨眷群体逐渐融入当地生活和普通话逐步推广，侨眷对客家话的认知水平和情感认同明显下降，对传承客家话的意愿也较为消极。

综上所述，印度尼西亚归侨客家话在阳江岗美华侨农场中面临着日益式微的困境。除了受普通话和岗美话的影响外，年轻侨眷对客家话认同意识和传承意识的降低是其难以为继的关键所在。印度尼西亚归侨群体在家庭生活中引导青少年侨眷学习客家话，在日常生活中有意识地使用客家话交流，在潜移默化中提高侨眷对客家话的认同感和归属感，才有机会遏制阳江岗美华侨农场印度尼西亚归侨客家话走向衰落的步伐。

参考文献

陈嘉乐　2020　《马来西亚亚庇客家华人语言生活调查报告》，《南方语言学》第 16 期。

陈晓锦　2003　《马来西亚的三个汉语方言》，中国社会科学出版社。

陈晓锦　2010　《泰国的三个汉语方言》，暨南大学出版社。

陈晓锦　2014　《东南亚华人社区汉语方言概要》，世界图书出版广东有限公司。

陈颖、蔡炜浩　2016　《美国纽约华人社会的语言生活和语言认同》，《海外华文教育》第 2 期。

龙祉均　2022　《广州花都华侨农场越南归侨语言生活调查报告》，《南方语言学》第 1 期。

王涤非、邵　宜　2019　《印尼西加里曼丹省客家话语言生态调查报告——以山口洋市及其近郊为例》，莫超主编《域外乡愁的回音——第六届海外汉语方言国际研讨会论文集》，世界图书出版广东有限公司。

吴　婷　2022　《肇庆大旺华侨农场越南归侨客家话语音研究》，暨南大学硕士论文。

吴忠伟　2016　《印尼棉兰美达村客家话调查记略》，陈晓锦、甘于恩主编《汉语方言在海外的播迁与变异——第四届海外汉语方言国际研讨会论文集》，世界图书出版广东有限公司。

马来西亚潮汕方言中的英语借词特点初探

许婉虹
（广东技术师范大学）

提要　本文从音节、组成形式和语音形式等几个方面分析了马来西亚潮汕方言中英语借词的特点。

关键词　马来西亚　潮汕方言　英语借词

一、马来西亚潮汕方言概况

马来西亚是一个多民族、多文化的国家，不同种族不同籍贯的人共同生活在这片土地上，不同的语言和文化并存，是一个典型的多语社会。马来语为国语，英语为第二语言，广泛应用于行政、工商、科技教育、服务、媒体等多个方面，马来西亚的大部分人都能使用马来语和英语；华语是华人社群的通用语，在华人日常工作生活中使用较广泛；华人社区中还有各种汉语方言，如广东话（粤语）、福建话（闽南话）、客家话、潮州话（粤东闽语）海南话等；此外还有印度裔的淡米尔语和其他印度方言，马来西亚少数民族的伊班语、卡达山语等少数民族语言。

（一）马来西亚潮汕方言的分布

马来西亚由东马和西马两部分组成，东马指婆罗洲北部，包括沙巴州、砂拉越州和纳闽；西马位于马来半岛，包括吉隆坡、布城、玻璃市州、吉打州、槟榔屿州、吉兰丹州、登加楼州、霹雳州、雪兰莪州、彭亨州、森美兰州、马六甲州、柔佛州。

大量潮汕籍华人的到来,为马来西亚的建设和经济提供了劳动力,也带来了他们的祖籍地方言——潮汕方言。潮汕方言是流行于粤东地区的闽南方言,在海外一般称之为“潮州话”。随着华人漂洋过海并在马来西亚扎根的潮州方言,在马来西亚诸多汉语方言中处于中间地位,与广东话(粤语)、闽南话、客家话合称为华人四大方言,在大马境内既非强势方言也不处于最弱势的地位。

(二) 马来西亚潮汕方言的语音特点

从总体上看,马来西亚潮汕方言内部仍保留着很高的一致性。潮汕方言虽已在大马境内落地生根,但仍然保留着大量本土潮汕方言的语音特征,这些特征也成为马来西亚潮汕方言大多数共同点的来源。除了祖籍地特征外,还有部分共同点是潮汕方言到了大马之后才出现的,这些新生的语音特征也是马来西亚潮汕方言内部的趋同特征,是区别于本土潮汕方言的具体体现。

而潮汕方言随着潮籍华人在马来西亚境内各个城市乡村落地生根之后,各自发展,受多种原因影响,逐渐形成不同的语音特征,根据差异特征,大致可将马来西亚潮汕方言分为三种类型: 1) 以吉隆坡等为代表的,以本土澄海的语音为主,兼具部分潮安和揭阳的特征;2) 以新山和亚庇等为代表的,以潮安和部分澄海的语音为准;3) 以槟城为代表的,以本土潮阳和揭阳的语音为主的。

二、马来西亚潮汕方言中的英语借词

David S. Li(1996)认为,如果我们把某种外语来源的词语表达称作借用的话,这就意味着它已经成为该言语社团的语库的一部分,音位与形位已经完全与主导语言融合。还有一个概念是临时借用,主要区别在于使用频率、接受程度和音位融合程度等方面。

主导语言会对借词进行语音形式上的改造，使其适应主导语言的语言习惯，主要表现为删减音节数、赋予声调等。

马来西亚潮汕方言中外语介词的类别主要有英语借词和马来语借词，除此之外还有一些来自但米尔语和当地少数民族语言的词汇。

（一）音节数

以双音节词为主，部分在英语音译后加表性质的词或通名。音译时，原英语词/词组在潮州话语音中以相近的读音呈现，但音节数并不完全对等。

1. 单音节词的英语词可被译为单音节，也可被译为双音节或多音节。如：

表格	form	foŋ^{33}
蛋糕	cake	kɛk^{2}
领结	bow tie	bo^{35}t^{h}ai^{33}
退房	check out	ʦɛk^{5}Øauʔ^{2}
标签	mark 头	mak$^{5-2}$t^{h}au^{55}
表格	form 纸	p^{h}oŋ^{21}ʦua^{53}
投篮	shoot 球	suk$^{2-5}$kiu^{55}
啤酒	beer 酒、白 beer	bik$^{5-2}$ʦiu^{53}/pɛʔ$^{5-2}$bik^{5}
芝士	cheese	ʦ^{h}i^{55}sɯ^{35}
刹车器	brake	bə^{33}lɛk^{5}
护士	miss	mi^{21}si^{33}

2. 双音节英语词可被译为单音节、双音节或多音节。如：

芝士	cheese	ʦ^{h}i^{55}sɯ^{35}
刹车器	brake	pɯ^{33}lɛk^{5}
兰花	orchid 花	Øo^{33}kik$^{5-2}$huɛ^{33}
三文鱼	salmon 鱼	sam^{33}buŋ$^{55-22}$hɯ^{55}
录像带	video	bi^{33}ti^{55}Øo^{53}
市的元首	mayor	mɛ^{33}Øi^{33}Øə^{35}

3. 多音节词有的被译成双音节,有的被译后音节数与原词对应。如下:

双音节	铝	aluminum	bi^{35}liaŋ^{55}
双音节+汉字	铝锅	aluminum 锅	bi$^{53-35}$liaŋ$^{55-21}$øuɛ^{33}
三音节	比基尼	bikini	pi^{21}ki^{33}ni^{55}
	巧克力	chocolate	ts^{h}ok^{5}kɯ^{33}lɯk^{5}
	维生素	viatman	øui^{21}t^{h}a^{33}meŋ^{35}
三音节+汉字	烤炉	BBQ 炉	ba^{33}bi^{33}k^{h}iu^{53}lou^{55}
四音节	超市	supermarket	siu^{33}p^{h}ə^{33}ma^{33}kek^{5}
	公里	kilometer	ki^{33}lo^{55}mi^{33}t^{h}ɯ^{55}
四音节+汉字	铝锅	aluminum 锅	øa^{33}lu^{33}mi^{33}niaŋ^{21}øuɛ^{33}

英语借词音译基本上按照原音节数对译,个别在对译删减音节,使之成为更符合潮汕方言表达习惯的形式,如 folder(文件夹)译为 fau^{33};aluminum(铝)译为 bi^{35}liaŋ^{55}/bi^{35}liaŋ^{33}。

(二)组成形式

潮州话中英语借词主要为名词,其次是动词。成词形式也有多种:

1. 纯音译

将英语单词或词组读成符合潮州话发音规则的音,是潮州话音译词中常见的形式。如 tie/neck tie(领带)译为 t^{h}ai^{33}/lek^{5}t^{h}ai^{55}、percent(百分比)译为 p^{h}a^{33}sɛŋ^{33}/pa^{33}siaŋ^{33}、aluminum(铝)译为 bi^{35}liaŋ^{55}等。纯音译的借词在词或词组中充当其相同意义的汉语词的语法功能,如,食 buffet(吃自助餐)tsiaʔ$^{5-2}$bu^{33}fɛ^{55}、拍 boxing(打拳击)p^{h}aʔ$^{2-5}$bok^{5}sɪŋ^{55}、做 order(预定)tso$^{21-55}$øo^{33}tɯ^{55}、响 horn(鸣笛)hiaŋ$^{53-35}$hoŋ^{33}、踏 brake(踩刹车)taʔ$^{5-2}$pɛ^{33}lɛk^{5}等,从这些例子可以看出,音译后的英语借词仍然有语义和语法功能,作为名词可

以与动词结合形成述宾结构，音译词作为宾语与汉语词有相同的语法功能。

2. 音译+汉语词

还有相当一部分英语借词与汉字词组合形成“音译+汉语词”或者“汉语词+音译”的形式，音译部分在词或词组中可充当不同的构词成分，语法功能等同于相同意义的汉语词。“语素化”，汉语外本来采用的是全部音译的办法，后来使用长久了，其中某个音节似乎可以代替整个词语，也好像获得了某种意义。如奥林匹克运动会——奥运村、奥运会；的士——打的、的哥、面的、飞的；巴士——大巴、中巴、小巴等。这是汉语化进程中的一种特殊表现。（邵敬敏，2017：140）

英文单词本身就语义就是完整的语义了，但在潮汕方言的使用中，通常会在英语单词或其某个音节前或后加上汉语词，英语借词可充当不同的语法成分，与汉语词组成词组。

3. 英语借词做中心语

英语借词+汉语补语。英语借词本身就已是完整的语义，但潮州话在借用过程中在借词后加入汉语词以补充说明该物品的类属性质，使之成为一个定中结构的词组，英语借词做中心语汉语词做补语补充说明，词组的语义仍与原来英语词的语义相同。如 tissue 纸（纸巾）$ti^{33}siu^{21}tsua^{53}$、cookie 饼（曲奇饼干）$k^{h}uk^{5}ki^{21}pĩã^{53}$、bus 车（客车）$ba^{21}ts^{h}ia^{33}$、pin 针（别针）$piŋ^{33}tsam^{33}$等。

4. 汉语定语+英语借词

英语借词作为中心语有词根的作用，不同的汉语词定语修饰可组成不同语义相关的词组，如“card（卡片）” kak^{5}可作为词根与不同定语组成不同种类的卡，如：

名 card	$mia^{55-21}kak^{5}$
红 card	$øaŋ^{55-21}kak^{5}$
黄 card	$ŋ^{55-21}kak^{5}$
信用 card	$siŋ^{213-53}øɛŋ^{21}k^{h}ak^{5}$

jam 原义为果酱 ʥuem^{53}，但作为借词可泛指各种酱，如果酱 kuɛ$^{53-35}$ʥiam$^{53-21}$、花生酱 ti^{22} tau^{22} ʥiam^{53}，还有驶车 license（驾照）sai$^{53-33}$ʦ^{h}ia^{33}loi^{33}sɛŋ^{33}，白 beer（白啤酒）pɛʔ$^{5-2}$bik^{5}等。这些借词语义上已经固定，有词根的作用，可以跟不同的定语组合成成系列的词组。

5. 英语借词做定语

大多数英语借词为名词，有部分可作为修饰语，放在汉语名词前充当定语成分。如 bus 票（公车票）pa^{33} p^{h}iɛ^{21}、BBQ 炉（烤炉）pa^{33} bi^{53} k^{h}iu^{55} lou^{55}、aluminum 锅（铝锅）bi$^{53-35}$liaŋ$^{55-21}$Øuɛ^{33}、glass 籽（玻璃弹珠）go^{21}ʦi^{53}等。

6. 英语借词做述语

英语借词在潮州话中还可做述语，做述语的借词一般为动词，其后可跟宾语或补语构成述宾或述补结构，如 park 车（停车）p^{h}aʔ^{5} ʦ^{h}ia^{33}、shoot 球（投篮）suk$^{2-5}$kiu^{55}、order（订购）Øo^{33}tɯ^{55}等。

7. 英语借词+词缀

英语借词"语素化"的一个重要证据就是英语借词与汉语词缀的组合，如英语借词与汉语词缀"仔"组合 comic 仔（动画）ko^{33}mi^{55}ʦai^{35}，与词缀"兄"组合 kuli 兄（蓝领）ku^{55}li^{55}hĩã^{33}，与词缀"头"组合 mark 头（标签）mak$^{5-2}$ t^{h}au^{55}；取英语单词中的一部分与"籽"组合 glass 籽（玻璃弹珠）go^{21}ʦi^{53}等。

（三）语音形式

潮汕方言中的英语借词在语用过程中读音发生了变化，读音转化成以潮汕方言声韵调规则重组，形成了由声母、韵母和声调组成的音节或音节组。

1. 在声母上，英语借词在被借用时，元音前的辅音字母在借词中成为声母，有的复辅音和辅音韵尾被增加元音之后成为新的音节，这些借词的辅音在潮汕方言中读音与其原读音存在差异。

（1）b 读为 p。英语中有大量的双唇浊音 b，潮州话中有鼻冠音声母 m^{b}，但辖字不多，且有部分辖字已逐渐丧失浊音成分读为清辅音 p，因此借词中的辅音 b 在潮汕方言中一般读为 p。如：

bus 票（车票）	pa^{33}p^{h}iɛ^{21}
beer 酒（啤酒）	pi^{21}ʦiu^{53}
brake（刹车器）	pɯ^{33}lɛk^{5}
bowling 球（保龄球）	po$^{53-33}$lɛŋ$^{53-21}$kiu^{55}

（2）m 读为 b。英语借词中有个别读为 b，这应该是受汉语读音的影响。在当地，salmon 直接用“三文”，“文”的潮汕方言读音即 buŋ^{55}，aluminum（铝）则常被写成汉字“米良”，声母 b 即来自汉字“米”的读音。如：

salmon 鱼（三文鱼）	sam^{33}buŋ$^{55-22}$hɯ^{55}
aluminum（铝）	bi^{35}liaŋ^{55}

（3）v 读为 b。潮汕方言中没有双唇浊辅音 v，借词中辅音 v 读为 b，如：

driver（司机）	zuai^{33}bɯ^{55}
video（录像带）	bi^{33}ti^{55}Øo^{53}

（4）f 读为 p/p^{h} 或 h。大多数潮汕方言中本来是没有唇齿音声母 f 的，其他方言中读为 f 声母的潮汕方言中读为双唇音 p/p^{h} 或 h，借词的读音也按照这种处理方式，f 读为 p/p^{h} 或 h，更符合发音习惯。如：

office（办公室）	Øou^{33}pik^{5}
form 纸（表格）	p^{h}oŋ^{21}ʦua^{53}
flim（胶卷）	hui^{33}liŋ^{55}/hi^{33}liŋ^{55}

（5）d 读为 t。潮汕方言的音系中没有 d 音素，英语借词中原读为 d 的改读为 t，失去浊音特征。如：

sardines 鱼（沙丁鱼）	sa^{33}tɛŋ^{33}hɯ^{55}
soda（苏打）	so^{33}ta^{53}
donut（甜甜圈）	to^{33}nɯt^{5}
hotdog（香肠）	ho^{33}tok^{5}

（6）tr 读为 t^{h}。如：

tractor（拖拉机）	t^{h}uɛk^{5}t^{h}ɯ^{55}

（7）dr/ʤ 读为 dz。如：

driver（司机）	ʣuai^{33}bɯ^{55}

engine(引擎) Øɛŋ^{33}ʥiŋ^{55}

(8) 舌叶塞擦音、擦音读为舌尖塞擦音,舌尖擦音 ts/ʦ^{h}/s。潮汕方言音系中没有舌叶音,只有舌尖塞擦音和舌尖塞音,英语借词中的舌叶音也被舌尖塞擦音和舌尖擦音替代。如:

check(支票) ʦɛk^{5}

chocolate(巧克力) ʦ^{h}ok^{5}kɯ^{33}lɯk^{5}

shoot 球(投篮) suk$^{2-5}$kiu^{55}

tissue 纸(纸巾) ti^{33}siu^{21}ʦua^{53}

2. 在韵母上,英语借词也根据潮汕方言的语音特点进行调整。

(1) 英语借词在潮汕方言中的读音与原读音存在差异,其中一个表现就是潮汕方言中的英语借词辅音韵尾的脱落,由原来的闭音节成为开音节。如:

file(文件夹) fãĩ^{55}

Email(电子邮件) Øi^{55}meu^{53}

percent(百分比) p^{h}a^{33}sɛŋ^{33}

park 车(停车) p^{h}a^{33}ʦ^{h}ia^{33}

(2) 韵尾变化。英语中有丰富的辅音韵尾,但潮州话中只有"m、ŋ、p、k、ʔ"5 个辅音韵尾,在借用英语词的时候,英语丰富的辅音韵尾被变读成潮汕方言中的常用韵尾,使其更适应方言发音习惯。其中 m 韵尾有部分读为 ŋ、p 韵尾部分读为 ʔ,这在潮汕方言的固有字词中也经常出现,是语音演变而来。如:

(3) n 读为 ŋ。如:

horn(喇叭) hoŋ^{55}

license(执照) lai^{33}sɛŋ^{55}

lemon(柠檬) lɛŋ$^{55-21}$moŋ^{53}

(4) m 读为 ŋ。如:

stamp(邮票) stɛŋ^{53}

flim(胶卷) fui^{33}liŋ^{55}

sample(样品) sɪŋ^{33}po^{55}

（5）t 读为 k。如：

watt（瓦）　Øuak^{5}

shirt 衫（衬衫）　suk$^{2-5}$sã^{33}

speedboat（汽艇）　spik^{5}boʔ^{5}

（6）d 读为 k。如：

card（卡片）　kak^{5}

orchid（兰花）　Øo^{33}kɛk^{5}/Øou^{33}kik^{5}

（7）g 读为 k。如：

hotdog（香肠）　ho^{33}tok^{5}

（8）tʃ 读为 k。如：

clutch（汽车离合器）　k^{h}ɯ^{33}lak^{5}

（9）s 读为 k。如：

office（办公室）　Øou^{33}pik^{5}

（10）t 读为 ʔ。如：

check out（退房）　tsɛk^{5}Øauʔ^{2}

passport（护照）　p^{h}a^{35}spoʔ^{5}

speedboat（汽艇）　spik^{5}boʔ^{5}

（11）p 读为 ʔ。如：

pick up（皮卡）　p^{h}ɪʔ^{5}Øauʔ^{5}

（12）g 读为 ʔ。如：

handbag（手提袋）　hɛn^{33}bɛʔ^{5}

（13）韵尾增补。潮汕方言中的英语借词除了韵尾辅音韵尾脱落之外还有少数存在增加辅音韵尾的情况，一般表现为在元音后加-k 韵尾。如：

coca cola（可乐）　k^{h}o$^{53-35}$loʔ^{5}

cocoa（可可）　ko^{33}kok^{5}

beer 酒/白 beer（啤酒）　pɛʔ$^{5-2}$bik^{5}/bik$^{5-2}$tsiu^{53}

（14）音节增补。音节增补有两种形式，一是辅音结尾的单词在辅音后增加元音构成新的音节：辅音韵尾+元音；二是将复辅音拆开，在前一个辅音后加元音形成新的音节。如：

cheese（芝士）	$ts^hi^{55}sɯ^{35}$
golf（高尔夫）	$go^{55}fɯ^{21}$
tips（小费）	tip^5si^{35}
miss（护士）	$mi^{21}si^{33}$
pool（桌球）	$bo^{33}la^{55}$
brake（刹车器）	$pɯ^{33}lɛk^5$

（15）元音变形。潮汕方言中的英语借词读音变化除了辅音变化之外，还有一个显著的变化就是元音变形，但元音变形没有固定的形式，甚至同一个借词在不同地方有不同的语音形式。如：

cake（蛋糕）	$kɛk^2$
office（办公室）	$øou^{33}pik^5$
message（短信）	$mɛ^{33}sɛ^{53}$

3. 在声调上，潮汕方言中的英语借词往往被赋予汉语化的音节，包括声调，借词在语用过程中被赋予声调，以适应方言声韵调系统。借词的声调取自潮汕方言中的声调，潮汕方言阳去调有 21 和 22 两个不同的调值来自口音的差异。通过统计，我们发现借词声调读为 33 的最多，占总音节数的 40%，其次是 55，占 20%，然后是入声 5，14%和 21/22 共 12%。

被赋予声调的英语借词同样遵循潮汕方言的变调规则，55－21、55－33、53－35、53－21、5－2。如：

55－21：$bi^{53-35}liaŋ^{55-21}øuɛ^{33}$（aluminum 锅）、$ti^{33}siu^{55-21}ʦua^{53}$（tissue 纸）、$lo^{33}li^{55-21}ʦ^hia^{33}$（lorry 车）

55－33：$pa^{33}bi^{53}k^hiu^{55-33}lou^{55}$（BBQ 炉）

53－35：$bi^{53-35}liaŋ^{55}$（aluminum）、$k^ho^{53-35}k^ho^{53}$（Coca）、$k^ho^{53-35}loʔ^5$（可乐）

53－21：$kuɛ^{53-35}ʥiam^{53-21}$（果 jam）

5－2：$bik^{5-2}ʦiu^{53}$（beer 酒）、$øo^{33}kik^{5-2}huɛ^{33}$（orchid 花）

三、小　　结

外语借词是语言文化融合的结果。马来西亚潮汕方言中的英语借词在内容上为汉语方言注入新鲜的血液，包含两个方面：语义内容和语法内容。在词义上，补充了汉语原本所无的外语词义，这些词大多指具体的名称，因此借词中名词占多数；借词进入潮汕方言后，作为语素，其语法功能汉语化。在形式上，英语借词的进入在语音上，包括声母、韵母和声调上都有不同程度的变形以适应汉语方言的语音特点，而在构词时，大多数借词也以语素的形式出现，结合汉语的构词方式，组成新的汉语词汇。

可以看出，仅仅不到半个世纪的演变，马来西亚潮汕方言中就出现了显著的发展，吸收了大量英语借词，在借入词汇的同时将外语借词的形式改造成符合语音体系、语法特征等的格式，体现了所在国语言环境对潮汕方言的影响和潮汕方言在多语言社区中与其他语言方言长期的接触演变的结果，接纳了所在地语言环境，生根发芽。

参考文献

邵敬敏　2017　《现代汉语通论》（第3版），上海教育出版社。

世界汉语教育史视野下的璘为仁《潮州话入门》研究

——一部 1841 年泰国曼谷的潮州方言教材

张 旸

(福建省厦门第一中学)

提要 《潮州话入门》(*First Lessons in the Tie-chiw Dialect*)是美北浸信会传教士璘为仁编写的一部潮州方言入门教材,1841 年在泰国曼谷出版。该书是目前发现的西方传教士第一部以罗马字注音的潮州方言文献,无论是作为一部早期汉语方言教材还是作为记录 19 世纪 40 年代潮州话的语料,都极具研究价值。《潮州话入门》集中体现了璘为仁汉语教材编写的经验:(1) 以英辅汉教授语音;(2) 围绕话题展开教学;(3) 语言文化有机融合;(4) 注重构建词汇网络;(5) 通过组构搭建语境;(6) 词汇带动语法教学。从世界汉语教育史看,尽管《潮州话入门》还存在美中不足之处,但这些教材编写的宝贵经验对当下的国际中文教育及教材编写有一定的指导和借鉴意义。

关键词 《潮州话入门》 璘为仁 潮州方言 世界汉语教育史

一、璘为仁和他的《潮州话入门》

(一) 作者生平与著作介绍

璘为仁(William Dean,1807—1895,也译怜为仁、兟为仁)是美北浸信会的传教士,1835 年受美北浸信会委派,前往泰国(古称暹罗)曼谷潮籍华人社区传教，建立华侨浸会。鸦片战争之后，璘为仁离开曼谷，移居澳门，后迁香港，并于1843年5月在香港建立首个讲潮州方言的浸信会，又于1860年在长洲岛建立了第二个潮州浸信会礼拜会。在华期间，他曾先后到厦门、舟山、上海、宁波、汕头等沿海城市考察，1884年返美，1895年逝世于美国加利福尼亚州。作为传教士的璘为仁勤于笔耕，翻译《圣经》，著述颇丰，其中与传教相关的书籍有：

1.《祈祷神诗》(*Prayers and Hymns*)，1840年暹罗曼谷出版。

2.《奉劝真假人物论》(*Exhortation to Discriminate between the True and False*)，1845年宁波出版。

3.《马太福音传注释》(*The Gospel of Matthew, in Chinese with Explanatory Notes*)，1848年香港出版。

4.《使徒言行传》(*Acts of the Apostles*)，1849年香港出版。

5.《创世传注释》(*Genesis with Explanatory Notes*)，1851年香港出版。

6.《出麦西传注释》(*Exodus with Notes*)，1851年香港出版。

7.《中国差会》(*The China Mission*)，1895年美国纽约出版。

除了从事各类传教活动外，他还潜心研究汉语，尤其精通潮州方言，在曼谷、香港传教期间编撰了一系列潮州方言研究与教学的相关书籍。①

（二）编写背景与内容体例

《潮州话入门》(*First Lessons in the Tie-chiw Dialect*，又作《潮州方言第一课》《潮州方言入门》《潮州话初级教程》《潮州话》《潮州话初阶》《潮州土话初阶》等）是璘为仁到曼谷六年后，根据自身多年积累的语言学习经验编写的一部潮州方言入门教材。该书出版的时代背景是，鸦片战争前后，不少潮州地区人陆续移民至东南亚，其中在泰国定居的较多，形成“潮州帮”，潮州方言因此成为当地通行、影响力强的一种汉语方言。同时，基督教会开启对华的传教活动，西方传教士为了工作和生活，对所在地方言的学习有了需求，此时抵达曼谷的璘为仁便将视角聚焦于潮人带

---

① 璘为仁生平与著述参见马重奇(2016)，徐宇航(2018)。

到泰国的潮州方言。以璘为仁为代表的传教士群体成为既具备外语背景又熟悉汉语口语的“汉外双语通”，他们自主编撰了一系列的汉语方言教材、词典、字汇和语法书，进而帮助后来的传教士克服学习障碍，提升传教效率。

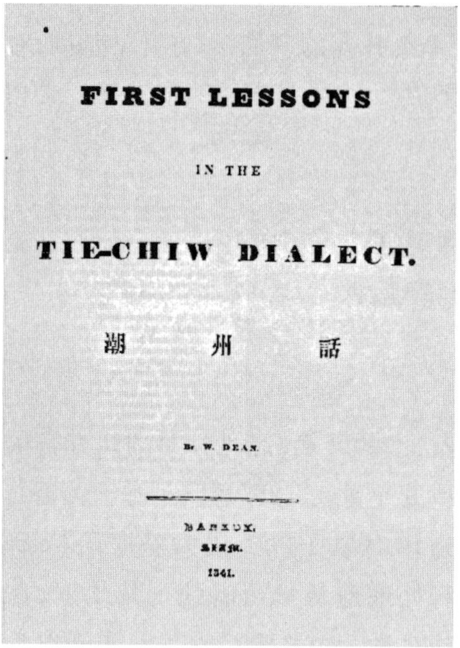
FIRST LESSONS

IN THE

TIE-CHIW DIALECT.

潮　州　話

By W. DEAN.

BANKOK,
SIAM.
1841.

图 1 《潮州话入门》扉页书影

WORDS AND PHRASES.

Ant	蟻	Hia	Inch	寸	Chun	Quick	快	Mey
And	而	Jur	In	於	I	Quiet	恬	Tiam
Blood	血	Hué	Jar	礶	Tang	Run	走	Chau
Black	黑	Ou	Joint	節	Chat	Rope	索	Sô
Cat	貓	Gnau	Knife	刀	Taw	Shelf	架	Key
Can	能	Oi	Know	知	Chai	Sock	襪	Bué
Dear	貴	Kui	Love	愛	Ai	This	這	Chi
Dog	狗	Kau	Leg	脚	Kha	Talk	講	Kong
Ear	耳	Hi	Man	人	Nang	Uncle	叔	Chek
End	尾	Boe	Mat	蓆	Chie	Ulcer	瘡	Chung
Fan	扇	Si	Nail	釘	Teng	Valley	坑	Khey
Fish	魚	Hur	Night	夜	Mey	Virtue	德	Tek
Gold	金	Kim	One	一	Chek	Whip	鞭	Pai
Goat	羊	Ie	Of	之	Chur	Wheel	輪	Lun
Hen	雞	Koi	Pen	筆	Pi	You	爾	Lur
House	厝	Chu	Pin	針	Cham	Year	年	Ni

图 2 《潮州话入门》正文书影

《潮州话入门》是一部简明实用、基础易懂、内容翔实的潮州方言入门教材，全书仅 48 页，内容包括序言、目录、语音、词汇、短语、句子等。在教材的序言部分，璘为仁首先表明本书旨在专门帮助英语背景的初学者掌握潮州方言，同时也能够帮助中国年轻人学习英语；接着，他结合潮州的地理位置简要说明了潮州方言的总体概况，指出潮州地区居民与广东省西部地区的居民方言不通，无法交流，但邻近的福建省却在一定程度上可以听懂，尽管如此，福建方言和潮州方言之间还是存在着不少显著的区别；最后，根据曼谷华人社区的实际情况，简述当地潮州方言与暹罗语（泰语）之间的接触和影响。

作为教材主体的词语和句子教学部分共 32 课。编排的每个语言项目分为三列,第一列呈现所学项目的英文释义,第二列以汉字为语码展示中文,第三列运用罗马字母标注对应的潮州方言发音。需要说明的是,璘为仁将教学内容明确为以罗马字母标注的潮州方言口语,训练听说能力是主要教学目标,虽然《潮州话入门》呈现了汉字,但全书未涉及汉字的识读书写教学。另外,潮州方言本字考证工作需要系统扎实的音韵学、方言学基础,对初学汉语的西方传教士而言实为复杂繁琐,大多数情况下只能选择意义相近的字来表示。

二、从《潮州话入门》看璘为仁的汉语教材编写经验

(一) 以英辅汉教授语音

璘为仁将语音部分置于《潮州话入门》的开篇,足见其对潮州方言语音教学的重视。此处只有一张比较简单的元音表,教学思路是基于英语与潮州方言音系的对比展开的。该书适用对象是以英语为基底语(base language)①的初学者,璘为仁始终设身处地地从学习者的视角出发,在语音教学中体现出较强的国别性和针对性,将学习者基底语英语作为一种有效的教学辅助资源,对潮州方言的每一个元音做出详细的发音描述。

遇到汉英相同、互相对应的元音音素如 ɑ[a]、u[u]时,璘为仁直接引进学习者熟悉的英语单词中对应的音素一带而过,便于学习者在模仿练习中把握正确的发音部位与发音方法;遇到汉英相似、略有差异的元音音素如 ɑ̆[ə]、ou[əu]时,璘为仁特别使用括弧形式进一步标出具体发音要领,帮助学习者将其与那些在基底语英语中使用的相似音素区分开来。具体音素的处理方式举例如表 1。

① 基底语即一个人运用起来最为得心应手、最熟稔的语言,往往是其母语、第一语言,与目标语(target language)相对应。

表 1　《潮州话入门》的元音教学编排示例

类型	元音音素	发音描述(第二行是原文)
汉英相同 互相对应	ɑ[a]	ɑ 的发音像 *far*、*father*、*balm*、*calm* 中的 *a* 一样。 ɑ, as in *far*, *father*, *balm*, *calm.*
	u[u]	u 的发音像 *rule* 中的 *u* 或 *school*、*boon*、*loom* 中的 *oo* 一样。 u, as in *rule*; or *oo* in *school*, *boon*, *loom.*
汉英相似 略有差异	ă[ə]	ă 的发音像 *quota*、*America* 中的 *a* 一样。(发音急促。) ă, as in *quota*, *America.* (pronounced abruptly.)
	ou[əu]	ou 的发音像 *no*、*so* 中的 *o* 一样。(延长并在相当于 *oo* 音一半处结束。) ou, as *o* in *no*, *so.* (prolonged & terminating in the sound of *oo* half suppressed.)

以英辅汉教授语音在 19 世纪西方传教士所编教材中是比较普遍的教学方法,他们作为熟悉所在地方言的汉外双语通,对语音特征与发音规律有较高的敏感度,能够直接根据学习者的语言背景指出发音时容易遇到的困难及合适的应对策略。

(二) 围绕话题展开教学

《潮州话入门》作为一部汉语入门教材,教学目标是要学习者在短时间内掌握潮州方言口语,全书以功能为纲进行编写,除了第 28 课分析量词的搭配和用法,不专门做语法讲解。每一课均围绕标题提出的与日常交际密切相关的话题展开教学,课文生词、短语和句子也是以此为中心来收录的。表 2 为各课标题的英汉对照目录。

表 2 《潮州话入门》各课标题英汉对照目录

1	Numerals	数字	17	Forms of Characters	汉字字体
2	Words and Phrases	单词和短语	18	Chinese Books	中文书籍
3	The Heavens	天文	19	Animals	牲畜
4	The Earth	地理	20	Birds	鸟类
5	Points of the Compass	方位	21	Reptiles and Insects	爬虫和昆虫
6	Members of the Body	人体	22	Metals	金属
7	The Mind	心智	23	Trees & Fruits	树木和水果
8	Diseases	疾病	24	Vegetables	蔬菜
9	Family Relations	亲属关系	25	Articles of Food	食物
10	Classes of Men	人的种类	26	Time	时间
11	Buildings	建筑	27	Dress	服装
12	House Furniture	家具	28	Numeral Affixes	量词
13	Writing Utensils	文房用具	29	Days of the Month	每月的日子
14	Farming Utensils	农具	30	The Seasons	季节
15	Boating	航行	31	Months of the Year	一年的月份
16	Printing	印刷	32	Days of the Week	一周的日子

根据表 2 可知,《潮州话入门》话题丰富,内容充实,实用性强,涉及了饮食、服饰、时间、家庭、居住、交通、农事、学习、工作、健康等中国人日常生活的常见话题,还涵盖与各行各业打交道时的常用语。学习者透过这些话题能够直接接触到日常交际的方方面面,而相对较小的教材篇幅与具体详细的话题分类也方便了学习者在特定情景的会话交流中及时查阅并掌握,从而提升潮州方言的口语交际技能。

(三) 语言文化有机融合

汉语作为第二语言教学中的文化教学与独立授课的文化课程教学不

同,更强调在语言要素、语言技能的教学中融入文化知识,因此编写教材时必须精选包含丰富文化内容的语言学习材料,体现语言与文化的有机融合。璘为仁编写《潮州话入门》时为了实现这种有机融合,也下了一番功夫。他主要从语言的建筑材料——词汇入手,在正文部分收录了大量文化词,充分反映中国的人文历史和社会风俗,如表3所示。

表3 《潮州话入门》的文化词编排

文房用具	砚盘、笔池、墨碟、水碟、笔架、墨、笔筒
汉字类别	篆字、隶书、楷书、行书、草字、宋体、实字、活字、虚字
中文书籍	文理、古文、经书、古诗、时文、文章、传志、五经、易经、书经、诗经、礼记、春秋、四书、大学、论语、孟子、中庸、孝经
地支	子、丑、寅、卯、辰、巳、午、未、申、酉、戌、亥
……	……

文化的理解服务于语言的教学,对于英语背景的学习者而言,中国家庭的亲属称谓属于直接影响日常交际效果的文化背景知识,也是文化教学的重要内容之一。璘为仁在《潮州话入门》第9课直接呈现中国亲属关系在潮州方言中的表达,具体编排形式如图3。

28

FAMILY RELATIONS &c.

Father	父	Pey	Grand child	孫	A sun
Mother	母	Baw	First born	長子	Toau tur
Step-father	繼父	Ki pey	Last born	末子	Boe kia
Step-mother	後母	Ou baw	Twins	雙生	Sang sey
Father-in-law	岳父	Gnāk pey	Orphan	孤子	Ko chur
Mother-in-law	岳母	Gnāk baw	Uncle (p)	伯	A pē
Grandfather	公	A koug	Aunt (p)	姆	A um
Grandmother	媽	A ma	Father's (y) brother	叔	A chêk
Husband	翁	Ang	Uncle's wife	嬸	A sim
Wife	姒	Bou	Friends	朋友	Peng yiw
Brother (e)	兄	A hia	Prince	君	Kun
Brother (y)	弟	A ti	Minister	臣	Chin
Sister (e)	姐	A chey	Slave (m)	僕	Pok
Sister (y)	妹	A mue	Slave (f)	婢	Pi
Brother-in-law	舅	A ku	Master	家主	Key chu
Sister-in-law	姨	A i	Mistress	家主娘	Key chu nie
Child	子	Kia	Bridegroom	新郎	Sin nung
Daughter	女子	Cha bou kia	Bride	新娘	Sin nie
Son	男子	Ta pou kia	Nephew	姪	Tiet
			Niece	姪女	Tiet nung

图3 《潮州话入门》的亲属关系词例

璘为仁在语言教材中融入的文化元素充分体现时代特点,具有较强的实用性。在《潮州话入门》第1课中,他特别列出了旧时潮州民间商业记账常用的计数符号"苏州码子",民间称为"猪屎码"。"苏州码子"是中国数字文化的代表,脱胎于我国古代的算筹,曾在民间流行数百年。对于当时在曼谷潮籍华人社区的传教士而言,掌握这种商用数码非常重要。璘为仁将阿拉伯数字、苏州码子、罗马数字和中文数字以对比的形式呈现而出,如图4所示。

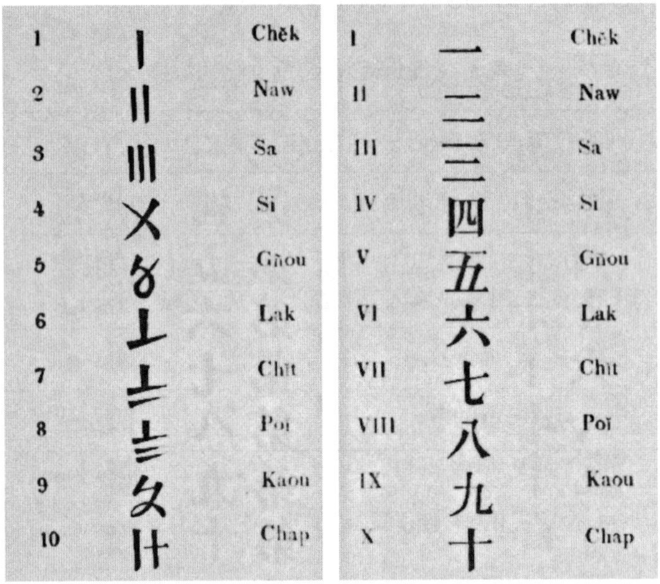

图4 《潮州话入门》的数字

(四)注重构建词汇网络

《潮州话入门》全书共48页,璘为仁深知使用有限的篇幅试图呈现无限的词语难以实现,因此在教材设计中非常注重构建词汇网络。常敬宇指出现代汉语词汇具有明显的网络性特点,根据词汇的网络性特点进行对外汉语词汇教学有利于帮助学习者更好地理解和运用词汇。(常敬宇,2003：18)璘为仁主要发挥词义联想网络的特点,针对近义词、反义词和上下位词进行重点讲解,密切关注依靠意义特征组合的词汇系统。

第7课生词中有一组近义词“诚实”“真实”“老实”“忠厚”,对于以汉语作为第二语言的学习者而言容易混淆,为了借由英文译注体现彼此之间的区别性差异,璘为仁特地将意义相近的词组合成同义词群编排在一起讲解,如图 5 所示。

璘为仁还巧妙运用词的反义关系组成反义词群,让学习者结合英文译注掌握生词的意义。同样在第 7 课,有着“喜”“怒”与“哀”“乐”两对反义词,如图 6 所示。

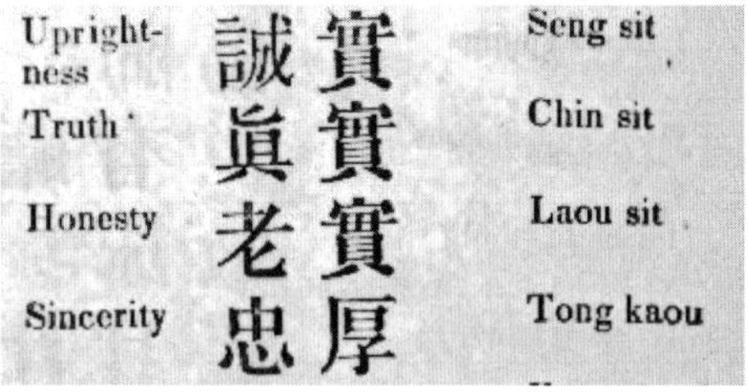

图 5　《潮州话入门》的近义词示例

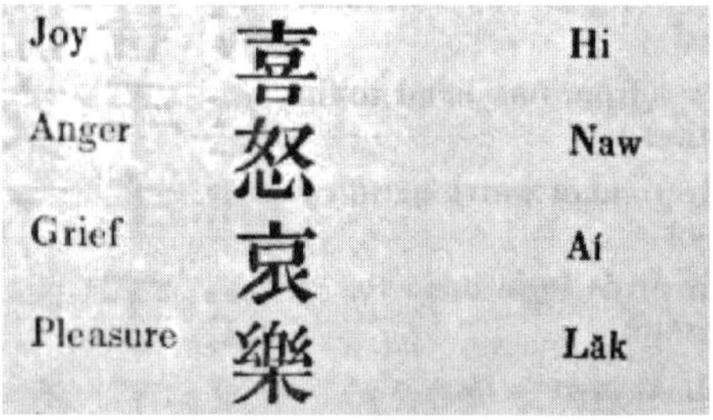

图 6　《潮州话入门》的反义词示例

此外,针对具备上下位关系的生词组,璘为仁通过列举多个下位概念作为具体示例,帮助学习者明确潮州方言中意义相对抽象模糊的上位概念,例如第 19 课的“牲畜”包含了“马”“牛”“羊”“驴”“猪”等种类,作者处理方式如图 7。

图 7　《潮州话入门》的上下位词示例

(五) 通过组构搭建语境

《潮州话入门》正文部分的 32 课主要教学内容是生词、短语和句子。如何科学地处理好不同语言单位教学衔接的设计,很考验教材编写者的能力。璘为仁在序言中也谈到,排好生词后会罗列与之相关的短语,并通过例句呈现生词在句中的位置,实际上他采用了“语言单位组构”(build up)的形式,将生词由简到繁地层层推进,组构为短语和句子,并在每一个层级单位都附上英文译注。如此处理能够使那些构词能力较强、运用频率较高的词条在每一课中得以不断出现,甚至实现跨课复现。表 4 整理了《潮州话入门》第 6 课的组构形式。

表 4　《潮州话入门》的组构形式编排

语言单位	英文释义	潮州方言	
		汉　字	罗马字母拼写
词	hand	手	chiw
词	foot	脚	kha
短语	a thievish hand	三只手	sa chiă chiw
句子	Pass from one hand to the other.	正手交倒手	Chia chiw kaou taw chiw
句子	He cannot move hand or foot.	脚手袤振动	Kha chiw m'oi tin tang
句子	He lives from hand to mouth.	左手挈、右手去	Chaw chiw khiĕ, yiw chiw khur
句子	He is always busy.	脚手无时歇	Kha chiw baw si hiă

由表 4 可知，当学习者掌握了潮州方言常用词"手""脚"的意义之后，结合第 1 课学过的数字"三"组构量词短语"三只手"，便于学习者形成简单的数量名结构概念，进一步结合此前学过的"正""倒"，还能组构句子"正手交倒手""脚手袤振动""脚手无时歇"，便于学习者感知潮州方言的句式特点和句法规则。借由搭配的罗列，实则为生词搭建语境，帮助学习者明确使用场景，在实现情景化教学的同时也充分促进了以旧带新。

（六）词汇带动语法教学

在汉语作为第二语言教学中，语法的教学与词汇的教学并非泾渭分明，而是互相融通。倘若语法教学一味地强调语法规则的可类推性，让学习者自行运用规则举一反三、触类旁通，这样往往会造成类推失败，最终出现一系列的语法偏误。面对汉语中数量庞大的实词和数量有限的虚词，应当采取"语法教学词汇化"的方式，"语法解释与词汇（尤其是虚词）的注解不截然分开，语法分析落实到词汇，把语法现象、语法结构通过词汇教学的方式进行，以词汇教学带动语法教学”（邵洪亮，2015：154）。

璘为仁在漫长的曼谷传教经历中，凭借学习潮州方言的经验，充分意识到语法类推存在的局限性。量词对于以英语为基底语的学习者而言有较大的难度，由于每一个量词在组配对象和组配能力上都有较强的个性，很难从中概括普遍适用的语法规则，因此编写《潮州话入门》时他不专门设置章节讲解语法，而是以词汇教学的方式带动语法教学，收录了条、只、领、顶、脚等一共23个潮州方言的常用量词，直接以词表形式呈现每个量词能够与哪些名词组配，配以英文译注方便学习者集中进行理解和记忆。具体排列方式如图8。

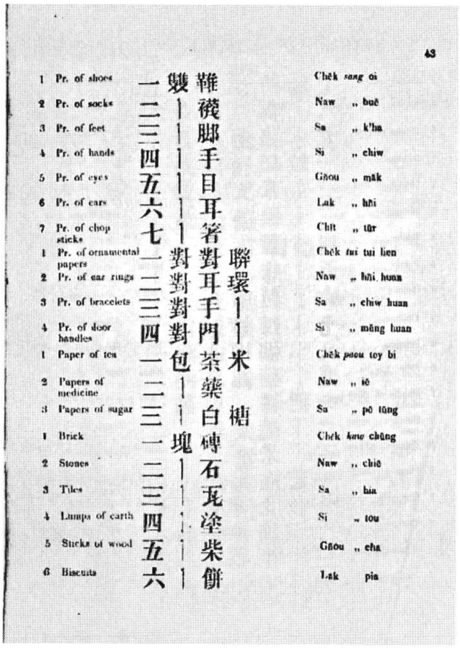
43

1	Pr. of shoes	一雙鞋	Chĕk *sang* oi
2	Pr. of socks	二丨襪	Naw „ buĕ
3	Pr. of feet	三丨脚	Sa „ k'ha
4	Pr. of hands	四丨手	Si „ chiw
5	Pr. of eyes	五丨目	Găou „ măk
6	Pr. of ears	六丨耳	Lak „ hăi
7	Pr. of chop sticks	七丨箸	Chĭt „ tŭr
1	Pr. of ornamental papers	一對對聯	Chĕk *tui* tui lien
2	Pr. of ear rings	二對耳環	Naw „ hăi huan
3	Pr. of bracelets	三對手丨	Sa „ chiw huan
4	Pr. of door handles	四對門丨	Si „ mŭng huan
1	Paper of tea	一包茶米	Chĕk *paou* toy bi
2	Papers of medicine	二丨藥	Naw „ iŏ
3	Papers of sugar	三丨白糖	Sa „ pŏ tŭng
1	Brick	一塊磚	Chĕk *kaw* chŭng
2	Stones	二丨石	Naw „ chiŏ
3	Tiles	三丨瓦	Sa „ hia
4	Lumps of earth	四丨塗	Si „ tou
5	Sticks of wood	五丨柴	Găou „ cha
6	Biscuits	六丨餅	Lak pia

图8 《潮州话入门》的量词教学

通过这样简洁的排列，学习者可以对量词的用法一目了然，由此不断培养潮州方言语感。例如量词“双”的组配对象为鞋、袜、脚、手、目、耳、箸等，量词“对”的组配对象为对联、耳环、手环、门环等，量词“包”的组配对象为茶米、药、白糖等，量词“块”的组配对象为砖、石、瓦、柴、饼等。

三、《潮州话入门》的研究价值与不足之处

（一）研究价值

张西平（2003：284）主张应加强西方人早期汉语学习史和汉语教学史研究，并指出这是尚未被广泛注意的研究领域。近年来关于世界汉语教育史

的讨论与研究越来越多，挖掘西方传教士早期汉语教材的编写理念对于丰富世界汉语教育史的研究、改善当下汉语作为第二语言教学的质量等方面，有一定的指导和借鉴意义。现今，关于璘为仁《潮州话入门》的探讨相对较少，已有的研究多集中于研究该书的潮州方言音系和方言用字。① 学界尚未从世界汉语教育史、汉语作为第二语言教学的视角对该书作过专门的讨论。

从世界汉语教育史的视角看，我们认同林伦伦（2008：300）的观点，“把潮汕方言作为教学内容、编成正规的教材用于教学，十九世纪的这些英文版教材，也是开外国人编写教材学习汉语方言的风气之先”。《潮州话入门》作为闽方言最早的课本（游汝杰，2016：239），成书年代较早，具有一定开创性。该书编写特点存在许多值得借鉴和参考的成功之处，启发我们今天的汉语教学应当合理地将学习者的基底语作为一种实用教学资源以促进目的语的习得，围绕与日常交际密切相关的话题展开教学，巧妙实现语言教学与文化教学的有机融合，重视构建词汇网络并发挥词义联想记忆的特点，运用语言单位的“组构”感知语法结构并强化理解记忆，合理把握词汇教学和语法教学之间互相融通的关系。

从汉语方言史的视角看，美北浸信会传教士璘为仁编写的《潮州话入门》是目前发现的西方传教士第一部以罗马字母注音的潮州方言文献，价值重大，亟须开发。该书收录的语料是人们研究19世纪40年代潮州方言基本情况不可多得的资料。值得一提的是，该书描写了泰国曼谷潮州方言音系、词汇、语法的基本面貌，对此作者（璘为仁，1841）还特别做出了介绍：

> 曼谷的中国人估计有25万人到40万人。其中大概有三分之二的人讲潮州话，由于每年都有大量的新移民从潮州来到曼谷，因此，尽管他们可能会使用这里特有的一些表达方式，但他们的潮州话还是很纯正的。他们可能从暹罗语中借用了一些表达方式，还有一些则是他们在新的关系中发展起来的；但反过来，他们又对暹罗语输入了大量的词

① 关于璘为仁《潮州话入门》的相关研究成果可见马重奇（2016），马重奇、马睿颖（2016），徐晓娴（2016），徐馥琼（2017），钱奠香（2018），徐宇航（2018）。

汇,其中包括数词、各种家具名称、各种蔬菜名称以及一些动词和小品词,这些词似乎完整借入,使用时几乎没有改动。

The Chinese population of Bankok has been variously estimated at from two hundred and fifty to four hundred thousand. Probably two thirds of this number speak the Tie-chiw dialect, and from the circumstance that they annually receive considerable accession from their native district, it is supposed, while they may use some forms of expression peculiar to this place, that they speak the language with a good degree of purity. They may have borrowed some expressions from the Siamese, and others have grown out of their new relations; but in turn they have transferred a greater number of words from their own to the Siamese language. Among these are the numerals, the names of various articles of furniture, the names of a variety of vegetables, with several verbs and particles of the language, which appear to have been derived from the Chinese and are used with little or no alteration.

由此可见,《潮州话入门》也能为语言接触、域外汉语方言、中外文化交流史、晚清潮汕社会文化、晚清曼谷华人社会生活等课题的研究提供材料。

(二) 不足之处

岳岚将晚清时期西方人汉语教材编写史分为四个发展阶段,分别是:初步探索期(1800—1840)、快速发展期(1841—1860)、日渐成熟期(1861—1890)、全面繁荣期(1891—1911)。(岳岚,2015:iv)1841 年出版的《潮州话入门》属于一次早期的探索尝试,倘若从当代汉语作为第二语言教学理论的眼光来看,《潮州话入门》囿于编写的时代、用途和经验,相对于日渐成熟期和全面繁荣期的汉语教材而言,不可避免地存在一些瑕疵。

首先,语音教学缺乏系统性,不涉及声调的教学。初涉潮州方言的西方传教士更多从印欧语系视角考虑问题,因而对声调比较陌生。声调作为语音中不可缺少的组成部分,具有区别意义的作用,复杂的连读变调现象无疑是潮州方言的难点。不过,璘为仁(1841)还是撰文说明没有专门教授声调的原因：

> 在试图用罗马字来表达这种方言的声音时，我们没有试图去标记声调或更好地表达声音的区别，而这些区别也许只能从潮州方言母语教师那里更好地学到。然而，并不能由此推断出正确的语调并不重要，而只是我们承认自己没有能力通过附加符号在这一点上提供任何帮助。
>
> In endeavoring to express the sounds of this dialect with Roman characters, no effort has been made to mark the tones, or to express the nicer distinctions of sound which can better, and perhaps only, be learned from the native teacher. It is not however to be inferred from this that little importance is attached to a correct intonation, but simply that we confess ourselves incompetent to afford any assistance on this point by means of diacritical marks.

《潮州话入门》的定位是一部口语入门教程，书中只记常用字、口语音，没有全面系统描写方言的整体情况。璘为仁尚未形成清晰明确的音系观念，描写存在一定的缺陷，尽管已经关注到声调的部分，但仍不具备记录一整套声调的条件和能力，因此他索性建议学习者直接从当地教师那里习得声调。根据徐宇航（2018：75）对12种西人潮州方言文献的考察，《潮州话入门》问世36年后的1877年，英国汉学家翟理思（Herbert Allen Giles）编写的教材《汕头方言词汇手册》（*Handbook of the Swatow Dialect: with a Vocabulary*）亦未记录潮州方言声调，直至次年即1878年美北浸信会传教士菲尔德（Adele Marion Fielde）《汕头方言初阶》（*First Lessons in the Swatow Dialect*）一书才开始详细介绍并工整描写潮州方言的八个声调，以期取得理想的教学效果，此后的潮州方言教材也不再将声调视作汉语中的次要附属品。例如，新加坡翻译员林雄成（Lim Hiong Seng）1886年写成的《汕头话读本》（*A Handbook of the Swatow Vernacular*，又作《汕头方言手册》），就对潮州方言单字声调及二字组连读变调规律进行讲解，如图9所示。

1.	上平 Chiēⁿ-phêⁿ	as	知 tsai, *to know.*	1.	何時 Tiang-sî, *when,*	read	Tiang-sî.
2.	下平 Ẽ-phêⁿ	,,	來 lâi, *to come.*	2.	的處 Tì-kò, *where,*		Tī-kò.
3.	上聲 Siāng-siaⁿ	,,	海 hái, *the sea.*	3.	許處 Hṳ́-kò, *there,*	,,	Hṳ̃-kò.
4.	上去 Chiēⁿ-khṳ̀	,,	試 chhì, *to try.*	4.	做年 Tsò-nîⁿ, *why,*	,,	Tsó-nîⁿ.
5.	下去 Ẽ-khṳ̀	,,	老 lāu, *old.*	5.	上好 Siāng-hó, *best,*	,,	Siàng-hó.
6.	去聲 Khṳ̀-siaⁿ	,,	易 kōi, *easy.*	6.	上午 Chiēⁿ-kùa, *forenoon,*	,,	Chiēⁿ-kùa.
7.	上入 Chiēⁿ-jíp	,,	歇 hiah, *to stop.*	7.	失落 Sit-lóh, *to lose,*	,,	Sít-lóh.
8.	下入 Ẽ-jíp	,,	葉 hiéh, *leaves.*	8.	落雨 Lóh-hōu, *to rain,*	,,	Loh-hōu.

图 9 《汕头话读本》的连读变调教学

其次，教学内容不包括会话语篇，多为离散、独立且互不关联的词语和句子。应当明确对于初级汉语教材而言，会话是学生模仿的典范，应该是口语交际情况的写照（佟秉正，1991：36），然而以培养学习者的口头交际能力为目标的《潮州话入门》没有收录会话体形式的课文，也没有任何成段表达的叙述短文。在《潮州话入门》第 2 课中，为了配合英文释义首字母的排列顺序，句子的编排忽视了句与句之间的关系（如图 10），缺乏一定的情景语境，也不利于学习者深入了解句子的交际使用范围。

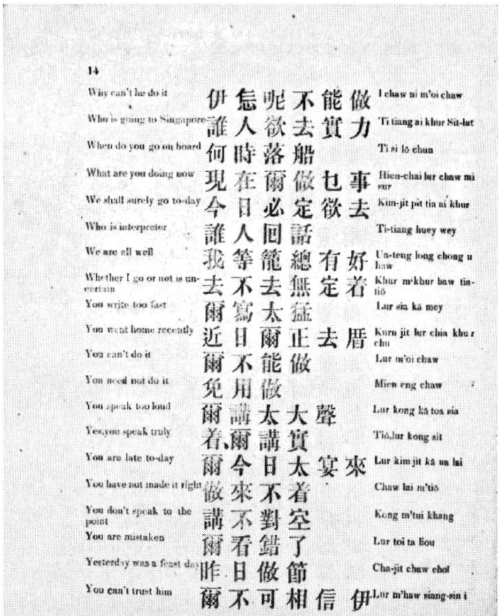
14

Why can't he do it	伊怎呢不能做	I chaw ni m'oi chaw
Who is going to Singapore	誰人欲去實力	Ti tiang ai khur Sit-lut
When do you go on board	何時落船	Ti si lō chun
What are you doing now	現在爾做乜事	Hien-chai lur chaw mi sur
We shall surely go to-day	今日必定欲去	Kim-jit pit tia ai khur
Who is interpreter	誰人囬話	Ti-tiang huey wey
We are all well	我等籠總有好	Un-teng long chong u haw
Whether I go or not is uncertain	去不去無定着	Khur m-khur baw tia-tiō
You write too fast	爾寫太猛	Lur sia kā mey
You went home recently	近日爾正去厝	Kuru jit lur chia khur chu
You can't do it	爾不能做	Lur m'oi chaw
You need not do it	免用做	Mien eng chaw
You speak too loud	爾講太大聲	Lur kong kā toa sia
Yes, you speak truly	着、爾講實	Tiō, lur kong sit
You are late to-day	爾今日太宴來	Lur kim jit kā ua lai
You have not made it right	做來不着	Chaw lai m'tiō
You don't speak to the point	講不對空	Kong m'tui khang
You are mistaken	爾看錯了	Lur toi ta liou
Yesterday was a feast day	昨日做節	Cha-jit chaw choi
You can't trust him	爾不可相信伊	Lur m'haw siang-sin i

图 10 《潮州话入门》的句子编排示例

最后，练习部分的缺失使得教学设计不够完善。一般而言，第二语言教学可以分为总体设计、教材编写、课堂教学和测试评估四大环节，教材是联结总体设计和课堂教学的关键纽带，而练习是教材中最为重要的组成部分之一，练习的编排如能实现覆盖全部教学内容，拉开层次，兼顾各项语言技能的训练，富有启发性且练习的量足够大，那么一部教材也会颇有新意。

(赵金铭,1997: 59—60)璘为仁没有充分意识到练习对于学习者完成由“懂”到“会”转化的重要性,《潮州话入门》重语言事实呈现而轻语言行为训练的做法,无法科学地实现讲解到操练的转化。

根据我们的考察,《汕头方言词汇手册》《汕头方言初阶》《汕头话读本》等处于日渐成熟期的潮州方言教材均没有收录会话语篇和课后练习。20 世纪后,伴随第二语言教学理论的进一步发展,潮州方言的学习群体不再局限于西方传教士和外交官,教材编写也更具科学性和规范性。例如,从美国前往香港潮州浸信会的阿尔文和芭芭拉(Alvin & Barbara Koons)在 1967 年为英语背景学习者编写的教材《潮语口语》(*Spoken Swatow*)就系统地将每一课分为会话、词汇、句型三个部分,且附有丰富多样的练习供学习者巩固强化(如图 11)。

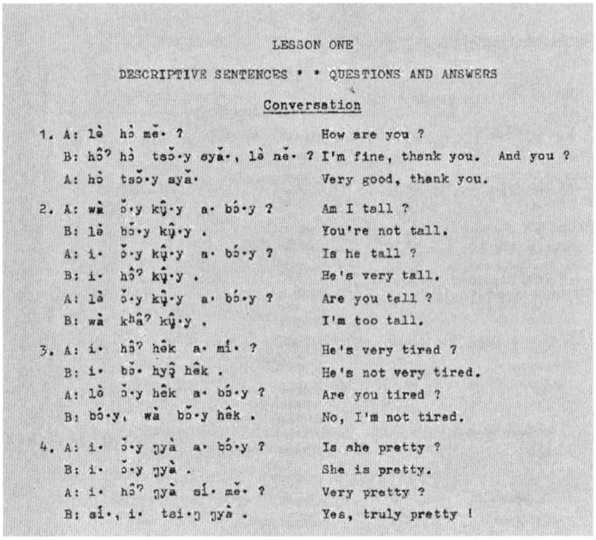
LESSON ONE

DESCRIPTIVE SENTENCES * * QUESTIONS AND ANSWERS

Conversation

1. A: lè hɔ̀ mě· ?　　How are you ?
B: hɔ̂ʔ hɔ̀ tsɔ̌·y syǎ·, lè ně· ?　　I'm fine, thank you. And you ?
A: hɔ̀ tsɔ̌·y syǎ·　　Very good, thank you.

2. A: wà ɔ̌·y kụ̂·y a· bɔ́·y ?　　Am I tall ?
B: lè bɔ̌·y kụ̂·y .　　You're not tall.
A: i· ɔ̌·y kụ̂·y a· bɔ́·y ?　　Is he tall ?
B: i· hɔ̂ʔ kụ̂·y .　　He's very tall.
A: lè ɔ̌·y kụ̂·y a· bɔ́·y ?　　Are you tall ?
B: wà k^{h}âʔ kụ̂·y .　　I'm too tall.

3. A: i· hɔ̂ʔ hêk a· mí· ?　　He's very tired ?
B: i· bɔ̌· hyɔ̂ hêk .　　He's not very tired.
A: lè ɔ̌·y hêk a· bɔ́·y ?　　Are you tired ?
B: bɔ́·y, wà bɔ̌·y hêk .　　No, I'm not tired.

4. A: i· ɔ̌·y ŋyà a· bɔ́·y ?　　Is she pretty ?
B: i· ɔ̌·y ŋyà .　　She is pretty.
A: i· hɔ̂ʔ ŋyà sí· mě· ?　　Very pretty ?
B: sí·, i· tsi·ŋ ŋyà .　　Yes, truly pretty !

图 11　《潮语口语》的会话教学

四、结　　语

尽管《潮州话入门》存在诸多美中不足之处,但瑕不掩瑜,没有专门受过正规语言学训练的璘为仁开启了西方人学习和研究潮州方言的先河,这部体例清晰、内容丰富的《潮州话入门》依然存在许多成功的教材编写经验，能够为当下的国际中文教育及教材编写提供一些有益的启发和思考。早期潮州方言教材的编写主体是西方传教士、翻译官、外交官，不同于近代欧洲汉学对中华经典、思想文明和书面语言的关注，他们秉持实用主义理念，重点培养学习者的汉语口语表达能力，强化日常生活中的实际交际需求，客观上使得作为第二语言的汉语教学从欧洲传统汉学中区分出来，成为独立的学科领域。他们在编写教材时善于观察汉语词汇语法特点与汉英语法差异，尽管缺乏科学的解释分析，但也促进了现代语言学思想在中国的起步与进展，与围绕文字学、声韵学、训诂学做研究的传统语言学视角截然不同。除此之外，这些中西文化交流的先锋本身也是成功的以汉语作为第二语言的学习者，作为以基底语为本族语的教师（base-native teacher，即与学生有着相同语言背景的教师），在国际中文教育领域拥有独特的优势，“他们有学习汉语的切身体验，深知汉语作为第二语言学习的难点，了解第二语言学习者的需求，可以与学习者无障碍地沟通”（吴英成、邵洪亮、杨延宁，2012：14）。综上所述，很有必要从第二语言教学的视角对早期西方传教士、翻译官、外交官所编潮州方言教材进行个案考察，以丰富和发展世界汉语教育史的研究成果。

参考文献

常敬宇　2003　《汉语词汇的网络性与对外汉语词汇教学》，《暨南大学华文学院学报》第3期。

林伦伦　2008　《十九世纪中后期的几本英文版汕头话工具书和教材及其价值》，黄挺《潮学研究：第七届潮学国际研讨会论文专辑》（第14辑），花城出版社。

马重奇　2016　《海峡西岸闽南方言与文化研究》，中国社会科学出版社。

马重奇、马睿颖　2016　《19世纪中后叶的潮汕方言音系——以三种美国传教士的著作为据》，《方言》第4期。

钱奠香　2018　《十九世纪早期潮州话声母m/b、n/l、ng/g的分合》，《方言》第4期。

邵洪亮　2015　《国别化汉语教材语言点处理的基底语意识——以洋教师所编教材为例》，《对外汉语研究》第1期。

佟秉正　1991　《初级汉语教材的编写问题》，《世界汉语教学》第1期。

吴英成、邵洪亮、杨延宁　2012　《“老外”教汉语：经验与启示》，周小兵《国际汉语》（第2

辑),中山大学出版社。
徐馥琼　2017　《一百多年前的潮州音》,《长安学刊》第2期。
徐晓娴　2016　《19世纪美北浸信会潮汕方言文献方言用字的比较》,《韩山师范学院学报》第5期。
徐宇航　2018　《潮州方言一百多年来的音韵演变》,商务印书馆。
游汝杰　2016　《方言接触论稿》,复旦大学出版社。
岳岚　2015　《晚清时期西方人所编汉语教材研究》,北京外国语大学博士学位论文。
张西平　2003　《应加强对西方人早期汉语学习史的研究——兼论对外汉语教学史的研究》,《国际汉学》第2期。
赵金铭　1997　《对外汉语教材创新略论》,《世界汉语教学》第2期。
William Dean(璘为仁)　1841　*First Lessons in the Tie-chiw Dialect*(《潮州话入门》),暹罗曼谷出版。

留尼汪粤方言新造词“契神”研究

江楚淇
（暨南大学）

提要 留尼汪粤方言中存在许多创新词，其中“契神”一词中的“契”作为动词，与中国本土粤方言中的“契”一词相比较，除了词义范围发生变化外，它的组合对象也非常特殊。本文尝试将“契神”中的“契”一词与本土粤方言进行比较，分别从词义辨析、组合对象等角度分析“契”一词的异同，以此作为切入点，借助语言接触等理论，并结合当地的语言背景考察“契”一词的变化原因，从而梳理得出可能影响“契”一词变化的两类因素，包括环境外部因素的影响和语言内部系统的推动转变，对留尼汪粤方言创新词的出现原因与使用情况作更加细致的探讨，以期深化海外汉语方言词汇研究。

关键词 干亲关系 词义扩大 情态内涵 隐喻机制

一、引　言

留尼汪岛位处非洲的马斯克林群岛，是法国海外的大区之一。据田野调查①，岛上主要存在两个大型的海外华人社区，分别位于圣丹尼和圣皮埃尔这两个城市，圣丹尼的华人主要使用粤方言的顺德话。留尼汪的粤方言顺德话有许多创新词，而“契神”正是其中之一。“契神”是一个新造词，它在留尼汪粤方言顺德话中的意义是：“信奉天主教的人士接受洗礼入教，敬奉

① 文章所使用的留尼旺词汇田野调查资料均为陈晓锦老师提供，特此说明。

天主教最高的膜拜对象,圣母玛利亚。"它看上去似乎和中国本土的粤方言的"契"一词毫无关联,但在调查中,"契神"是与粤方言中表示"干妈、干爹、干儿子、干女儿"的"契妈、契爷、契仔、契女"作为一类词被提及的,说明"契神"一词与粤方言表示干亲关系的拟亲属称谓存在一定的联系,再结合"契神"表示"受洗入教,信奉圣母玛利亚"的语义,"契神"一词很有可能是从粤方言中的干亲称谓发展而来的。

"契神"中的"契"在留尼汪粤方言顺德话中虽然保留了与表示干亲关系的语义,但它与在中国本土粤方言中的用法并不完全相同,通过与本土粤方言进行比较可知,"契"在"契神"这一新造词中,它由本土粤方言中延伸的词义范围因为与特殊对象"神"的组合而发生了变化,使得"契神"一词既与粤方言中常用的干亲称谓有所联系,但表达的语义却大为不同。推动"契神"一词产生的因素可能有三个:首先,"契神"的产生可能与留尼旺当地宗教信仰背景有关,其二,有可能受到"契"在粤方言中的用法所表达的情态内涵的影响,其三,可能是因认知过程中隐喻机制的推动而产生。

"契神"作为粤方言顺德话在海外地区的使用过程中产生的创新词,无论是比较它与本土粤方言之间存在的相同与差异之处,还是分析致使"契神"一词产生的影响因素,都对深化海外汉语方言的词汇研究有着一定的借鉴作用,并且有助于加强对濒危海外汉语方言的保护。

二、"契神"的"契"与本土粤方言中的"契"的异同

"契"的本义为刻,原是指占卜的时候用刀来凿刻龟甲,后引申为刻在甲骨上的文字,如:

(1)《易·系辞》:"上古结绳而治,后世圣人易之以书契。"

然后再由此引申为符节、凭证、字据等信物。古代的契分为左右两半,结契的双方各执其一,用时将契的两半合对以作证明,如:

(2)《礼·曲礼》:"献粟者执右契。"

(3) 许慎《说文解字》:"契,大约也。"

后泛指契约。(罗竹风,1988:1531)

“契”在粤方言中与其在古汉语中的意义不同，它并没有保留“刻”和“刻在甲骨上的文字”这两个意义，但它有与现代共同语相同的“契约”之意。《广州话正音字典》（詹伯慧，2002：197）中，契指“所有权的凭证；证明买卖、租赁等关系的合同”，如：

（4）份契约係咪已经定好咗啦？（那份契约是不是已经定好了？）

[fɐn^{22} k^{h}ɐi^{33} jœk^{33} hɐi^{22} mɐi^{22} ji^{13} kɪŋ^{55} tɪŋ^{22} hou^{35} ʦɔ^{35} la^{21}]

（5）张房契仲係唔係你度？（那张房契还在不在你那里？）

[ʦœŋ^{55} fɔŋ^{35} k^{h}ɐi^{33} ʦoŋ^{22} hɐi^{22} ṃ^{21} hɐi^{22} nei^{13} tou^{22}]

“契”由“契约”之意，再引申出它在粤方言中特有且较为常用的含义：“契”作动词时的语义是“结为干亲”，如《广州方言词典》：

（6）佢个女契畀我。（她的女儿跟我结为了干亲。）

[k^{h}œy^{13} kɔ^{33} nœy^{13} k^{h}ɐi^{33} pei^{35} ŋɔ^{13}]

（7）我契咗佢个仔。（我与他的儿子结为了干亲。）

[ŋɔ^{13} k^{h}ɐi^{33} ʦɔ^{35} k^{h}œy^{13} kɔ^{33} ʦɐi^{35}]

这里“契”的语义就是与某人结为干亲，认为干亲的意义，作为名词时“契”则指的是“干亲的称谓”，如《广州方言词典》：

（8）佢係我契妈。（她是我的干妈。）

[koye^{13} hɐi^{22} ŋɔ^{13} k^{h}ɐi^{33} ma^{55}]

（9）你係咪认咗个契女？（你是不是认了一个干女儿？）

[nei^{13} hɐi^{22} mɐi^{22} jɪŋ^{22} ʦɔ^{35} kɔ^{33} k^{h}ɐi^{33} ŋœy^{13}]

此处“契”是对“干妈”“干女儿”拥有拟制亲属关系对象的称呼。（白宛如，1998：128）粤方言中“契”之所以由“契约”义引申出“结为干亲”义，是因为结为干亲与结契一样，需要通过特定的社会仪式见证并承认所达成的契约关系的效力，二者在仪式见证上同样具有相关性，所以“契”的“契约”义在认知的过程中通过“部分喻指整体”的转喻机制，拓展延伸出了“结为干亲”义。

粤方言中“契”的语义范畴，是由典型程度高的核心成员逐渐扩散延展到典型程度低的边缘成员所形成的具有关联性的集合。“契约”义是粤方言

"契"的语义范畴中的核心成员，然而表示"契约"义的词如契约、地契、房契等，在现代的使用已大量减少，它们被同样表示证明买卖、租赁等关系的、更具有法律效力的"合同"一词所替代，"契约"义不再是粤方言中"契"最常用的语义。取而代之的是由"契约"义引申出的典型程度较高的成员，"干亲"义，它与"契约"义拥有较多的共同特征，而且在粤方言中也相当常用。粤方言一般使用"契+亲属称谓"的结构来表示非血缘关系的，通过特定仪式进行结拜后所具有的拟制亲属关系，也就是表示干亲关系的称谓。

根据调查，留尼汪粤方言顺德话中的"契"同样保留了与本土粤方言中一致的表示结为干亲和用以称呼干亲的语义与构词用法，如"契妈、契爷、契仔、契女"等。但是到"契神"一词时，"契"的词义与其组合对象都突破了其在本土粤方言时的语义范畴，已经不再具备典型的属性与特点。

首先是词义方面，从"契神"一词来看，如果将"契"表示干亲的语义再套入其中，与圣母玛利亚作为对象进行组合，从语义关系上看是不合理的。现实中人不可能与圣母玛利亚结为干亲，圣母玛利亚作为一个宗教信仰的对象，既不存在物质实体，同时人的信仰又将其推至一个至高无上的，可以主导人类命运的位置，她与人的地位过于不对等，肯定是无法形成干亲这种双向的，较为亲近的关系的。但根据一些民俗著作记载，"契神"一词在广东地区其实存在使用的先例。广东部分地区仍有保留将体弱多病的孩子"契"给神明的习俗，以求神灵庇护契子契女远离病痛，平安长大，所以仍以"契神"一词指称这种民间的育儿旧俗。"契神"中的"契"在广东地区虽看似仍可表示为"结为干亲"的语义，但其实"契"的语义与原来相比已经产生了微妙的差别，不能再简单地认为是"结为干亲"之义了。"契"在此处更接近于"过继、托付"之意，比"结为干亲"义更多了[+尊敬][+祈求]的语义特征，"契神"也就是将孩子托付给神明，求神明庇佑。所以在留尼旺粤方言顺德话里，"契神"的词义产生了变化，"契"的语义也必然要再做推断。

"契神"一词在留尼汪粤方言顺德话中表示的含义："接受洗礼入教，敬奉天主教最高的膜拜对象，圣母玛利亚"，是较为接近意为信奉神明的"信神"一词的，两个词之间在情态内涵上存在一定的差别，但基本的语义特征是比较相似的，所以"契"的语义应该与表示信奉的"信"大致相同。但"契神”相比起“信神”，其语义中有两个差别较大的部分，一是有“接受天主教入教特有的宗教仪式——受洗礼”之意，受洗入教是表明信徒归入天主教信仰决心的仪式，说明信徒对于信仰的态度是十分虔诚的。二是信奉的对象是特定的，是天主教的最高膜拜对象，既然是面对最高的膜拜对象，信奉者的态度必然是恭敬的。“契”的语义中隐含着[+虔诚][+恭敬]的语义特征，再结合“信奉义”加以引申，可以得出“契”的语义应该为表示“虔诚恭敬地信奉”的“皈依、敬奉”义。

和本土粤方言相比对，留尼汪粤方言顺德话中“契”的语义范围明显扩大，它的组合对象也属于非典型的对象。粤方言中与“契”组合的对象多是亲属称谓，通常由结契对象之间的辈分来决定具体的称呼。在语言的使用中，亲属称谓一般用于来指代人与人之间的亲缘关系，根据亲属称谓的这种特性，“契”的组合对象应该从属于人的范畴。但在留尼汪粤方言顺德话中，“契”却跳出了这种限制，创新性地与“神”的概念进行了组合。“神”不同于人，它是人所创造的社会特殊意识形态，是不存在物质实体的概念，它的性质致使人与神之间的关系具有行为上的单向性，不同于人与人之间的关系可以进行双向交互，只能是人对神发起行为动作，而神是无法回应的。这也说明“契”的“结为干亲”义与“神”的概念是无法组合的，因为“结为干亲”义蕴含着双向性的语义特征，结契的主体和客体在一定条件下可以相互置换，如：

(10) 你几时契咗佢个女噶？(你什么时候认了一个干女儿?)

[nei^{13} kei^{35} ʃi^{21} k^{h}ɐi^{33} tsɔ^{35} k^{h}œy^{13} kɔ^{33} nœy^{13} ka^{33}]

(11) 佢个女几时契咗畀你噶？(她的女儿是什么时候和你结为干亲的?)

[k^{h}œy^{13} kɔ^{33} nœy^{13} kei^{35} ʃi^{21} k^{h}ɐi^{33} tsɔ^{35} pei^{35} nei^{13} ka^{33}]

作为具有行为单向性的对象“神”，是不能与内含双向性的“结为干亲”义共现的，但可以与同样含有行为单向性的“皈依”“敬奉”义共现，依照语法形式和语法意义的双向选择原则，“契”的组合对象“神”从侧面阐明了“契”的语义应该为表示“虔诚恭敬地信奉”的“皈依、敬奉”义。

再有，双方结为干亲的行为背后其实隐含了一个相对固定的预设前提，即结干亲的对象双方都应当是作为社会成员的人，因为只有拥有社会关系的人才会运用约定俗成的社会仪式促使人与人之间的关系联结更加紧密。二人之间虽然会存在由于辈分的高低导致等级的差别，但双方身为人的共同特征是始终不变的，从这一点而言，二人之间以人的本质为锚点所建立起来的地位关系无疑是平等的。如果要将这种关系转换到人与神的关系中时，那这个预设前提就无法被满足，所以“契”表示“结为干亲”义在“契神”一词中就无法成立。

“神”是一种文化现象，反映了人对超越现实的全知性和终极性的理想化追求，它的性质使得人与神之间的地位关系难以达到一个对等的状态，即使“神”这个形而上的哲学范畴是人所创造的，但是在面对神圣性的概念，表现为“神”的形象时，人还是不可避免地产生敬畏的心理机制。这种认知投射到语言的使用中，与对象“神”组合的成分或结构大部分会带有“恭敬”的语义特征，当“契”的语义表述为“皈依、敬奉”义时，就与该特性是相符的，说明“契神”的“契”表示“皈依、敬奉”义是较为合理的。

三、新造词“契神”的产生原因

从本土粤方言中的“契”到留尼汪粤方言顺德话中的“契神”，“契”的词义和组合对象范围都进行了扩大，与本土粤方言存在明显的差别。“契神”一词的产生可能受到三个不同因素的影响，既存在环境外部因素的影响，同时又受到语言内部系统的推动转变。

（一）环境外部因素的影响

法国在 1642 年宣布占领留尼汪岛，之后留尼汪岛就长期受到法国的政治力量的管辖，直到 1973 年，法国政府将留尼汪改为法国的海外大区并延续至今。法国殖民者的到来，让基督宗教的信仰也随之传入到留尼汪岛，并在岛上以蓬勃之势不断扩大其影响力，尤其是在 20 世纪下半叶，由基督宗教发起的灵恩运动更是极大地推动了基督宗教在留尼汪的兴盛发展，据《基督教大辞典》统计，2010 年留尼汪岛上人口数约为 70 万，其中大概有 59.4 万人都信奉基督宗教，约占总人口数的 85%，其中大多数是天主教徒，如今随着留尼汪总人口数的不断增长，这个比例也在不断地提升。（丁光训、金鲁贤，2010：377）

留尼汪的华人生活在天主教信仰氛围如此浓厚的环境中，感受到与在中国本土的宗教信仰的不同之处，自然会认知的过程中使用汉语方言去记录一些新接触的文化现象。由于国内的宗教信仰氛围并不像留尼汪地区一样地浓烈，所以有许多与宗教相关的，或者是宗教特有的符号象征、仪式庆典以及教义信条等都没有专门用于表述它们的词，但这些事物或者行为在天主教信仰的发展势头相当强盛的留尼旺又是十分常见的，甚至在大多数人的生活中可以称得上是随处可见，如果留尼汪的华人仍旧按照汉语方言中固有的方式对这些事物或行为进行解释性的阐述，那么每一次的交流沟通中就需要耗费许多的时间来使谈话对象理解与这些事物或行为相关的信息，这样是不符合交际的简便省力原则的。因此留尼旺华人借用自己原本掌握的汉语方言系统，利用语言的能产性，为这些事物或者行为创造一个具有独特性的，专有的词，用于专门形容这些与宗教相关的事物或行为。“契神”也是因为这个原因而产生的，每次提及“契神”所表示的这个行为时，都将“信奉天主教的人士接受洗礼入教，敬奉天主教最高的膜拜对象，圣母玛利亚”这项解释再复述一遍，这是非常不合理的，所以“契神”一词得以诞生，特定用于指代上述行为，以便于人们日常的交际与沟通。

（二）语言系统内部因素的推动

语言系统内部因素的推动又分两大因素。第一个内部因素是“契神”的产生受到“契”在粤方言中的用法所表达的情态内涵的影响。“契”在粤方言中常用的语义是“结为干亲”义，一般用“契+亲属称谓”的结构来表示干亲关系的称谓，如“契爷、契妈、契女”等。这类词的情态内涵可以概括为情感的亲近性、认知的联结性，意识的指向性，即为“亲切地对意识明确指向的客体自主采取的关系联结性行为”。

情感上的亲近性是指从情感上来说，在“契”所指代的“结为干亲”的行为中，主动施加结干亲行为的主体对被动承受的客体在情感方面所具备的喜爱和亲近之意，结为干亲象征着主客体双方之间从非亲缘关系转变为与亲缘关系具有同等效力的拟制亲属关系。如果没有主体的喜爱和亲近之情转为外化的驱动力量，那么主体就不会在这个力量的驱动下，选择与客体结为干亲。情感上的亲近性致使“契”可以与表示主体对客体的喜爱或亲近的成分以及结构共现，而不能与表示主体的厌恶或疏远的成分，结构进行共现，如：

(12) 阿晴好中意小文个仔，于是佢就契咗小文个仔。

(阿晴很喜欢小文的儿子，所以她和小文的儿子结成了干亲。)

[a^{33} ʦ^{h}ɪŋ^{21} hou^{35} ʦoŋ^{55} ji^{33} ʃiu^{35} mɐn^{21} kɔ^{33} ʦɐi^{35}],

[jy^{55} ʃi^{22} k^{h}œy^{13} ʦɐu^{22} k^{h}ɐi^{33} ʦɔ^{35} ʃiu^{35} mɐn^{21} kɔ^{33} ʦɐi^{35}]

*阿晴好憎小文个仔，于是佢就契咗小文个仔。

(*阿晴很讨厌小文的儿子，所以她和小文的儿子结成了干亲。)

[a^{33} ʦ^{h}ɪŋ^{21} hou^{35} ʦeŋ^{55} ʃiu^{35} mɐn^{21} kɔ^{33} ʦɐi^{35}],

[jy^{55} ʃi^{22} k^{h}œy^{13} ʦɐu^{22} k^{h}ɐi^{33} ʦɔ^{35} ʃiu^{35} mɐn^{21} kɔ^{33} ʦɐi^{35}]

天主教信徒在敬奉圣母玛利亚的时候，因圣母玛利亚是诞育耶稣的无罪之身，是以圣人之母的形象受到世人的膜拜，削弱了神祇高高在上的神秘性与距离感，兼在天主教“博爱”的教义信条影响下，信徒会自发地对圣母玛利亚生出尊敬与喜爱之情，而这正好符合“契”在粤方言中的用法蕴含的情感上的亲近性。留尼汪的华人运用了“契”在粤方言中表示亲近之意的情态属性，并提取了圣母玛利亚作为神的本质，参照“契+亲属称谓”的构式将“亲属称谓”替换为对象“神”与“契”进行组合，创造出新造词“契神”，用以表达信徒对圣母玛利亚像对母亲一般的敬重和依恋之情。

认知上的联结性意味着从认知的角度而言，主体与客体之间的关系在完成了结为干亲的仪式会得到更加紧密的联结，从没有相关性的非亲缘关系变更为与亲缘关系具有同等效力的拟制亲属关系，主体会在道义层面上承担对客体应负的责任与义务，如双方置身于亲缘关系中一样，主客体通过这种方式来加强彼此关系之间的联结，象征着对相互之间关系的认同。由此，“契”一般不能与表示关系变得疏远的成分或结构进行共现，应与表示关系变得密切的成分或结构共现。

（13）自从阿明契咗阿邦作大佬之后，佢地就行得好埋。

（自从阿明认阿邦为干大哥之后，他们就走得很近。）

[tsi^{22} ts^{h}oŋ^{21} a^{33} mɪŋ^{21} k^{h}ɐi^{33} tsɔ^{35} a^{33} pɔŋ^{55} tsou^{22} tai^{33} lou^{35} tsi^{55} hɐu^{22}],

[k^{h}œy^{13} tei^{22} tsou^{22} haŋ^{21} tɐk^{55} hou^{35} mai^{21}]

* 自从阿明契咗阿邦作大佬之后，佢地就分道扬镳了。

（*自从阿明认阿邦为干大哥之后，他们就分道扬镳了。）

[tsi^{22} ts^{h}oŋ^{21} a^{33} mɪŋ^{21} k^{h}ɐi^{33} tsɔ^{35} a^{33} pɔŋ^{55} tsou^{22} tai^{33} lou^{35} tsi^{55} hɐu^{22}],

[k^{h}œy^{13} tei^{22} tsou^{22} fɐn^{55} tou^{22} jœŋ^{21} piu^{55}]

皈依天主教的信徒在经过受洗的仪式入教之后，在主观上会认为自身已经从世界中分离出来，归入圣母玛利亚的怀抱。受到受洗仪式的心理暗示，在信徒的认知中他们与神的联系和感应产生了从无到有的转变，信徒同样负有敬奉神祇和传播教义的责任和义务，借此来加强与神之间的关系联结。留尼汪的华人利用“契”在粤方言中表示关系联结的认知特性，比照“契”原有的构词模式，将其与充当受事的“神”相结合，使“契”引申出全新的义项，即“契神”独有的“皈依、敬奉”义，并以“契神”一词来表现信徒的自我认识：他们与神的关系进入了一个新的阶段。

意识的指向性即是从意识方面而言，主体对于要实施结为干亲这个行为的客体是具有明确的指向性的，客体是不能具有随机性和不确定性的，也不能用表示泛指的名词来充当客体，因为结为干亲的最终目的是促使人与人之间的社会关系更加密切，如果连对象都不能确定，一个人是无法建立起关系网络的，更不用谈使关系越发紧密了。所以“契”的客体必须是有明确的指向的，否则这个语义关系就是不合理的，如：

（14）我契咗群仔个细妹。（我和群仔的妹妹结为了干亲。）

[ŋɔ^{13} k^{h}ɐi^{33} tsɔ^{35} k^{h}wɐn^{21} tsɐi^{35} kɔ^{33} ʃɐi^{33} mui^{35}]

* 我契咗细妹。（*我和妹妹结为了干亲。）

[ŋɔ^{13} k^{h}ɐi^{33} tsɔ^{35} ʃɐi^{33} mui^{35}]

留尼汪地区是以天主教信仰为主，由于宗教对于教徒虔诚性的需求，教徒信仰的对象是极具明确的指向的，不存在广泛地信仰诸神的现象，满足了

"需要明确指向的客体"这一条件,对应了"契"所呈现的意识上的指向性,留尼汪的华人在阐述教徒信仰圣母玛利亚这一现象时,采用了具有客体指向性这一特点的"契"与特指圣母玛利亚的"神"构成新造词,以此来指称天主教徒虔诚敬奉圣母玛利亚的行为。

第二个内部因素是认知过程中隐喻机制的拓展与延伸。隐喻是认知语言学的基本理论,它是基于人的已有经验,借用较易理解的始源域的概念来解释和说明与之具有一定相似性的目标域的概念,而"契神"的产生正是隐喻机制运作的结果。"契"在粤方言中表示的是非亲缘关系的双方通过举办特定的社会仪式使彼此之间具有等同于亲缘关系的拟制亲属关系,而留尼汪华人想要表达的现象,即原本没有信仰的人通过进行受洗仪式来成为与圣母玛利亚建立感应联结关系的天主教教徒,与"契"在粤方言中指代的行为具有相似性,又因为对宗教信仰领域的概念较为陌生,所以华人借用较为熟悉的人际关系领域的结干亲概念来映射宗教领域的入教奉神概念,通过隐喻机制将"契"由"结为干亲"义引申为"皈依、敬奉"义,进一步拓展了"契"的语义范畴,再根据交际的简便省力原则,将敬奉的对象圣母玛利亚缩略为"神",将二者结合得出新造词"契神"。

以上三个因素都是可能导致"契神"一词产生的原因。

四、结　　语

留尼旺"契神"一词中,"契"为表示"虔诚恭敬地信奉"的"皈依、敬奉"义,这从语义考察和组合对象两方面都可以通过形式验证来说明,致使"契神"产生的原因可能有三个,分别是:留尼汪的宗教背景影响、本土粤方言中"契"的情态内涵的影响以及隐喻机制的运作。海外汉语方言的词汇还有很多像"契神"一样非常具有研究价值的新造词,在对它们进行研究的时候,可以考察其与本土汉语方言的异同、例如语音、词义、组合对象等,还有由原词至新造词的演变过程,新造词的情态内涵,是否受到认知行为的影响等,这些都是很好的研究角度。新造词的产生还可能受到其他许多因素的影响,期待海外汉语方言词汇相关的研究可以继续做进一步的完善。

参考文献

白宛如　1998　《广州方言词典》,江苏教育出版社。
陈晓锦　2010　《泰国的三个汉语方言》,暨南大学出版社。
丁光训、金鲁贤　2010　《基督教大辞典》,上海辞书出版社。
罗凤莹　2023　《越南芒街市粤方言词汇研究》,暨南大学硕士论文。
罗竹风　1988　《汉语大词典》,汉语大词典出版社。
尚会鹏　1997　《中原地区的干亲关系研究——以西村为例》,《社会学研究》第6期。
叶春生、施爱东　2010　《广东民俗大典》,广东高等教育出版社。
詹伯慧　2002　《广州话正音词典》,广东人民出版社。
赵春利、何凡　2020　《副词“索性”的话语关联与情态验证》,《世界汉语教学》第3期。

粤语译本小说的用字研究

——以《鲁滨逊漂流记》粤语译本《辜苏历程》为例

云梓媚

（深圳大学）

提要 《辜苏历程》是英国文学名著《鲁滨逊漂流记》以粤方言译述的粤语译本，在光绪二十八年(1902)年由英国传教士英为霖所译，全文尝试以羊城土话即粤方言白话译述，以达到通俗化效果。一定程度上记载了清末民初白话使用情况的《辜苏历程》，在方言用字上兼具时代性和译本特征双重特点。本文从共时与历时两个角度，将《辜苏历程》的方言用字情况与同时期的《岭南白话杂志》以及百年后的粤方言字典进行对比研究，发现《辜苏历程》与同时期的本土白话杂志在用字中的假借字差异较大，呈现不稳定现象；而与百年后的粤方言字典的对比发现百年来（古）本字的使用较稳定，而方言字和假借字的变化较大；对比之下作为清末民初时期粤语译本的《辜苏历程》呈现出大量使用同近音假借字和方言字的现象，体现了粤方言书面化常见用“口”旁等意符字和发展更新迭代的特点。

关键词 粤方言　用字演变　《辜苏历程》《岭南白话杂志》

传教士文献研究是汉语史不可多得的材料，近代以来传教士翻译文献广布各个领域，为语言文学研究提供了宝贵的时代材料。游汝杰（2000：254—255）指出，传教士文献“记录、描写并研究了当时各地汉语方言口语，在广度、深度和科学性方面远远超过清儒的方言学著作，也是同时代的其他文献，如地方志和方言文学作品所望尘莫及的……它们对于研究近代中西学术交流、中国基督教史、汉语方言学和方言学史都有相当高的价值”，利用这些文献开展语言学的研究,可填补"汉语方言史的一个空白"。庄初升(2002)指出,借助传教士文献,可以系统、全面地了解19世纪中叶以来客家方言用字的基本情况,为客家方言的历时研究提供一方的证据。陈泽平(2002)指出,传教士文献帮助我们观察到近一二百年间方言演变的细节。明清以来传教士进入中国,为传播基督教教义,将当地语言文化编成书籍,努力学习中国各地方言、文化习俗,同时也将外文文献分别译成各地方言译本供当地人学习,如最著名的各方言译本的基督教《圣经》、各地方言的音系、词汇字汇等。

《辜苏历程》是英国文学名著《鲁滨逊漂流记》以粤方言译述的粤语译本,光绪二十八年(1902)年英国传教士英为霖译。该书译者尝试以粤方言口语书写,将著名的文学材料译述为"妇孺一观,了然于目,亦能了然于心"的白话小说,以追求通俗化效果。与书面语色彩浓厚的原著不同,译本为语言形态特殊的口语白话小说,是外国传教士以切合当时口语使用情况的方式将外国小说翻译为自然口语表达的尝试,翻译考虑文字与发音习惯,尽可能通过字符明确发音,一定程度上反映了清末民初粤方言书面化使用情况。

一、共时用字研究——与《岭南白话杂志》用字比较

与《辜苏历程》时期相近,由粤方言撰写的白话杂志《岭南白话杂志》在1908年发行,其中第2—5期得以流传,包括时事、故事、科学理念、教育、趣闻、唱本等多个栏目,旨在以白话为媒介传播新时代思想,极具研究价值,所记载清末民初粤方言书面化的使用状况可与《辜苏历程》形成对照。本文将从方言用字角度出发,以《辜苏历程》为研究主体,对其中方言用字进行共时及历时的对比研究,考察近代传教士译方言小说的书面化用字特点。

粤方言用字包括了通用汉字和方言用字：通用汉字的字形与字义都与共同语相同;方言用字则是只用于粤方言地区,与共同语的字形或字义相区别的部分。本文将方言字与方言词合并在一起,以字符的形式讨论。[①] 用字

① 本文涉及粤语字词根据需要使用繁异体字。

类型一共分为五类：古本字、方言字、方俗字、假借字和训读字。

我们从《辜苏历程》全书检索出了约 167 组方言用词（将书本前后使用不同字形的字，但表达相同的现象归为同一组，如獵雜/垃雜等，意义相同字形不同归为一组；大部分用字都是单个字符或单个词的情况）。以这 167 组方言用词为参照依据，从《岭南白话杂志》（2—5 期）检索出相应的字义相同的约 84 组方言用词，并对两组书的方言用字状况对比分析。以下列出的例字附上与詹伯慧（2000a）《广州话正音字典》同字形相对应的国际音标，仅供辅助理解该字现代读音，不表示该字在《辜苏历程》或《岭南白话杂志》编书时期读音。分析如下：

（一）相同方言用字

1. 书写相同（古）本字

（古）本字是指方言用字沿用了古汉语字形和音义，词义可能有所延伸，但字形和字音仍能保留古汉语的形式。粤语口语常见一些共同语已经不再出现的词语，并不是因为粤语表达太俗，相反是因为太雅。粤方言保留了许多古本字的表达，但是由于部分（古）本字用字生僻，在使用过程中也随共同语的趋势逐渐被俗字所取代。纵然，也有相当数量的字保留着古汉语的形音，在两组书中都有体现：

拈[nim^{1}]（取物）　　閂門[san^{1} mun^{4}]（关门）

坭[nɐi^{4}]（水泥）　　遞年/日[dɐi^{6} nin^{4} jɐt^{9}]（第二年/日）

埕[ʦ^{h}iŋ^{4}]（酒瓮）

2. 书写相同训读字

训读字是指选用现成的与方言词字义相同或相近的字来标写与之读音不同的方言词。训读字的字形是借用字的字形，而训读字的读音是本字的读音，本字与训读字是借义的关系。詹伯慧（2002b）指出粤方言的方言用字类型中以使用训读字的为数最少，黄小娅（2000a）整理 6 本粤方言词典方言用字类型各类方言用字占比的表格中训读字仅占 3%；而我们在两组书中也仅发现 4 个：

赒[wɐn²](赚[钱])	罅[la³](缝隙)
挤[tsɐt⁵](放,塞)	擘[mak⁸](睁[眼])

3. 书写相同假借字

如前所述,由于粤方言有许多词语没办法找到对应的本字或者本无本字的情况,在书写过程中只能找读音相同相近,或字形相近的字进行书写,但也存在本字过于生僻而书写了假借字的情况,这也是六书用字法的一种。被借用的字可以是借形或者借音,其中借音字占方言用字的比例是最大的,一部分假借字在使用过程中逐渐固定,被大众共同接受,在两组书中有:

笪[tat⁸](量词,块)	嘅[ke²](语气词)
嗱[la³](语气词,啦)	噲[wui⁵](会)
系[hɐi⁶](是)	度[tou⁶](处;量词,堵)
耐[noi⁶](久)	執[tsɐp⁷](收拾)
吓[ha¹](下)	嬲[nau¹](生气)
重話[tsuŋ⁶](还说)	咪[mɐi⁵](不要)
個[ko²](那)	偈[kɐi²](说话)
俾[pei²](给,被)	添[tʰim¹](副词,语气词,表夸张)
揾[wan³](找)	亞[a³](词缀,同"阿")
知到[tsi¹tou³](知道)	戥[taŋ²](替)

4. 书写相同方言字

除了使用训读(借意)、假借(借形、借音)的方法书写方言外,还可以根据表达的需要自造方言字、方言俗字(也有人称"方俗字")。董绍克(2002)对本字、方言字、俗字、方言俗字的定义作了明确的区分,其中方言字和方言俗字的共同点都在于为方言区使用方言的人所服务,而区别就在于方言字是为了表达还没有哪个现成汉字适合表达的方言词而创造的,与正字的关系是补充的关系;而方言俗字是有相应的本字的,只是本字过于生僻而相应创造出的俗字,或省符、增符,或改换符号,都是作为辅助性交际工具而服务的。因为方言字和方言俗字的区别主要只在于是否存在本字,而适用的区域、造字法等都相同,所以常被放在一起讨论。以上我们了解到方言字和方言俗字的区别和共同点,下文为书写方便,我们将方言字、方言俗字统一以方言字表述。

粤方言的方言字主要采用了“六书”中的“形声”与“会意”，并多采用原有汉字基础上加意符如“口”“扌”“月”等类化符号作为偏旁的形式，如嗰、啲、嘢、搵、揼、揞、膶、乸、䆲等，但自造字在120年前的《辜苏历程》《岭南白话杂志》中的使用似乎还未得到普遍接受，两部著作中写法相同的方言字仅有三个字：

冇[mou^{5}]（没有） 喺[hɐi^{2}]（在）

吖[a^{1}]（语气词，啊）

（二）不同方言用字

相对于使用相同的方言用字，两组书中用字相异的占比虽小，但所相异的用字类型各异（以下例字皆为《辜苏历程》—《岭南白话杂志》）：

1. 方言字—假借字

哋[tei^{6}]—地[tei^{6}]（人称复数标记）

嘅[tsœŋ^{3}]—賬[tsœŋ^{3}]（次、回）

嗮[sai^{1}]—晒[sai^{1}]（完、全）

睚[zoŋ^{1}]—賍[zoŋ^{1}]（偷窥）

嗱嗱聲[na^{4}na^{4}seŋ^{1}]—拿拿聲[na^{4}na^{4}seŋ^{1}]（快速的样子）

2. （古）本字—假借

共[kuŋ^{6}]—仝[kuŋ^{6}]（同、和） 提[t^{h}ai^{4}]—题[t^{h}ai^{4}]（提出）

適值[sik^{7}tsik^{9}]—悉/適着[sik^{7}tsœk^{9}]（正好遇到）

攣[lyn^{4}]—攣[lyn^{4}]（蜷缩） 娶[ts^{h}œy^{2}]—取[ts^{h}œy^{2}]（嫁娶）

3. 不同的假借字

攞[lo^{3}]—囉[lo^{3}]（拿）

系[hai^{6}]—係[hai^{6}]（是） 俾[pei^{2}]—彼[pei^{2}]（给）

的[ti^{1}]—啲/哋[ti^{1}]（复数标记） 番[fan^{1}]—翻[fan^{1}]（返回）

约嘆[jœk^{8}mo^{2}]—约莫[jœk^{8}mo^{2}]（大约） 呃[ak^{7}]—握/阨[ak^{7}]（欺骗）

噉[kam^{2}]—敢[kam^{2}]（代词，这样） 揿[kam^{3}]—噤[kam^{3}]（按）

蹼[pok^{3}]—樸[pok^{3}]（扑倒） 嘟[juk^{7}]—郁[juk^{7}]（动）

在各类型的不同用字中，同使用假借字但不同书写形式的类型占比最大，出现分别使用了不同形符、声符偏旁的现象最为常见，这也体现了粤语书面化出现一词多形的特点。书面化过程中受到不同因素的作用，借助不同的形符或声符增强词语的表音功能。

二、历时用字研究——与现代粤方言字典比较

根据邓小琴（2011），至清末民初，粤方言的书面化已趋成熟。但是根据同时期的《辜苏历程》与《岭南白话杂志》两组书的用字对比，我们发现他们在用字上仍有部分出入。以下我们从历时角度，将《辜苏历程》的用字与用字较具规范性的粤方言字典所收录的方言用字进行对比，字典主要为饶秉才、欧阳觉亚、周无忌所编《广州话方言词典》。

（一）使用相同方言用字

1. 使用相同（古）本字

《辜苏历程》使用的（古）本字共 35 个，占总统计数的 20.9%。历时比较下，其中字形改变的仅有 8 个，且改变的字形大部分被普通话用字代替，一定程度上说明粤方言词汇对（古）本字的保留，粤方言对（古）本字使用存在一定稳定性。

闔[hɐp^{9}]（关）

啖[tam^{6}]（量词，口）

漚爛[ɐu^{3}lan^{6}]（长时间浸泡在水里）

罌[aŋ^{1}]（瓶之大腹小口者）

埕[ʦ^{h}iŋ^{4}]（酒瓮）

適值[sik^{7}ʦik^{9}]（刚好、正好）

著[ʦœk^{9}]（对，接触）

焙火[p^{h}ui^{6}]（烤火）

閂門[san^{1}mun^{4}]（关门）

孿[lyn^{4}]（蜷缩、弯曲）

慳儉[han^{1}kim^{6}]（节俭）

2. 使用相同训读字

《辜苏历程》使用的训读字共 6 个，仅占总统计数的 3.5%。比较下，在训读字占比最小的情况下，两个系统都使用相同的训读字的情况非常少，仅

2个。

罅[la^{3}](缝隙)

擘[mak^{8}](睁开)

3. 使用相同假借字

《辜苏历程》使用的假借字在五种用字类型中占比最大,共94个,占总统计数的56.2%,其中假借同音字或近音字的占比较大。

嘅[ke^{2}](语气词)

笪[tat^{8}](量词,快)

呢[ne^{1}](这)

遮[tse^{1}](伞)

咁[kɐm^{3}](这么)

呃[ak^{7}](骗)

躝[lan^{1}](滚)

嬲[niu^{5}](生气)

扱[k^{h}ɐp^{7}](盖、扣)

咪[mɐi^{5}](不要)

唔[m^{4}](不)

闭翳[pai^{3} ɐi^{3}](担心,焦虑)

攞[lo^{3}](拿)

粗幼[ts^{h}ou^{1} jɐu^{3}](粗细)

耐[noi^{6}](久)

紧[kɐn^{2}](正在)

至[tsi^{3}](最)

偈[kɐi^{2}](聊天)

枱[t^{h}oi^{4}](桌子)

添[t^{h}im^{1}](副词,语气词,表夸张)

夹[kap^{8}](并且)

戥[taŋ^{2}](替)

運[wɐn^{6}](沿……)

嘟[juk^{7}](动)

4. 书写相同方言字

《辜苏历程》使用的方言字共有32个,占总统计数的19.1%。造字类型也在六书范围内,包括将表意的形符组合形成新义的会意,如"冇""孭""兡";将表音的声符和表意的形符组合的形声,如"睄""叮""幔";但更多的是在一般用字的基础上加入"口""扌"等的类化符号,如"噒""嗶""啵(枪)""搽""攊""揿""嘪"等。

哋[tei^{2}](复数标记,们)

抆[wiŋ^{6}](扔)

劏[t^{h}oŋ^{1}](杀)

鎅[kai^{3}](剪、裁、锯、割、切)

啩[kwa^{3}](语气词)

幔[lei^{5}](帆)

喺[hɐi^{2}](在)

脷[lei^{6}](舌头)

瞓[fɐn^{3}](睡觉)

（二）使用不同方言字

将《辜苏历程》与现用字典的用字相比较，发现存在使用不同的方言字现象共62组，包括《辜苏》中使用方言字的字和字义在字典上的用字是假借字或不同书写形式的方言字；《辜苏》中使用假借字的字同字义在字典上的用字是方言字、假借字或（古）本字；另外还有一部分《辜苏》中使用的方言字在粤方言中找不到相对应的方言用字，而使用共同语用字的现象。而统计中我们发现在以上各类中，《辜苏》里假借字使用字形差异数量最大，变化的类型也最多，详看下表。

1. 方言字—假借字

释　义	《辜苏历程》	《广州话方言词典》
次	嗱[tsœŋ^{3}]	匀[wɐn^{6}]/次[ts^{h}i^{3}]
乱	啦乱[lap^{8} lyn^{6}]	立乱[lap^{8} lyn^{6}]
差点	啈的[tsaŋ^{1} ti^{1}]	争[tsaŋ^{1}]
指快速	嗱嗱声[na^{4} na^{4} sɛŋ^{1}]	啦啦声[la^{4} la^{4} sɛŋ^{1}]
拖延	𠺝[tɐm^{2}]	炆[tɐm^{2}]
晾	𢳆[lɔŋ^{6}]	郎[lɔŋ^{6}]

2. 不同的方言字

释　义	《辜苏历程》	《广州话方言词典》
扳动	㗵[man^{1}]	擟[man^{1}]
完成体标记	咽[tso^{3}]	咗[tso^{3}]
拔	擝[mɐŋ^{1}]	搣/擝[mɐŋ^{1}]
摔倒	嘳[kwan^{3}]	蹪[kwan^{3}]

3. 假借字—方言字

释　义	《辜苏历程》	《广州话方言词典》
语气词	嘑[la^3]	喇/𡃁[la^3]
那	個[ko^2]	嗰[ko^2]
按	㩒[kɐm^6]	撳[kɐm^6]
表复数	的[ti^1]	啲[ti^1]
东西	野[je^5]	嘢[je^5]
盖	揿[k^{h}am^2]	扻[k^{h}am^2]

4. 假借字—(古)本字

释　义	《辜苏历程》	《广州话方言词典》
睁大	辘[luk^7]	睩[luk^7]
见到	较剪[kau^1 tsin^2]	鉸剪[kau^1 tsin^2]
关	缊[wɐn^3]	韞[wɐn^3]
亏本	舌亏[sit^9 k^{h}wɐi^1]	蝕抵[sit^9 tɐi^2]

5. 不同的假借字

释　义	《辜苏历程》	《广州话方言词典》
熟睡	稔[nam^5]	淰[nam^5]
脱身	脱角[lɐt^7 sɐn^1]	甩身[lɐt^7 sɐn^1]
才	致[tsi^3]	至[tsi^3]

（续表）

释　义	《辜苏历程》	《广州话方言词典》
大约	约嘆[jœk^{8} mo^{2}]	约莫[jœk^{8} mo^{2}]
杂七杂八	獵雜/垃雜[lap^{8} tsap^{9}]	垃雜[lap^{8} tsap^{9}]
会、起风	番[fan^{1}]	翻、番、返[fan^{1}]
压	磧[tsak^{8}]	責/矺[tsak^{8}]
翘起	拮[kɐt^{8}]	趷[kɐt^{8}]
捡起	执[tsɐp^{7}]	執[tsɐp^{7}]
死胡同	掘頭路[kwɐt^{3} t^{h}ɐu^{4} lou^{6}]	倔/屈頭路[kwɐt^{3} t^{h}ɐu^{4} lou^{6}]

6. 方言用字—共同语用字

释　义	《辜苏历程》	《广州话方言词典》
晕	暈[wɐn^{4}]	暈[wɐn^{4}]
绊倒	嘪[kwan^{3}]	慣[kwan^{3}]
游泳	泅水[ts^{h}ɐu^{4} sœy^{2}]	游水[jɐu^{4} sœy^{2}]
泥	坭[nɐi^{4}]	泥[nɐi^{4}]
押	解[kai^{5}]	押[at^{8}]
嫁娶	取[ts^{h}œy^{2}]	娶[ts^{h}œy^{2}]
夹	硤/唊[kap^{8}]	夾[kap^{8}]
会	噲[wui^{5}]	会[wui^{5}]
做	造[tsou^{6}]	做[tsou^{6}]
次数、下	吓[ha^{1}]	下[ha^{1}]

（续表）

释　义	《辜苏历程》	《广州话方言词典》
蛋	疍[tan^{6-2}]	蛋[tan^{6-2}]
提	题[$t^hɐi^4$]	提[$t^hɐi^4$]
赚	赚[$wɐn^2$]	挣[$wɐn^2$]

三、《辜苏历程》的用字特点

（一）大量使用同近音假借字和方言字

从《辜苏历程》中所整理出的方言用字统计共 167 个，其中各用字类型数量和占比如下：

方言用字类型	所用字数	所占比例
（古）本字	35	20.9%
训读字	6	3.5%
假借字	94	56.2%
方言字	32	19.1%

其中，假借字的占比无疑最大，其次是（古）本字，再其次是方言字，训读字占比最小。而根据黄小娅（2000b）从三个粤方言字典中所统计出的方言用字类型占比，方言字和假借字的占比分别是 16%和 38%，（古）本字的占比是 30%，可见《辜苏历程》一书中所使用的方言字和假借的占比偏大，而使用（古）本字的占比偏小。究其原因，我们认为与作者译述的立意有关。

前面提到，英为霖为“聊备妇孺一观，了然于目，亦能了然于心”而使用羊城土话即粤方言白话进行译述。因此在书写过程中，为了方便阅读者直观性理解字义,他有意识地避开生僻难懂的古字,或需要一定知识基础而通过形义理解字义的训读字和借形字,而选用常见字的字音假借,或再另加符号稍作区别的方言字,如"𡃶"字中易识得"泵"字音,具形象意义的"糸"字义,以及区别符号"口";"搽"字表字音的"泵",与兼具形义及区别意义的"扌";"䀁"字中表音义的"庄",和表形义与区别义的"目"等。

(二)常见"口"旁意符字

原字上加"口""扌"旁等类化符号是粤方言自造字词的特点。《辜苏历程》的方言用字除了方言字多出现"口"旁意符外,假借字也有不少"口"旁字。方言字中如表示次数的"𠹌",表示杂乱的"𠵱乱",表示拖时间的"𠹳",表示晕的"𠹺",表示扳动枪扳机的"𠵈",表示叹气的"𠽌气",表示深陷其中的"𠹭",表示差点的"唦的",表示枝条下垂的"𡃶",表示动作完成的"咽",语气词"叮",表示习惯的"㗎",假借字中则有指示副词"咁",否定词"唔",动词夹"唊",虚词"呮",能愿动词"哙",量词"吓",表示大约的"约嗼",表示动词掸的"吨",表示骗人的"呃"和表否定的"咪"等。

(三)假借字被取代

这点主要体现在历时比较的用字异同上,背后因素是方言字源研究的发展,对粤方言书面化的重视与共同语对粤方言的冲击。

1. 被本字取代:随着字源考究的发展,随着越来越多的假借字被本字所取代和接受,曾被临时借用或临时造出的字消失在人们的日常使用中,如"辘→睩""蹼→仆""缊→韞""脖头→髆頭""拧去→拎"。

2. 被更好理解易接受的假借字取代:部分字由于无法考究出本字或没有本字,以其使用的特殊性,又被更易被接受或更有语义特性的字形所取代,如:"屋跕→屋企""𠵈→攠""拘→摳""咽→咗""揿→揿""㗎→蹪"。

3. 被共同语用字取代:没有其方言语义特色的字,又与共同语用字有着相同语义,则随着共同语的强势进入,被共同语用字所取代,如:"𠹺→暈""㗎→慣""泅水→游水""坭→泥""取→娶""硖/唊→夾""哙→会"。

（四）“消失”的词语

在对比中我们发现，《辜苏历程》中有不少词语已经没办法在字典中找到对应的方言用字，如：“嗜气（叹气）”“吭（深陷其中）”“吖（语气词，啊）”“扭去”“蹘（跑）”“熩（烤火）”“唲（走）”“疏（了）”等。

随着社会的变化以及语言经济性等因素的作用，部分词语因用词过于古雅，不被大部分人理解，如“长流水（潮水）”“藉赖（依赖）”“驾上（您）”等；又在语言的发展过程中，被新词、外来词等词语取代，如“状师（律师）”“湾船（泊）”等，或词义被其他词语词义扩大所兼并，如“嗜气（叹气）”“熩（烤火）”等；虽然词语的书面形式本身已经不存在于字典中，但有不少表达以口语的形式存留，在粤方言的次方言区里存在，如“蹘（跑）”“哓（完成体标记）”，在粤方言片区的方言小片如佛山（高明）、佛山（顺德）等地区都仍为人们常用。

四、结　　语

以上是我们从共时和历时两个角度的用字比较，分别将《辜苏历程》方言用字与同时期的《岭南白话杂志》和百年后的《广州话方言词典》相对比。

邓小琴（2000）认为，至1908年，粤方言书面化的体系建构和词汇与句法标记基本发展成熟。但从共时角度比较看，方言用字上还有许多常用字上没有达到统一字形。虽然《辜苏历程》和《岭南白话杂志》所使用的方言字大部分相似，但也存在着不同的用字类型的现象，使用不同方言字的数量占总对比数的近三分之一，且这些现象主要集中于使用不同的假借字，借助不同的形符或声符，如表示共同的共，《辜苏历程》和《岭南白话杂志》则分别使用的是“共”和“仝”；表示偷看，两本书也是分别使用“睖”和“䁯”；表示完、全的“嗮”，两本书分别用的是“嗺”和“晒”，完成体标记两本书分别用的是“哓”和“阻/左/楚/哓”（《岭南白话杂志》本身也没办法实现统一）。不同的作者使用不同的字形，从不同的角度考虑使用不同的本字、形符声符自造字,抑或假借同近音字,目的都是为了使读者明确该字的读音,增强词语的表音功能。

历时角度,从使用相同的方言字看,粤方言对(古)本字使用的保留较稳定,近百年来用字呈现一致,如"踣""镬""阖""啖""漚""罯";百年来使用训读字占比都最小,数量也最少,说明了字源考究和语言经济原则的发展,更多的训读字的使用被本字或假借字取代。而从使用不同的字看,方言字被假借字或不同形态的不同的方言字取代,如"㖿—攞""啯—咗""摺—搣""㗎—蹪",以及假借字被不同形态的假借字所取代,如"致—至""约嗼—约莫",说明该字在当时处于不稳定状态,大众随即选择更易被接受的其他字形;假借字被方言字或(古)本字的取代,如"個—嗰""辘—睩",说明粤方言书面化的研究和使用的发展,人们更愿意为粤方言的书面化寻找字源,或为特殊字义的字造出特殊的字形。

通过共时与历时的比较,我们发现粤译小说《辜苏历程》的方言用字有大量使用假借字和方言字的现象,体现粤方言书面化常见用"口"旁等意符字和词汇发展更新迭代的特点。但仅用一本文献作为参照比较的结果存在的偶然性较大,此后还需要参照更多的文献作进一步的对比分析。

参考文献

白宛如 1998 《广州方言词典》,江苏教育出版社。
陈泽平 2002 《十九世纪的福州音系》,《中国语文》第 5 期。
邓小琴 2011 《粤方言书面化及其历时演变研究》,南京大学博士论文。
董绍克 2002 《汉语方言词汇差异比较研究》,民族出版社。
侯兴泉、吴南开 2017 《信息处理用粤方言字词规范研究》,广东人民出版社。
黄小娅 2000a 《近两百年来广州方言词汇和方言用字的演变》,暨南大学博士论文。
黄小娅 2000b 《粤方言用字一百多年来的演变》,《第七届国际粤方言研讨会论文集》,商务印书馆。
林素娥 2021 《西洋传教士汉语方言文献的语言学研究综述》,《辞书研究》第 1 期。
饶秉才、欧阳觉亚、周无忌 1981 《广州话方言词典》,商务印书馆。
宋莉华 2012 《〈辜苏历程〉:〈鲁滨逊漂流记〉的早期粤语译本研究》,《文学评论》第 4 期。
韦树关 1997 《粤语方言字刍议》,《广西民族学院学报》第 2 期。
游汝杰 2000 《汉语方言学导论》,上海教育出版社。

詹伯慧　2002a　《广州话正音字典》,广东人民出版社。
詹伯慧　2002b　《漫步语坛的第三个脚印——汉语方言与语言应用论集》,暨南大学出版社。
庄初升、刘镇发　2002　《巴色会传教士与客家方言研究》,《韶关学院学报》第7期。

介休方言词汇义位的义域解析

马启红
（山西省社会科学院语言研究所）

提要 义域是义位的量，是义位的意义范围和使用范围，是人所认识的具有义素所表示特征的事物集或群。本文从义域含元量的大小和多少分别展现介休方言词汇义位的义域特征。认为方言词汇义位义域的差异，是人们对客观对象认识或认知结果差异的体现。

关键词 介休方言 词汇义位 义域解析

张志毅先生在《词汇语义学》中阐述说：“义域，是义位的量，是义位的意义范围和使用范围，是人所认识的具有义素所表示特征的事物集或群。集（或）群就是量。”从义位的意义范围看，义域（集）所含的元有大小之别、多少之分；从义位的使用范围看，义位表现为显性组合、隐性组合以及适用语域①。（张志毅、张庆云，2001）

本文从义域含元量大小和多少来展现介休方言词汇义位的义域特征。

本文是山西省社会科学院（山西省人民政府发展研究中心）2024年重点规划课题（ZD202403）阶段性研究成果；是山西省社会科学院第一批特色学科建设项目“语言学研究”阶段性研究成果。

① 语用域指义位所适用的语义领域，即义位的使用范围，是义位在组合运用中的表现，是义位构成的一个重要内容。语用域体现在义位的显性组合和隐性组合当中。前者指在辞书释语的正文或夹注中标明组合的义位或义类；后者指虽然没有在词典释义的正文或夹注中标明，但以常用例语的方式提示语言实际潜存的经常性的组合义位或义类。（张志毅、张庆云：《词汇语义学》，第72页）

一、义域含元的大小

含元量的大小指义位所指某一对象的整体或较大的一部分，还可指该对象的局部或较小的一部分。（张志毅、张庆云，2001：69）含元量大小有差异的义位多涉及时间、空间意义或身体部位等，因为时间、空间自身具有连续性，不可截然分界。因此，一个方言选择用某义位指称对象的整体，另外的方言则有可能选择用该义位指称对象的局部，不同方言之间的差异则由此产生。（董绍克，2013：69）

（一）时间词汇

介休方言用于指称时间的词汇比较丰富。

1. 白天与夜晚

明白儿[mi^{33}piɐr^{423}]（白天）——晚夕[uæ̃^{42}sei^{13}]（夜晚）

介休方言的“晚夕”指与白天相对的整个夜晚，这与西宁、银川、娄底的“晚夕”指从天黑到天亮的一段时间基本一致，而清徐、祁县方言的“晚夕”指的是下午。

2. 从清晨到傍晚

表 1　介休方言的时间词汇

时　间　段	介休方言指称
清晨	打早[ta^{5}tsɔo^{423}] 早起[tsɔo^{53}tɕʰi^{53}] 明起来[mi^{33}tɕʰi^{42}lei^{13}]
上午	前晌[tɕiɛ̃^{33}ɕyɤ^{423}]
中午 12 点	正南午时[tʂəŋ^{45}næ̃^{0}uʌʔ^{31}sɿ^{13}]
中午	晌午[ɕyɤ^{53}u^{53}]
中午 12 点到下午 3 点	白儿[piɐr^{423}]

（续表）

时　间　段	介休方言指称
下午	后晌[xəu^{45}ɕyɤ^{0}]
傍晚	黄昏[xuɤ^{33}xuŋ^{13}] 黑过来[xʌʔ^{3}kuᴇ^{45}lei^{0}] 麻麻眼儿[ma^{33}ma^{13}ȵiãr^{45}]

单纯“白儿”指的是“中午 12 点到下午 3 点”这一时间段，而“明白儿”，则指整个白天的时间段。对于“中午 12 点到下午 3 点”这一时间段，并州片其他方言也有特定的说法，不过只是针对夏日酷热难耐之时，如太谷方言称“大凉$^{=}$晌午”，祁县方言称“炙娘娘晌午”。

（二）空间词汇

1. 以局部的义位代指整体空间

介休方言“闺厢[tɕy^{11}ɕyɤ^{45}]”同大多数晋方言有的“闺[kuei]舍”一样，都是用局部的一间房屋代指整个“家”。“闺厢”“闺舍”义位的义域含元可大可小，可同时指代英文的 house 和 home。既可指一间房屋，又可用局部的一间房屋代指整个“家”，特殊的是介休方言还可以指代老婆或整个家里人。比如：

（1）你的脚臭死的啦，熏死俺们一闺厢人的啦。（指一间屋子）

（2）这闺厢没啦兀一$_{\text{他}}$就不活啦？（指代家）

（3）他走了这些日子也不回来，闺厢快想死的啦。（指代老婆或家里人）

2. 以身体部位代指空间

表 2　介休方言身体部位词代指空间

身体部位	代指空间
脑头[nɔo^{42}tʰəu^{13}]	上面
头前[təu^{33}tɕiɛ̃^{13}]	前面

（续表）

身体部位	代指空间
后背[xəu^{45}pai^{0}]	后面
末冢子[mʌʔ^{31}tuʌʔ^{3}tsʌʔ^{0}]	末尾
里手[lei^{53}ʂəu^{53}]	里边
外手[uai^{45}ʂəu^{0}]	外边

山西方言可用局部的身体部位指代一定范围的空间，只是各个方言区所指代的空间范围大小不同。如“头前”介休方言指“面前的一片区域”；而太谷方言指的是“躺下时脑袋的前方”；“后背”介休方言指“后边”；而太谷方言只指“后脊背”，不指称空间。

介休方言“里手—外手”对应的空间是“里边—外边”，限定范围是门窗的开向；而除此之外，太谷方言还可以对应“左边—右边”，伸出右手，手心以里是“里手”，代指左边区域；手背以外是“外手”，代指右边区域。

3. 缩小空间义域

介休方言可通过缩小义位的义域代指某一较小的空间。如：“旁坡[pæ̃^{45}p^{h}iᴇ^{0}]”，看似指称较大的范围，但在介休方言中却指代了较小空间——“旁边，身旁”，比如：“他就在我左旁坡坐着”。

“地”在介休方言中既可指土地、田地，也可缩小义域单指或特指“坟地”。

（三）水温词汇

表 3　介休方言中的水温词汇

水温词汇	水温（义域大小）
凉水[luɤ^{33}suei^{423}]	10℃以下
冷水[lia^{53}suei^{53}]	0℃—4℃

（续表）

水温词汇	水温（义域大小）
温水[uŋ^{33}suei^{53}]	20℃左右
暖水[nuæ̃^{53}suei^{53}]	40℃左右
滚水[kuŋ^{53}suei^{53}]	100℃

表水温的词汇越多，表明其义域概括得越细致。与太谷方言进行对比，如：0℃—4℃：冷水$_{介休}$、冰凉水$_{太谷}$；10℃—20℃：凉水$_{同称}$；20℃—30℃：温温水｜皮温温水$_{同称}$；40℃以上：暖水$_{介休}$、热水$_{太谷}$；100℃：滚水$_{介休}$、开水$_{太谷}$。

我们知道，介休方言是"冷—暖"相对，说天热是"暖死的啦"，再热也是"暖"；太谷方言是"凉—热"相对，说天冷是"凉死咧"，再冷也是"凉"。正是由于"冷"与"凉"、"暖"与"热"在两县方言义域大小的不同造成了水温词汇的差异。

二、义域含元的多少

义域含元有多少之别，含一元的，即所指是单一的，就是通常所说的专有名词或单称名词；含几元的，所指只有几个，是含元少的类名，如"六艺"古代指礼、乐、射、御、书、数六种科目；含元不计其数，所指不易用有限数表示，是含元很多的类名，如"粉坊"做粉皮、粉丝等食品的作坊。（徐艳华，2002）

词汇义域的"多少"一般体现人们认知结果所概括或包括数量的多少，比如武乡方言"袄"包括棉袄、单衣、夹衣、背心等所有上衣，而介休方言如果不特指"夹袄""絮袄$_{棉袄}$"，就指外衣，"背心"则有其特指的词汇"洞洞"。

对表示类名的义位来说，不同方言之间常有含元数量多少的差异，介休方言一些词汇的义域含元量就表现得比较特别。

（一）含元多少在亲属称谓义位中的体现

汉语亲属称谓复杂，方言更甚，单是义位含元多少就会体现出很大的差异,介休方言尤甚。

1. 娘　“娘”在古代多是用作少女的称谓,如姑娘、红娘、秋娘。后来“娘”也用作妇女的泛称,如伴娘、姑娘、新娘、喜娘等。“娘”也指母亲,也可称长一辈或年长的已婚妇女,如大娘、婶娘、姨娘。在介休方言中,“娘”还可指奶奶。如下表:

表 4　介休方言“娘”的指称

<table>
<tr><th>称　谓</th><th colspan="2">重叠区分与普通话对应所指</th><th>语音区分</th></tr>
<tr><td rowspan="2">娘[ȵia^{45}]
娘娘[ȵia^{11}ȵia^{45}]</td><td>单音节</td><td>奶奶</td><td rowspan="2">娘[ȵia]</td></tr>
<tr><td rowspan="2">重叠</td><td>邻居奶奶</td></tr>
<tr><td>娘娘[ȵiẽ^{11}ȵiẽ^{45}]</td><td>伯母</td><td>娘[ȵiẽ]</td></tr>
<tr><td rowspan="2">大娘[tiᴇ^{45}ȵia^{13}]
大娘[ta^{45}ȵiẽ^{13}]</td><td rowspan="2">冠以大</td><td>大奶奶</td><td>大[tiᴇ] 娘[ȵia]</td></tr>
<tr><td>大伯母</td><td>大[ta] 娘[ȵiẽ]</td></tr>
</table>

从表中可见,“娘”与“娘娘”代表不同的称谓;同样是重叠,娘娘[ȵia^{11}ȵia^{45}]与娘娘[ȵiẽ^{11}ȵiẽ^{45}],以不同的语音区分出不同的称谓。

2. 叔与伯　一般而言,叔与伯是分别与“中介亲属——父亲”区分长幼的称谓,叔指父亲的弟弟,伯指父亲的兄长,介休方言亦然,而同在晋语并州片的太谷和祁县则不同,叔与伯的义位含元发生了错位,父亲的兄长称呼为“爷(大爷、二大爷、三大爷)”,父亲的弟弟却称呼为“伯(伯伯只一个、二伯、三伯)”。

介休方言中,如果叔叔的年龄比侄子都小,即称为“毛叔叔[mu^{33}suʌʔ^{11}suʌʔ^{45}]”。

3. 兄弟与姊妹　介休、太谷、祁县方言的“兄弟”含元量较少,只指“弟弟”;如果包括哥哥和弟弟,则变为“弟兄”。“姊妹”在三县中均指“妹妹”,如加后缀“们”,姊妹们则可包括所有的兄弟姐妹。

4. 外甥子与侄子　介休、太谷、祁县方言“外甥子”含元量较大,可以包括外甥和外甥女,并且既可指女儿的孩子又可指姐姐和妹妹的孩子。“侄子”和“孙子”的含元量也较大，包括“侄子”和“侄女”、“孙子”和“孙女”，三县方言均是在特别强调时才区分男女。

5. 大哥与大大　“大”在介休方言中有两个读音[tiᴇ45]和[ta45]，因读音的不同可区分“大哥、大大”含元的不同。如下表所列：

表5　“大”的读音区分“大哥”、“大大”的含元

大	介休方言称谓	普通话所指
[ta45]	大大[ta45ta0]	姐姐的统称
	大哥[ta45kiᴇ13]	哥哥
[tiᴇ45]	大大[tiᴇ45ta0]	大姐
	大哥[tiᴇ45kiᴇ13]	妻兄

表5中“大大”用大[tiᴇ45]和大[ta45]区分出姐姐的统称与大姐的专称，准确地说这并不是“大”的重叠，指称姐姐的“大”另有其字。“妭”，《字汇补》同奈切。《字汇补·女部》：“妭，姊称也。”宋·赵与时《宾退录》卷五：“妭，大女，即姊也。”因而，姐姐的统称应为“妭妭”，由“妭”重叠而成，大姐应为“大妭”。只是后来本字淡出书写系统，人们统一重叠为“大大”。

（二）面食含元的不同

介休方言的面食词汇丰富，其“面”与“馍”的义域范围特殊，“面”不仅指“粮食磨成的面”及“各类面条”，还可指“馒头”；“馍”的义域范围更广，随其语音的变换可指称不同的面食。

1. 面——面粉、面条、粉末状物、馒头

1）面粉

好面[xɔo42miɛ̃45]、上面[ʂæ̃45miɛ̃0]：指小麦磨的面。

玉䅟黍面[y45tʰɔo45sɥ53miɛ̃0]：指玉米面。

纯红面[tsuŋ33xuŋ11miɛ̃45]：指纯高粱面。

肉红红面[ʐuʌʔ31xuŋ45xuŋ0miɛ̃45]：指高粱面和白面或豆面掺在一起的面。

2）面条

截$^{=}$[tɕiʌʔ^{12}]：面条的统称。

水花面[suei^{42}xua^{13}miɛ̃^{45}]：指拉面。

汤水[tʰuɤ^{11}suei^{45}]：指中午吃的面条(不带汤)。

汤汤水水[tʰuɤ^{33}tʰuɤ^{13}suei^{42}suei^{23}]：泛指带汤的饭。

3）粉末状物

面面[miɛ̃^{45}miɛ̃^{0}]：指各类粉末状食物，如花椒面面、麻角角面面$_{\text{辣椒面}}$。

4）馒头

褪馍面[tʰuai^{45}muɤ^{11}miɛ̃^{45}]：女子生娃满月后，离窝回娘家，返回婆家时，娘家要蒸制花馍，让闺女带回去，分与邻居吃。用以寄托美好的愿望，企盼婴孩健康成长。

发财面[xuʌʔ^{3}tsʰai^{13}miɛ̃^{45}]：一种圆形大馒头，旁边装饰莲花，中间点缀红枣。介休人在过年、过冬时供奉家神使用。

2. 馍——干粮、馍馍、蒸馍、卷子、卷卷、供

1）统称

干粮[kæ̃^{11}ȵia^{45}]：统称，与大多数方言指称相同。

2）按形状而称

馍馍[ma^{11}ma^{45}]：圆形馒头，手揉而成。

蒸馍[tʂəŋ^{11}muɤ^{45}]：刀切而成，不再揉圆。

卷子[tɕyɛ̃^{42}tsʌʔ^{0}]：花卷。

3）按用途而称

馍[miᴇ^{45}]：圆形大馒头，出殡当天闺女供奉死去的父(母)所用。如有两个闺女，则分别蒸制“馍馍[miᴇ^{33}miᴇ^{13}]”与“卷卷”。

供[kuŋ^{45}]：供奉神仙所用。圆形馒头之上覆盖花瓣，之上点缀五颗红枣。

3. 饼子——按用途可分：饼子[pin^{42}tsʌʔ^{0}]、饼子[pi^{42}tsʌʔ^{0}]

饼子[pin^{42}tsʌʔ^{0}]：发面饼子，人们平时食用。

饼子[pi^{42}tsʌʔ^{0}]：烫面薄饼。五七时祭祀死者的供品，亲人这一天也食用这种薄饼。

（三）其他几个特殊的义域含元

“水”在介休方言中含元量较大，如“输水”可以指“输液”；“汤汤水水”泛指带汤的饭；而“汤水”则指中午吃的面条（不带汤）。

“洞洞”既可指筒状，也可指人穿的“背心”。

“桔子”可以包括“橘子”“芦柑”“橙子”。

“炭”只是一个统称，具体可分为大炭[tiᴇ^{45}tʰæ̃^{0}]和小炭[ɕiɔo^{42}tʰæ̃^{45}]，大炭指无烟煤，小炭指烟儿煤。

“兔儿”包括野兔和家兔，“豁豁[xuʌʔ^{11}xuʌʔ^{45}]”只能指家兔。

三、介休方言词汇义位义域的特征

综上可见，介休方言词汇义位义域有如下两大特征：

（一）介休方言词汇通过语音的改变确定词汇义位的义域。如：

（1）娘[ȵia^{45}]$_{\text{奶奶}}$与娘[ȵiɛ̃^{13}]$_{\text{婶母}}$

（2）妖妖［ta^{45}ta^{0}］$_{\text{姐姐}}$与大妖［tiᴇ^{45}ta^{0}］$_{\text{大姐}}$

（3）大哥[ta^{45}kiᴇ^{13}]$_{\text{大哥}}$与大哥[tiᴇ^{45}kiᴇ^{13}]$_{\text{妻兄}}$

（4）饼子[pin^{42}tsʌʔ^{0}]$_{\text{平日食用}}$与饼子[pi^{42}tsʌʔ^{0}]$_{\text{祭祀死者的薄饼}}$

（5）馍馍[miᴇ^{33}miᴇ^{13}]$_{\text{供奉逝者所用的馒头}}$与馍馍[ma^{11}ma^{45}]$_{\text{圆形，日常食用}}$

（二）介休方言较其他方言词汇义位义域的差异，是人们对客观对象认识或认知结果差异的体现。词汇义域含元多少、大小最终以词汇义值的形式出现，有认知结果的差异和认知概括的详略度两方面的表现：

1. 认知结果的差异，如“时间词汇”指称的特殊时间段就是介休人自我认定的义域；介休“伯与叔”与太谷、祁县“爷与伯”的差级对应，也是各地认知系统的体现。

2. 认知概括的详略度直接影响词汇义位义域的差异。列宁曾说“任何词都是在概括”，认知少概括性总结就简单，义域含元就大，比如介休方言“桔子”可以包括“橘子”“芦柑”“橙子”，是因为北方人只从颜色和形状特性得出笼统性的认知结果。相反，认知多概括性总结就繁杂，介休方言中“面与馍”的种种说法即是例证。介休人对水温的认知较细,所得出的词汇界定就多,词汇义位义域的差异也明显。

四、结　　语

山西方言词汇丰富且奥妙无穷,蕴藏着无尽的、有价值的语言资源,是本土化语言及文化资源研究的宝库,值得我们挖掘。本文正是从介休方言词汇义位的义域出发,彰显方言词汇中蕴含的地域文化特征,领略三晋大地传统农耕文化的底蕴和博大。

参考文献

董绍克等　2013　《汉语方言词汇比较研究》,商务印书馆。
徐艳华　2002　《义位的义域》,《山东理工大学学报》第5期。
张志毅、张庆云　2001　《词汇语义学》,商务印书馆。

宝鸡扶风方言单字音声调的实验研究

张 静
（西安培华学院）

提要 首先，本文细致描述了用Praat软件分析声调的方法和过程，通过实验语音学的方法对扶风方言单字音声调做了科学的分析，探讨了三代人声调调值发生的变化及原因。其次，将本文对扶风方言单字音声调的实验研究结果与前人的研究成果对比，分析了形成不同调值研究成果的原因。最后，本文将扶风方言与普通话的单字音声调调值对比，讨论了扶风方言区的人说普通话时容易犯的错误以及学习时应注意的问题。

关键词 扶风 方言 单字音 实验分析 声调

一、扶风及扶风方言概况

扶风县地处黄土高原南缘渭河盆地中西部，位于陕西省中部偏西。扶风县城距西安市100多千米，宝鸡市90多千米，处于西安市和宝鸡市之间。地理坐标为东经107°45′～108°03′，北纬34°12′～34°17′。东北与永寿、乾县交界，东与武功县、杨凌区连接，南隔渭河与周至、眉县相望，西与岐山县接壤，北与麟游县毗邻。境内北部有六盘山系的千山余脉乔山，南部有自西向东穿境而过的渭河，中部有自岐山县流入、东注武功县的沣水。陇海铁路和西宝公路北线分别横贯渭河川道和中部塬区。全县土地总面积745.8平方千米，总人口约42万，主要是汉族，其他民族总共200人左右。（陕西省扶风县地方志编撰委员会，1993：1、9）

图 1

（一）历史沿革

扶风县是我国黄河流域古文化重要发源地之一。相传 4 000 年前的上古时期，以炎帝神农氏为首领的姜氏部落在这里定居，建立了有邰氏部落。西周时，属岐邑，为京畿，在西周建立后 250 余年间，这里一直是西周政治、经济和文化中心之一。战国时期，秦孝公十二年（公元前 350 年）始在这里设置美阳县。唐高祖武德三年（公元 620 年）在今址设沛川县，太宗贞观八年(634年)改名为扶风县。南宋初,金人统治北方,更名扶兴县,后又复原名。此后至民国年间均称扶风县。中华人民共和国建立后,1958年并入兴平县,1961年分出至今。(陕西省扶风县地方志编撰委员会,1993:1)

(二)方言系属

根据《中国语言地图集》,扶风方言属于中原官话秦陇片的一个地点方言。扶风方言内部也不完全一致,东南西北有的字音和词语稍有差别。杨春霖《陕西方言内部分区概说》一文中说:"关中方言内部一致性较高,但也还可以主要根据语音的差异,分成'东府话'和'西府话'两个区。大体上西安市、长安县、铜川市、耀县和成阳地区、渭南地区各县、市以及陕北范围内的六县、陕南范围内的四县的话是东府话。宝鸡市和宝鸡市所属各县的话是西府话。"宝鸡市所属各县是"宝鸡、凤翔、千阳、陇县、麟游、岐山、扶风、武功、眉县、太白、凤县各县"。由此可见,扶风方言属于"西府话"。

(三)前人研究

据查阅,论及扶风方言的论著主要有:白涤洲、喻世长《关中方音调查报告》(1954),李荣《官话方言的分区》(1985),杨春霖《陕西方言内部分区概说》(1986),张盛裕、张成材《陕甘宁青四省区汉语方言的分区》(1986),孙立新《关中方言略说》(1997),《扶风县志》(1993),张崇《陕西方言古今谈》(1993),孙立新《陕西方言纵横谈》(2000)、《关中方言代词概要》(2002)、《陕西方言漫话》(2004),张维佳《关中方言果摄读音的分化及历史层次》(2002)、《关中方言片内部音韵差异与历史行政区划》(2002)、《演化与竞争——关中方言音韵结构的变迁》(2005),毋效智《扶风方言》(2005),任永辉《陕西省汉语方言概况》(2010)等。

虽然涉及扶风方言的论著较多,但多属概论性质,并未对某一问题开展深入细致研究。其中涉及扶风方言声调的论著有:白涤洲、喻世长的《关中方音调查报告》,总共调查了四十二县的方言,有对扶风方言的声母、韵母和声调系统的描写。该报告认为扶风方言的声调有四种，分别为阴平41、阳平15、上声31、去声55；《扶风县志·方言》较系统地描写了扶风方言的语音、词汇和语法。该研究认为扶风方言的声调有四种，分别为阴平31、阳平35、上声53、去声44；毋效智的《扶风方言》对扶风方言的语音进行了系统的研究论述。他认为扶风方言的声调有四种，分别为阴平31、阳平24、上声42、去声55；吴媛的博士论文《陕西关中西府方言语音研究》里对扶风方言的音系做了简单的实验分析说明，她认为扶风方言的声调有四种，为阴平31、阳平24、上声52、去声33。

从上可知，扶风方言有四个调类：阴平、阳平、上声、去声，这点是没有疑问的。但在具体调值的拟定上各个学者却产生了分歧。

（四）扶风方言单字调的研究价值

首先，通过调查和描写为语音学研究提供原始语料，丰富扶风方言的研究，为其他学者研究扶风方言提供一定的借鉴。其次，近年来我国大力推广普通话，普通话对方言产生的影响越来越大，对比普通话和扶风方言的声调差异，可以使我们对这一问题进行更深入的探索和研究，同时可以为扶风人学习普通话提供一定的帮助。第三，通过计算机软件用实验语音学的方法对扶风方言进行细致分析，将结果与传统语音学的研究成果进行对比，可以验证传统语音学依靠个人主观听音辨音的准确性。第四，以往对扶风方言声调的研究存在差异，用实验的方法可以确定哪一种说法更符合扶风方言的语言事实。

二、扶风方言声调实验

（一）实验材料

本文依据中国社会科学院语言研究所编《方言调查字表》，选取扶风方言中存在的例字，并将其按照中古平上去入和清浊排列制成发音字表，然后逐一录音。

表1 发音字表

平声	清	高、猪、专、尊、低、边、安、开、抽、天、偏、婚、伤、三、飞
	全浊	穷、陈、床、才、唐、平、寒、神、徐、扶、驼、河、茄、婆、和、瘸、爬、霞、蛇、划、图、湖
	次浊	鹅、娘、人、龙、难、麻、文、云、羊、亡、王、棱、蝇、盲、盟、名、赢、零、荣、营、聋、农、戎、熊、容
上声	清	古、展、纸、走、短、比、碗、口、楚、草、体、普、你、好、手、死、粉
	全浊	近、柱、是、坐、淡、抱、厚、社、似、父、堕、祸、杜、户、序
	次浊	五、女、染、老、暖、买、网、有、养、往、猛、冷、岭、勇
去声	清	盖、帐、正、醉、对、变、爱、抗、唱、菜、怕、汉、世、送、放
	全浊	共、阵、助、贱、大、病、害、树、谢、饭、贺、夏、射、步、度、护
	次浊	岸、让、漏、怒、帽、望、用、样、旺、孕、硬、命、令、弄
入声	清	急、竹、织、积、得、笔、曲、出、七、秃、匹、黑、湿、锡、福、割、桌、窄、接、搭、百、约、缺、尺、切、铁、拍、歇、说、削、发
	全浊	局、宅、食、杂、白、合、舌、俗、服、峡、涉、跌、叠、乏、人、杰
	次浊	月、入、六、纳、麦、药、力、域、额、易、历、役、鹿、梦、睦、陆、绿、录、褥、玉

在分析时,每类选择六个左右的例字,所选例字以能够反映方言声调特点为原则,尽量选择方言口语中可以单说并且常说到的字。此外,我们赞同林茂灿的观点:“北京话单说的声调信息主要由音节的主要元音及其过渡所携带,浊辅音声母、介音、鼻音韵尾和元音韵尾跟声调无关。”因此为了实验切音方便,我们在选择例字的时候,尽量选取那些声母是不送气清塞音声母[p][t][k]的,并尽量保证声母、韵母的每种搭配在每个声调中都有例字,以便于比较。但是由于一些例字的录音无法提取出连续的基频值,一些录音发音人的读音本身存在问题等,在分析时我们也选取了一些声母是擦音、塞擦音、鼻音的例字。以下是实际具体实验分析时所用到的例字:

表 2 实验实际分析用字表

平声	清	高、专、边、抽、婚、飞
	全浊	才、茄、婆、霞、蛇、图、湖
	次浊	鹅、难、麻、羊、亡、零
上声	清	纸、短、口、体、手、粉、你、好、楚、走
	全浊	是、坐、淡、社、父、杜
	次浊	五、女、染、老、买、有、岭
去声	清	盖、对、变、怕、汉、世
	全浊	助、贱、大、害、谢、夏、吉
	次浊	岸、漏、帽、用、样、命、旺
入声	清	笔、秃、黑、缺、切、发、七、出、急、曲、织、匹
	全浊	食、杂、白、合、服、峡、宅、叠
	次浊	月、纳、麦、药、额、鹿

（二）录音设备、过程、语音分析软件及数据分析

第一，在安静的室内，使用荷兰阿姆斯特丹大学语音科学研究所开发的用于语音合成及分析的 Praat 软件进行录音，要求发音人按照字表的先后顺序，每个字连续读三遍，语速不要太快，每遍间隔 2~3 秒。

第二，用 Goldwave 语音软件对录音文件进行切分和标注，选取每个例字的录音中最充分完整的用作语音实验分析。

第三，用 Praat 软件打开切分好的例字读音进行分析，选择合适的调型段，然后运行等时间比例提取音高数据的脚本，自动提取基频 F0，获得例字的 Pitch 值，生成一个文本文件。在提取 F0 时，本文运用了采样方式，即记录了 0%、10%、20%、30%、40%、50%、60%、70%、80%、90%、100%这十一个时刻点的基频值。

第四,将所有例字的 Pitch 值从文本文件中导入 Excel,然后将所有的 Pitch 值转换成 Log 值,并确定调域和刻度。

第五,根据确定的调域和刻度,绘制出老年人、中年人、青年人各十二张(平声清、平声全浊、平声次浊、上声清、上声全浊、上声次浊、去声清、去声全浊、去声次浊、入声清、入声全浊、入声次浊)声调折线图。

第六,仔细分析声调折线图,得出声调调值。

(三) 发音合作人的情况

张天生,男,76 岁,扶风县城关镇沛川村人,初中文化程度,长期生活居住在扶风县,曾长期在邻县工作,不会讲普通话。此发音人为扶风老年人的发音代表。

张周利,男,48 岁,扶风县城关镇沛川村人,初中文化程度,长期生活居住在扶风县,曾经短期打工离开过扶风,不会讲普通话。此发音人为扶风中年人的发音代表。

张鹏程,男,19 岁,扶风县城关镇沛川村人,高中文化程度,长期生活居住在扶风县,会说扶风方言和普通话,父母及亲属都是本地人。此发音人为扶风青年人的发音代表。

张静,女,23 岁,扶风县城关镇沛川村,大学本科,长期生活在扶风县,2008 年开始在山东烟台上大学,会说普通话。此发音人为本文最后研究扶风方言区的人说普通话时的情况的代表。

三、扶风方言单字音声调实验研究分析

(一) 老年人单字音声调格局

1. 平声折线图分析

我们从老年人平声的录音选出清音中的高、专、边、抽、婚、飞,全浊中的才、茄、婆、霞、蛇、湖,次浊中的鹅、难、麻、羊、亡、零等例字,然后用 Praat 软件分别对其作了分析,得出了以下声调折线图:

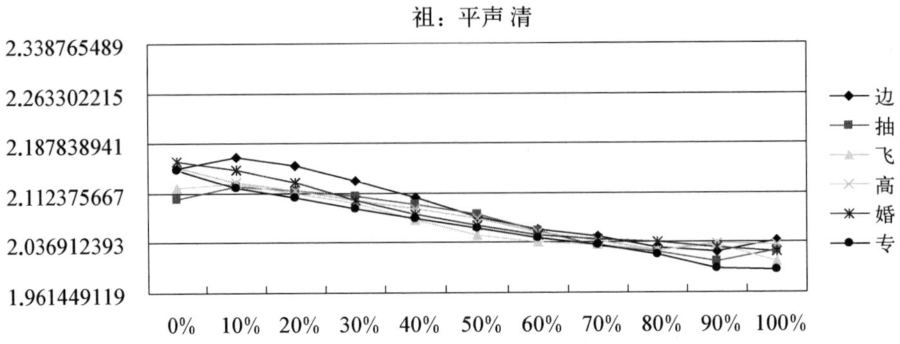
祖：平声 清
2.338765489
2.263302215
2.187838941
2.112375667
2.036912393
1.961449119
0%
10%
20%
30%
40%
50%
60%
70%
80%
90%
100%
边
抽
飞
高
婚
专

图 2

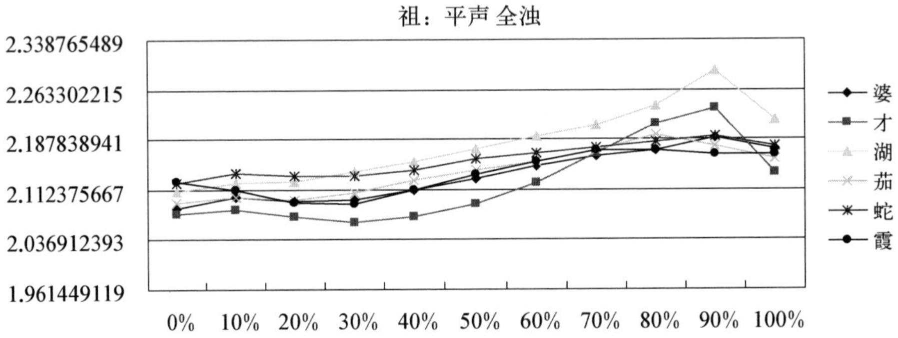
祖：平声 全浊
2.338765489
2.263302215
2.187838941
2.112375667
2.036912393
1.961449119
0%
10%
20%
30%
40%
50%
60%
70%
80%
90%
100%
婆
才
湖
茄
蛇
霞

图 3

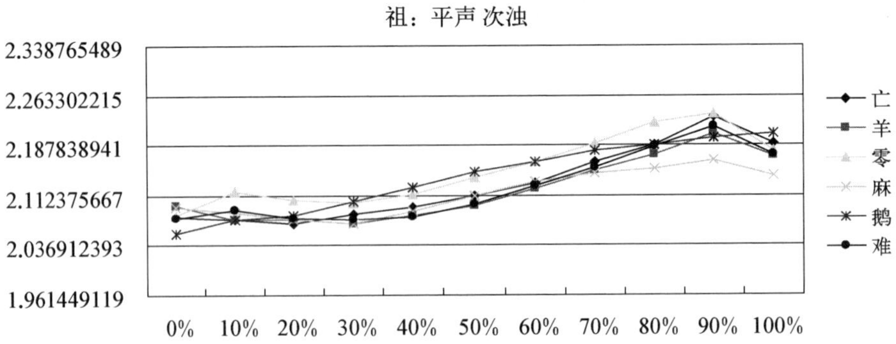
祖：平声 次浊
2.338765489
2.263302215
2.187838941
2.112375667
2.036912393
1.961449119
0%
10%
20%
30%
40%
50%
60%
70%
80%
90%
100%
亡
羊
零
麻
鹅
难

图 4

分析平声折线图，可得平声的大致格局如下：

表 3

清	31
全浊	24
次浊	24

2. 上声折线图分析

我们从老年人上声的录音选出清音中的纸、短、口、体、手、粉，全浊中的是、坐、淡、社、父、杜，次浊中的五、女、染、老、买、有等例字，然后用 Praat 软件分别对其作了分析，得出了以下声调折线图：

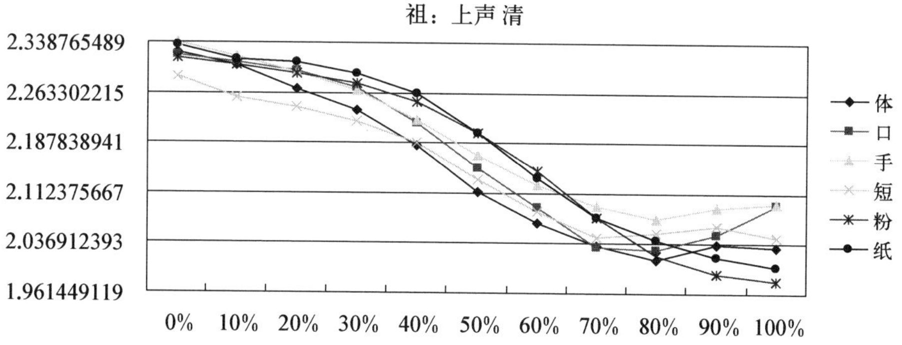

图 5

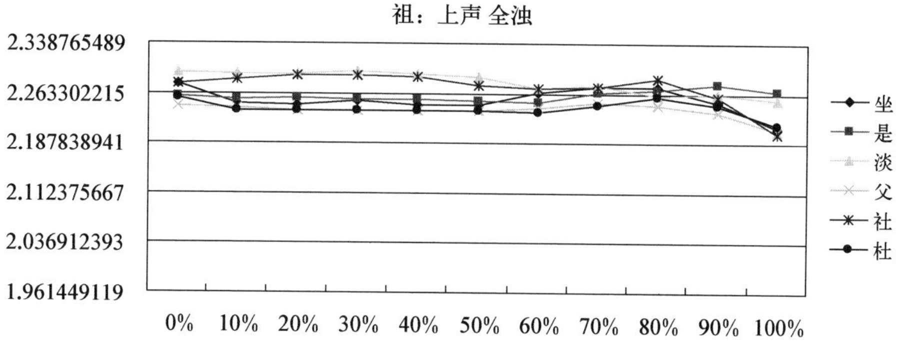

图 6

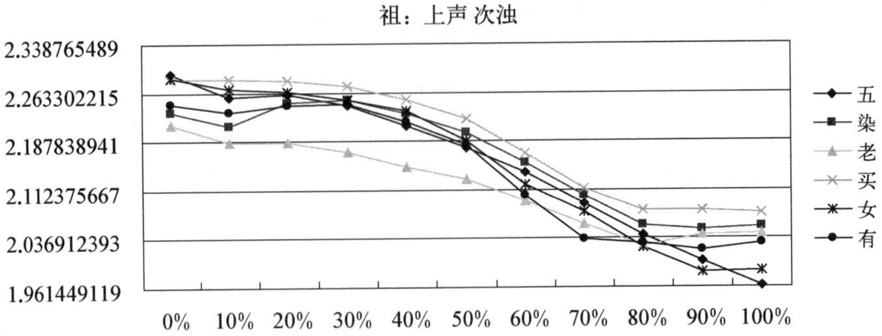

图 7

分析上声折线图，发现上声字的声调走向比较一致，可得上声的大致格局如下：

表 4

清	51
全浊	55
次浊	51

3. 去声折线图分析

我们从老年人去声的录音选出清音中的盖、对、变、怕、汉、世，全浊中的助、贱、大、害、谢、夏，次浊中的岸、漏、帽、用、旺、命等例字，然后用 Praat 软件对这些例字分别提取基频值，换算 Log 值，最后得出了以下声调折线图：

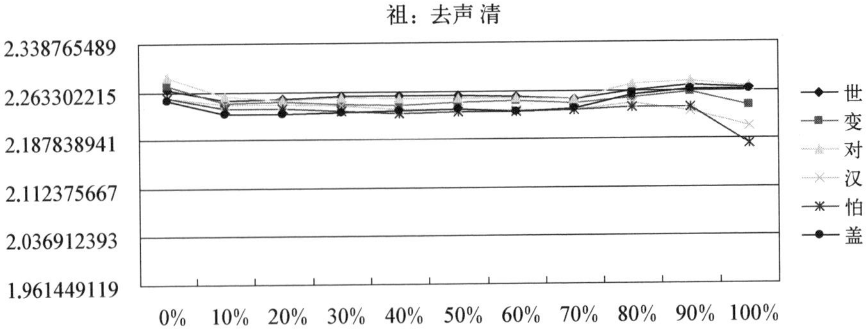

图 8

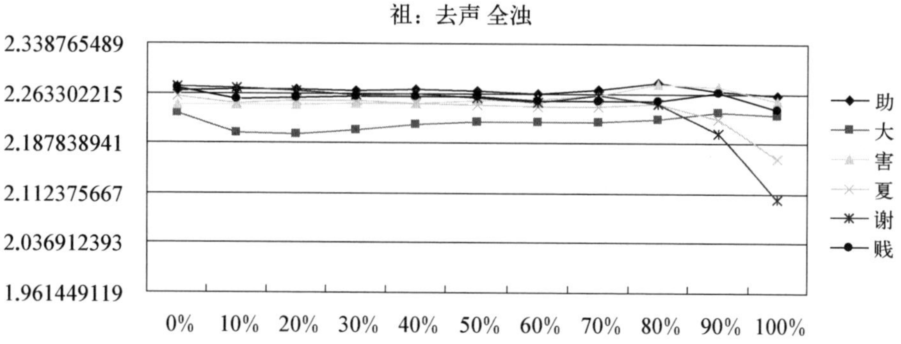

图 9

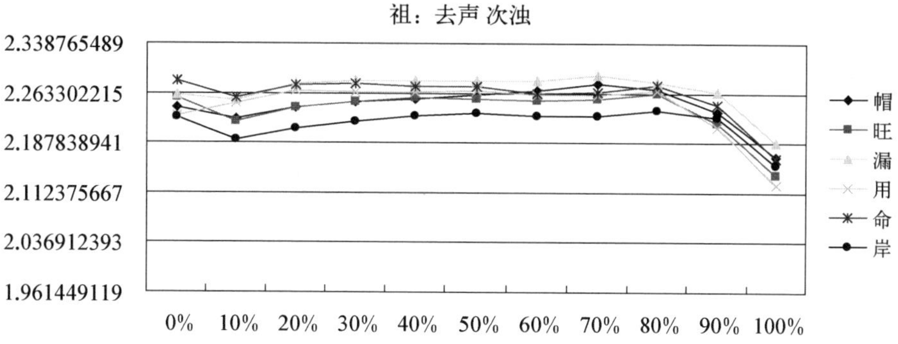

图 10

分析去声折线图，可得去声的大致格局如下：

表 5

清	55
全浊	55
次浊	55

4. 入声折线图分析

我们从老年人入声的录音选出清音中的笔、秃、黑、缺、切、发，全浊中的食、杂、白、合、服、峡，次浊中的月、纳、麦、药、额、鹿等例字，然后用 Praat 软件对这些例字分别提取基频值，换算 Log 值，最后得出了以下声调折线图：

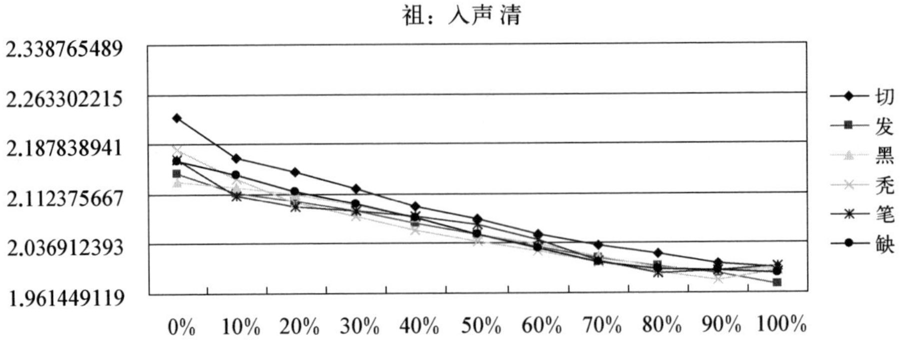

图 11

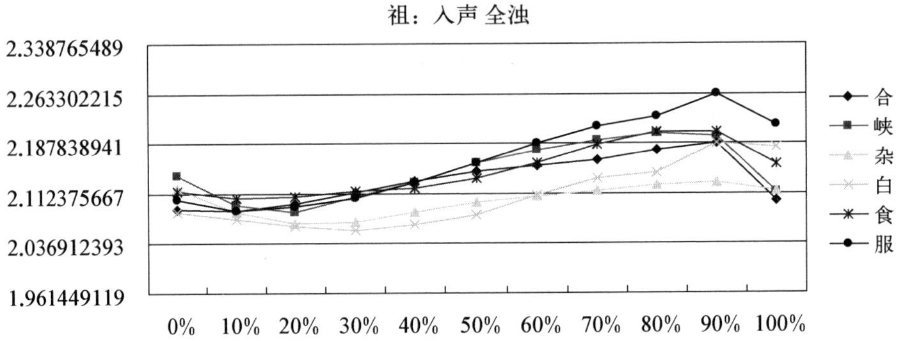

图 12

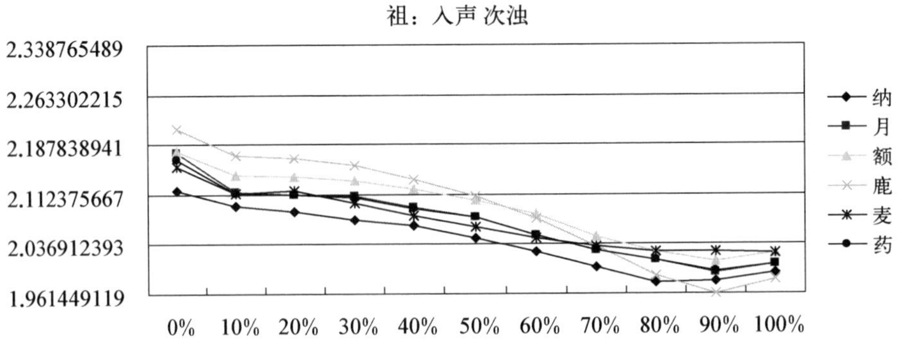

图 13

分析入声折线图，可得入声的大致格局如下：

表 6

清	31
全浊	24
次浊	31

5. 老年人单字音声调实验结果

经过实验分析，得出扶风老年人方言单字音大致的声调格局如下：

表 7

平声	清	31
	全浊	24
	次浊	24
上声	清	51
	全浊	55
	次浊	51
去声	清	55
	全浊	55
	次浊	55
入声	清	31
	全浊	24
	次浊	31

通过进一步分析，归并一些相同调值的声调类，可以得出老年人的声调格局结果：

表 8

	调 值	包括的调类
阴平	31	平声清、入声清、入声次浊
阳平	24	平声全浊、平声次浊、入声全浊
上声	51	上声清、上声次浊
去声	55	上声全浊、去声清、去声全浊、去声次浊

(二) 中年人单字音声调实验

1. 平声折线图分析

我们从中年人平声的录音选出清音中的高、专、边、抽、飞，全浊中的才、茄、婆、霞、专、蛇，次浊中的鹅、难、麻、羊、亡、零等例字，然后用 Praat 软件分别对其作了分析，得出了以下声调折线图：

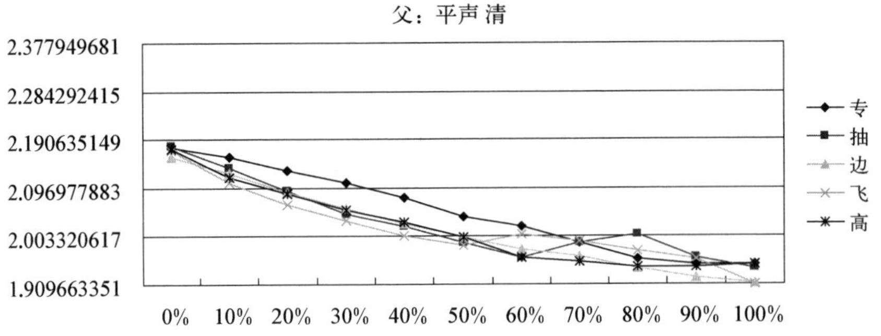

图 14

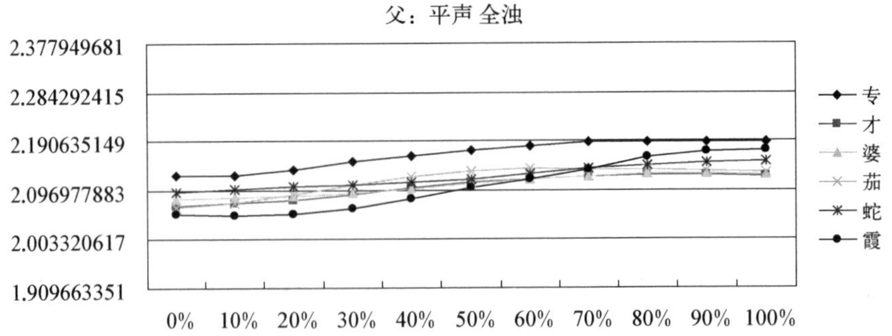

图 15

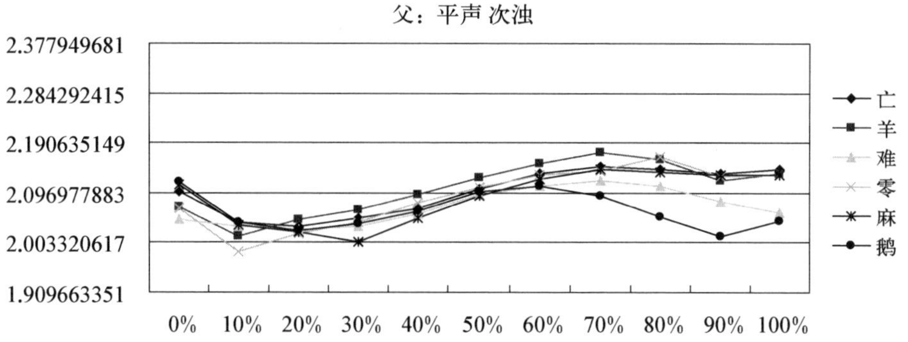

图 16

分析平声折线图,可得平声的大致格局如下:

表 9

清	31
全浊	23
次浊	23

2. 上声折线图分析

我们从中年人上声的录音选出清音中的纸、短、口、体、手、粉,全浊中的是、坐、淡、社、父、杜,次浊中的五、女、染、老、买、有等例字,然后用 Praat 软件分别对其作了分析,得出了以下声调折线图:

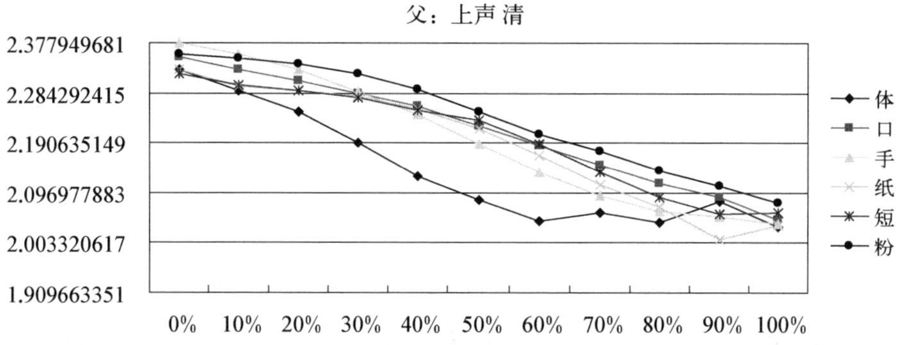

图 17

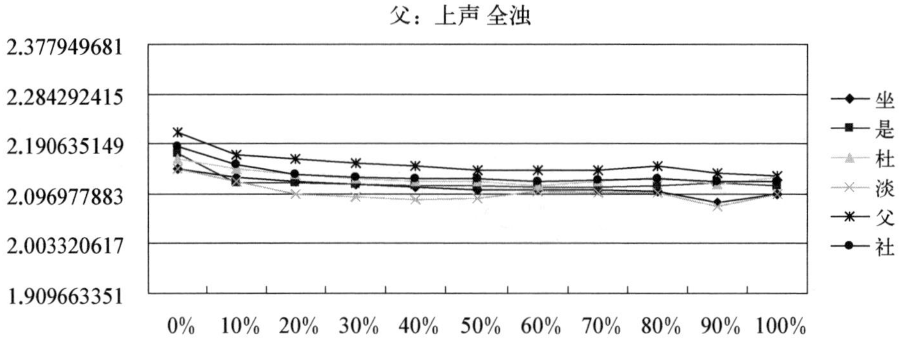

图 18

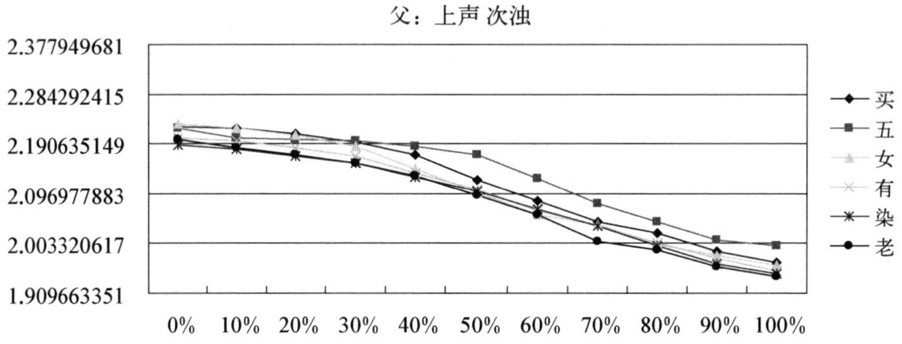

图 19

分析上声折线图，可得上声的大致格局如下：

表 10

清	52
全浊	33
次浊	41

3. 去声折线图分析

我们从中年人去声的录音选出清音中的盖、对、变、怕、汉、世，全浊中的助、贱、大、吉、谢、夏，次浊中的岸、漏、帽、用、样、命等例字，然后用 Praat 软件对这些例字分别提取基频值，换算 Log 值，最后得出了以下声调折线图：

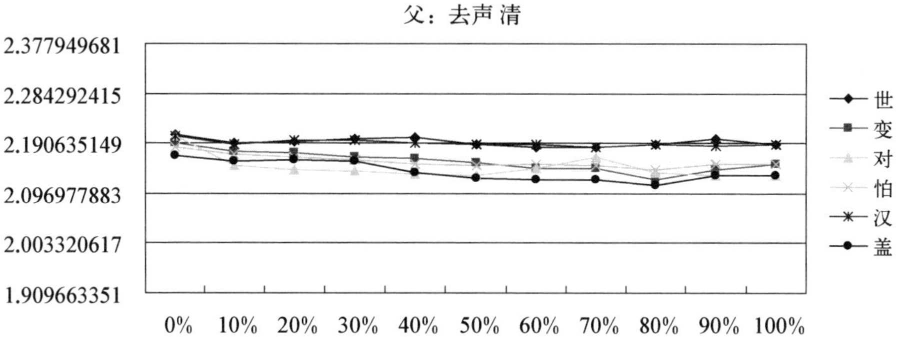

图 20

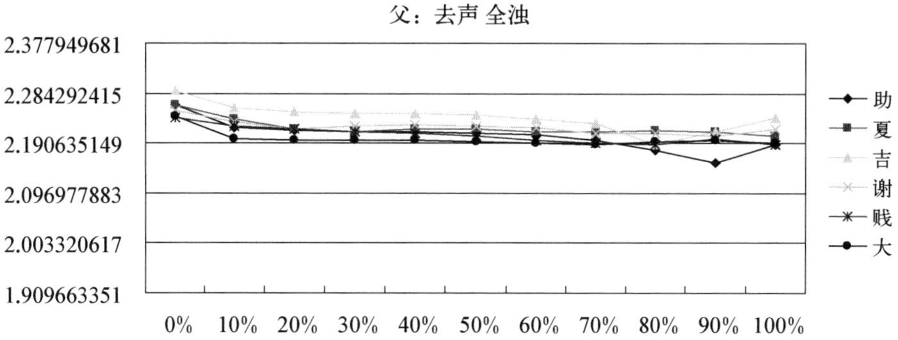

图 21

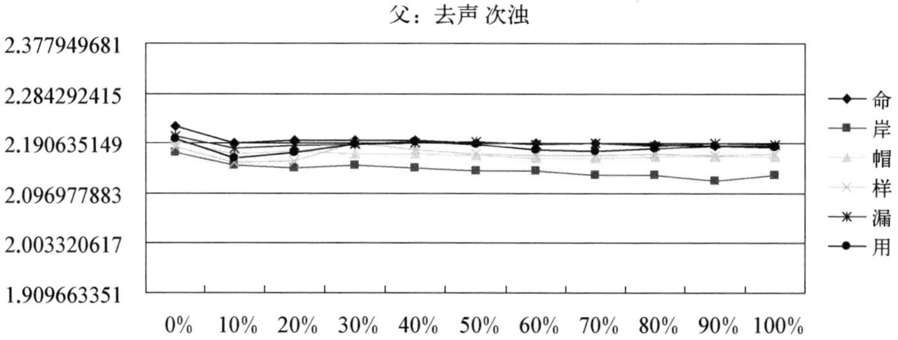

图 22

分析去声折线图，可得去声的大致格局如下：

表 11

清	44
全浊	44
次浊	44

4. 入声折线图分析

我们从中年人入声的录音选出清音中的笔、秃、七、出、曲，全浊中的食、杂、白、合、服、峡，次浊中的月、麦、药、额、鹿等例字，然后用 Praat 软件对这些例字分别提取基频值，换算 Log 值，最后得出了以下声调折线图：

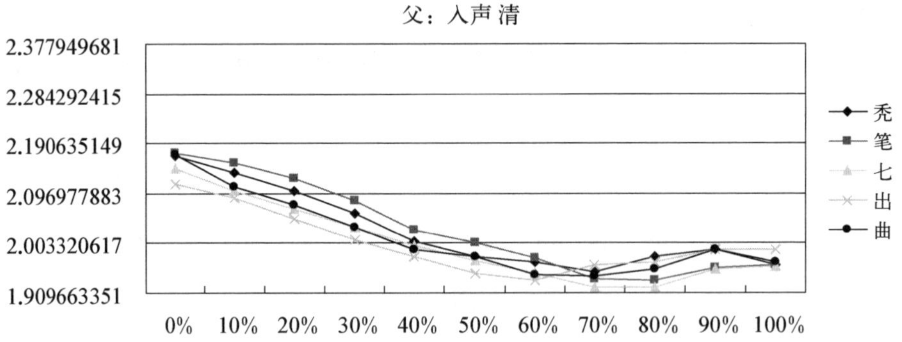

图 23

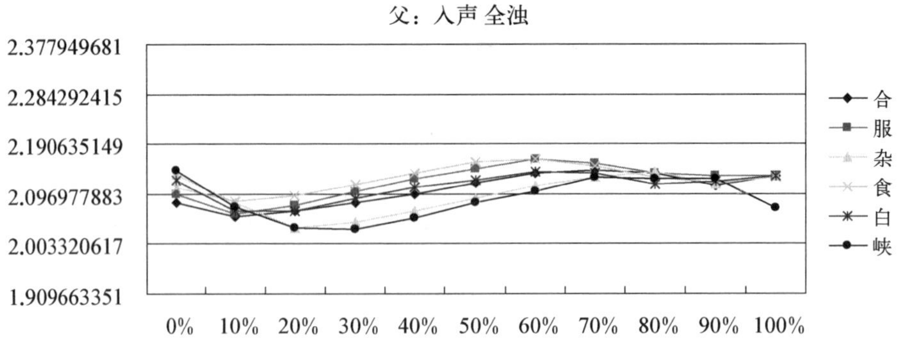

图 24

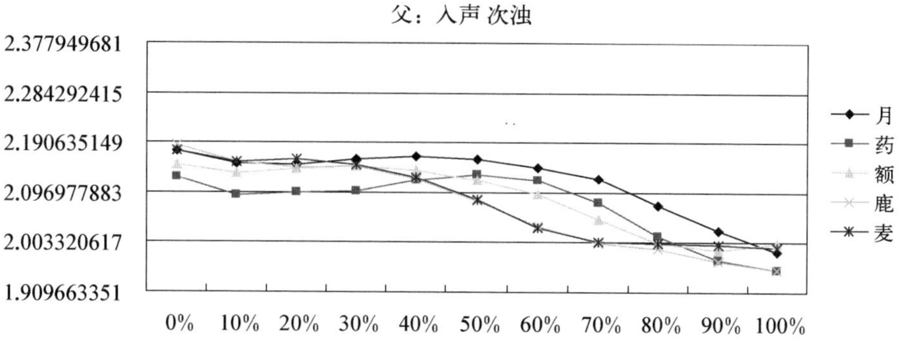

图 25

分析入声折线图,可得入声的大致格局如下：

表 12

清	31
全浊	23
次浊	31

5. 中年人单字音声调实验结果

经过实验分析,得出中年人扶风方言单字音大致的声调格局如下：

表 13

平声	清	31
	全浊	23
	次浊	23
上声	清	52
	全浊	33
	次浊	41

（续表）

去声	清	33
	全浊	33
	次浊	33
入声	清	31
	全浊	23
	次浊	31

通过进一步分析，归并一些相同调值的声调类，可得中年人的声调格局结果如下：

表 14

	调　值	包括的调类
阴平	31	平声清、入声清、入声次浊
阳平	23	平声全浊、平声次浊、入声全浊
上声	52/41	上声清、上声次浊
去声	33	上声全浊、去声清、去声全浊、去声次浊

从上述结果我们可以看出中年人在扶风方言上声的读音上出现了一些分化，由于我们的实验语音只有一人录制，因此还不能确定这是此发音合作人的个例，还是所有中年人的扶风人都有这样的发音习惯。由于后文青年人的研究中上声的调值也为52，所以本文将中年人阳平调的调值也暂定为52。

（三）青年人单字音声调实验

1. 平声折线图分析

我们从青年人平声的录音选出清音中的高、专、边、婚、飞，全浊中的才、茄、婆、霞、蛇、图，次浊中的鹅、难、麻、羊、亡、零等例字，然后分别对其作了分析：

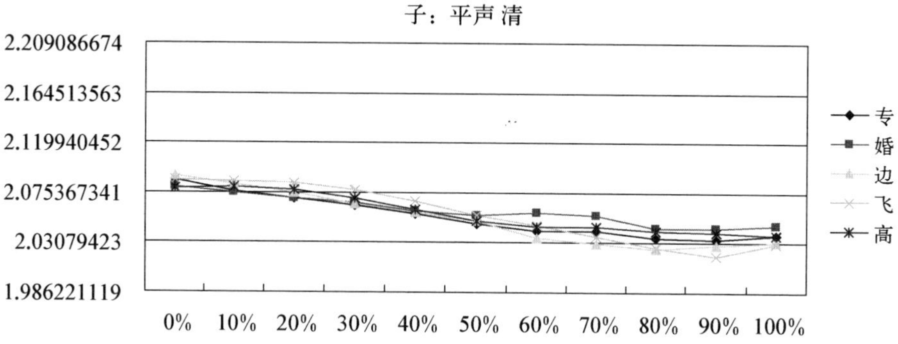

图 26

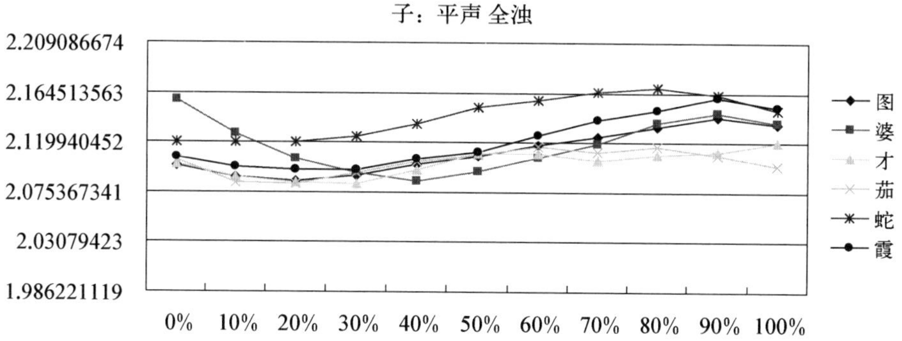

图 27

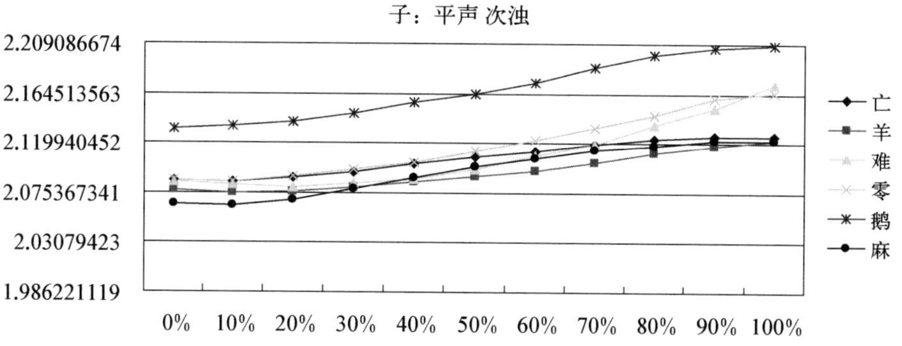

图 28

分析平声折线图，可得平声的大致格局如下：

表 15

清	31
全浊	34
次浊	34

注：由于"鹅"是在普通话中是零声母音节，且韵母为单元音，但在扶风方言中该字有声母，且韵母为复元音，现在年轻一代很容易受到普通话的影响，用方言中对应的单元音来读这个字，因而年轻人对这个字的读音与同组其他的字的读音不同，与老一辈人的读音也多有很大的差异。

2. 上声折线图分析

我们从青年人上声的录音选出清音中的纸、你、好、楚、走、粉，全浊中的是、坐、淡、社、父、杜，次浊中的五、女、染、岭、买、有等例字，然后用 Praat 软件分别对其作了分析，得出了以下声调折线图：

子：上声 清

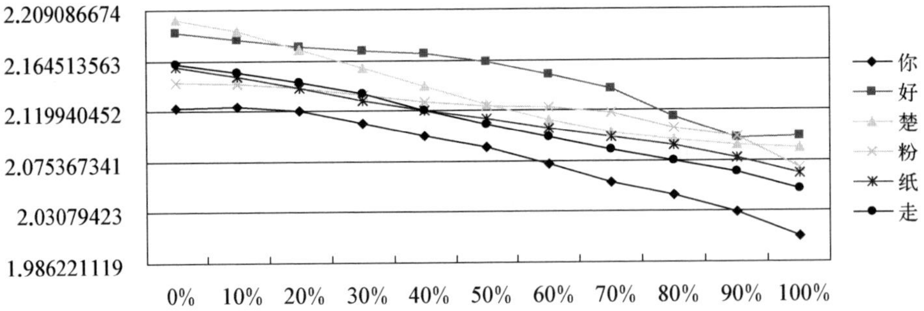

图 29

子：上声 全浊

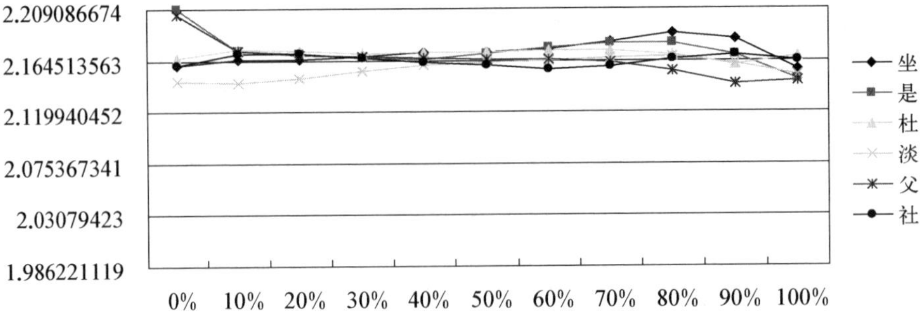

图 30

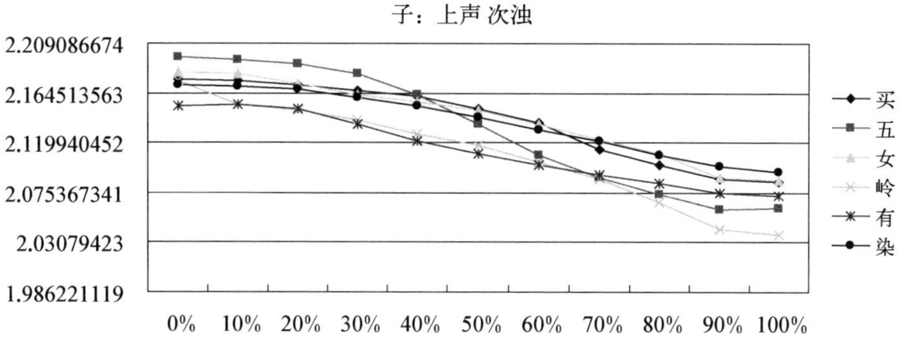

图 31

分析上声折线图，可得上声的大致格局如下：

表 16

清	52
全浊	55
次浊	52

3. 去声折线图分析

我们从青年人去声的录音选出清音中的盖、对、变、怕、汉、世，全浊中的助、贱、大、害、谢、夏，次浊中的岸、漏、帽、用、样、命等例字，然后用 Praat 软件对这些例字分别提取基频值，换算 Log 值，最后得出了以下声调折线图：

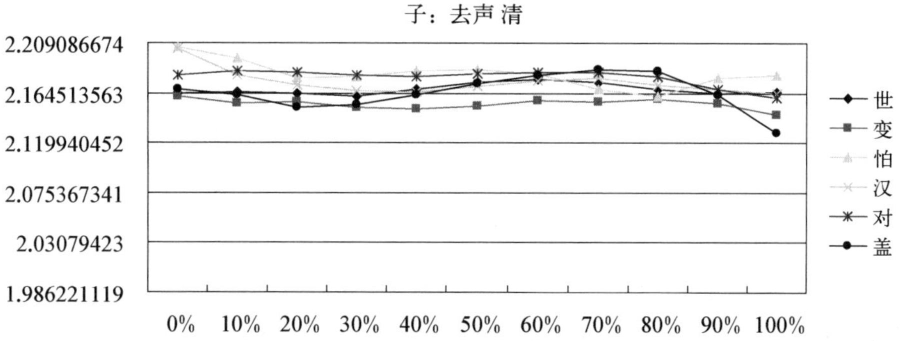

图 32

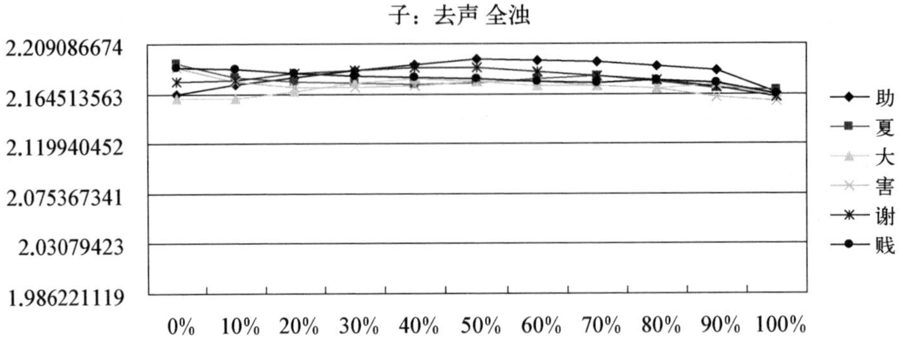

图 33

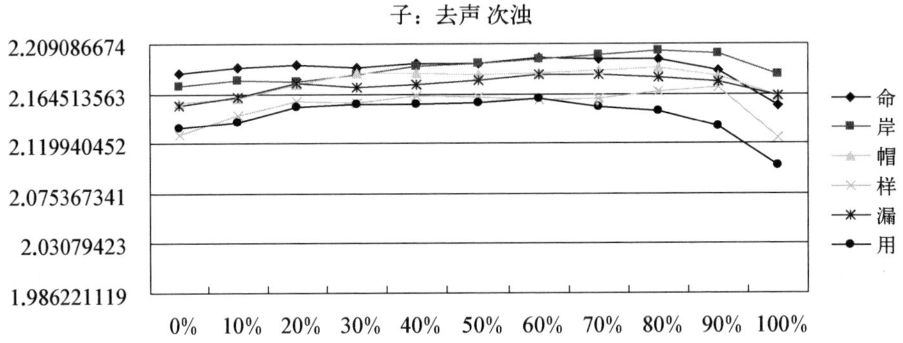

图 34

分析去声折线图，可得去声的大致格局如下：

表 17

清	55
全浊	55
次浊	55

4. 入声折线图分析

我们从青年人入声的录音选出清音中的笔、秃、黑、缺、切、发，全浊中的食、杂、白、合、服、峡，次浊中的月、纳、麦、药、额、鹿等例字，然后用 Praat 软件

对这些例字分别提取基频值,换算 Log 值,最后得出了以下声调折线图:

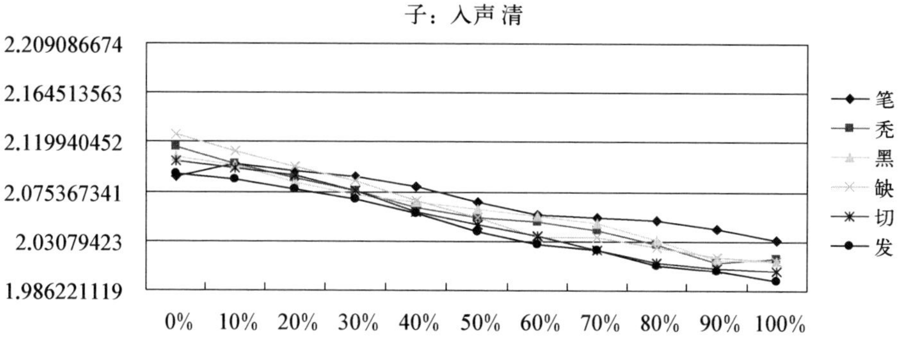

图 35

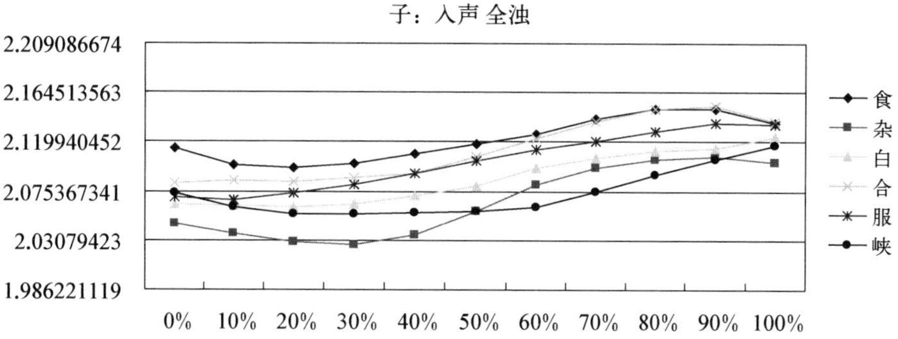

图 36

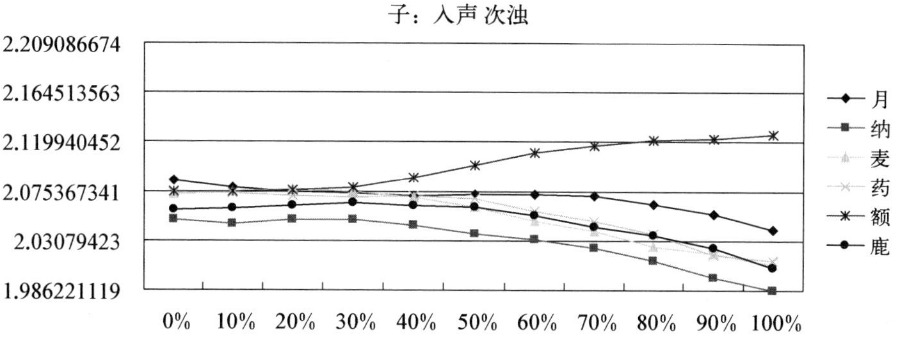

图 37

分析入声折线图,可得入声的大致格局如下:

表 18

清	31
全浊	34
次浊	31

注:"额"的调值为34,与其他入声次浊类的例字调值不同,其原因同上文平声次浊的"鹅"字。

5. 青年人单字音声调实验结果

经过实验分析,得出青年人扶风方言单字音大致的声调格局如下:

表 19

平声	清	31
	全浊	34
	次浊	34
上声	清	52
	全浊	55
	次浊	52
去声	清	55
	全浊	55
	次浊	55
入声	清	31
	全浊	34
	次浊	31

通过进一步分析,归并一些相同调值的声调类,可得声调格局结果如下:

表 20

	调　值	包括的调类
阴平	31	平声清、入声清、入声次浊
阳平	34	平声全浊、平声次浊、入声全浊
上声	52	上声清、上声次浊
去声	55	上声全浊、去声清、去声全浊、去声次浊

6. 青年人阴平调和阳平调调值的归纳

从上面老年人和中年人的实验分析中,我们已经可以基本确定扶风方言中阴平字主要来自中古平声清、入声清、入声次浊类,阳平字来自平声全浊、平声次浊、入声全浊类。

此外,虽然从青年人的十二个折线图中我们可以看出青年人在平声清、入声清、入声次浊三类和平声全浊、平声次浊、入声全浊三类调值上各有细微的差别,但是根据实地调查,这些细微的差别在当地并不具备区别意义的功能。因此我们把平声清、入声清、入声次浊这三小类全部归并一类,即阴平,把平声全浊、平声次浊、入声全浊这三小类全部归并为一类,即阳平。

我们在分析阴平调的调值时采取了求平均值的做法,首先分别求出平声清、入声清、入声次浊类各个例字在 0%,10%,20%,30%,40%,50%,60%,70%,80%,90%,100%这十一个时刻 Log 值的平均值,然后将这三类的平均值汇总到一起再求出一个总的平均值,下图是用平声清、入声清、入声次浊各自的平均值以及总的平均值制成的折线图(见图 38)。

青年人阴平类的字音调值虽然发生了一些变化,有的倾向于 21 调或 32 调,但从该图我们可以看出,其调值从总体上来说还没有出现太大的变化,接近于老年人和中年人的读法,因此,在这里我们把青年人阴平类的调值归纳为 31。但是这只是目前的情况,可能再经过数十年的发展变化,扶风方言阴平调的调值最终将演变为 21 或 32。

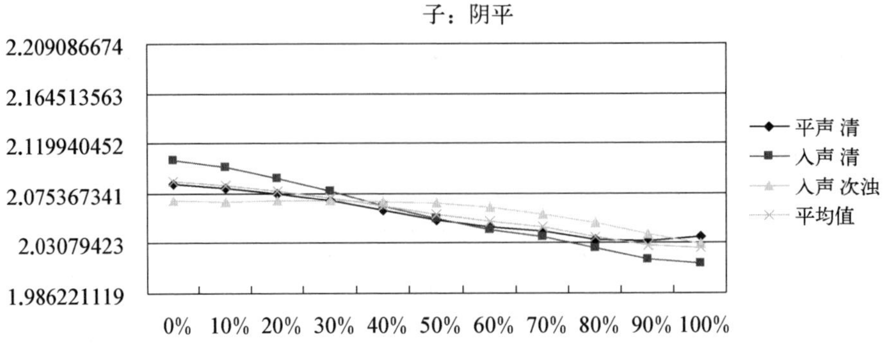

图 38

我们用同样的方法对阳平类的调值也进行了分析，下面是阳平各来源小类以及总的平均值生成的折线图：

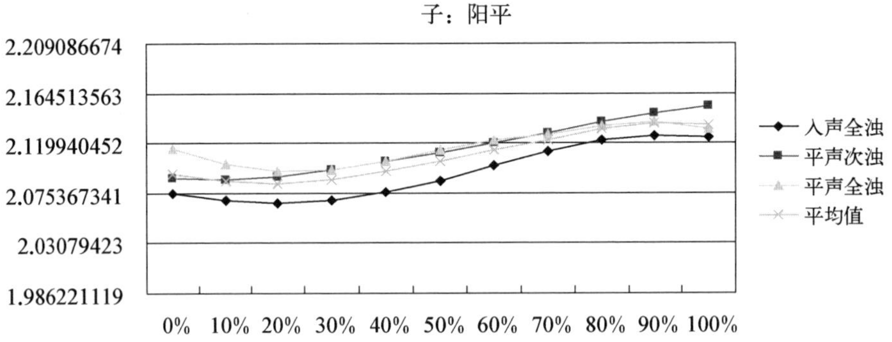

图 39

青年人阳平类的字音调值也发生了一些变化，有的倾向 24 调，但也只是细微的变化，仍然接近于老年人和中年人的读法。通过对上图的分析，我们把青年人阳平类的调值归纳为 34。同样，若干年后，扶风方言阳平调的调值最终也可能会演变为 24。

（四）扶风方言三代人的单字音声调实验分析

从以上的分析中我们可以列出扶风方言三代人的单字音声调调值的对比表：

表 21

	老年人	中年人	青年人
阴平	31	31	31
阳平	24	23	34
上声	51	52	52
去声	55	44	55

由以上分析可知,扶风方言也像其他所有语言一样处于动态的变化之中,上声的调值由原来的 51 变为 52,这是由多方面的原因引起的: 首先,近年来农村外出务工人员不断增加,人口流动量加大,人们的发音方法等受到了其他方言的影响;其次,近年来我国大力推广普通话,农村即便不使用普通话,但电视、广播节目多是由普通话录制,人们在不知不觉中受到普通话的影响而发生了变化。

(五) 关于扶风方言单字音声调的调值对比分析

我们已经知道,各个学者对于扶风方言的单字音声调的看法有所不同,下面表 22 中列出各家及本文对扶风方言单字音声调调值的研究结论。

表 22

作者		白涤洲、喻世长	孙立新	毋效智	吴媛	老年人	中年人	青年人
著作		《关中方音调查报告》	《扶风县志 · 方言》	《扶风方言》	《陕西关中西府方言语音研究》	本研究	本研究	本研究
研究方法		实验	听辨	听辨	实验	实验	实验	实验
调值	阴平	41	31	31	31	31	31	31
	阳平	15	35	24	24	24	23	34
	上声	31	53	42	52	51	52	52
	去声	55	44	55	33	55	44	55

从表格可以看出来,不仅不同的学者对扶风方言声调研究的结论是不一样的,本研究与各家结论更是有不少出入,而且就连本研究中对于不同年龄段的人的语音的声调的描述也不一样。原因可能在于:第一,上面的前人研究资料因其成文时间较早,已经没有录音语料可供考察,有可能是语料记录存在失误;第二,使用传统的口耳听辨方法记录声调,可能会由于记音人的各种主观差异而影响具体调值的确定;第三,同为实验方法得出的调值却不同,则可能是因为语言处于动态的发展变化之中,一种语言的语音更是如此,因此可能是方言本身的发展带来了语音面貌的变化;第四,不同学者虽然研究的都是扶风方言,但选取的方言点不尽一致,导致语调会有细微差别;第五,即使是同一方言点的语音调值,也可能会因为发音合作人的主体差异而导致具体调值不同。

四、扶风方言与普通话单字音声调的对比分析

(一)扶风方言与普通话单字音声调的对比

普通话和扶风方言均属北方方言,普通话有阴平、阳平、上声、去声四类声调,扶风方言也有阴平、阳平、上声、去声四类声调,但二者的调值不同。通过下表可以看出扶风方言声调与普通话声调的差别:

表 23

		普通话	扶风方言
平声	清	55	31
	全浊	35	23/24/34
	次浊	35	23/24/34
上声	清	214	51/52
	全浊	214	55/44
	次浊	214	51/52

（续表）

		普通话	扶风方言
去声	清	51	55/44
	全浊	51	55/44
	次浊	51	55/44
入声	清	无	31
	全浊	无	23/24/34
	次浊	无	31

简单来说，就是：

表 24

	普通话	扶风方言
阴平	55	31
阳平	35	23/24/34
上声	214	51/52
去声	51	55/44

（二）扶风方言区的人说普通话时的情况

我们录了扶风方言区的人说普通话四声时的一些字音，用和前面同样的方法用软件分别分析制作出了扶风方言区的人说的普通话四声调值的折线图。

1. 扶风方言区的人说普通话时的声调折线图

我们请发音合作人张静用普通话分别来读阴平字“一、七、屋”，阳平字“移、吴、其”，上声字“以、起、五”，去声字“易、气、物”，然后录音并用 Praat 软件加以分析，得到下面的折线图：

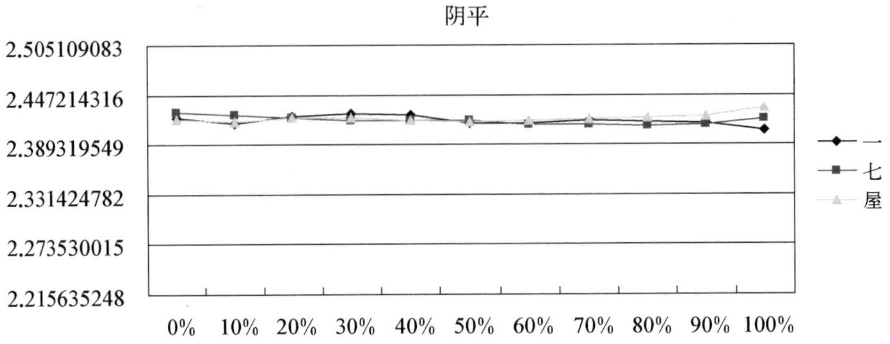
阴平
2.505109083
2.447214316
2.389319549
2.331424782
2.273530015
2.215635248
0%
10%
20%
30%
40%
50%
60%
70%
80%
90%
100%
一
七
屋

图 40

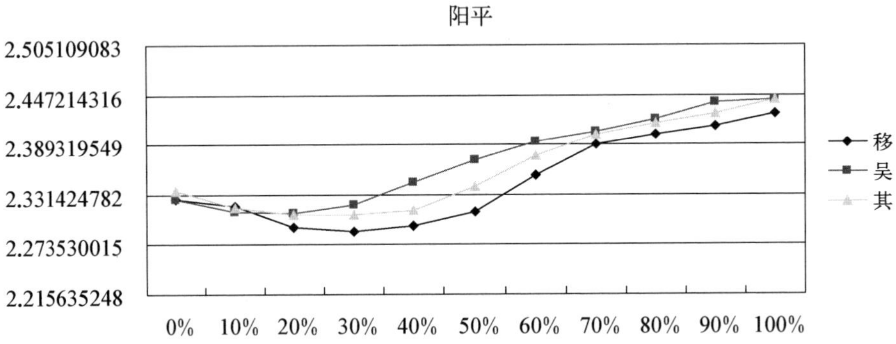
阳平
2.505109083
2.447214316
2.389319549
2.331424782
2.273530015
2.215635248
0%
10%
20%
30%
40%
50%
60%
70%
80%
90%
100%
移
吴
其

图 41

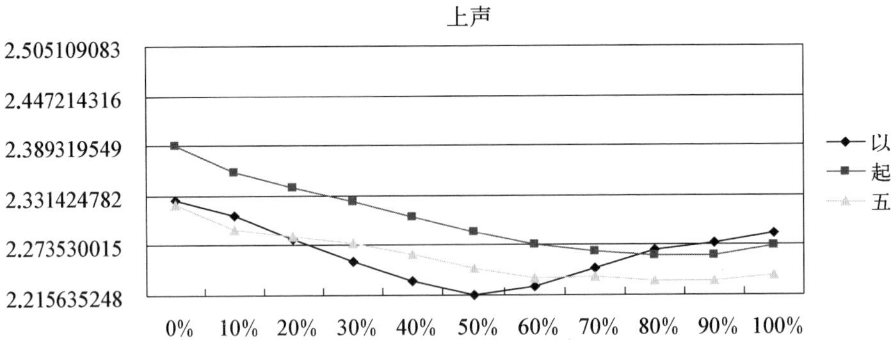
上声
2.505109083
2.447214316
2.389319549
2.331424782
2.273530015
2.215635248
0%
10%
20%
30%
40%
50%
60%
70%
80%
90%
100%
以
起
五

图 42

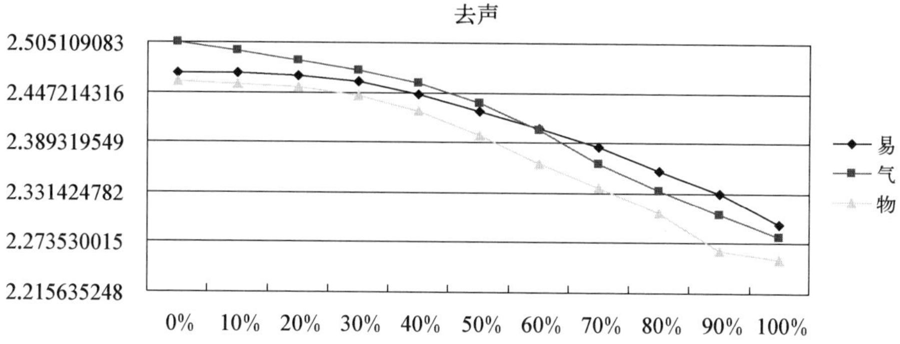

图 43

从以上各图可以看出,扶风方言区的人把普通话阴平 55 调读作 44 调;读普通话中的阳平 35 调时能够读得比较准,基本与普通话一致;读普通话中的上声 214 调时比较困难,往往读作 31 调,在刻意注意下,也只能读为 212 调;读普通话中的去声 51 调时比较容易,一般能够读准。

2. 扶风方言区的人说普通话时易犯的错误

通过对上面小节中的扶风方言区的人说普通话四声时的调值折线图我们可以列出下表:

表 25

	普通话	扶风方言	扶风方言区的人所说的普通话
阴平	55	31	44
阳平	35	23/24/34	34
上声	214	51/52	212/31
去声	51	55/44	52/51

通过对上述表格的分析研究,我们可以推断出扶风方言区的人在说普通话时容易犯的错误有如下几个:

第一,扶风方言区的人在说普通话阴平调时容易受方言的影响把高平调 55 读为半高 44,导致说话时有些字音读得不够高。

第二,扶风方言和普通话中的阳平调型基本一致,都是中升调,但二者调值不同,普通话中是35调,声调比较高,而扶风方言中是略升的23调,因此扶风方言区的人在发35调时往往发音不到位,容易把35调发成34调或者24调等。

第三,普通话中的上声是一个声调比较低曲折调214,扶风方言中没有曲折调,只有一个也比较低的中降调31,因而当扶风方言区的人说普通话时,多会把曲折调发成中降调,或者在特别注意时也能发成曲折调,但调值却是212,因而导致许多上声字的发音不饱满。

第四,扶风方言和普通话中均有高降调,因此在发音时一般不会出现问题,但是由于年轻人的方言读法已经发生了变化,老年人读作52的,他们多读为51,因此,有时容易把51调读成52调。

3. 扶风方言区的人学习普通话时应注意的问题

据韩承红的《陕西人普通话水平测试中的声调问题》调查研究显示,在普通话测试中,陕西人问题最大、最多的就是声调。因此解决声调发音不准的问题就成为扶风方言区的人学习普通话的关键。

首先,弄清母语方言与北京话的语音系统的异同及对应关系对学说普通话有着事半功倍的效果,可以通过类推举一反三。

其次,扶风方言与普通话声调的对应并不是完全一致的。据统计,《常用同韵字表》4 200个字中,扶风方言与普通话调类不同的有820个,占总字数的20%。这些调类不同的字主要来自入声。所以说学习普通话语音的重点在声调,而学习声调的重点则在于入声字。因此,在学习普通话的过程中我们要格外注意入声字的发音。

五、结　　语

本文细致地描述了用Praat软件分析语言声调的方法和过程,通过实验语音学的方法对扶风方言单字音声调作了科学的分析,探讨了三代人声调调值发生的变化及原因并将其与前人的研究成果对比分析。此外,本文还将扶风方言与普通话的单字音声调调值对比,讨论了扶风方言区的人说普通话时容易犯的错误以及学习时应注意的问题。从全文的分析中,我们可以充分体会到语音的动态性,在以后的研究中,我们应该注意语音的动态分析,不要盲从专家学者的研究成果。本文只是对扶风方言的声调的一些简单分析,希望以后有机会能够做进一步的研究。

参考文献

白涤洲遗稿,喻世长整理 1954 《关中方音调查报告》,中国科学院。
柏莹 2008 《音节音量测量方法——运用V值法对南京方言轻声的个案研究》,《现代语文》第12期。
丁琳 2005 《基频归一法和姜堰方言单字调实验研究》,《南京师范大学学报》第3期。
贺巍 2005 《中原官话分区(稿)》,《方言》第2期。
侯静 2006 《岐山方言语音研究》,西北大学硕士论文。
李荣 1985 《官话方言的分区》,《方言》第1期。
鲁海涛 2008 《宝鸡话语音系统特点研究》,广西民族大学硕士论文。
年玉萍、王发科 2010 《利用计算机技术进行关中方言研究》,《宝鸡文理学院学报》第4期。
陕西省扶风县地方志编撰委员会 1993 《扶风县志》,陕西人民出版社。
孙立新 2000 《陕西方言纵横谈》,香港华夏文化出版社。
吴媛 2011 《陕西关中西府方言语音研究》,陕西师范大学博士论文。
毋效智 2005 《扶风方言》,新疆大学出版社。
杨金凤 2003 《陕西关中西府方言与普通话语音的对应关系》,《咸阳师范学院学报》第5期。
游汝杰 1992 《汉语方言学导论》,上海教育出版社。
詹伯慧 2004 《汉语方言及方言调查》,湖北教育出版社。
张锦玉 2009 《西安话与北京话单字调的比较》,《陕西教育学院学报》第2期。
张维佳 2002a 《关中方言片内部音韵差异与历史行政区划》,《语言研究》第2期。
张维佳 2002b 《关中方言音韵结构共性与历史行政区划》,《宝鸡文理学院学报》第2期。
张维佳 2002c 《关中方言的形成及新时期关中方言研究现状》,《榆林高等专科学校学报》第1期。

文脉视角下涟水方言地理学研究

陈金雁[1]　王国乾[2]
（1. 西安培华学院;2. 西安建筑科技大学）

提要　本文基于文脉视角,综合人文历史与地理气候的双重维度,深入剖析涟水县涟西地区方言词汇中的隐喻现象。研究聚焦于该地区同一词义下不同词汇的表述差异,尝试揭示这些差异背后的成因及其演变规律。本研究旨在促进涟水县方言地理学的深度探索,进而增进对涟水方言文化丰富性的全面认识与理解。

关键词　文脉　涟水　方言　缘由

一、引　　言

文脉视角是指从人文、历史、地理、气候等角度去理清事物产生缘由及发展脉络的一种研究视角。方言,作为地域性语言的重要表现形式,是地方文化不可或缺的组成部分,蕴含着深厚的历史积淀和文化内涵。涟水县,坐落于江苏淮安——伟人周恩来总理的故乡,紧邻秦岭淮河一线的北侧,同时地处淮安、宿迁、连云港、盐城四市交界处。建县始于汉武帝元狩六年,时名淮浦县,又于隋开皇五年改为涟水县,后于南宋景定三年改为安东州,于民国三年因与奉天省安东县同名改回涟水县。截止 2024 年 2 月,涟水县有人口 111 万,下辖 12 个镇、4 个街道、1 个省级经济开发区。涟水县以盐河为界,分为涟西和涟东地区,各乡镇的空间布局形似秋海棠叶,政府所在地为南侧的涟城镇，如图1。基于涟水县独有的多维地理环境，对涟水方言的研究不仅具有学术价值，还能为苏北地区边界方言的保护与传承提供宝贵的语料和参考依据。

图1　涟水县行政区划图

图2　涟西地区方言岛

（一）涟西地区

在涟水方言研究与推广进程中，多以抖音短视频及网络上涟水方言俚语统计为主，这些资源类似于方言小册子，便于传播但缺乏深度。然而，在学术界，对涟水方言进行系统性研究的成果却较为罕见。顾劲松曾对涟水南禄话中的反复问句进行了探源（2010：76—79），并在后续研究中与王健合作，详细阐述了涟水方言中“斗”的用法（2011：532—535），以及探讨了涟水方言与普通话在核心词上的差异（2021：36—40）。这些研究多是从语言学角度来对涟水方言进行探析，未进行学科交叉的多元融合，且研究地域多集中在涟水县涟东地区。相比之下，涟水县涟西地区同样历史悠久，且经贸相对涟东地区更发达，下属的各个乡镇都极具特色。其中高沟镇被誉为淮安第一镇，下属的今世缘酒业，是江苏省“三沟一河”的酒业基地之一。梁岔镇则拥有百年名校——涟西中学。保滩街道又是涟水县城依托淮安市区向西发展的必经之路，其战略地位不言而喻。陈师街道有飞机场和高铁站，是助力涟水县成为县级城市中为数不多具有海陆空三维一体交通体系的压舱石。涟西地区，为涟水县的高质量发展起到了极为关键的作用。

（二）方言岛的划分

据笔者考据，涟水方言分别由江淮官话中的海泗小片、滨阜小片、淮安小片组成。而涟西地区的方言岛，存在海泗小片、淮安小片、海泗+淮安小片、淮安小片+滨阜小片。其中海泗小片为原高沟镇和杨口乡，由于洪武赶散，苏州高姓人明初迁居高沟后，高沟一直归属沭阳县管辖，直到1941年才划归涟水县，所以高沟话为海泗口音。其中海泗+淮安小片为余圩乡和麻垛乡，主要是涟水余圩乡是两市区三县区的交汇处，紧邻宿迁市沭阳县张圩、淮阴区古寨、涟水县梁岔镇，且余圩乡还会与淮阴区棉花庄镇等地结亲；而麻垛则紧邻沭阳，故余圩乡和麻垛乡方言既有海泗小片中的沭阳口音，也有淮安小片中的涟水口音。其余涟西地区乡镇的方言，都为淮安小片。涟西地区的方言岛，如图2。基于此，笔者将文脉视角细化为人文与历史、地理与气候两类，分析涟水方言形成的机理与产生的缘由。

二、人文与历史视角

（一）古代战争原因

北宋末年，宋金两国交战，涟水处在战争前线，时名为涟水军，因战争胜败无常缘故，涟水时而属于金朝，时而归属南宋。涟水归属南宋后，原金占区金朝人为躲避南宋官兵追杀，将“金”姓删除底下一笔，改为“余”，现部分金朝后裔居住在涟西地区的余圩乡，当地部分女性的头发依旧呈现自然卷，是身上具有少数民族基因的显性表达。该地区方言词汇有别于涟水县其他乡镇，最明显的就是，如涟水传统方言中对自行车的称呼为“自行车子”，但余圩乡方言称之为“捷踏车”。同时涟西地区梁岔镇也有部分金朝后裔，体貌中最大特征为狐臭，梁岔方言称之为“臭骨头”。

涟水梁岔方言中做饭用的菜刀叫“十刀”，是由于涟水在历史上一直是兵家必争之地，基于战争考虑，战争胜利方为防止百姓家藏刀具造反，以十户人家为一组，共用一把刀，分不同时间段做饭，故名“十刀”。同时当地小孩乱跑出去玩耍，当地方言叫“充军”，是古时，父母由于担心孩子跑散被抓壮丁去充军打仗，从此家人很难再见到的一种怨语。笔者通过田野调查得知，在战争年代有父母在见到自己儿子外出玩耍被军队拉去充军快走时，父亲被逼无奈，残忍地用钢叉扔出去把儿子的一只腿戳残废，使其无法参军以保全儿子的性命。

同时由于常年战争原因，北方鲜卑少数民族士兵与队伍走散后会融入当地族群结婚生子，故当地方言中也保留北方鲜卑族的古音。其中对父亲的称呼都还保留在现代汉语中，只不过原来的单音节词变成现在的双音节词，但在涟水方言中都比较单一。在涟水 20 世纪 90 年代以前的出生孩子，由于普通话没有普及，对父亲的称呼多为“爷”，方言中“他爷”是指“他爸”，对应着北朝民歌《木兰诗》中讲到“阿爷无大儿”的“爷”字。至于对母亲的称呼，也是用单字统称母亲为“妈”，极少说“妈妈”，加在前面“我”一律发成[m]（“呣”），“呣妈”和“呣爷”是我爸和我妈的意思，说起来顺口且轻快，更显得非常亲昵。

（二）黄河改道原因

黄河夺淮前，涟水东临大海，淮河由原涟水的云梯关入海，淮河涟水境内黄河故道全长近 80 千米，流经保滩、涟城、南集、黄营、唐集、石湖 6 个镇（街道）。后由于黄河夺淮入海，位处淮河入海口的涟水饱受水患之苦，同时与相邻淮安区的河道也因水量的加大而变得宽，渐渐与淮安区的部分方言也产生了地理隔离。其中最常用的词汇“小孩”，淮安区称之为“呷子”，涟水方言词汇称“小鸠”，方言中还会以“蛮子”称呼淮安区人。同时在人物称谓方面，涟水还有自己独有的方言词汇，如对于疼爱的孩子叫“小乖”，老婆叫“老满子”，老公叫“老头子”，女孩叫“丫头”，自己叫“自敢儿”。叔父的称呼，在涟水方言中分为三类，第一类是父亲跟叔父是亲兄弟，称呼叔父就叫“二爷”“三爷”并以此类推，最小叔父不按照数字来，统一称呼为“小爷”。第二类是父亲跟叔父是堂兄弟，称呼叔父叫“大叔子”“二叔子”并以此类推到“小叔子”。第三类是父亲跟叔父是表兄弟，这里却没有“子”作为语气助词，称呼叔父叫“大表叔”“二表叔”并以此类推到“小表叔”。伯父的称呼，只有两类,第一类是父亲与伯父是亲兄弟或堂兄弟的关系,伯父叫“大爷”“二大爷”“三大爷”并以此类推。第二类是父亲与伯父是表兄弟的关系,伯父则叫“表大爷”“表二爷”“表三爷”并以此类推。

(三) 洪武赶散原因

洪武年间,朱元璋将苏州阊门一带的士族统统赶到苏北。他们到了涟水,因思念故土,故房屋的院落布局也沿袭了部分苏州民居的空间形式,涟水方言中的建筑词汇如厨房叫“锅屋”,客厅叫“陶屋”,厕所叫“茅刺”,屋后院叫“噶后”,到邻居家玩叫“遛门子”,把夜晚睡觉做梦叫“上苏州”,如“昨夜上苏州遇到怪事咯”(昨晚做梦遇到怪事)。因洪武赶散即意味在外乡落地生子,所以部分百姓涟水方言词汇语气中会都常带“子”,对子女中老二的称呼普通话叫“二宝”,但涟水方言中则为“二宝子”,其中“子”没有具体的意思,仅为语气助词。如家中老三,在父母口中就是“小三子”。

三、地理与气候视角

(一) 地质构造原因

由于涟水在远古时期属于海洋,后来由于淮河入海带来的淤泥逐渐形成陆地,故涟水县地下水的咸度过高,笔者亲试过涟水县梁岔镇北部左圩村的井水偏咸。涟水县地下水位复杂,河流纵横,各地河水的盐碱度不一样,导致各镇的方言也存在一些语音语调上的区别。涟水县最大城镇高沟镇的方言发音,当地人称之为“侉子”,主要原因是境内的六塘河水是流通到东海的,其地下水含盐量较高。水质环境的恶劣,导致涟水人在味觉上比较偏咸、辣,目前涟水人最喜欢的一道地方菜,竟然是正宗四川泸州麻辣鹅,而泸州不产麻辣鹅,该道菜品融合了涟水传统的卤鹅制作技艺与四川麻辣的精髓,满足了涟水人对咸、辣口味的追求。在味觉的方言中比如很咸叫“枯含的”,咸度适中叫“含沾沾的”,有点辣叫“辣抽抽的”,很甜叫“薛甜”,很香叫“拼香”,很臭叫“问臭”。

（二）地理南北分界线原因

地理南北分界线地区，有一些调节南北阴阳的风水师。涟西地区梁岔镇费庄一带就走出了较多的风水先生，方言称“地理先生”。涟西地区的方言还有不少带“鬼”“尸”的词，如爱玩手段捉弄人的人叫“出寿鬼”，想占便宜而不想吃亏的人叫“尖劳鬼”，胆小无能的人叫“窝囊鬼”，好吃嘴馋的人叫“馋痨鬼”，遇到无法理喻的事情叫“倒头鬼”或叫“出鬼了”，睡懒觉叫“拖尸”。

（三）河道密集原因

涟水县方言岛较多的原因部分在于，涟水境内河道密集，密集的河道区分了涟东和涟西两个片区。如母亲妹妹的方言称呼也存在区别，涟西地区方言中喊“二姨”“三姨”，涟东地区则会喊“二姨娘”“三姨娘”，普通话叫“姨妈”。涟水方言在演化过程中也有灵活性，比如对自己的姑姑，按照方言中叫“大乌”“二乌”，以此类推，最小的称之为“小乌”。但姑爷却不按照涟水方言来称呼叫“大乌爷”“二乌爷”“小乌爷”。基于听觉审美，很难入耳，因此方言又灵活地按照普通话的姑爷来称呼，即“大姑爷”“二姑爷”“小姑爷”。

（四）气候区划原因

气候区划是决定一个地区建筑人居环境优良的根基。涟水位于淮河以北，然而在新建的房屋中并未配备供暖设备。同时，涟水也没有北方传统的烧炕取暖方式，加之临近大海，故涟水的湿度大，风速也大，盐湿耦合效应十分显著，这些因素共同造成了涟水湿热湿冷高盐的气候环境。涟水建筑外墙保温薄、外窗热性能差，建筑围护结构在冬季起到的保温效果不佳，从而造成涟水冬季的人居环境很差，但也激发了涟水人体内的抗冻应激性。跟气候体质有关的在涟水方言也演化出一些词汇，如一个人很厉害叫“性”，老年人身体结实健壮叫“结杠”，生火做饭叫“烧锅”，干燥叫“骨胶干的”，很有精气神叫“神气六国”。恶劣的人居环境还导致了当地民风彪悍，在涟水方言中，打劫叫“断路”，打人叫“剋你”。

四、结　　语

本文以涟水县涟西地区乡镇街道为涟水方言的地理研究单位，进行了深入的田野调查与分析。通过方言地图的展示以及多学科交叉融合的分析方法，揭示了涟水县涟西地区方言的词汇特征，并清晰地描绘了涟水县涟西地区方言中海泗小片、淮安小片、淮安+海泗小片的地理分布格局。从人文与历史、地理与气候的视角出发，探讨了方言地理学背后产生的缘由及演变规律，为涟水县方言文化的保护与传承提供了有益的参考，同时也为深入挖掘涟水县地方文化多元性和丰富性指明了方向。

参考文献

涟水县人民政府　涟水概况和行政区划介绍（2024－02－16）.http://www.lianshui.gov.cn/col/930_538764/index.html

顾劲松　2021　《量化视角下涟水话与普通话核心词差异探析》，《河池学院学报》第 6 期。

顾劲松　2010　《从涟水南禄话看汉语方言两类反复问句的相对共存》，《常熟理工学院学报》第 9 期。

王健、顾劲松　2011　《涟水话的系词“斗”》，《中国语文》第 6 期。

表时间、空间义的烟台方言词汇的新老派差异研究

李晨源
（广西民族大学）

提要　从对比语言学的视角开展研究，采用田野调查法和实验语言学的方法，选取老派、过渡派、新派不同年龄段的烟台市民作为方言发言人，在参考前人经验与已有调查词表的基础上，充分考虑烟台的实际语言词汇使用情况以制定合适的表时间、空间义的烟台方言词汇调查词表，从词汇数量对应与义位的义域两个方面比较了老派、过渡派与新派在使用表时间、空间义的烟台方言的差异，并分析代际差异产生的语言的内部与外部原因，进而发现新派烟台方言词汇日趋向普通话词汇接近的现状，提出辩证看待这一现状和保护方言乡音与推广普通话并重的建议。除此之外，过渡派发言人的加入使新老派差异对比呈现出渐进性的动态特征。

关键词　表时间、空间义的方言词汇　烟台方言　新老派差异

一、引　言

（一）实验方案

山东省烟台市，位于山东半岛东北部。烟台方言属于北方官话的胶辽官话，在方言分区中属于胶辽官话—登连片—烟威小片。芝罘区是烟台市

的中心区和老城区,经济发达,对外交往较为频繁,故本文且以芝罘方言作为烟台方言的代表展开新老派词汇的使用差异研究。

方言词汇调查关键的是制定适合该方言实际情况的词汇调查表。时间、空间义词汇的使用频率较高,因而具备较强的方言特色和地域区别性。本文在前人研究的基础上,制定了一套调查表,以期从多个方面对烟台方言词汇的变化进行综合考察。具体包括:

一是基础词汇调查表。本文对北大中文系教研室编《汉语方言词汇(第二版)》、社科院语言所方言组编《方言调查词汇表》及《汉语方言词语调查条目表》三份词表进行了充分研究,删除口语中不常用的词,根据烟台语言实际使用情况补充独有的词语。

二是核心词调查表。核心词是基本词汇中最稳定的部分,反映词汇共性,不过在复杂的现代汉语方言中,它依然有着比较明显的时地差异。研究所涉核心词以《现代汉语方言核心词 · 特征词集》为准,结合烟台社会实际情况进行微调。

三是方言特征词表。方言特征词是指只在某一方经常使用而其他地区不用或较少使用的方言词语,是最能折射方言特征的词语集合,具有极强的语用代表性、区别性和鲜明的地域特色。调查方言特征词,对于更好地展现地域传统文化在代际的消亡与创新情况有一定的价值,反映文化发展演变的一面镜子,是语言文化功能的生动外化。本文依据姜仁涛《胶东方言特征词研究》制定该部分此表,并按需要适当删减。

综合以上三部分,本文最终形成"表时间、空间义的烟台方言词汇调查表",总计 223 个词条、229 个词语。本文采用国际音标(IPA)标记声母、韵母,采用五度标记法标记声调。

(二) 发音合作人情况

本文中的老派主要是指 65 岁以上的芝罘区方言使用者,新派是指 30 岁以下的芝罘区方言使用者。本文通过对烟台市芝罘区新、老派方言的对比来探索芝罘区方言词汇的特点以及演变规律。

1. 老派方言的调查对象

李范荣，男，1945 年生，山东省烟台市牟平区人，20 世纪 80 年代迁至芝罘区定居至今，退休，高中文化程度，无常年的异地工作、生活经历，能说流利的烟台方言。

方元璞，女，1946 年生，山东省烟台市牟平区人，20 世纪 80 年代迁至芝罘区定居至今，退休，小学文化程度，无常年的异地工作、生活经历，能说流利的烟台方言。

2. 新派方言的调查对象

张悦萌，女，2000 年生，山东省烟台市莱山区人，大学本科文化程度，有四年的济南（冀鲁官话区）求学经历，普通话与烟台方言兼用。

李奕霏，女，2004 年生，山东省烟台市芝罘区人，高中在读，无常年的异地工作、生活经历，普通话与烟台方言兼用。

3. 新老派方言过渡期的调查对象

李强，男，1976 年生，山东省烟台市牟平区人，20 世纪 80 年代迁至芝罘区定居至今，个体，高中文化程度，无常年的异地工作、生活经历，能说流利的烟台方言。

二、新老派词汇差异的表现

方言词汇发展演变的总体趋势就是逐渐向普通话靠拢，体现在代际差异上就是老派的速度慢，而新派的速度快，这也是本文调查过渡阶段发言人的重要原因。在实际言语交际过程中，与老派交际多用方言词，与新派交际则使用普通话词的机会多些。

（一）新老派词汇的数量对应情况

1. 一对多

如普通话表达“身后”的意义，老派有“腚后儿”和“身后儿”两种说法，分属不同的场合与对象。前者的使用范围较为小，通常用于特定的环境与对象,例如说“这个小闺娘儿①真粘人,天天躲/跟她妈妈腚后儿”,多意在表达儿童跟在成年人身后;前者的适用范围则无任何限制,既可以用于成年人,也可以用于儿童,甚至可以用于无生命的事物上,例如可以说“毓璜顶医院身后儿就是万达广场”。

表1②

普通话/意义	新　派	过渡派	老　派
启明星	启明星	启明星	大毛胧星、二大毛胧星、三毛胧星
清早(太阳还没出时)	黎明;清早	大清早	早起;清早晨;早朝
清早(太阳已经出来了,到上午九、十点左右)	清早	清早	头半晌儿
××村(指地名)	村	村	村;庄;夼;埠;泊;疃

普通话的“启明星”,新派和过渡派沿用普通话的说法,而老派除了总称“毛胧星”外,还对其进行细致的分类。于天刚黑时出现在天西边的称为大毛胧星;于半夜十一点半至次日一点半出现在天南边叫二毛胧星;天似亮非亮时出现在天东边叫三毛胧星,由此引申感慨早起的人为“他可真是个毛胧星”,但在新派和过渡派发言人中并未出现这样的用法。

再如普通话表达“太阳还没出来时的清早”这一时间意义,新派和过渡派分别用“黎明”或直接说“大清早”,而老派则有“早起”“清早晨”和“早朝”三种说法。

“早起”,《汉语大词典》已收。例如:

(1)“俺等了一早起,没有吃饭哩。”(元·秦简夫《东堂老》第一折)

① 烟台方言,即“小女孩”的意思。

② 表中的“晌”,烟台方言读作[$\c{c}ia\eta^{214}$];“早起”,读作[$tsau^{214}\ k^hi$];“泊”读作[p^ho^{214}];“疃”读作[t^han^{214}]。

（2）“我早起在大太太跟前说的这样好，如今怎么样处呢?”(《红楼梦》第一一九回）

（3）“早起的空气好。”（老派发言人）

清早晨，《汉语大词典》已收，如：“今日清早晨起来，烧的汤瓶儿热，开开这茶铺儿，看有甚么人来。”（元・关汉卿《四春园》第三折）

早朝，《汉语大词典》已收，如：“早朝永叹，载怀矜恻。”（南朝梁・任昉《奏弹曹景宗》）

另外，老派方言对“清早”的划分有明确的节点，即以太阳是否出来作为判定依据。太阳没出来的清早称为“早起、清早晨、早朝”，太阳出来后的清早称为“头半晌儿”，而新派统称为“清早”。

又如，老派方言中有许多表示“某某村”的词语，词素的选择充分考虑村落所处的地理环境。处于两山之间凹陷下去的地方的村庄称“夼”，例如“十字夼”和“小东夼”；处于丘陵地区的叫“埠”，例如早前牟平有村庄称“草埠”，即因其建村于多草的丘陵上而得名；平原上的村庄称“泊”，例如“东泊子”；另有用“疃”的，如“刘家疃”。

2. 多对一

表 2①

普通话/意义	新　派	过渡派	老　派
彩霞	彩霞	彩霞	
朝霞	朝霞	朝霞	统称“虹”
晚霞	晚霞	晚霞	

新派和过渡派均采取普通话的用法，细分“彩霞”“朝霞”“晚霞”，而老派不细分，统称为“虹”，看见天边出现彩虹就说“出虹儿了”。

① “虹”读作[tɕiaŋ55]。

表 3

	普通话/意义	新　派	过渡派	老　派
1	除夕(农历一年的最后一天)	大年三十;除夕	大年三十	腊月三十
2	元宵节(农历正月十五)	元宵节;正月十五	元宵节;正月十五	正月十五
3	中秋节(农历八月十五)	中秋节;八月十五	中秋节;八月十五	八月十五
4	七夕节(农历七月初七)	七夕节;七月七	七月七	七月七
5	重阳节(农历九月初九)	重阳节	重阳	重阳

如表 3 例词 1－4 所示,在传统节日的叫法上,老派一般不直接称呼节日名称,而是以该节日的农历日期代称。新派和过渡派除了使用普通话用法之外,也继承了老派的借代用法,形成了同位短语式的、节日名称与日期混合使用以表示过节日的语言使用状况。再看例词 5,烟台对传统节日的称呼除了日期指代法之外,还直呼节日名称,但不带"节"字,不构成同位短语,老派和过渡派均采取如是用法。

(二) 老派方言词汇的消亡

调查过程中发现,对于老派方言词汇,过渡派呈现出鲜明的动态消亡趋势,某些意义已经无法通过新派的语言系统表达出来,例如:

表 4

	普通话/意义	新　派	过渡派	老　派
1	牛郎星	牛郎星	牛郎星	巧哥哥[kuo^{31}kuo]
2	织女星	织女星	织女星	巧姐姐
3	启明星	启明星	启明星	毛胧星

（续表）

	普通话/意义	新　派	过渡派	老　派
4	彗星	彗星	彗星	扫帚[tɕy]星
5	稀疏的小雨点儿	丢点儿了	丢点儿了	星拉拉的小雨儿
6	薄冰	薄冰	薄冰	马了个冰
7	毛毛雨	毛毛雨	毛毛雨	牛毛儿雨
8	(寒冷强劲的)风	冷风	冷风	干干儿冷
9	雾气弥漫的天气	雾天儿	雾天儿	雾露头
10	连阴雨(接连多日阴雨)	连着下雨	连着下雨	不开天儿地下
11	浮土;尘土	灰	灰	从得慌
12	隐隐约约似有似无的小道	小道儿	小道儿	毛胧道儿
13	山沟(偏僻的山村)	山沟儿里	山沟儿里	山旮旯
14	月初	月初	月初	月头儿
15	渡口	渡口	渡口	豁口
16	滴水而成的锥形冰块	冰锥儿	冰了钻[$tsan^{31}$]了	冰了钻[$tsan^{31}$]了
17	沥青	沥青	臭油	臭油
18	冰雹	冰雹	下雹儿了	下雹儿了

如表4所示,可见例词1－15中只有老派还会讲并坚持使用方言词汇,过渡派和新派都已放弃使用传统方言词汇,甚至根本不会说,转而选择普通话的表达方式(例10虽然未使用普通话词汇“连阴雨”,但“连着下雨”已与普通话词汇相近,所以此处我们认为新派与过渡派使用了普通话的表达方式)。

例词16－18中,老派与过渡派发言人仍“会讲”并“使用”方言词汇,新派则使用普通话词汇表达。这表明,普通话词汇替代方言词汇的进程在有的表时空义的词汇上并未过半，过渡派在传承与保护此类词的任务中发挥着至关重要的作用。

表 5①

	普通话/意义	新 派	过渡派	老 派
19	当初	当初	当初日	当初日
20	后天	后天	后日	后日
21	前天	前天	前日	前日
22	大前天	前天	大前日	大前日
23	午前	傍晌	傍晌	傍晌
24	中午	中午	晌午儿	晌午儿
25	下午	下午	下晌	下晌
26	大半天	大半天	大半晌儿	大半晌儿
27	黄昏（日落以后星出以前）	黄昏	傍黑儿	傍黑儿

由表 5 可知，新派与老派存在着“天”和“日”的古今汉语词的差异，老派方言词中保留了较多的古语词。另有例 23－26 的“晌”，《康熙字典》：“晌，始两切，音赏。晌，午也”；例 23 和 27 的“傍”，《说文解字》：“傍，近也，从人旁聲，步光切。”也是古语词。

表 6②

	普通话/意义	新 派	过渡派	老 派
28	用石头等垒成的、用于阻挡水土流失的田边	?	地堰儿	拦河坝儿；地堰儿
29	五天/三天	?	?	赶集的时间间隔

---

① 表中的“黑”读作［$xɤ^{214}$］；“日”读作［i^{214}］。

② 表中的“河”读作［xuo^{31}］。

（续表）

	普通话/意义	新　派	过渡派	老　派
30	农历三十天的月份	?	?	月大
31	农历二十九天的月份	?	?	月小

例词28，胶东农村堆砌的小型防水土流失工程，老派有专用名词“拦河坝儿”和“地堰儿”，过渡派只剩下“地堰儿”，新派则消失。例词29，胶东早年集市三天或五天开一次，前者的赶集日为初三、初六、初九等日赶集，后者则是初一、初五、初十等日赶集，因而胶东人对三天和五天的频率格外注重。例词30和31，老派分别称农历二十九天和三十天的月份为“月大”和“月小”，而新派和过渡派发言人却表示“没有听说过专门的表达方式”。

除此之外，许多老派方言词汇因使用较多拟声或语气语素，所以音节较长，新派（或过渡派、普通话词汇）则较为简短凝练，用更少的语素和更短的音节表示同样的意义。符合语言发展与使用的经济性原则，且由于口语色彩语素的省略，语用的上表达效果也更为正式、得体与规范。

三、新老派方言词汇义位的义域比较

（一）含元量的比较

含元量的大小，指义位所指为某一对象的整体或较大的一部分，还是指该对象的局部或者较小的一部分。义位所指为对象的整体或较大的一部分，就是含元量大的义位；义位所指为对象的整体或较小的一部分，就是含元量小的义位。同一个方言可对应义位在代际间存在着含元量大小的不同。简单来说就是，语义涵盖范围的大小，含元量大的词，所指的语义范围广；含元量小的词，所指的语义范围窄。

以表1中的“清晨”为例，新派的“清晨”比老派的“清晨”含元量大。前者包含太阳快出来但还没出来的时候至九、十点的长时段，后者只包含太阳快出来还没出来这一短时段，二者对所指对象的指称范围有差异。

（二）语用域的比较

语用域指义位所能适用的语义领域，即义位的使用范围，是义位在组合运用中的表现，是义位构成的一个重要内容。语用域体现在义位的显性组合和隐性组合当中，前者指在辞书释语的正文或夹注中标明，但以常用例语的方式提示语言实际存在的经常性的组合义位或义类。

在烟台方言词汇中，有数量众多且形式丰富的程度副词，不同的形容词只能与特定不同程度副词组合构成状中短语表示形容词义的强化，这种组合具有稳定性。老派方言常说的"溜削儿""净窄①""溜满"等，与新派的普通话用法"很薄""很窄""很满"相对应。而"溜"本身是动词，"净"本身是形容词，在烟台老派方言中充当程度副词使用，是一种临时性借用，即烟台方言词汇系统中的程度副词常有非专用性的特点。

再如名词语用域的比较。在新派方言中，名词"脚"专指人的下肢最末端，也就是说只能用在人的身上，但在老派方言中存在着"地脚儿"的说法，表示地段、风水的意义。

四、新老派词汇差异的原因

（一）语言的内部因素

1. 语言接触的影响

汉语方言区的语言接触是指不同方言区之间相互交往，使不同的方言相互影响，一种方言完全不与其他方言接触是几乎难以想象的。方言区间的文化交流、经济往来、政治影响、人口迁居等都可以引发方言的接触，语言接触是必然表现。

烟台位于山东半岛东北部，北与辽宁省隔海相望，且受历时上"闯关东"的影响，东北地区与胶东地区交流往来十分密切。胶东人最先将胶东话带到辽南地区——大连至丹东沿海一线，而辽南地区又与更北的辽北地区、吉林、黑龙江等地有着行政管辖和地域亲缘上的联系，辽南又将东北官话的方

---

① "窄"读作[tsɤ^{214}]。

言元素直接或间接地带到胶东地区。在老派烟台方言词汇中便可窥探到东北官话的影响，例如把周围、附近称作“四周旮旯”，把角落称为“夹簕溜儿”等，而新派方言则较少使用这些用法。

经济文化的优势失衡是语言融合的重要原因之一，早年间国家的政策导向大力发展东北重工业基地，东北经济发展状况优于胶东地区，许多胶东人在心理上也对这一临近发达地区抱有倾慕之情，从而自觉或不自觉地接受和使用某些东北官话的语词和表达方式，并将其带回胶东地区。而改革开放以来，胶东地区经济崛起和东北老工业基地的衰落，胶东成为活力更强、现代建设更完善、经济吸引力更强的存在，自过渡派起便减少了使用东北官话语词和表达方式的使用。加之近年来国家大力推广普通话的方针政策的趋势，新派开始使用普通话化的方言词汇，即所谓的“地普”——“烟普”，或干脆直接讲普通话。

2. 语言继承的影响

汉语方言是从古汉语发展而来的，但各方言对古汉语的继承却有较大差别，各方言所保留的具体的古汉语的积淀成分并不相同，所以保留的古语词的数量和内容也很不一样。烟台方言属于北方官话，比之南方方言或少数民族语言，与普通话差异小得多，因而保留的古语词也较少，基数少，随时间消磨至新派几乎不存在。

3. 思维认知的影响

语言是思维认知的工具，也是思维的直接实现。认知是人的大脑对客观事物的反映，认知的成果则靠词语来表达和巩固，因而认知的发展和变化必然引起词汇使用的发展和变化，人们对事物认知的深化会带来词汇的变化。

日落以后星月出以前的时间，新派称“黄昏”，而老派和过渡派称“傍黑[$xɤ^{214}$]儿”。新派关注的是天空此刻的颜色，是“黄色”，是较为“昏暗”的黄色，即当前状态，也是以状态表时间义；而老派和过渡派考虑到这一时刻之后的状态——“天黑”，所以“傍黑”就是接近天黑的时刻，即以未来时刻为描述与参考基准，直接以时间表时间。从心态观念的角度来看，也符合年轻人关注当下感受、中老年人注重长远打算的普遍规律。

4. 语言经济原则的影响

语言演变的经济原则是指在保证语言完成交际功能的前提下，人们会自觉不自觉地对言语活动中力量的消耗作出合乎经济要求的安排。例如新派采用“附近”代替老派的“近便场儿”，以“四周”取代“四周旮旯”，多说“阴天”而少说“阴呼啦的天”，使用更少的语素和音节表达同样的意义，导致某些词语中非核心成分的删减而产生代际差异。同时，社会生活节奏加快，时间的不充足性与倦于社交的心理状态，人们追求效率的最大化和使用的简便性，也会催化语言经济原则的作用发挥。

（二）语言的外部因素

用语言的内部因素固然可以解释一些差异的原因，但对于官话方言而言，仅靠语言的内部因素还不能把问题说得十分透彻。从语言的外部因素对新老派表时间、空间的方言词汇进行探讨，能获得更为深刻的认识。

1. 社会变迁与旧词消亡

地域方言形成的原因就是与社会文化相关的，胶辽官话的发展形成与移民、即前文所说的“闯关东”有直接关系，此处不再重复赘述。一个历史时期产生的新词，相对于后一个历史时期来说，是旧词，旧词一部分传承下来，一部分衰亡或正在消亡、隐退。这是语汇发展的自然规律。社会变迁是旧词消亡的重要外部原因。伴随着旧制度、旧事物的消亡，一批老年一代使用过的词语逐渐退出中年或青年一代的词汇系统。

烟台作为国家首批沿海开放城市，借助改革开放的有利政策与得天独厚的地理环境，经济发展迅速，生产领域总体稳定，物价水平温和上涨，居民生活持续改善，高质量发展迈出坚实步伐。烟台不再是以农渔业为主的第一产业社会，城市化进程迅速，致使与农业生产、民风习俗相关的时空义词汇消失在了新派的语言系统中，例如“地堰儿”和“拦河坝儿”，“月大”和“月小”，以及对星宿的方言称呼等，新派全然不知，更不用说使用这些词汇了。

2. 文化教育与推普政策

烟台地处山东省，自古便是孔孟之乡，有着悠久的重视教育的传统。且春秋战国时期的共同语“雅言”也是自齐鲁大地而起，这为烟台的文化教育事业发展奠定了良好的历史文化基础。

不少青年一代的第一语言是普通话而非烟台方言，家庭生活中长辈善用方言交谈，因而他们身处方言环境，但又无习得条件，从而造成了青年一代对方言听得懂但不会讲的尴尬局面。

学校教育紧跟国家大力推广普通话的方针政策引领，教师统一使用普通话教学，学生间使用普通话交流，烟台市内中小学也无方言课程的开设。青年一代缺乏方言的系统学习与实操机会，基于此母语能力日渐式微。

3. 求雅标新与求同从众的社会语用心理

“语言使用者的心理因素，如求异求变求新的心态，往往是词语演变的动因。”当今社会竞争日益激烈，“卷”文化已然渗透到人们生活的方方面面，生活理念与语言习惯与以往相比发生了翻天覆地的变化。为了能够在高度白热化的商品经济时代占据有利的发展地位、取得生存竞争的胜利，人们有意识又无意识地追求标新立异、突破传统枷锁的束缚，体现语言使用上就是对乡言土语的抛弃和对新词语的追捧。除此之外，方言词汇多用口语俗词，例如把身后说成“腚儿后儿”等，显然不符合避俗字、求创新的新式社会心理。

语言态度这种心理现象实质上反映的是人们对一种语言变体的社会文化价值的认识和评价。在调查中了解到，新派发言人之所以较少使用烟台方言交流，也受到同龄人的影响。新派多处于在外求学或工作的年龄段，讲方言会被认为是“老土”“难听”，普通话代表着更高的经济地位、意味着更高的社会地位。心理认知上的排斥也会使其减少对方言的使用，加之方言环境的缺失，本就羸弱的母语能力更是降至冰点。

五、结　语

综合二、三的比较可见，表时间、空间义的烟台方言词汇呈现出明显的向普通话演变的趋势，但这一进程并未完全实现、并未完成普通话词汇对方言词汇的全盘替代。过渡派是最为典型的表现，既会使用方言词汇，也会使用对应的普通话词汇;而新派对方言词汇更多的是会说但不说、使用频率较低。由四的分析可知,新老派在表时间、空间义的方言词汇的使用上之所以有不同,是语言的内部因素和外部因素共同作用下的结果,是符合语言和社会发展规律的演变现象。

普通话推广政策的发展和成效,使普通话在中国的普及率达到70%。人们的普遍印象是,日常生活中使用的方言越来越少了,从“会说但不说”到“根本不会说”,许多方言词汇逐渐被普通话词汇代替。烟台建城较早,历史文化悠久,地理条件优越,经济发达,对外开放程度高,且深受国家推广普通话的语言政策的影响,越来越多的年轻一代烟台人已然不知何为乡音,语言接触使得烟台方言词汇的地域特色大大减弱,日渐被普通话所同化。

对于烟台方言词汇日渐趋近普通话的现状,我们要从正反两方面看待。一方面,方言词汇向普通话靠拢并不意味着对推广普通话这一坚定大方向的放弃,我们必须继续坚持推广普通话的政策,积极推广普通话。普通话在促进中华文化与世界文化的交流和便于外国人了解中国上,都发挥着强大的桥梁与窗口作用。毫无疑问,它是公共部门、媒体、出版和教育领域都必须遵守的一个重要语言标准。除此之外,在更多场合使用普通话的语言政策也符合历史的必然进程。因而这一语言政策的制定具有科学性。另一方面,我们必须有意识和能力来承担起保护方言的重要任务。方言作为通行于一个地区的地方话,是国家共同语的地域分支或地方变体,具有地方性的特征,是地域文化的软性象征与标志。我们既要说普通话,也要说方言,把讲普通话和讲方言置于同等重要的地位对待。在不同的情景下使用不同的语言形式,适时地进行语码转换,使乡情不遗归路,文化不失本色。

参考文献

北大中文系教研室编 2004 《汉语方言词汇(第二版)》,语文出版社。
陈斯舒 2020 《宿松方言词汇代际使用差异研究》,暨南大学硕士论文。
董绍克等 2002 《汉语方言词汇差异比较研究》,民族出版社。
姜仁涛 2016 《胶东方言特征词研究》,齐鲁书社。
李家琦、郭文娟、王东海 2018 《烟台芝罘区方言词汇趋近普通话的现状调查与研究》,《语言文字应用》第4期。

李如龙 1982 《论汉语方言的词汇差异》,《语文研究》第2期。
李盈 2012 《武汉方言新、老派词汇比较研究》,华中师范大学硕士论文。
刘俐李等 2007 《现代汉语方言核心词·特征词集》,凤凰出版社。
彭浅生 2012 《语言接触视角下的宜春(水江)方言词汇变化研究》,江西师范大学硕士论文。
钱曾怡 2011 《汉语官话方言研究》,齐鲁书社。
社科院语言所方言组 1981 《方言调查词汇表》,《方言》第3期。
社科院语言所方言研究室资料室 2003 《汉语方言词语调查条目表》,《方言》第1期。
盛柳柳、严建雯 2015 《语言认同和城市归属感研究——基于宁波方言和城市归属感的调研分析》,《现代语文》(语言研究版)第1期。
王希杰 2004 《词汇演变发展的内因和外因》,《渤海大学学报》第2期。
王远新 1999 《论我国少数民族语言态度的几个问题》,《满语研究》第1期。
张志毅、张庆云 2001 《词汇语义学》,商务印书馆。
赵红梅 2011 《汉语方言词汇语义比较研究》,中国广播电视出版社。

从自然话语归纳音系的尝试
——以马达加斯加华侨的顺德方言录音为例

黎轩彤
（南京师范大学文学院）

提要 目前学界调查汉语方言的方法以单字录音为主，在此基础上运用历史比较法归纳音系。本文做出对自然话语语料进行国际音标转写，总结声韵配合情况后再归纳方言音系的尝试。研究材料是纪录片中对马达加斯加华侨合计约30分钟的顺德话采访录音。本文将得出的马达加斯加顺德话音系与国内调查的顺德话音系进行比较，认为马达加斯加华侨所说的顺德话保留了众多老派顺德话独有的音韵特征。

关键词 自然话语 方言调查 顺德话

一、引　　言

自20世纪20年代赵元任先生对吴语展开方言调查以来，历史比较法在汉语方言调查中得到广泛的应用，时至今日成果颇丰。以发音人读数百个单字的方式调查，固然是快速把握一个未知的汉语方言的音系面貌的有效方法，在我国汉语方言的普查工作中起到不可替代的作用。然而，方言学界调查方法中存在依赖《方言调查字表》的问题。通过让发音人朗读单字得到

本研究的初期成果曾在第九届海外汉语方言国际学术研讨会上汇报，承蒙与会专家学者批评指正，文中疏漏概由笔者负责。吴波教授、陈思远同学对本文写作提供了指导意见，谨致谢忱。

的语料可能有“非自然语料”之嫌。面对较丰富的历史层次、训读等现象时，单字调查的局限性更为突出。

方言调查的过程中，发音人的资格审查十分重要。除了“非流动性的老年农村男性”(J. K. Chambers 等，2016：41)的要求之外，发音人要有一定的文化水平，否则无法配合读字。这无形中提高了寻找发音人的门槛。尤其在海外汉语方言的调查中，很有可能面临发音人能说一口流利的目标语言，却认不了几个汉字的情况。针对这种现象，本文提出，应尝试从自然话语中归纳方言音系。

通过录音从自然话语中收集语料的工作也很早为方言学界所重视。然而，以往的研究往往侧重于语料的收集、语言现象的分布统计、标注规范等(宗成庆，2013：742)，方言自然语料的语言学价值还有待挖掘。赵元任(1951)《台山语料》一文提出，应该重视汉语方言语料收集的工作。他总结了一套用国际音标标注方言语料的方法，是语料研究的先驱之作。文中，赵元任是请两位发音人就家乡风物等话题对话，然后录制下来再分别转成文本和国际音标的。本文的工作步骤亦仿此。但是，在研究材料上，我们选取的是纪录片中三段合计约 30 分钟的顺德话语料，下文将作出介绍。

二、研究对象

(一) 顺德话简介

顺德话是粤方言的一种，一般认为属于广府片，主要通行于今佛山市顺德区及邻近地区。国内学术界由王力、钱淞生(1950)最早展开对顺德粤语语音的调查。詹伯慧、张日昇(1990)主持的对珠三角方言语音、词汇、语法的调查中包括顺德(大良)一点。此外还有陈小枫(1990)、林柏松(1990)等学者对顺德方言音变的考察。陈小枫运用社会语言学的方法，分老、中、青三派研究顺德方言，认为老派与新派的差异较为明显，新派顺德话有向广州话靠拢的特征。除了年龄的差异，顺德境内不同方言的地域变体也得到关注。《顺德县志》(1999：226)将顺德话分为大良话、桂洲话、陈村话、龙江话、均安话五种，甘于恩、简倩敏(2010)和彭咏梅(2017)沿用这种分类。叶卉时(2021：60—62)将顺德境内的方言分为中心、北部、龙江和均安四片，并且说明邻近的番禺钟村、南沙大岗、中山北部的沙田区也是通行顺德话的区域。

顺德人出洋历史早、数量众多，顺德话自然也成了海外汉语方言的一种。非洲岛国马达加斯加(以下简称“马国”)的华侨华人绝大多数原籍广东顺德，也操顺德话。据2006年的统计，马国华人华侨98%的祖籍地为广东顺德①。而且，马国华侨华人对祖籍地的认同度高，即使是混血儿，能讲流利顺德话的也不少②。这说明，当地华人社会此前很可能是一个语言相对单一的顺德话方言社群。海外顺德话也正在受到学界的重视，陈晓锦(2021：175、200)调查过留尼汪与南非华人的顺德话。对海外顺德话的研究，有利于探讨汉语方言在特定环境下的变异。

(二) 研究材料

囿于现实条件，笔者无法亲赴马国考察。本研究的材料，系源自香港亚洲卫视纪录片《寻找他乡的故事》对马国华人采访的录音。录音出自纪录片第一辑的第二篇，共三集，名为《马达加斯加的中国情》，采访时间是1998年。记者以香港粤语采访，发音人一般都以顺德话回答。三集视频中共有四位主要发音人。

表1 发音人背景介绍

发音人	出生年份	出生地	采访时年龄(段)	录音时长③
黎良应	1914	顺德	84岁	12分33秒
黎太太	不详	顺德	老年	

① 《马达加斯加华侨华人概况》，中国侨网，http://www.chinaqw.com/news/2006/0630/68/34599.shtml[2023－07－05浏览]。

② 《马达加斯加混血华裔——侨务工作不容忽视的一个群体》，中华人民共和国国务院侨务办公室，http://qwgzyj.gqb.gov.cn/hwzh/132/748.shtml[2023－07－05阅览]。

③ 录音时长中有一部分是操香港粤语的主持人提问的内容。

（续表）

发音人	出生年份	出生地	采访时年龄(段)	录音时长
岑英雄	1937	马达加斯加	66 岁	14 分 50 秒
韦婵娟	不详	马达加斯加	中青年	2 分 56 秒

这四位发音人的母语和日常家庭用语都是顺德话。据片中介绍，黎良应出生于广东顺德，23 岁时因避战来到马国，至采访时已经在马国生活了 60 多年；黎太太为黎良应配偶，生于顺德，19 岁时因婚嫁前来马国，夫妇二人只有探亲时偶尔回国。第三位发音人岑英雄是中马混血儿，1937 年在马国出生，12 岁时曾回广东顺德上学数年，成年后有在香港短暂工作的经验；第四位发音人韦婵娟是生于马国的中青年女性，有在香港短暂学习的经验。

三、研 究 方 法

本文的工作假设是，四位发音人在采访中所操的是具有一定代表性、稳定性的粤语顺德方言。本文的研究方法是，先将三集纪录片视频文件下载，截取其中顺德话的采访录音，得到一段合计约 30 分钟的采访录音片段，参照赵元任《台山语料》（1951）的方法对其中的顺德话进行宽式国际音标的转写。转写仅限于四位发音人的话语。转写完成后，用 R 语言编写一个简单的检索程序，得到转写出来的国际音标中所有不重复的音段，并归纳其声韵配合情况。随后，从声韵配合表中得出方言音系，归纳其音韵学上的特征，将其与国内记录的老派顺德话的特征进行比较。

在转写过程中，我们还剔除了非规范的语言现象。口语中有大量的非规范现象，包括重复、修正、冗余、倒装（解国栋，2004：12）等。这些现象对方言音系的归纳不具备实际意义，将以人工剔除的方式处理。

本文的检索工具是 R & Rstudio（2023.06.1 版本）。检索代码见附录 1。

四、马国顺德话的音韵特征

本文的转写分为三个部分,第一部分是黎良应、黎太太 12 分 33 秒的录音,第二部分是岑英雄 14 分 50 秒的录音,第三部分是韦婵娟 2 分 56 秒的录音。以第一部分为例,在转写完成后我们以音节为单位对转写出来的话语进行统计,得 999 个音节。然后,剔除语气助词(如“啦”“咯”等)和非规范的语言行为,共得出 239 个不重复音段。第二、三部分亦如此。

我们从这些不重复音段中,归纳了马国顺德话的声韵组合情况,然后整理出音系。由于本研究的转写工作是线性的音段分析,声调等超音段音素不在研究范围中。

(一)声母表

声母表按照“唇-舌-齿-牙-喉”的发音方法纵向排列,例字以“平-仄”为原则各选取一个。

表 2　马国顺德话声母表(18 个声母)

p 婆比	p^h 贫反	f 飞发	m 毛木	
t 东达①	t^h 唐体		n 年女	l 来路
tʃ 长最	$tʃ^h$ 全出	ʃ 成事②		
k 家渠	k^h 求企		ŋ 衙岸	
k^w 归国	(k^{wh})③	h 开远		
j 人日	w 婚揾			

说明:

① 清齿塞音[t][t^h]有发音方法为卷舌的音位变体[ʈ][$ʈ^h$];

② 清腭龈擦音[ʃ]有两个音位变体:[s][ʂ];

③ 由于语料有限,圆唇化的清软腭送气塞音[k^{wh}]没有例字,但结合国内粤方言调查成果来看,马国顺德话音系中很可能存在这个辅音。

（二）韵母表

韵母表横向排序参照国际音标元音舌位图，从低、前元音到后、高元音；纵向排列的顺序是阴声韵-阳声韵-入声韵，由于语料有限，每个韵母仅选取一个例字。

表 3　马国顺德话韵母表（51 个韵母）

a 话		i 飞	y 事	u 母	ɛ 者	ɔ 火	
au 包	ɐi 位	it 结	yt 月	ut 活	ɛn 边	ɔi 台	œk 药
ai 大	ɐu 候	in 天	yn 船	un 欢	ei 地	ɔk 国	œŋ 样
an 反	ɐn 斤	ip 碟		ui 最	ɛu 教	ɔŋ 望	ɵn 论
am 三	ɐm 浸	iu 少				ou 老	ɵt 出
aŋ 等	ɐŋ 羹	im 店				ok 木	ɵy 岁
ap 搭	ɐp 十	iaŋ 听				oŋ 中	
at 达	ɐt 不	ɪk 食				om 咁	
ak 窄	ɐk 得	ɪŋ 星					

说明：另有一个声化韵[ŋ̍]（五）。

据此，我们可以对按照自然话语归纳的马国顺德话音系的声韵特征作初步的总结。

（三）声母特征

为了让读者快速把握马国顺德话的性质，我们综合前人对顺德话的调查，着重突出与广州话相比不同的音韵特点：

① 古晓母一等字失去擦音，读零声母，如：火[wɔ]、婚[wɐn]；

② 部分古浊音平声字今不送气，如：头[tɐu]、长[tʃœŋ]；

③ 古精组字有塞音化现象，如：钱[tʰin]、仔[tɐi]；

④ 部分古喻、影母三四等字擦化，读[h]，如：药[hœk]、远[hyn]。

这四点都是马国顺德话相较于广州话而言不同的音韵表现。除第三个以外，均符合詹伯慧、张日昇（1990）记录的顺德（大良）话的语音特点。

（四）韵母特征

① 单元音音位有六个单元音（a、i、y、u、ε、ɔ）；

② 我[ŋɔi13]、个[kɔi33]等歌韵白读字有-i韵尾层次；

③ 止摄开口三等字中，精照组撮口化，见系与帮系字不裂化，如：事[ʃy]、资[tʃy]、期[kʰi]、比[pi]；

④ 有ε-系韵（ε可以与-m、-u组合），o-可以与-m组合为韵。

马国顺德话与国内调查的顺德话相比，少了一个单元音[œ]，可能是因为语料不足导致的。陈秀婷（2020：19）在总结顺德（大良）话与广州话在语音上的差异时，认为声调与"精知章庄组止开三摄撮口化"是在听感上很容易识别的两个特征，也是顺德话与广州话最大的一项语音差异。此外，詹伯慧、张日昇（1990：12）认为ε-系韵和om韵是包含顺德在内的三邑一带方言特有的韵母。

（五）小结

无论从声母还是韵母来看，马国顺德话与国内纪录的顺德（大良）话大同小异。差异较大的地方在于韵母数量，本文研究的包含声化韵在内的马国顺德话有共51个韵母，在数量上明显少于汤莹莹（2011：6）记录的58个，与詹伯慧、张日昇（1990：65—66）记录的86个。声韵的归纳上可能存在调查者操作层面的差异，但语料的有限是造成该问题的最主要原因。

最后，我们将其与陈小枫（1990）记录的老派顺德话音韵特点作简要对比。

表4 本研究与老派顺德话音韵特征的对比

	陈小枫（1990）记录的老派顺德话音韵特征	本研究记录的马国顺德话
声母特征	1. 部分晓、溪母字读零声母	+
	2. 多数喻母三等、部分晓母四等字读[h]	+
	3. 部分古浊塞、塞擦音读不送气	+

（续表）

	陈小枫（1990）记录的老派顺德话音韵特征	本研究记录的马国顺德话
韵母特征	4. 部分桓、魂、先韵字读[un]	-
	5. 灰韵舌齿音字读[ui]	±
	6. 鱼、虞韵喉牙音部分字读[y]	+
	7. 之、脂、支、微韵牙音部分字读[i]	+

以上七个老派顺德话音韵特点，马国顺德话完全符合的有五个，第五点部分符合。这说明马国顺德话在音韵特点上与老派顺德话有很大的相似性。陈小枫（1990）还提到，顺德方言老派与新派的差异较为明显，新派顺德话有向广州话靠拢的特征。本研究的材料，较多地体现了老派顺德话的特征，同时可能因为来源地有一定的地域变异，与顺德（大良）话相比存在个别音韵上的差异（如上文声母特征的第3点）。

五、结　　语

马国华人华侨较早脱离中国大陆的语言环境，受广州话、普通话的冲击相对较小，是研究海外汉语方言的一个珍贵的语言样本。通过比较，本文说明马国华侨华人使用的顺德方言保留了许多顺德话独有的音韵特征，是老派的顺德方言。不过，纪录片的采访距今已有二十多年，目前马国华人社团的方言使用情况还有待进一步的调查。

本文在研究方法上，尝试突破传统方言学的调查方法。但从操作过程来看，仍为传统汉语方言学研究范式所限，而且声调、语流等非线性音段的分析还处于空白阶段。受录音质量等限制，本文也未能对录音作精细的实验语音学分析，这些都是目前研究方法的局限性。如果要作进一步的突破，我们认为可以先对某一种方言进行传统的字音调查，再录制该方言的较长时间的自然语料，然后将两者归纳出来的音系进行对比，从比较中突出两者的差异。另外,在语料的整理工作上,对检索程序进行优化也是必要的。

目前,方言自然语料的研究相较以前更广泛地受到学界的关注。本文的研究说明,方言语料的设计是一个重要的问题。尽管我们能有意识地引导发音人,但发音人说的内容是不可控的。语料丰富度越高,归纳出来的方言音系就可能越完整,但相应的转写工作量也越大。因此,对检索程序的设计与转写的工作有高鲁棒性的要求。

实际上,汉语口语信息处理能力已经有很大的进展,亦有学者推动方言调查与整理工作的“自动化”(参看程南昌、侯敏,2013)。但由于受众较小、商业价值不高等原因,汉语方言调查还没有产生得以推广的“技术革命”。目前来看,结合汉语口语信息处理技术来推动汉语方言学的研究大有前景。

附录 1 检索代码

```
search_and_query <- function(string){
  string_vector <- unlist(strsplit(string," "))
  unique_vector <- c()
  for (s in string_vector){
    if (! (s %in% unique_vector)){
      unique_vector <- c(unique_vector, s)
    }
  }

  new_string <- paste(unique_vector, collapse = " ")
  return(new_string)
}
test_string <-"语料"
result <- search_and_query(test_string)
print(result)
```

附录 2 国际音标转写样例

记者:有无谂住马达加斯加系点样样咁你先至过来㗎?

黎良应:无噶,初时出来噶时候念住呢,搵到钱就会寄返中国噶啦嘛。

(国际音标转写:mou ka, tʃʰɔ ʃi tʃʰɵt lɐi kə ʃi hɐu nɐm tʃy nɛ*, wɐn tou kɔ ʈʰin tiu wui ki pʰan tʃoŋ kʷɔk ko* lə* mə*）

记者：咁结果呢？

黎良应：无，无谂到踎到今天，又无谂到阿条命仔达到今天。

（国际音标转写：mou, mou nɐm tou mɐu tou kɐm tʰin ə*, jɐu mou nɐm tou aʔ tiu miɑŋ ʈɐi tat tou kɐm tʰin）

记者：咁你自己有无病过啊嗰阵时？

黎良应：我？嘿，我啊，讲到我个本人啊，死过翻生好多多匀了。

（国际音标转写：ŋɔi, hɛ*, ŋɔi ə*, kɔŋ tou ŋɔ kə* pun jɐn ə*, ʃi ku hun ʃaŋ hou tɔ tɔ wɐn lə*）

参考文献

陈秀婷　2020　《粤方言顺德话指示形式研究》，武汉大学硕士论文。
陈小枫　1990　《顺德方音变化初探》，《第二届国际粤方言研讨会论文集》，暨南大学出版社。
陈晓锦　2021　《方言那些事儿》，中山大学出版社。
程南昌、侯敏　2013　《"方言同音字汇"自动生成软件的设计及实现》，《中文信息学报》第1期。
甘于恩、简倩敏　2010　《广东方言的分布》，《学术研究》第9期。
J. K. Chambers Peter Trudgill　2016　《方言学教程》，吴可颖译，北京大学出版社。
林柏松　1990　《顺德话中的"变音"》，《第二届国际粤方言研讨会论文集》，暨南大学出版社。
彭咏梅　2017　《佛山市的语言分布概况研究》，《佛山科学技术学院学报》第5期。
汤莹莹　2011　《顺德大良方言的语音研究》，华南师范大学硕士论文。
王力、钱淞生　1950　《珠江三角洲方音总论》，《岭南学报》第2期。
解国栋　2004　《统计口语解析方法研究》，中国科学院博士论文。
叶卉时　2021　《顺德档案史志读物　广府方言顺德话》，中山大学出版社。
詹伯慧、张日昇　1990　《珠江三角洲方言综述》，广东人民出版社。
赵元任　1951　《台山语料》，《傅斯年先生纪念论文集 上》，台北"中研院"。
宗成庆　2013　《统计自然语言处理》（第2版），清华大学出版社。

汉语方言内容加入华文教育的意义及建议

梁崚轩　程佳钰

（暨南大学）

提要　方言是中国语言文化中重要组成部分，随着国内对方言保护的关注度不断增强，学界逐步认识到方言保护的重要性，而华文教育一直是我国教育体系中的重要组成部分，许多华裔学生在学习中文时出现的错误，遇到的困难，与他们自身的汉语方言背景有关，将方言课程融入华文教育中，可以帮助学生更好地理解和学习汉语，并加深对中国文化的理解。本文将从方言课程加入华文教育的现状、困境和发展趋势入手，探讨其意义和未来发展方向，并针对现状问题提出相关实质性建议。

关键词　汉语方言　华文教育　方言保护

一、引　　言

（一）国内方言保护的现状

近二十多年来，中国大陆对于方言的研究越来越多，同时，对于方言保护的讨论也越来越受到学界的关注。其中对于方言保护的重视比较直观的感受就是公开讨论和发表方言保护相关的文章数量越来越多，甚有学者（王莉宁，2022：76—85）在知网用“方言文化保护”“方言保护”等字眼进行搜索，从搜索的结果来看，“方言保护”的论文数量居多，总计达 272 篇，根据统计发现此类文章的数量从 2010 年开始明显增长。同时也正因为方言慢慢出现消亡的迹象,国家在“十三五规划”发展中提出了要开始收集整理汉语方言,成立“语保工程”组,从而扩大国内方言调查和保护的规模。

(二) 海外方言保护的现状

虽然国内对于方言保护关注逐渐加深,但作为组成汉语方言一个重要部分的海外汉语方言也应该得到足够的重视。这几年来慢慢有学者开始关注海外汉语方言的流失和保护等问题,陈晓锦、郑蕾(2009:155—158、160)在文章中为海外汉语方言的濒危程度分了5个等级,一级为使用人数最多,五级定义为海外汉语方言已经没有人说,其中还说明了哪些地方的什么方言为第几级。林东梅(2010)通过对66个家庭的家庭语言使用的调查分析,发现父辈与孩子辈的家庭日常用语普遍上已偏向转用华语。根据《东南亚华人社区汉语方言概要》(2014)一书中作者调查了东南亚10国共29个方言点,调查发现这10国的汉语方言使用也是呈一个不乐观的现象,越来越多的年轻人开始放弃使用方言转而使用华语。根据前人的调查研究得知,海外的汉语方言也面临着越来越少人使用这一个问题,对于这一现象应该得到学界的一个关注,同时也应该纳入方言保护这一话题中去。

二、华文教育的现状及发展趋势

海外华文教育是以海外的华人华侨和非华人为对象(本文探讨对海外华人的华文教育)。海外华文教育以中华的传统文化、语言文字为内容,其目的是为了让海外华人保持和传承自己祖籍国的文化和民族性,所以在语言教学方面,需要展现出一定的特色和优势。据统计,全球华侨华人的人数已超过6 000万①,并且分布在全世界的每个角落,随着海外华人的人数日益增多和时代的改变,随着华人社区的不断发展和壮大,更多的华人华侨家庭开始注重维护自己的文化传统,逐渐在文化和身份认同上向居住地归化,包

① 裘援平.“第三届世界华文教育大会”主题报告:发展华文教育、振兴华文学校.国务院侨务办公室,2012-12-07.

括语言和风俗等方面,因此华文教育的重要性也更加重大。作为华人社区的重要组成部分,华文教育也在逐渐发展和改变。在过去,华文教育主要关注普通话的教学,但随着对方言的认知和重视,我们认为在华文教育中加入汉语方言的内容,很有必要。

根据网络数据和实调结果,发现海外华人的语言使用开始越来越多地转用华语,海外汉语方言的使用状况也越来越濒危。现在的华文教育一般只注重华语的教育而缺少了汉语方言的教育。为了不让海外的汉语方言消亡,可以从学校教育入手,在华文教育中加入方言课程。如果要保护和传承海外汉语方言,那么学校就起到一个至关重要的作用。陈晓锦、庄晓茹(2022: 190—195)在文中提到,当地有的年轻人表示想学习前辈的汉语方言,提出了孔子学院开展汉语方言教学活动的这一建议。笔者认为除了可以在孔子学院开展方言教学,当地的华文学校除了华文(普通话)教学,也有必要加入一些方言课程。学校作为一个教育的场域,是促进个体社会化的一个存在,也就是接受社会的知识,技能的传递和品德的发展。一种语言或方言作为在生活中的一个必需品,里面承载了社会文化的方方面面,因此学校也承担了文化传递的职责,所以方言的传承学校也应该担起一部分责任。

三、华文教育加入方言内容的意义

(一) 增强文化多样性

当谈到语言保护的时候都会谈到保护语言就是保护文化多元性,因此就要知道语言与文化的关系。吉姆・麦里曼等(2001: 15—20)指出,"随着许多人和他们的语言的消失,很多人类经验也随之消失……简单地说,当我们失去生物多样性的同时,我们也牺牲了我们的后人在未来的适应能力。在破坏其他种类的同时,我们也实际上宣告了我们自己的死亡。从人类文化的本质来讲,多样性就是力量"。由此得知,随着人们和他们的语言的消失,很多人类经验也随之消失,同时语言是通过文化而存在,一种语言的消亡,其背后的文化和经验也随之消失。由此来说,海外汉语方言的消亡也就可以说是华人社区的文化消失。因此,方言的学习不仅仅是只是学习,还要让每个华人知道我们是谁。

方言不仅是一种语言形式,更是中国文化的重要组成部分。通过学习方言,华裔学生得以更好地了解和认识中国文化的多样性。在现代社会,随着普通话的推广和使用,许多方言正在逐渐消失,而通过加入方言课程,可以帮助保护和传承中国的方言文化,让华人学生更好地认识和理解自己的文化背景。

(二)加强与祖籍国的情感联系

语言的消亡不仅仅只是消亡了这么简单,当中还伴随着该语言背后一系列文化的消亡,同时还切断了与祖籍地的一个最直接的情感连接。一个不会自己祖籍地方言的海外华人去到自己的祖籍地时,发现当地的文化和语言对于他来说都是陌生的,甚至产生不了一丝情感,这种情况可以说是非常遗憾的。因此,加入方言课程所带来的正面效果可以说是多方面的,对内是让当地的年轻人认识自己祖籍地的语言和文化,同时也能做到对中华文化认同的一个作用。对外可以在自己所属的社区内与他人进行沟通,因为用方言沟通不仅有亲切感还能加深华人对社区的归属感。

学习方言可以让华人华侨学生更好地融入当地文化,更容易适应新的环境。此外还可以提高华人华侨学生的文化素养和身份认同感,通过学习方言,学生可以更好地理解和体验中国文化的多样性和丰富性,促进他们对自己文化的认同感,增强自信心和自尊心,从而更好地加强与祖籍国的情感联系。

四、华文教育加入方言课程中的一些问题及建议

海外华文教育因各地的华人都有自己的方言背景和不同的文化取向,所以在教学的内容上都各有侧重,而在实施过程中也会出现不同方面的问题:

（一）多样性和复杂性问题

海外华人社区里的方言呈多样性的局面，而且海外方言与祖籍地方言也不完全一样，因此老师的选择至关重要，要考虑来自哪里的老师是比较合适的人选，因为方言教育不同于一般的华文（普通话）教育，华文教育有现成的教材供老师使用，而方言教学在教材方面则比较匮乏。如果说在社区内开展粤方言教学的话，即使是来自广州地区的汉教老师来给新加坡的学生上方言课程也不一定会有很好的效果，因为当地有很多本土词汇是外来老师所不知道不认识的，例如新加坡的广府话，“大芭蕉普＝吉宁蕉新，流氓普＝三星新，警察普＝马达新”等一系列方言词，所以方言教育需要老师对当地方言有足够深的了解和熟悉才能更好地教授他人，能做到对当地方言熟知的人大概只有来自本地的老师才能做到这一点，因此要发掘和利用好当地的老师。

（二）人文性和工具性

人文性和工具性可以说是语言学习当中的一种性质，孙汝建（2011：70—75）认为，人文性体现的是人本位，工具性体现的是功能本位。以工具性为主导的华文教育，以注重知识为主且一直都在进行，已经有了很深的积淀。方言教育更多地要关注人文性，人本位的方言教育其本质就是要重点关注社区中运用该方言的人与语言工具之间的关系。吴中伟（2015：29—33）认为，“应该充分利用华人社区的语言环境和语言资源”，这是很重要的一点，就如上文所说，要充分了解当地的语言情况，只有了解了才能更好地去教授他。老师们有时要站在学生的角度去看待问题，要知道学生需要什么，我能带给学生什么。一个语言学习者，在当地学习当地的方言最直接的一个作用就是要能与社区内的华人进行交流，例如，香港粤语和广州话的区别，两种话虽然大部分互通，但是一些本土词汇和口语表达会有所以不同，去到香港就要学习香港粤语的表达，在广州就要学习广州的表达，这样的话，当地人听到也不会产生太大的距离感，对于海外的方言也是同样的道理，掌握好当地的表达才能更好地融入和交流。语言的工具性不言而喻，就是与人交流传递信息。

（三）规范化和本地化问题

每个地方的语言或方言都是在历史的发展过程中一步一步地形成自己的特色的，这种特色背后都带有深厚的当地文化底蕴，海外方言也是如此。海外汉语方言与其所在国的语言发生接触逐渐形成自己的特色。在这样的背景下怎样做好规范可说是一个比较重要的问题。在华文（普通话）教育中有学者（陆俭明，2005）提出了“大华语”的一个概念，该概念其中一点说的是在华文教学中语言的规范“以普通话为基础而在语音、词汇、语法上可以有一定的弹性、有一定宽容的汉民族共同语”。笔者认为，我们应该尊重当地的语言事实和人们的语用习惯，海外的汉语方言经过多年的发展也形成了一系列属于各自的社区词或语法系统，这些都已经被当地华人使用多年，不应该人为地去改变当地人的语言习惯。曾毅平（2019：19—28）也注意到不同地方的人文环境对华语和汉语方言都会产生影响，因此华语教学应当因地制宜，教学理念、教学大纲、课程设计、教材编写、教学内容、教学方法、教学测试、教育风格等，都要适应当地的自然、人文、语言生态环境。所谓本土化，就是对当地华文教育生态环境的适应。

（四）教学理念和教学方法问题

在现今，大多数的人对方言和华语（普通话）之间的关系没有一个好的理解甚至会有一些错误的认知，所以老师在这当中就起到了一个纠正人们观念的作用，在教学理念上，老师首先要自己正确认识方言和华语之间的关系，这样才能更好地进行方言教学。在教材方面，市面上几乎没有针对海外华人的方言教材，这导致当地的老师要根据自己所在的地区准备一些教学课件或编写相应的教材，编写的时候可以参考中国大陆的某些方言区所出版的一些方言教材。在方法上，王兴燕（2012）把方言课程的开设分为三种类型，一、独立形态的方言课；专门开设一门独立的方言课。二、融合形态的方言课；将方言内容与其他课程相结合。三、依附形态的方言课；方言内容附着于其他课程而存在。笔者认为,第一和第二种可以在低年级的班开设,低年级的方言教育是作为一个目的而存在,因为低年级的学生对陌生语言的学习最快,在这一阶段打好语言基础对将来的学习也非常有用。到了高年级之后就可以使用第三种方法,这时方言就可以作为一种手段,使用方言来对课堂上的内容进行讲解,例如在讲古诗词的时候可以使用方言加以解释。通过这种方式学生既能了解和学习知识又能加深方言和文化之间的关系。

(五)教材和资源的问题

由于方言种类繁多,每个方言都有自己独特的发音、词汇和语法等方面的特点。因此,在开设方言课程时,需要选择当地华人社区流行的方言,并根据学生的需求和程度进行调整和改进。但由于方言往往缺乏统一的标准和规范,其教学资源和教材也相应较少,从而导致教学质量和效果难以提高。如果需要将方言课程加入华文教育中,并且能发挥其重要的作用,那就要教师和教学机构自行制定教材和教学方法,以适应学生的需求和程度。同时,教学机构和教师也需要加强教材和教学资源的改进力度,以提高教学质量和效果。

五、结　　语

华文教育加入方言内容的意义是多方面的,因为方言与普通话存在差异,包括发音、词汇和语法等方面,学习方言可以让学生更深入地了解中文的各种用法,从而更好地掌握语言知识。这有助于提高学生的听说读写能力,以便他们更好地沟通和交流。此外,它可以帮助华人华侨学生更好地掌握中文语言知识,了解和维护自己的文化背景,更容易适应新的文化环境,并增强自我认同感和自信心。

尽管华文教育加入方言课程面临着一些挑战和困境,但它也具有很大的发展潜力。随着中国的崛起和对中国文化的认知和重视,越来越多的人开始学习中文,并对方言产生了浓厚的兴趣,这为方言教育提供了更广阔的市场和机遇。

参考文献

陈晓锦　2014　《东南亚华人社区汉语方言概要》,世界图书出版广东有限公司。

陈晓锦、郑蕾　2009　《海外汉语濒危方言》,《学术研究》第 11 期。

陈晓锦、庄晓茹　2022　《孔子学院应该开展汉语方言教学》,《南方语言学》第 1 辑。

吉姆·麦里曼、尹铁超　2001　《人类学与部落民族研究——过去的经验及未来的模式》,《满语研究》第 2 期。

林冬梅　2010　《从马来西亚华裔家庭用语看华语方言的兴衰》,浙江大学硕士论文。

陆俭明　2005　《关于建立"大华语"概念的建议》,《汉语教学学刊》第 1 期。

孙汝建　2011　《华文教育的现象与本质》,《华侨大学学报》第 1 期。

王莉宁、康健侨　2022　《中国方言文化保护的现状与思考》,《语言战略研究》第 4 期。

王兴燕　2012　《课程视野下的方言教育研究》,华东师范大学硕士论文。

吴中伟　2015　《华文教学需要与时俱进——以新加坡华文教学为例》,《世界华文教学》第 1 期。

曾毅平　2019　《海外华文教育的生态环境》,《云南师范大学学报》(对外汉语教学与研究版)第 6 期。

寿光方言声调实验研究

朱晓迪
（鲁东大学）

提要 文章采用实验语音学的理论和方法对山东寿光方言的声调进行分析，从方言调查字表中选取部分例字，收集发言人的语料，通过 Praat 软件对语音资料进行分析，形成数据保存在 temp 文档中，并通过 Excel 2010 对语音资料进行整理，按照方言调查字表平声、上声、去声、入声顺序对单字进行五度标记，归纳出其五度值，并将实验结果与普通话和前人研究成果进行对比分析，着重分析入声调值变化，以期丰富寿光方言声调研究的系统性。

关键词 寿光方言 单字调 古今音变 调值 调类

寿光市隶属于山东省潍坊市，是山东省的一个县级市。寿光市位于山东省中北部，潍坊市境西北部，渤海莱州湾西南岸。自然风光旖旎，文化风俗悠久，市民亲善，民风淳朴，社会和谐安定。寿光方言属于胶辽官话区，前人对寿光方言声调研究较少，可借鉴资料不多。文章通过实验语音学的理论和方法，通过语音实践与分析，对比前人研究成果，对寿光方言进行探索，提出想法和意见。

一、研 究 方 法

文章通过实验语音学的理论和方法，从方言调查字表中选取部分例字，收集发言人的语料，通过 Praat 软件对语音资料进行分析，形成数据保存在 temp 文档中，并通过 Excel 2010 对语音资料进行整理，按照方言调查字表平、上、去、入的顺序对单字进行五度值标记，并对其进行归纳分析。

实验中使用笔记本电脑，运用荷兰阿姆斯特丹大学语音科学研究所 Paul Boersma 教授和 David Weenink 教授开发的一种专门用于语言分析合成的软件——Praat。该软件具有占空间小、操作简单、功能强大的特点，十分适用于语言学分析。

本文从方言调查字表中，按平上去入顺序共选取 27 个单字，分别为平声字：高、开、婚、穷、寒、鹅；上声字：古、口、好、五、近、厚；去声字：盖、抗、汗、共、害、岸；入声字：急、曲、黑、割、缺、歇、月、局、合。以上例字，发音人每字发音间隔 2 秒，采用 mav 格式进行收集。

发言人介绍

发言人	朱敬苗
性别	女
年龄	20 岁
籍贯	寿光市营里镇新庄子村
职业	青岛大学经济学大二学生
发音简述	该发言人出生于该地，从小受当地方言熏陶，日常交流使用方言，方言较为纯正
记音时间	2019 年 12 月 15 日

二、关于寿光方言单字调的研究

根据方言学调查字表，本文研究平声、上声、去声和入声字，共 27 个字，如下表：

平声字	高、开、婚、穷、寒、鹅
上声字	古、口、好、五、近、厚
去声字	盖、抗、汗、共、害、岸
入声字	急、曲、黑、割、缺、歇、月、局、合

利用 Praat 软件对选取例字进行语音分析得到以下数据，并根据各个百分时刻的 pich 值，利用公式求出其 log 值，按平上去入顺序分四组转化成五度值图表，并进一步求出其调值，如下四图：

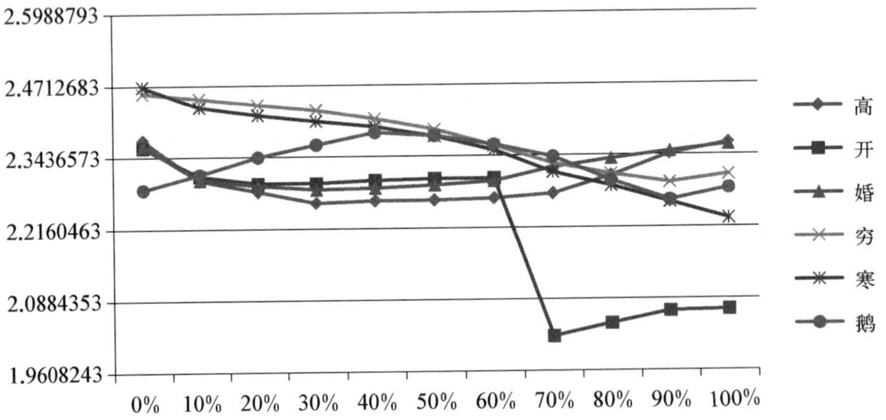

1. 平声

根据上图可以大致分析出平声例字普通话调值，高、婚属上声，开属去声，穷、寒、鹅属阳平。

	普通话调值	实验调值
高	55	434
开	55	31

（续表）

	普通话调值	实验调值
婚	55	434
穷	55	43
寒	55	43
鹅	55	34

2.上声

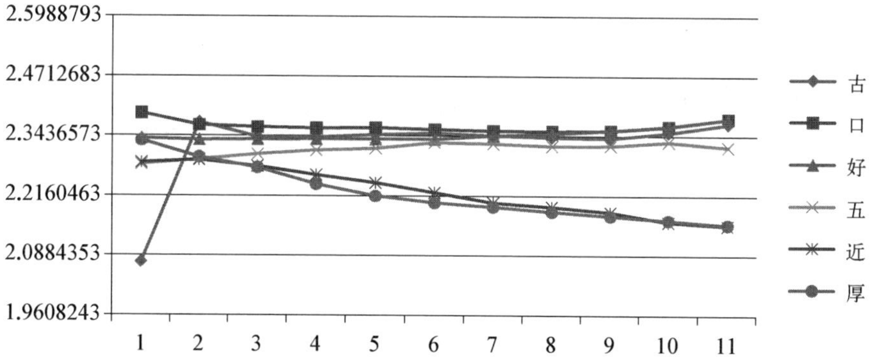

根据上表可以大致分析出上声例子的普通话调值，口、五、属阴平，古、好是阳平，近、厚属去声。

	普通话调值	实验调值
古	314	13
口	314	44
好	314	34
五	314	33

（续表）

	普通话调值	实验调值
近	51	32
厚	51	32

3. 去声

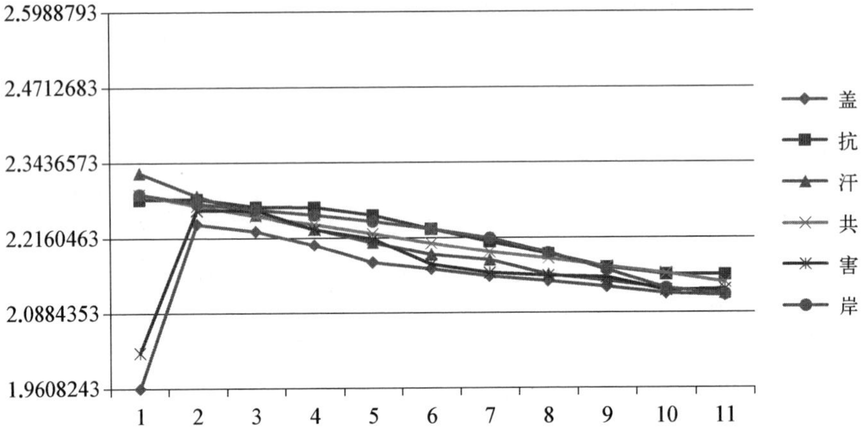

根据上图可以大致分析出去声例字的普通话调值，盖、抗、汗、共、害、岸都属去声。

	普通话调值	实验调值
盖	51	32
抗	51	32
汗	51	32
共	51	32
害	51	32
岸	51	32

4. 入声

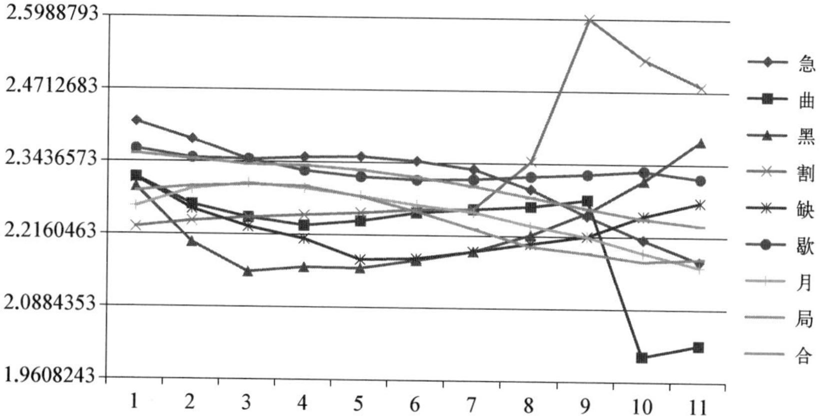

根据上表可以大致得出入声例字普通话调值,合、曲属阴平,急、割属阳平,黑、缺属上声,歇、月、局属去声。

	普通话调值	实验调值
急	55	35
曲	55	33
黑	55	324
割	314	35
缺	314	323
歇	314	43
月	51	32
局	35	32
合	35	33

通过对方言例字的语音分析,可以看出,寿光方言的古音大致遵循着"平分阴阳,平上归去,入派三声"的原则,可以分为阴平、阳平、上声、去声四个调值。当然,寿光方言中有不少单音节字与其在部分词中的读音不同,显

示出一定的寿光特色。

三、数 据 说 明

弯头分析 实验数据中古、害、盖三个例字的语图开头呈现向上突变，由低音变成中高音，但在实验确定普通话调值时舍弃前端突变部分，不计入调值判断；

降尾分析 实验数据中开、曲、割三个例字的语图末尾呈现向下突变，由中高音变成低音，但在实验确定普通话调值时舍弃末尾突变部分，不计入调值判断。

四、与前人研究成果对比——古今音变

在《寿光县志》中，方言一节提出了寿光方言的古今音变特点：中古音的清声母入声字中，普通话分散在四个调类中，在寿光方言中多数归阴平，只有很少一部分归入其他调类。

实验结果和前人研究有相同之处，但也存在差异。从本次实验中，我们可以看出寿光方言的古音大致遵循着“平分阴阳，平上归去，入派三声”的古今音变规律分成普通话中的四个调类。其中古上声字有九个，合、曲属阴平，急、割属阳平，黑、缺属上声，歇、月、局属去声。

五、与普通话的声调对比

普通话	现方言	例 字
55	434	高
55	31	开
55	434	婚

（续表）

普通话	现方言	例　字
35	43	穷
35	43	寒
35	34	鹅
314	13	古
314	44	口
314	34	好
314	33	五
51	32	近
51	32	厚
51	32	盖
51	32	抗
51	32	汗
51	32	共
51	32	害
51	32	岸
35	35	急
314	33	曲
55	324	黑
55	35	割
55	323	缺
55	43	歇

（续表）

普通话	现方言	例　字
51	32	月
35	32	局
35	33	合

通过上述表格中普通话调值和现寿光方言的调值比较，我们可以看出，普通话基本调值为55、35、314、51，现寿光方言的调值大多为33、45、434、43，与普通话相比声调发音偏低。

从高、婚、缺、黑例字中可以看出，普通话读阴平的字，在寿光方言中，变调为上声；从穷、寒、局字中可以看出，普通话读阳平，寿光方言变调为入声，当然“急”例字读音不变；从口、五、曲等例字中，普通话读上声，寿光方言变调为平声，当然，古、好例字变调为阳平。

六、结　　语

文章通过对27个寿光方言例字的语料收集，利用Praat软件进行语音分析，研究了寿光方言声调的变化，发现寿光方言的调值大多为33、45、434、43；同时，利用前人研究成果着重分析入声调值变化，并和普通话调值做对比，发现寿光方言的调值与普通话相比声调发音偏低并存在规律变调的情况，普通话中的阴平字在寿光方言中易变调为上声，阳平字易变调为入声，上声字易变调为平声。

参考文献

黄伯荣、廖序东　2017　《现代汉语》（增订六版），高等教育出版社。
山东省寿光县地方史志编纂委员会编　1992　《寿光县志》。
杨子仪　1986　《〈方言调查字表〉的认读与运用》，《固原师专学报》第2期。

正视方言学习

程佳钰　梁崚轩
（暨南大学）

提要　本文探讨了方言学习的重要性及其对儿童发展的多方面影响。文章指出，随着普通话的大力推广，会说方言的人数逐年减少，社会上存在对方言学习的误解。通过分析语言学习机制，文章强调双语学习并不会必然导致儿童语言发展迟缓，家长在儿童语言习得过程中起着重要作用。研究表明，双语者和双言者在语言认知能力、心理理论认知等方面具有优势。文章还从社会角度分析了方言学习的重要性，反驳了方言影响普通话学习的误解，并强调了方言在文化传承和儿童语言能力发展中的积极作用。最后，文章呼吁社会正视方言学习，认同中华优秀传统地域文化，避免方言消失，促进儿童认知和语言能力的全面发展。

关键词　方言学习　语言发展　双语儿童

《中华人民共和国国家通用语言文字法》于2001年正式执行，在这此后的20多年间该法规取得了很好的成果，其中一项重要的成果就是普通话的大力推广，越来越多的人会讲普通话，新生代从小就会说普通话的比例也越来越高。与此同时也产生了新的问题，那就是会说方言的人数在逐年减少，方言也慢慢地从生活中淡去。一些人对于方言的学习和使用也产生了负面的看法，一些地方也对方言产生了某种偏见。对于这种负面的看法和偏见应该给予正常的指导和纠正，从而改变人们对方言错误的认知。

一、方言学习的现状

随着推普的工作持续深入,更多的人开始讨论普通话和方言之间的价值。通过人们对这两者之间的讨论我们可以发现,问题大多都集中在说方言对学习普通话的影响,故意不让小孩学习方言。学习方言会增加小孩的学习负担,但又会让小孩去参加外语培训班。学习方言会影响小孩的语言能力。身边没什么人说方言认为学习方言没有用,只需要会说普通话就行了。认为家乡方言特别的“土”羞于说方言。还有一些新闻报道和文章谈论方言学习的影响,例如有报纸的标题写到“奶奶只会说方言哄娃经常靠电视2岁孙子被查出语言发育迟缓”①。还有一些文章例如“家庭内方言环境对儿童语言发育影响研究”等,只是通过表面现象而得出方言是造成语言发展迟缓的一些言论。

二、语言学习的机制

在《家庭内方言环境对儿童语言发育影响研究》这一篇文章中认为,单纯的普通话家庭语言氛围家庭相较有方言/普通话的家庭更有利于儿童语言发育成长:家庭的复杂语言环境会对儿童语言发育造成一定负面影响,对此笔者持不一样的看法。双语学习可以分为同时习得(Simultaneous Acquisition)和相继习得(Sequential Acquisition),根据McLaughlin(1978)的观点,同时习得是指儿童在3岁前大量接触两种或以上的语言。相继习得是指儿童完成第一语言的习得后再接触第二种语言。中国作为多方言的国家,这两种习得模式也是一种普遍现象。

同时习得和相继习得这两语言学习模式都是许多家长最为担忧和关心的模式,因为这两种模式都是在孩子年龄比较小的时候接触到多种语言,因此家长会担心孩子会出现语言混用和开口说话晚于单语儿童的现象,而中

---

① 东南网,2022年06月27日。

国家长最主要担心的是会不会影响孩子普通话的学习。有观察研究表明，虽然存在双语者说话会晚于单语者，但都是在正常的时间里范围里最多不超过9个月（Meisel，2004：91—113）。语言的混用是由于使用一种语言表达的时候还没有习得相应的词汇而借用另一语言的词汇进行表达，而且儿童的双语使用发展过程中出现语言混用是一种自然的、过渡性的现象（Koppe，1995：927—954）。而且有研究人员观察双语儿童的语言发展时发现，他们在两岁时就会根据对话人选择使用什么语言，由此可知儿童是能意识到两种语言系统的存在且在语言学习的初期就能区分两种语言的语音和语义系统（王文宇，2010：52—60）。一些学者（黄晓苑，2011：98—101）通过观察自己孩子0到3岁的客家话、英语和普通话的语言习得过程总结出，足够的语言输入量和愉悦的环境能促进孩子良好的语言能力和智力的发展，其中父母在整个孩子语言习得的过程中起到一个非常重要的作用。

虽然有很多双语学习的正向案例，但也有不少案例认为双语环境会造成儿童语言发展迟缓，例如在《儿童语言发展迟缓成因的个案特征》一文中分析了一例语言发展迟缓的案例，该名儿童为中美混血，父亲为美国人会讲英语和日语，母亲为中国人会讲中文和日语，父母间的交流使用日语。出生到5个月在中国生活，其间同时接触日语、英语和中文，主要由父母抚养。5个月到2岁在日本生活，其间接触中文，主要由外祖母、舅舅和舅妈抚养。2岁到4岁由讲日语的保姆照顾，父亲在家时用日语和英语，母亲时用日语和上海话，孩子在日英双语幼儿园。4岁之后回到中国，主要由母亲抚养，主要接触中文。纵观该名儿童的成长环境和语言习得经历，从出生到4岁期间多次改变生活环境，父母与孩子使用多种语言进行交流，同时因为父母忙于工作，对孩子缺少大量的语言输入，导致孩子的语言能力得不到巩固和有效的持续发展，最后造成三种语言都出现发展迟缓。

综上所述，人的大脑在儿童的早期阶段就能提供足够的空间供两种或多种语言使用。造成儿童语言发展迟缓的原因不完全是因为复杂的语言环境，还有家长缺少对孩子的持续性大量的有价值的语言输入。父母对孩子要输入特定的语言而不是一个人同时对孩子输入多种语言，只有输入特定的语言孩子才能慢慢学会区分各种不同的语言，从而形成和不同对象说话时,灵活切换不同语言。

三、双语双言对小孩个人发展的影响

以往研究表明,双语者对语言认知能力有正向的发展作用,例如,双语学习和使用够促进儿童元语言意识的发展,过往各种关于单语和双语者的比较研究中,双语者(bilingual)的被试选择对象都是讲不同语言的人,例如汉英双语、汉日双语,等等。近年来开始有研究关注双言者的研究,双言者(diglossia)是指讲标准语和某一种方言的人。相关研究表明,在语音意识方面双言儿童比单言儿童同样更具有优势。王幼琨(2004)与林泳海(2011:414—417)分别对闽普儿童和沪普儿童进行语言意识的实验调查,实验表明双言儿童在语音意识方面的表现明显比单言儿童更具有优势,双言儿童对于语言形式之间的区别具有更强的判断能力。

双语或双言学习除了对与语言相关的发展和认知有正向的影响外,还对非语言的认知发展有正向影响。近年来有研究发现双言者对心理理论的认知有促进作用。心理理论指的个体理解他人的心理活动并由此预测他人行为的能力(Premack & Woodruff, 1978;Wellman, 2014),同时也是儿童对信念、愿望、情绪等基本心理理论因素的理解,以及儿童关于这些心理因素与行为关系如何相互影响的知识,是个体对他人心理状态与他人行为两者关系的推理和认知(赵红梅、苏彦捷,2003)。这一能力是儿童的社会认知能力的一个重要组成部分。有学者对语言和"心理理论"间的关系提出三个观点,一种是认为,语言是"心理理论"能力发展的前提和基础,语言能力和语言的发展深深地影响着"心理理论"的发展。梁好(2019)以4—6岁的普粤双言儿和普英双语儿童为被试,对其进行有关"心理理论"的相关实验。通过"错误信念"任务实验发现,双言、双语的儿童错误信念能力水平显著优于单言儿童。在补语记忆任务中各语言类型的儿童的表现无明显差异,但年龄大一点的儿童其表现优于年龄小一点的儿童,表面随着年龄的增长,对错误信念的理解也在逐步增长。

四、从社会的角度看方言学习

(一) 实验研究

在北京大学语言学实验室开展的有关于儿童阅读障碍研究表明,学龄儿童的普通话“语音意识”和“拼音知识”并不会受到方言影响。① 实验研究采取的样本中,大部分学龄儿童在祖辈们说方言、父辈们说普通话的时候,孩子可以明白两者之间的差别,并且能进行一系列有意识地学习。有些父母担心儿童学习方言可能会影响普通话的学习,所以在家庭成员交流及孩子教育过程中尽量避免使用方言,防止误导儿童对普通话的学习从而产生错乱。

与成人的第二语言(如英语)学习不同,儿童对母语的习得是自发的,只要环境中有足够数量的语言刺激,语言习得就会发生。如果祖辈们说方言,儿童在一定程度母语熏陶下,不需要进行高强度的针对性训练则可以达到熟练的地步,在不同语言同时作用的情况下,儿童会有选择性地汲取且学习,如方言和普通话同时产生效应时,儿童对于方言的“语感意识”会增强,无论周围的语言环境如何,他们都具有普遍的语音区辨能力。

伴随着儿童的心智水平和语言能力的发展,儿童会不断根据自己的需要和外界社会的影响去完善整理自身的语言系统,将精力更多集中在需要关注的具有极强识别性的特征上,并逐渐形成一套能对特定征候产生高度敏感的稳定高效的语言系统。如江西等地的方言中不需要区分“n”与“ng”,则相应地区从小讲方言的儿童便会逐渐丧失区分“n”与“ng”的能力;而江西方言(如丰城话)有 6 个声调,则该地区的儿童便会更加关注声调征候上的识辨。因此,儿童的语言获得与其生活的语言环境息息相关。

(二) 数据分析

针对儿童双语背景及现状设计相关调查问卷,其中主要包含“方言认

---

①《光明日报》2023 年 9 月 10 日。

知”“方言认同”“方言能力与普通话能力”的关联度，调查对象为8—15岁的20名儿童及其家庭。

调查数据显示，对方言认知度越低的儿童使用方言频率越低，相对应方言能力越弱，其中占比80%；家庭方言认同感强的儿童在受教育过程中会使用方言和普通话两种，所以方言能力甚至大过于普通话能力，其中占比15%，剩余则是对于方言习得无感的儿童及家庭。这种现象则是大力推广普通话和年轻一代父母对于方言认同感逐渐减弱的缩影。

（三）未来展望

随着城镇化进程加快，乡村文化逐渐衰落，乡村记忆随之流失，而方言建构下的语言系统也相应不被推广和重视，大多家庭认为从小就让孩子同时接触方言和普通话，使孩子成为一个“双语者”，会对孩子的语言发展造成不良的影响，实际来说健康的儿童是有能力应对由方言和普通话所构成的复杂语言输入环境，更甚者双语儿童最终的语言发展水平能够与单语儿童相当并且有超过的趋势，因为其具备独特的语言发展模式和良好的语言听说读写分辨能力，儿童大脑发育到一定的认知水平后，双语技能会相互促进，并肩发展，双语儿童最终皆可发展出高度熟练的双语使用能力。

在很多亲子类综艺节目中，我们会发现很多家长开始使用方言和普通话交替与孩子进行交流，例如《爸爸去哪儿》《爸爸当家》等，节目中的孩子非但没有出现语言系统混乱，更是展现出非同一般的语言表达能力，针对不同人群和不同场合，使用方言拉近彼此距离，并能帮助儿童了解不同地区文化，更能提高自身的文化认同感。

从整体社会文化水平来看，方言环境的存在也是文化多样性的表象征候，在多样性文化中对儿童潜移默化锻炼其个性思维能力和语言意识能力，其中家庭进行合理干预和管理意义重大，不同年龄段同辈之间的多方面多层次的语言互动，对儿童语言习得能力提升大有裨益，其发音部位、语音感知、词汇累积、语法体系以及情感认知都能得到充分训练。加强儿童感知能力和行为认知能力，可以适当加入数字化读写实践，融入语言软件、方言故事书注入更多情感元素，形成非闭环形式的语言训练，充分激发儿童的双语能力和创造性活力。

五、结　　语

根据分析案例和实验，可观数据表明“双语”儿童的认知发展水平高于“单语者”，他们的认知自控能力和语言自控能力都表现出极大优势，现在的出生人口中方言的普及率才达3%—4%，在未来几年如果没有方言的传承可能会出现多种方言的消失。普遍不愿让儿童过多接触方言的主要误区则是认为学习了方言会影响普通话的习得，事实上研究数据表明，双言、双语的儿童语言能力水平显著优于单言儿童，在记忆板块中各语言类型的儿童的表现无明显差异，在这一前提之下，将方言学习作为儿童的一种传承担当，认同中华优秀传统地域文化，连接起儿童对故乡风土人情的认知。

参考文献

Astington, J. W. & Jenkins, J. M. 1999 A Longitudinal Study of the Relation between Language and Theory-of-mind Development, *Development Psychology*, 35 (5): 1311 - 1320.

Baddeley, A. D. 1996 Exploring the Central Executive. *The Quarterly Journal of Experimental Psychology*, 49A(1): 5 - 28.

Bamford, K. W. & D. T. Mizokawa. 1991 Additive-Bilingual (Immersion) Education: Cognitive and Language Development. *Language Learning*, 41 (3): 413 - 429.

Ellen Bialystok & Michelle M. Martin 2004 Attention and Inhibition in Bilingual Children: Evidence From the Dimensional Change Card Sort Task. *Developmental Science*, 7 (3): 325 - 339.

Goldstein S., Naglieri J. A., Princiotta D., & Otero T. M. 2014 Introduction: a History of Executivefunctioning as a Theoretical and Clinical Construct. In *Handbook of Executive Functioning*, New York: Springer, 3 - 12.

黄晓苑　2011　《双语儿童语言发展迟缓问题辨析》，《龙岩学院学报》第3期。

Koppe R. 1995 Language Differentiation in Bilingual Children: the Development of Grammatical and Pragmatic Competence. *Linguistic*, 34: 927 - 954.

蓝春玉、罗瑜珍　2022　《非遗保护视域下闽西客家3—6岁儿童方言传承危机与策略研究》,《中国民族博览》第 19 期。
李倩 2013 《广州多方言家庭学龄前儿童语言规划情况调查》,暨南大学硕士论文。
梁好 2019 《4—6 岁双言儿童和双语儿童“心理理论”的研究》,广州大学硕士论文。
林泳海、王玲玉、钱琴珍 2011 《方言经验对早期沪语儿童汉语语音意识的影响》,《心理科学》第 2 期。
林贞贞 2012 《方言经验对于儿童早期语素意识与词汇阅读的影响》,福建师范大学硕士论文。
Meisel, J. 2004 The Bilingual Child. In T. Bhatia & W. Ritchie (Eds.), *The Handbook of Bilingualism*. Blackwell Publishing Ltd.
McLaughlin B. 1978 Second-Language Acquisition in Childhood. *Hillsdale*, NJ: Lawrence Erlbaum.
Premack, D. & Woodruff G. 1978 Does the Chimpanzee Have a Theory of Mind? *Behavioral and Brain Sciences*, 1(4): 515 – 526.
王凯南 2017 《试从二语习得角度分析儿童方言的“会听不会说”现象》,《青年文学家》第 18 期。
王文宇 2010 《双语儿童的语言能力发展:实证研究回顾》,《外语研究》第 3 期。
王幼琨 2004 《方言对儿童语音意识形成和发展的影响》,福建师范大学硕士论文。
Wellman H. M. 2014 *Making Minds: How Theory of Mind Develops*. Oxford University Press.
赵红梅、苏彦捷 2003 《心理理论与同伴接纳》,《应用心理学》第 2 期。

《广东话入门》医学词汇比较研究

梁晓静　张　婷
（深圳大学）

提要　《广东话入门》(*The Beginner's First Book in the Chinese Language* [*Canton Vernacular*])由美国传教士医生 Thomas T. Devan 编写，是第一本为医疗传教士初学广东话而编写的教材。该书首次用英粤对照的方式介绍共计 273 个医学相关词条，99 条医疗用语，是目前找到最早使用粤语拼音描述医患对话的文献。文章将该书的医疗用语、身体结构、疾病及医疗词汇，分别与同时期传教士的一部汉英字典《华英字典》、现代粤语词典《广州方言词典》进行词形、词义等方面的比较分析。该书将这些英文词汇按照当时中医习惯翻译成粤语，真实地反映了第二次西医东渐浪潮中英粤词汇、短语互译的情况，为后来中文医学术语的创制提供了借鉴。

关键词　《广东话入门》　粤方言　词汇

一、引　　言

传教士采用医疗传教作为一种高效的传教方法，他们首先以医生的身份接触病人，然后再以传教士的角色开始传教工作。这种方法结合了医疗服务和宗教宣传，通过提供医疗帮助来建立起与当地人的信任和联系，从而更好地传播福音和传教信息，不仅能够改善当地人的生活质量，还能够传达宗教价值观念，并促进文化交流和理解。19 世纪初，西医学再次大量传入，形成第二次西医东渐的浪潮，在此时期，涌现了不少西医著作译本，著者多为传教士,如合信的《西医略伦》《内科新说》等。在合信之前,美国浸理会医疗传教士医生德万(Thomas T. Devan)于 1847 年在香港出版了《广东话入门》,王吉民、伍连德的《中国医学史》称该书中“包括了中英文解剖学术语、疾病名录以及医学短语”,认为它是“创制中文医学术语的首次尝试”。

《广东话入门》(*The Beginner's First Book in the Chinese Language* [*Canton Vernacular*]),也被医学界译作“《中国语启蒙》”①,这是第一本为医疗传教士初学广东话而编写的教材,也是医学传教士关于中西医学名词翻译的第一部著作。德万初到中国时,发现没有一本足够简单且易于使用的书籍能满足医疗传教士在学习广东话方面的初步需求,因此不得不编写一本适合零起步的书来满足这一情况,在一位经验丰富的同事的帮助下,他用英文起草并编撰了该书。《广东话入门》第一版在香港 China Mail Office 出版,全书 154 页,其中 26 页编写有关医疗用语,在短短的 10 多年内就三次出版,足见其流传之广。

本书的编排顺序较为特殊,德万认为孩子们在学习母语时,首先被教授单词或者物体的简单名称,而句子或短语则在后面学习。因此,在编撰这本书时,为了给学习者提供更愉快、更符合逻辑的学习体验,德万在本书按照语言习得的顺序设计了十五章。第一章到第五章是由浅入深介绍粤语日常用语,第六章到第十三章是粤语语法及短语,第十四章单独罗列了医疗相关的词汇及用语,最后一章是宗教用语。该书从最重要的主题之一——数字开始,再继续罗列出有关时间、职业和生活必需品的词汇。初学者掌握了更常用物体名称后,将按照语法顺序介绍日常会话中经常使用的短语。需要明确的是,这里所谓的语法顺序只是为了方便学习者,将英语单词按照它们在英语语言中的语法顺序进行了排列。这些附录的适用短语,它们可以作为示例,以便初学者在各自领域了解了日常工作中使用的简单物体或想法的名称后,能够学习模仿并表达自己的句子。为满足医生和传教士的需求,该书也在这一原则下对医疗相关的词汇及用语进行了编写。

---

① 为方便讨论,本文统一采用“《广东话入门》”这一说法。

在具体编撰体例方面，此书先列出10种单元音和7种复元音，并在每条后附注了两个英文单词，方便学习者理解，但没有列出和解释标辅音的字母。同时没有标示字母送气、不送气之别，也没有标示声调符号。在罗列每单元的词汇条目时，总是先列出英语条目，再列出相对应的粤语词及粤语注音，如表1。

表1 《广东话入门》词汇条目罗列举例

英　语	粤语词	粤语注音
Time	时	Shí
Year	年	Nín
Spring	春天	Chūn tín

诸如英语、法语、德语等属于非声调语言或称语调话言，声调的变化不起区别词义的作用。一些语言则不同，如汉语、泰语和越南语，使用声调来区分不同的词义。时、年和春天的“天”并不是同声调字，但可以从表格中发现，他们在该书中粤语注音的元音字母都是一样的，可以看出本书的注音仍然保留着英语母语者的习惯。

二、《广东话入门》的医疗词汇及用语

《广东话入门》中的第十四章是医疗相关的词汇及用语，分为了医疗用语、身体结构、疾病及医疗词汇4个小节，共计276个医学相关词条，100条医疗用语，占全书的16.1%，是该书篇幅最大的章节。该章节按照学习次序，分列了身体结构、疾病及医疗词汇三个词汇部分，而后举例医疗用语这一短语部分供学习者学习模仿。限于该章节词汇和短语条目之多，我们无法对全部的词汇和短语逐一展开述评，在此仅按照其中章节分四部分讨论其词汇及短语特征，并选取部分代表性词语进行举例讨论（为准确起见，词语酌情使用繁异体字）。

（一）身体结构词汇

身体结构词汇共 136 个，涉及头颈、五官、四肢等部位，基本上都能在《华英字典》以及《广州方言词典》找到对应。

就共时角度而言，与汉英对译的《华英字典》①相较，《广东话入门》的翻译非常简单，而《华英字典》的翻译则非常复杂，下举“頭殼、脾”两例作简要分析。

表 2　“頭殼、脾”词汇条目举例

《广东话入门》			《华英字典》
粤语词	英　语	官话词	英　　语
頭殼	skull（colloquial）	囟	The calvaria. They express it by “头会脑盖”, the cover of the brains assembled in the head. The temporal suture, or open space between the ossa temporalia, which in young subjects is filled up with cartilaginous substance, in Chinese called 囟门 or 顶门.
脾	stomach	脾	a part of the stomach; the internal tunic of the stomach; that which, as the Chinese conceive by its action, causes digestion.

粤语词“頭殼”一词在《华英字典》中同义的官话词为“囟”，前者采用的是民间更为通用的词汇，而后者采用的是更传统的表达，在现代汉语普通话中，“頭殼”仍然在日常文本中出现，而“囟”现在一般只用于中医药方，如：

（1）真的，“二十四”像一支尖针，刺入她的头壳，直到头盖骨痛的像要炸裂；“二十四”又像一个飞轮，在她头里旋，直到她发昏。（《蚀》）

（2）【主治】治肾怯失音，囟开不合，神不足，目中白睛多，面色晄白等方。（历代古方验案按）

二者的英译也有所不同，《广东话入门》采用的是口语化的英译词

① 这里的汉指的是当时的“官话”，下文同。

“skull”,在其书中也有注明是“colloquial”,而《华英字典》中采取的则是更为规范的医学词汇“calvaria”,并随后用西医解剖学知识对“囟”进行介绍,很显然,前者注重词汇的简单一一对应关系,方便初学者学习,后者则偏重科学的人体结构,体现了西方长久以来对于人体基本构造的认识。

“脾”一词在粤语和官话中使用同字进行表达,对“脾”一词的英译,两本传教士著作都是有误的,他们都采用了直译法,沿用西医的对应词来表达与之含义相同或相近的概念,但是他们把“脾”和“胃”的概念混淆在一起。《广东话入门》中直接用“stomach”对译粤语词“脾”,而在他本节的词汇条目中,并没有“胃”这个人体器官名称,可见他认为的“脾胃”是一个同义复合词,“脾”就是“胃”,“胃”就是“脾”。《华英字典》虽然对“脾”和“胃”有所区分,但把“脾”的解释为“胃的一部分:胃的内衣;中国人认为它的作用是引起消化的”。他们均没有认识到脾和胃是身体中的两个不同器官,但是我们可以发现,他们的翻译在不同程度上都保留了传教士对中医理论的认识,在中医理论中,脾胃被认为是消化系统的重要组成部分;而在西医理论中,胃是位于腹部的消化器官,主要负责储存和消化食物,脾则是位于左上腹部的淋巴器官,是人体免疫系统的一部分。

就历时角度而言,《广东话入门》的翻译与《广州方言词典》相较,部分身体部位词汇都和现代粤语相同,如“脷”“口唇”“大髀”等。而对不同的词汇加以分析,总结出以下特征:

第一,采用官话借字,如 cheek prominences①,对译的粤语是“両顴”,而现代粤语通行的是“顴骨”,《集韵》:“辅骨曰顴。”以前的“顴”相当于现在的“顴骨”,而现在的“顴”是指“眼眶下面,两颊上面突起的部分”。其所含有的“骨头”义在复音词中已经消失,“顴”的含义已经扩大,不仅包括脸颊凸出部分的骨头,还包括覆盖在上方的肌肉部分。《华英字典》中用的是“頯”[kui^{24}],the cheek bones,与前者用字不同。《说文》:“頯,權也。”即“顴骨”。同一时期的传教士文献,可以找到“顴”语义演变的语料证据,在这个时候“顴”的语义在官话和粤语中已经同时存在不同范围的语义解释。但不管是

① 在汉语中意为“脸颊凸出物”。

“颧”还是“頯”，在几大早期粤语语料库中都没有能找到相关的语料，也未被收录进《广州方言词典》中。可以认为这个词是来自当时汉语官话的借词，保留了古汉语的特征，但其语义范围已经扩大，更接近于我们现代汉语“颧”的语义。现在的“两颧”基本上只用于中药药方中，带有明显中医文化的特征，如：

(3) 照这面相看来，眼角发赤，两颧高耸，应有争衡之兆。(清《乾隆南巡记(下)》)

(4) 久咳，干咳少痰或痰中带血，午后潮热，或见两颧红，手足心发热，失眠盗汗，消瘦，疲乏，舌红少苔，脉细数。治宜养阴清肺，化痰止咳。——中药药方

(5) 原来那怪九个头，转转都是眼睛，看得明白，见八戒在背后来时，即使铲頯架着钉钯，铲头抵着铁棒。(明《西游记》)

再如，“屁股”对应现代粤语中的“屎朏”“囉柚”。

第二，同音不同字，如“下杷”对应的是“下扒”，“手睁”对应的是“手踭”，“晕睛”对应的是“魂精”，即两侧太阳穴。方言中的词汇经常会出现同音但用不同字来表示的情况，这是因为方言的发展历史和区域差异导致了词汇表达的不规范性，在这种文献的比较中我们也可以收获到历时语料的证据。

第三，是词义范围不同，如“肋䏲”“小䏲”，这两者存在大小区别，而在现代粤语统称“髀骨/肋骨”，对大小已经不加区分。

(二) 疾病名称词汇

《广东话入门》疾病名称词汇共 77 个，虽不如《华英字典》全面，后者还涉及病因、病机、病证，但日常生活中内外科常见疾病均有涉及，有约 69%的词汇能够在《广州方言词典》中找到对应。

从共时角度来看，《广东话入门》使用更多为粤语中的民俗词语，如“肚疴(腹泻)、發羊弔(癫痫)”等。而《华英字典》极力使用中医学上的规范术语，简洁精炼，偏旁多为“疒”，马礼逊将“疒”解释为“表示一个体弱多病的人

倚靠在某物上”，以此解释其以之为部首的字多与疾病相关，如“痄、痨、癫、痲”等。下举例“癱、嘔疴、攪腸痧”作分析。

表3 “癱、嘔疴、攪腸痧”词汇条目举例

《广东话入门》		《华英字典》	
粤语词	英语	官话词	英　　语
癱	palsy	癱	a disease which consists in a rigid contraction of the muscles or tendons, and is commonly spoken of in connexion with cold and damp.
嘔疴	cholera	霍乱	a sort of Cholera morbus, otherwise popular called 搅肠沙
攪腸痧	colic		

“癱”一词在粤语和官话中使用同字进行表达，《广东话入门》直接从症状表现翻译，意为“麻痹”，以西医学词汇进行直译，而《华英字典》对其进行更为丰富的解释：“一种肌肉或肌腱僵硬收缩的疾病，通常与寒冷和潮湿有关。”既包括西医学上对该疾病的简单解释，还另加上了中医理论中的病因阐释。

对“霍乱”一词，《黄帝内经》中早有“呕吐霍乱”的记载，而西医中的“霍乱”早期音译作“虎列拉”①，除了在音上与 Cholera 对应外，还极具生动形象地体现了这一疾病的症状“剧烈腹泻”，后来发现中国“霍乱”一词非常传神，故以之改名，以引起该病的“虎列拉弧菌”也重新命名为“霍乱弧菌”。在《华英字典》中将“霍乱”对应“攪腸痧”，而《广东话入门》则用“嘔疴”对应 Cholera（霍乱），用“攪腸痧”对应 colic（腹绞痛）。《杂病源流犀烛·痧胀源流》：“绞肠痧，心腹绞切大痛，或如板硬，或如绳转，或如筋吊，或如锥刺，或如刀刮，痛极难忍。轻者亦微微绞痛，胀闷非常。”《症因脉治》卷四：“干霍乱，即绞肠痧。”由上述文献可证，“攪腸痧”的症状主要应该是腹绞痛，而西

① 在一些新闻报道中也有音译为“虎力拉”。

医中的“霍乱”则是严重急性腹泻的疾病，所以“攪腸痧”才有“干霍乱”之称，即只“痛”不“拉”，而霍乱应该是可能会伴随着“攪腸痧”症状的“嘔痾”①。由此可见，《华英字典》中的直接对应是有失偏颇的，而《广东话入门》中的此词条对应虽然简单，但更为准确。

从历时角度来看，有相当一部分能够与现代粤语对应，如“发癲、眼熱、出麻、跛腳”等，其他部分的词汇与现代粤语相较主要存在以下特征：

首先是同音不同字。如，“發羊弔”对应“发羊吊”，使用了异体字；再如“肚痾”对应“肚屙”，后者语序上能够颠倒。

其次是存在使用了其他方言用词或自创词的可能。如“跌挫較”，对应的英语是“dislocation”，即“骨头转位、脱臼”，现代粤语中同义对应的词是“甩骹”，语音近似的词“跌跤”意为摔跟头，未见“跌挫較”类似的用法，但在客家方言中能够找到“跌着跤”②的用法，意为“某个地方摔跤摔着了”，猜测可能与此词更为接近，但就目前证据也不能排除德万是从病因角度命名：由于摔跤导致脱臼，粤语中“挫亲”就有因摔跤跌倒撞伤义。

第三，是存在词语误用、对译错误。如“綠水灌瞳人”、“眼珠變綠”在此书中分列两个疾病词汇条目，实际上应该是同一种疾病，对应的英语词汇是 glaucoma（青光眼、绿内障），对应现代粤语中的“青光眼”。而 cataract 是指“白内障”，并不存在眼珠变绿的症状，但《广东话入门》中则用“綠水灌瞳人”对应，是为有误。

（三）医药名称词汇

《广东话入门》医药名称词汇共 60 个，实际包含真正的药物词汇 52 个，另有 8 个医药器具名称。这部分词汇在日常生活中较为少见，因而只有 30%能在《广州方言词典》中找到对应，而基本上都能在蕴含丰富中医词汇的《华英字典》中找到相应词汇。

从共时角度来看，《广东话入门》极力找到单一英文词汇与粤语词汇对

---

① “嘔痾”指呕吐和腹泻，强调两者兼有。

② 对应这里客家话的“着”普通话中“着 zháo”，为完成体标记。

译，确保翻译的简洁，以学习者便利为先。而《华英字典》则更注重翻译及表达的准确性，在英译中显得更为严谨，对于不确定或者没有英文对译的词汇，马礼逊选择用几句话对其进行大概表述，而非选择相近的英文词汇对译。下举例“甘草、石卜硝”作分析。

表 4 “甘草、朴硝”词汇条目举例

《广东话入门》		《华英字典》	
粤语词	英语	官话词	英　　语
甘草	liquorice	甘草	the liquorice plant, it is known by various other names, and differently written, much used in medicine. There are said to be seventy-two preparations
朴硝	saltpetre	朴硝	an impure sulphas soda, used in medicine

“甘草”一词，《广东话入门》直接采用 liquorice 进行对译，能够简单对应该词，但实际上 liquorice 的语义范围应该更大，能够表示“甘草、甘草根或由甘草根熬成的精”。《华英字典》中表述相当严谨，并没有直接用该词直接进行翻译，而是从其大概名称、命名情况、用途、提炼过程进行了一个综合解释，翻译成中文即“甘草植物，它有各种各样的名字，不同的书写方式，在医学上广泛使用。据说获取‘甘草’这种药物需要有 72 道准备工作”。

“朴硝”一词，《广东话入门》直接采用 saltpetre 进行对译，saltpetre 意为“[矿物] 硝石；[无化] 硝酸钠”，德万是想从其化学成分、来源对其进行翻译，但“朴硝”主要成分为含水硫酸钠，少部分为芒硝，而非硝酸钠，只能判定此翻译是用较泛的大类“硝石”的英文词汇来对中医药词汇“朴硝”进行翻译，不太准确。《华英字典》虽然没有找到一个对应的英文词汇进行翻译，但是对该词的描述大致是准确的，其解释翻译成中文为“一种不纯的硫化钠，用于医药”。两位传教士的翻译思路都是通过其组成成分来对其进行命名。

从历时角度来看,药物名称词汇在现代粤语词典《广州方言词典》中能找到完全对应的基本上都是兼用医药及食物类的词汇,如"藕粉、薑、粥渣",这些词汇在日常生活中非常常见且被广泛使用。另有含义相同的词汇,但是对应说法不一致,如"玉容粉"对应现在的"爽身粉","牛蜞"对应现在的"蜞乸"。医药器具名称基本上都能够在现代粤语中找到对应,如"藥杵、冚盅、玻璃罇"等,也是日常中生活中使用率较高的器具词汇。

(四)医疗用语

统计《广东话入门》医疗用语共99条,涵盖了普通问诊过程中简单的医患对话结构,在内容方面根据医患对话中的类型可以分为以下几类:医者问询类(60条),患者症状描述类(14条),诊断及医嘱类(25条)。医患对话的目的是确保有效的沟通和理解,虽然这部分医疗用语非常简单,但是它们可以作为示例,以便其他外语医生在了解了基本身体部位、疾病及医药词汇后,能够模仿并创造自己的句子。

在词汇使用上面,此书具有部分使用雅称词汇的特点,如用"出恭"替代民俗词语"大便"或"屙屎",示例如下:

表5 "出恭"医疗用语条目举例

《广东话入门》		现代粤语
英　语	粤　语	
How often did it operate?	出幾多回恭呀?	屙几多次大便/屎?
Is there blood in your evacuations?	你出恭有血無呢?	你大便有冇出血?

通行的粤语一般用"大便"表示,如:

(6) 我惯咗朝早大便。(我习惯早上大便。)

在句子结构方面,这部分的医疗用语在语序上与现代粤语表现不同,主要体现在是非问句中,存在英语附加问句的表达残留,举例如表6。

表 6 是非问医疗用语条目举例

《广东话入门》		现代粤语
英　语	粤　语	
Are you married?	你娶老婆唔會呢?	你娶老婆未?/你结婚未?
Have you any children?	你有子女無呢?	你有冇仔女?

在对患者提问你是否结婚时,《广东话入门》的粤语翻译为“你娶老婆唔會呢?”看上去像是一个连谓句表示提问,实际上是提出了一个命题“你娶老婆”或是“你结婚了”,附加部分“唔會呢?”是对前面命题的提问,其句式结构更接近英语表达,“You have married, did you?”不符合粤语惯常表达,粤语中通常用“……未?”来对听话者某一行为是否完成进行提问。在对有无孩子的提问中,“你有子女無呢?”与英语表达“You have children, didn't you?”类似,粤语通常使用“有無 NP”对领有进行提问,“有無”一般不能分开,分开时表达需要加“定”,如:“你有仔女定無?”

三、讨　论

通过对《广东话入门》医疗用语、身体结构、疾病及医疗词汇的简要分析,可以总结出该书医疗词汇短语的几个特点:

第一,大部分的粤英词汇对译利用了粤语地区通行的民俗词语,具有易于初学者学习、理解,方便与当地居民沟通的特点。同时,这类活跃词汇在西学东渐早期中西医学术语的对译中被使用,顺应了中国语言和文化的特征,使得大部分词汇得以保留至今,是医学术语翻译的伟大尝试。

第二,部分保留了古汉语的特色,如在翻译中激活已化石化的古词汇,如“酢浆草”中“醋”的异体字“酢”。尽管这些词汇现今基本已不通行,但仍然为我们保留了非常重要的语言材料,为词汇语义演变过程提供语料证据。

在《广东话入门》中,有“耳珠”“臀珠”分别对应现在现代汉语中的医学术语“耳垂”“股骨大转子”，在《广州方言词典》中已无“臀珠”，却仍有“耳珠”一词，应由珠$_2$(像珠子的东西)引申而来，表示“人体部位的下垂部”，在现代汉语中已无此义，方言中仍有所保留，但使用非常局限，不具备能产性。

第三，在医疗词汇短语创制中混杂了西方文化的差异。翻译在中西文化交流中起着重要的作用，正如王树槐先生所说，翻译西书“是西学中国化的重要一步”。但由于近代中西文化的差异，名词翻译很难找到准确的对应。特别是在自然科学领域，翻译和定名更加困难。医学传教士因医学翻译、医学教育的需要进入这一领域，并作出最初的尝试，具有一定贡献。经上述分析可见，传教士在翻译的过程中，并不仅仅只是按照自己的西医思想、外语语言结构生硬对译，也尽力结合了对本土中医理论知识及地区方言的认识，尽管这个认识可能还不太成熟。

本文通过对《广东话入门》《华英字典》及《广州方言词典》的比较，考查了《广东话入门》医疗用语、身体结构、疾病及医疗词汇的特点并作了简单的统计分析，当前研究仍存在较大的发掘空间，究其原因是笔者对中医学文化及西方文化不够精深，遇到比较复杂的词汇现象时难以深入。但不可否认，这部分词汇语料在语言学上的研究还有待深入。传教士所著文献的汉语词汇具有较高的研究价值，还需要学界同人继续努力。

参考文献

李传斌 2005 《医学传教士与近代中国西医翻译名词的确定和统一》，《中国文化研究》第4期。

刘平、张清怡、方廷钰 2019 《从西医术语中译标准化谈中医术语英译标准化》，《中医药导报》第14期。

麦耘、谭步云 2016 《实用广州话分类词典》，世界图书出版广东有限公司。

片冈新、李燕萍 2022 《晚清民初欧美传教士书写的广东话文献精选》，香港中文大学中国文化研究所吴多泰中国语文研究中心。

汤坤标 2009 《“霍乱”的来龙去脉》，《咬文嚼字》第9期。

余静斐 2012 《中医词语早期的英译研究》，广州中医药大学硕士论文。

北京大学中国语言学研究中心 北京大学现代汉语语料库 http://ccl.pku.edu.cn：8080/ccl_corpus/index.jsp

图书在版编目（CIP）数据

海上觅蓬莱 鲁东论方音：第九届海外汉语方言国际学术研讨会论文集 / 亢世勇，陈晓锦，戴宗杰主编. 上海：上海辞书出版社，2025. -- ISBN 978-7-5326-6355-2

Ⅰ. H17-53

中国国家版本馆 CIP 数据核字第 2025FY4096 号

海上觅蓬莱　鲁东论方音

——第九届海外汉语方言国际学术研讨会论文集

亢世勇　陈晓锦　戴宗杰　主编

责任编辑　姜　慧
装帧设计　王轶颀
责任印制　曹洪玲

出版发行　上海世纪出版集团
上海辞书出版社®（www.cishu.com.cn）
地　　址　上海市闵行区号景路 159 弄 B 座（邮政编码：201101）
印　　刷　上海新华印刷有限公司
开　　本　720 毫米×1000 毫米　1/16
印　　张　28.5
字　　数　421 000
版　　次　2025 年 6 月第 1 版　2025 年 6 月第 1 次印刷
书　　号　ISBN 978-7-5326-6355-2/H·800
定　　价　128.00 元